Freud: A Trama dos Conceitos

Coleção Estudos
Dirigida por J. Guinsburg

Equipe de realização – Montagem: Estúdio 3; Revisão: Luiz Henrique Soares; Produção: Ricardo W. Neves, Sergio Kon.

Renato Mezan

FREUD: A TRAMA DOS CONCEITOS

PERSPECTIVA

Dados Internacionais de Catalogação na Publicação (CIP)
(Câmara Brasileira do Livro, SP, Brasil)

Mezan, Renato
Freud: a trama dos conceitos / Renato Mezan —
São Paulo: Perspectiva, 2013 — (Estudos; 81 /
dirigida por J. Guinsburg)

1. reimpr. de 5 ed. de 2011
Bibliografia.
ISBN 978-85-273-0147-3

1. Freud, Sigmund, 1856-1939 2. Psicanálise
3. Psicanálise – História I. Guinsburg, J. II. Título.
III. Série.

06-1388 CDD-150.1952

Índices para catálogo sistemático:
1. Freud, Sigmund: Método psicanalítico 150.1952
2. Psicanálise freudiana 150.1952

5ª edição – 1ª reimpressão
[PPD]

Av. Brigadeiro Luís Antônio, 3025
01401-000 São Paulo SP Brasil
Telefax: (011) 3885-8388
www.editoraperspectiva.com.br

2019

Sumário

PARTE II: A MATURIDADE DE UMA TEORIA

E, se forma longa e difícil, a dor abre uma brecha para as palavras.

VIRGÍLIO, Eneida, *XI, 151.*

Nota Preliminar

Como ler Freud?

Várias respostas podem ser dadas a esta pergunta um tanto ingênua. O presente livro se funda sobre uma aposta: a de que é possível uma leitura pelo ângulo dos conceitos, isto é, uma abordagem que privilegia o aspecto sistemático da obra freudiana. De imediato, ela se depara com uma dificuldade: a de que, afinal, as concepções de Freud não são sempre as mesmas, e por vezes se contradizem. Heinz Hartmann, um dos teóricos da *ego-psychology*, julga que por este motivo estas concepções devem ser "sincronizadas". Não é esta a posição do presente estudo: retomando uma observação de Lacan (da qual tive conhecimento após a conclusão do trabalho), cabe notar que "não se trata, para nós, de sincronizar as diferentes etapas do pensamento de Freud, nem mesmo de fazê-las concordar entre si. Trata-se de ver a qual dificuldade, única e constante, respondia o progresso deste pensamento, feito das contradições de suas diferentes etapas"[1]. A tarefa é, portanto, delimitar estas "etapas" e compreender de que modo a teoria se constitui em cada uma delas; sobre os critérios que adotei e sua justificação, o leitorw encontrará explicações mais amplas na Introdução e no próprio decorrer do livro.

Cinco anos medeiam entre a redação e a publicação deste estudo, que foi originalmente tese de mestrado em Filosofia Moderna. Neste intervalo, uma segunda leitura do conjunto dos textos sugeriu-me outra abordagem, para a qual a primeira revelou ser pressuposto indispensável: a de encarar a teoria em seu contexto, feito de múltiplas dimensões. Pressuposto indispensável, porque para reali-

1. JACQUES LACAN, *Le Moi dans la Théorie de Freud et dans la Technique de la Psychanalyse*, Paris, Seuil, 1978, p. 178. (*Le Séminaire, livre II*).

zar este segundo projeto era primeiro necessário saber exatamente *qual é* e *como se articula internamente* isto a que damos o nome de "teoria freudiana". Uma teoria psicanalítica é o fruto da elaboração da experiência psicanalítica, experiência que se desdobra em diversas perspectivas: a da formulação conceptual é uma delas, porém não a única, já que a autoanálise do psicanalista, o momento cultural e o discurso dos pacientes também determinam o conteúdo propriamente teórico. A segunda leitura, guiada por este princípio, resultou em nova tese, por enquanto ainda inédita. O que o leitor tem diante de si, pois, é um livro que se esgota e que não se esgota em si mesmo. Esgota-se, porque explora uma dimensão definida, a conceptual, fornecendo resultados que me parecem hoje tão legítimos como quando os propus à banca examinadora. E não se esgota, porque dele parte o segundo ramo do díptico, no qual a dimensão conceptual é situada de modo diferente.

É da natureza de uma obra fundadora suscitar múltiplas leituras, criar seu público e engendrar sua posteridade, como assinala Hegel no Prefácio da *Fenomenologia do Espírito*. Se este livro merecer ser incluído na posteridade engendrada pelo texto freudiano, terá sido alcançado seu objetivo principal: fornecer a quem se inicia na leitura de Freud uma introdução sistemática a seu universo conceptual, e oferecer ao especialista um instrumento de trabalho que, apesar de suas falhas eventuais, possibilite uma reflexão mais aprofundada e a ampliação do debate em torno da obra, fascinante e enigmática, que nos foi legada pelo mestre de Viena.

São Paulo, abril de 1982.

A Propósito da 4ª Edição

Dezesseis anos após sua primeira publicação, este livro continua – ao que tudo indica – a ser útil ao estudioso de Freud: prova de que nem sempre a "novidade" de uma obra é garantia do interesse que ela pode apresentar. Nestes tempos em que a vertigem da velocidade se faz acompanhar pelo acúmulo exponencial do descartável, é um motivo de alegria para o autor destas páginas saber que o que escreveu permanece como referência, e que, na esteira do que aqui aprenderam, outros autores vieram a formular suas próprias ideias, que talvez até se oponham às aqui apresentadas. Tanto melhor: é assim, e de nenhum outro modo, que se forma uma tradição e que se criam interlocutores.

Renato Mezan
Maio de 1998

Introdução

Zombar da Filosofia é, em verdade, filosofar.
PASCAL, Pensamentos, *1,4.*

É proverbial o desprezo com que Freud encara a Filosofia e os filósofos. Inúmeras são as passagens em que satiriza a pretensão ao saber absoluto, o dogmatismo e a indiferença pela investigação empírica que, no seu entender, constituem as marcas registradas da Filosofia. Reprova-lhe sobretudo a teimosia de reduzir o psiquismo à consciência, furtando-se assim à possibilidade de penetrar na verdade do seu objeto por excelência, o homem; e não lhe perdoa a ambição de construir concepções universais com os magros elementos da imaginação do filósofo, sem levar em conta os resultados do trabalho dos cientistas. Assim, encontramos em *Inibição, Sintoma e Angústia* uma passagem como esta:

> Pessoalmente não sou partidário da elaboração de concepções do Universo. Esta é uma tarefa que devemos deixar aos filósofos, os quais, segundo confissões reiteradas, não consideram possível realizar a viagem através da vida sem um Baedeker completo, com notícias de tudo e acerca de tudo. De nossa parte, aceitamos humildemente o desprezo com que os senhores filósofos nos olham, da sua postura mais elevada. Mas, como tampouco nos é possível dominar por completo nosso orgulho narcisista, buscaremos um consolo na reflexão de que todos estes "textos-guias da existência" envelhecem muito depressa, e que é precisamente nosso trabalho limitado e de curto alcance que os obriga a fazer novas edições; inclusive os mais modernos Baedeker deste gênero são apenas tentativas de substituir o velho catecismo, tão cômodo e completo[1].

1. *Inhibitions, Symptom and Anxiety*, S.E., XX, p. 96.

Outros textos, igualmente mordazes, aludem à "idiossincrasia dos filósofos", para os quais um psiquismo inconsciente seria uma contradição em termos[2], cujas teorizações sobre o inconsciente não passam de "especulações"[3], e que em suma formam, mesmo no meio intelectual, uma elite reduzida e sem qualquer influência sobre a grande maioria dos homens[4], embora para eles seja fácil transformar uma resistência interna numa contradição lógica[5]. A opinião de Freud sobre os filósofos em geral pode ser resumida na citação de Heine que tanto apreciava: "Com seu gorro de dormir e com os trapos do seu camisolão, o filósofo procura tapar as brechas do Universo".

Por outro lado, Freud se confessa pouco lido em Filosofia. Na *História do Movimento Psicanalítico*, escreve que foi Otto Rank que lhe chamou a atenção para a coincidência da sua teoria da repressão com a análise de Schopenhauer sobre a loucura, e na mesma passagem afirma que se privou do "alto prazer" de ler Nietzsche para evitar qualquer influência na elaboração de suas ideias[6]. Uma ou outra vez, encontram-se citações filosóficas em seus escritos, mas elas são em pequeno número e podem ser creditadas à sua formação de humanista do século XIX: uma alusão ao *Banquete* em *Além do Princípio do Prazer*[7], a conhecida referência a Empédocles de Agrigento em *Análise Terminável e Interminável*[8], o questionamento da teoria kantiana sobre o tempo como forma *a priori* da sensibilidade[9], e mais duas ou três. Portanto, o que Freud critica com tanta veemência é uma *imagem* da Filosofia, vista do exterior, mais do que o trabalho filosófico propriamente dito. Esta imagem da Filosofia está construída com traços caricaturais: o que é ridicularizado é a inutilidade e o narcisismo dos filósofos, sua absurda pretensão de serem especialistas do Universal e o recato com que desdenham mergulhar suas belas almas no real. Do pensamento que lhe é contemporâneo – a Fenomenologia, o neokantismo, o Positivismo em suas várias correntes, o trabalho de Heidegger, de Bergson e dos marxistas – não encontramos referência alguma nos alentados volumes das *Obras Completas*. Seu conhecimento do marxismo é superficial, embora acompanhasse com interesse

2. An Autobiographical Study, S.E., XX, p. 31.

3. *On The History of the Psychoanalytic Movement*, S.E., XIV, p. 16.

4. *New Introductory Lectures on Psychoanalysis*, S.E., XXII, p. 161.

5. *Los Orígenes dei Psicoanálisis*, *Obras Completas* de Sigmund Freud, (35ª Conferência) Biblioteca Nueva, Madri, S/D, tomo III, carta 125, p. 3634. A correspondência com Fliess será sempre citada a partir deste texto espanhol, porque na Standard Edition não figura o texto completo das cartas e manuscritos. Citaremos cada passagem pelo número de ordem da carta ou manuscrito em que figura, dando a página deste tomo das *Obras Completas*, precedidos pela sigla *O.P.* A numeração das páginas é idêntica na edição em 9 volumes em brochura, em que as cartas figuram no tomo IX.

6. *On the History of the Psychoanalytic Movement*, S.E., XIV, p. 15.

7. *Beyond the Pleasure Principle*, S.E., XVIII, pp. 57-58.

8. *Analysis Terminable and Interminable*, S.E., XXIII, pp. 245-246.

9. *Beyond the Pleasure Principle*, S.E., XVIII, p. 28.

as transformações da Rússia pós-revolucionária. O subsolo filosófico em que enraíza suas investigações é constituído pelo determinismo absoluto da escola de Helmholtz, que lhe foi transmitido por Brücke na Universidade de Viena; e sempre se considerou um cientista, endossando a "Weltanschauung" da ciência, como se lê nas *Novas Conferências de Introdução à Psicanálise*. Não se veja nestas observações uma crítica, de resto infundada: não sendo filósofo profissional, Freud não tinha qualquer obrigação de acompanhar o que se passava num terreno tão alheio às suas preocupações e interesses imediatos.

Mas também é verdade que seu trabalho jamais se limitou à esfera da psicoterapia, mesmo no início das suas investigações neste campo. Na carta 44 a Fliess, de 2.4.1896, lemos a seguinte confissão:

> Em minha juventude, não conheci outro anelo que o do saber filosófico, anelo que estou a ponto de realizar agora, quando me disponho a passar da medicina à psicologia. Cheguei a ser terapeuta contra a minha vontade...[10]

Ernest Jones alude com frequência ao imenso esforço com que Freud dominou sua "tendência à especulação", que por fim se manifestou no período final de sua vida, a partir de *Além do Princípio do Prazer*. À parte estes dados bibliográficos, porém, é preciso reconhecer que na concepção freudiana a Psicanálise jamais se restringiu a uma técnica para curar neuroses; provam-no os numerosos textos sobre a religião, a arte, a literatura e a etnologia que representam as "aplicações" da Psicanálise às demais esferas da vida humana. Há, desde *Totem e Tabu*, uma etnologia de base psicanalítica; desde o *Leonardo* e *O Poeta e a Fantasia*, há uma linha de investigação estética de cunho psicanalítico; há uma interpretação psicanalítica do fenômeno religioso desde *As Práticas Religiosas e os Rituais Obsessivos*; há as incursões psicanalíticas pela história desde *Uma Neurose Demonológica do Século XVII*. O lugar de Freud na cultura contemporânea – e não apenas nas disciplinas acadêmicas, mas também na imensa transformação das concepções populares sobre o homem e a psicologia, refletida na apropriação da psicanálise pelo vocabulário cotidiano e pelas imagens que informam a cultura de massa – não é objeto de contestação em parte alguma.

A Filosofia é uma disciplina onívora. Em seu movimento de reflexão e conceptualização, ela incorpora e trabalha tudo o que se produz nas demais esferas do conhecimento e da prática. Foi assim com a geometria e com o pensamento grego, foi assim com as religiões monoteístas e o pensamento medieval, foi assim com a física de Galileu e o pensamento do século XVII, foi assim com as revoluções burguesas e o Iluminismo, foi assim com a economia política e o pensamento dialético. O apetite voraz da Filosofia, sempre à cata

10. *O.P.*, carta 44, p. 3453.

de novas iguarias, acabou por descobrir o suculento prato que lhe preparara a Psicanálise: nas últimas décadas, cada vez mais se pode ver o pensamento filosófico inquirir os textos de Freud e procurar integrá-los no seu movimento de totalização. As correntes mais diversas os abordam e os tematizam: vemos o marxismo, de Reich em diante, procurar neles um complemento ou um adversário; vemos os fenomenólogos, de Sartre a Ricoeur, empenharem-se no debate com o inconsciente; vemos os lógicos positivistas, como Nagel, fazerem o processo da Psicanálise como aberração da ciência; vemos os estruturalistas, inspirados em Lévi-Strauss, a procurar em Freud um ponto de referência para sua crítica das filosofias da consciência. Não queremos entrar no debate acerca de se esta incorporação da Psicanálise no ideário contemporâneo lhe amputa o gume crítico ou se a dota de fundamentos mais amplos; este problema fascinante nos conduziria a uma outra tese. Desejamos marcar, simplesmente, a atualidade de um estudo sobre Freud, no momento em que sua obra é dissecada a partir dos pressupostos mais divergentes.

Vemos nos textos freudianos uma provocação e um desafio: provocação pela radical novidade do que dizem, desafio pela complexidade e sutileza com que o novo campo é desbravado e mapeado, resultando num conhecimento que "perturba a paz do mundo e o sono dos homens". A provocação freudiana se estende a todos os domínios tradicionalmente sobrevoados pelo pássaro de Minerva. A Epistemologia, por exemplo, é obrigada a repensar o problema da objetividade do conhecimento a partir do instante em que se mostra o papel do desejo na constituição da racionalidade. A Estética se vê constrangida a absorver ou a refutar a análise da sublimação e da problemática da imaginação criadora que emerge de conceitos como os de "processo primário", "formação de compromisso" e "realização de desejo". A mística da inspiração é severamente abalada pelo desvendamento dos processos de criação, e a incorporação de certas teses freudianas no surrealismo, no teatro da crueldade e em outras manifestações artísticas demonstra a necessidade de se levar em conta os resultados da investigação analítica. A ética tradicional, centrada no problema do livre-arbítrio, não pode dispensar o que Freud tem a dizer sobre a existência do inconsciente e sobre a finalidade da Psicanálise, que consiste em tornar possível o autoconhecimento. A devastadora análise da hipocrisia social e da violência implícita na moralidade burguesa, bem como a condenação da entrega às paixões pretensamente inspirada na "libertação freudiana da sexualidade", fazem os problemas éticos surgir sob uma nova luz, e recuperar a dignidade que tantos moralismos se encarregaram de obscurecer. A filosofia das ciências sociais não pode ignorar a peculiaríssima destruição que Freud realiza do conceito de "indivíduo", nem as implicações políticas da agressividade, da onipresença da repressão e do "mal-estar na cultura". A filosofia da religião, se é que pode haver uma filosofia da religião depois do massacre de *O Futuro de uma*

Ilusão, tampouco pode eximir-se deste debate com Freud, e é sintomático que um pensador como Paul Ricoeur tenha sentido a necessidade de escrever o *De l'interprétation*, para recuperar o espaço de pensamento que via arrebatado de si pelo advento da Psicanálise. Estas rápidas pinceladas não pretendem esgotar a enumeração dos problemas que se colocam à Filosofia a partir dos textos freudianos; a produção da escola de Frankfurt e dos modernos pensadores franceses, como Foucault, Derrida e Deleuze, mostra que o inventário da Psicanálise ainda está muito longe de ter sido concluído. Às temáticas da Finitude, do Desejo, da Lei, da Autoridade, da Linguagem, do Trabalho, da Morte, – o cerne do pensamento contemporâneo – pesam como signos abertos sobre a modernidade, a exigir dos filósofos que pensem o que há para ser pensado: a maneira pela qual o homem se constitui e se perde no jogo de espelhos de sua prática e de seu saber. E o olhar severo de Freud paira sobre nós todos, advertindo-nos que o enigma e a esfinge não desaparecem pelo expediente de voltar a cabeça e sonhar que eles não existem.

Aristóteles diz algures que o espanto é o pai da Filosofia. Nossa tese é um produto do espanto: a descoberta de Freud, nas páginas da *Introdução à Psicanálise*, foi para nós um momento de perplexidade e de angústia. Perplexidade frente à riqueza inesgotável do que se diz nesse livro maravilhoso, frente à existência e à eficácia do inconsciente, frente ao mundo que se descortinava a partir daquelas reflexões implacáveis; mas também angústia, por saber tão pouco sobre o que é preciso saber, por não encontrar em nossa formação filosófica um referencial para integrar o que a cada página se descobria, por perceber a enormidade da tarefa de ler e compreender o discurso freudiano. Imediatamente, formamos o projeto de dedicar a Freud um estudo abrangente, e nos anos seguintes percorremos metodicamente – e por que não, também apaixonadamente – os numerosos volumes das *Obras Completas*. À medida que o trabalho prosseguia, demo-nos conta de que seria impossível avaliar o impacto e o sentido da Psicanálise sem passar primeiro pela sistematização dos conceitos e pela história de sua elaboração progressiva. É no resultado deste trabalho que consiste nossa tese; e durante sua preparação, obedecemos a alguns critérios que gostaríamos de enumerar.

Em primeiro lugar, nosso tema é exclusivamente Freud. Toda a imensa literatura psicanalítica foi colocada entre parênteses, inclusive as contribuições recentes de Lacan e seus discípulos da Escola Freudiana de Paris. Nossos *corpus laborandi* é formado pelas *Obras Completas*, pela biografia de Ernest Jones e pelo *Vocabulaire de la Psychanalyse* de Laplanche e Pontalis, que, pela precisão e abundância das referências, julgamos indispensável ao bom êxito de nossa investigação. Em segundo lugar, afastamos os textos das "aplicações" que Freud esboçou para as demais ciências humanas, como o *Leonardo, Totem e Tabu, Moisés e o Monoteísmo, O Futuro de uma Ilusão, A Gradiva de Jensen* e os artigos curtos dedicados a Dostoiévski, a Goethe, e a outros autores e temas. Trabalhamos com todos os textos em que se documenta a produção dos conceitos, razão pela qual abrimos uma exceção à regra anterior, retendo de *Psicologia Coletiva e Análise do Ego* o estudo da identificação e de *O Mal-Estar na Cultura* a discussão da agressividade.

Nossa leitura é diacrônica. Numa obra que se refaz incessantemente, julgamos inadequado e temerário privilegiar qualquer momento como sendo o "verdadeiro". Por outro lado, para escapar aos riscos de uma mera cronologia, buscamos discernir as articulações provisórias dos conceitos, ao mesmo tempo historiando a sua origem e procurando integrá-los nas constelações a que pertencem. Desta forma, dividimos os textos em quatro períodos: de 1893 a 1897, de 1897 a 1905, de 1905 a 1920 e de 1920 a 1939. Cada um destes períodos é objeto de um capítulo, em que se faz o levantamento dos problemas e noções que o particularizam, e se marcam os impasses que nos parecem ter obrigado Freud a reformular suas posições. Para cada etapa, elaboramos o quadro de referência em cujas malhas se organizam os conceitos: no primeiro, as teorias da defesa, da sedução e dos sistemas neurônicos; no segundo, as temáticas complementares da sexualidade e do inconsciente, soldadas pelo conceito de repressão; no terceiro, a teoria das pulsões, a análise do ego e a metapsicologia; e no quarto, o onipresente tema da violência, que unifica os problemas da pulsão de morte, da segunda tópica, do complexo de Édipo, da castração e da angústia. Em cada quadro de referência, procuramos mostrar o que é pressuposto, que problemas emergem, quais conceitos são produzidos para pensá-los e quais os limites da sua aplicação. É evidente que cada período se encontra contido e ultrapassado no momento seguinte, de sorte que pensamos não ter incorrido no erro de propor classificações estanques; é por esta razão que em momento algum se coloca o problema da "transição" de uma etapa a outra.

A Filosofia se distingue da Psicanálise sobretudo por ser esta uma prática, uma relação intersubjetiva que se constitui em meio ao sofrimento e à transferência. Falar sobre a Psicanálise seria então privilégio dos analistas? Não cremos; parafraseando Spinoza, poderíamos dizer que não nos interessa a verdade do que afirma Freud, mas apenas o seu sentido. Os textos são "textos", isto é, tecidos de reflexões e relatos, de digressões e problemas, de princípios e consequências, de debates e corolários. Quisemos simplesmente percorrê-los e compreender o que eles dizem. Tomamos a obra freudiana como um conjunto de significações a que a morte do seu autor apôs um ponto final, sem nos preocuparmos com as diferentes interpretações e dissensões que provocaram no meio psicanalítico, ou com as críticas que eventualmente se possam fazer às posições freudianas. Por outro lado, pareceu-nos indispensável incluir em cada capítulo uma seção sobre a teoria das neuroses e sobre a técnica terapêutica, quando mais não fosse pelo fato de serem estes os temas para os quais convergem os conceitos produzidos nas mais diversas investigações. Não temos qualquer intenção de nos manifestar quanto à correção do que ali se diz, nem sobre a questão de se a terapia proposta por Freud é ou não a melhor ou a mais eficaz; desejamos apenas verificar que uso se fez do arsenal teórico nascido da clínica e cuja finalidade era compreender o que ali se passava.

Por fim, o problema das fontes e das traduções. O ideal teria sido compulsar o texto original das *Gesammelte Werke*, mas nosso limitado conhecimento do alemão na época em que foi redigido este trabalho nos fez optar pela edição crítica inglesa, a *Standard Edition of the Complete Psychological Works of Sigmund Freud* (S.E.). Como a tradução portuguesa da Imago ainda estava, na mesma época, na fase inicial da publicação, utilizamos para confronto a versão espanhola da *Biblioteca Nueva*, revista e ampliada por Jacobo Tognola. O leitor encontrará na Bibliografia a relação completa dos textos freudianos citados no presente volume. Quanto à terminologia, adotamos a tradução portuguesa proposta pela Dra. Elza Hawelka no *Vocabulaire de la Psychanalyse* de Laplanche e Pontalis, com exceção do termo *Verdrängung*, que vertemos por *repressão* e não por *recalque*[11].

Nosso trabalho tem, pois, estes pressupostos e estes objetivos: ler Freud como se lê um filósofo, buscando a articulação dos seus conceitos e a lógica subterrânea que comanda a sua produção. Naturalmente, uma leitura desta ordem é sempre um primeiro passo, a ser completado por um estudo que vincule o autor a seu tempo e aos quadros conceptuais mais amplos em cujo interior se torna possível seu discurso; contudo, nossa justificação essencial coincide com a citação que encerra o *Além do Princípio do Prazer*, com a qual, para ressaltar o caráter provisório de suas conclusões, recorre Freud à sabedoria muçulmana:

> Ao lugar em que não se pode chegar voando,
> Há que chegar coxeando;
> O Alcorão diz que coxear não é pecado.

11. A razão desta preferência é simples: em português, "recalque" significa simplesmente o ato de calcar de novo, de pisar aos pés, enquanto "repressão", segundo a lição de Aurélio Buarque de Hollanda, tem uma gama de significações muito mais afim ao conteúdo de violência que, em nosso entender, é a conotação essencial do conceito freudiano. Consequentemente, traduzimos *Unterdrückung* por "supressão", atentando para a etimologia do vocábulo. Os dois conceitos jamais se confundem sob a pena de Freud: "Repressão" alude à exclusão para o inconsciente, enquanto "Supressão" indica o ato de manter algo no pré-consciente.

Parte I: RUMO AO CONCEITO DE REPRESSÃO

1. Tentativa e Erro

> *É um erro acreditar que a ciência consiste apenas em proposições definitivamente provadas, e é injusto exigir que assim seja. Tal exigência é feita somente por aqueles que anelam mais que tudo pela Autoridade, e precisam substituir seu catecismo religioso por outro, ainda que de caráter científico.*
> *Conferências de Introdução à Psicanálise*, III.

> *A terra da verdade é uma ilha, rodeada por um oceano largo e tormentoso, a região da ilusão; onde muitos nevoeiros, muitos icebergs, parecem ao marinheiro, em sua viagem de descoberta, um novo país; e, ao mesmo tempo em que o iludem com vãs esperanças, o atiram a perigosas aventuras, das quais não pode desistir jamais, e que contudo jamais podem ser conduzidas a um bom termo.*
> KANT, *Critica da Razão Pura, Analítica Transcendental*, Livro III, Cap. 3.

1. JANEIRO DE 1893

> *É o soluço da forma ainda imprecisa*
> *Da luz que não chegou a ser lampejo.*
>
> AUGUSTO DOS ANJOS. "Lamento das Coisas".
> In: *Eu e Outros Poemas*.

Na *História do Movimento Psicanalítico*, escreve Freud que "a repressão é a pedra angular do edifício da psicanálise"[1]. A *Autobio-*

1. *On The History of the Psychoanalytic Movement*, S.E., XIV, p. 16.

grafia não é menos explícita: "as teorias da resistência e da repressão do inconsciente, da significação etiológica da vida sexual e da importância dos acontecimentos infantis são os elementos principais do edifício teórico psicanalítico"[2]. Mesmo neste texto mais amplo, a colocação da repressão em primeiro lugar denota a importância primordial que Freud lhe atribui na arquitetura teórica da Psicanálise. A metáfora arquitetônica não é casual; sabemos que a Psicanálise, ainda que partindo da prática clínica, apresenta-se como um sistema conceptual de extremo rigor. Cada elemento deste sistema articula-se com os outros de maneira precisa, formando no conjunto um "edifício", no qual podemos perceber alicerces, andares superpostos, paredes sólidas e até mesmo janelas que se abrem para outros campos do conhecimento. A posição privilegiada deste edifício no panorama das disciplinas que se ocupam do homem é de há muito reconhecida, mesmo que as diferentes tendências da investigação não estejam – e provavelmente jamais venham a estar – completamente de acordo quanto à geografia do terreno em que se movem.

Cabe perguntar o motivo do destaque concedido ao conceito de repressão pelo próprio fundador da Psicanálise. Em especial, é estranho que, nos primeiros esforços de Freud para elucidar os fenômenos neuróticos, ele ocupe um lugar bastante modesto; apenas a partir de 1894, ou seja, oito anos depois de ter começado a se interessar por estes problemas, surge ele num texto publicado (*As Neuropsicoses de Defesa*), e mesmo assim com outro nome: o de "defesa". O que queremos mostrar aqui é de que forma Freud chegou a produzir este conceito, que podemos considerar como contemporâneo do nascimento da Psicanálise. O caminho foi longo e tortuoso, implicando uma revisão das primeiras formulações, assinadas ainda em conjunto com Breuer, acerca do mecanismo da histeria. Tais formulações se encontram na *Comunicação Preliminar*, publicada em 1893 *na Neurologisches Zentralblatt*, e que encabeça os *Estudos sobre a Histeria* de 1895.

Esse texto abre-se com uma polêmica contra Charcot, que introduzira Freud aos domínios do hipnotismo e da histeria. Charcot demonstrara convincentemente que os sintomas histéricos podiam ser induzidos em pacientes normais sob o efeito da sugestão hipnótica, o que implicava na importância das ideias para a determinação destes sintomas. Esta constatação ia de encontro aos conceitos médicos correntes no final do século XIX, que atribuíam a gênese da histeria, bem como das demais doenças nervosas, à imaginação *das* pacientes – com a consequente exclusão da possibilidade de sua ocorrência em indivíduos do sexo masculino – ou a distúrbios funcionais, isto é, que não implicavam inflamação ou lesão de estrutura dos órgãos específicos, no caso da histeria do útero. Mas

2. *An Autobiographical Study*, S.E., XX, p. 40.

Charcot não se preocupava com a psicologia dos estados histéricos, atribuindo vagamente sua origem a um quadro etiológico de natureza fisiológica:

> a capacidade de desenvolvimento da doença estava essencialmente vinculada a uma deterioração hereditária do cérebro. Todos os demais fatores etiológicos eram considerados puramente acidentais, ou *agents provocateurs*. Entre estes fatores, os eventos traumáticos podiam ou não figurar. Só no caso deles intervirem é que a histeria era considerada traumática e os sintomas "ideogênicos"[3].

Breuer e Freud colocam-se frontalmente contra esta posição, negando que o trauma, como *agent provocateur*, simplesmente libertasse o sintoma, que então se tornaria independente e continuaria como tal.

> Pelo contrário, devemos sustentar que o trauma psíquico, ou a memória do mesmo, age como um corpo estranho, devendo ser considerado, mesmo muito tempo depois de sua penetração, como um agente do presente[4].

Portanto, a histeria é de imediato colocada no campo das afecções psicológicas, o que explica a eficácia do método hipnótico – que opera no plano puramente psicológico – tanto para a indução como para a remoção dos seus sintomas.

O método hipnótico, modificado por Breuer, é vigorosamente defendido na *Comunicação Preliminar*. Seu valor é duplo: teoricamente, permite demonstrar que o "fator acidental" é muito mais significativo do que supunha Charcot; praticamente, permite o estabelecimento de uma técnica altamente eficaz na clínica, o chamado "método catártico de Breuer". Este consiste em hipnotizar a paciente e interrogá-la sobre a origem do sintoma, o trauma psíquico ou a série de traumas que o provocaram. A hipnose põe à disposição da paciente um "campo psíquico mais amplo", permitindo-lhe recordar os eventos que contribuíram para a formação do sintoma. Ao despertar do estado hipnótico, o sintoma em questão desaparecia. Assim, explorando sistematicamente sintoma após sintoma, tornava-se possível a desaparição completa dos fenômenos histéricos. O caso clássico em que Breuer desenvolvera o método catártico, o chamado "Anna O.", é o primeiro a figurar nos *Estudos sobre a Histeria*, e é recordado por Freud em diversas ocasiões[5].

Por que as pacientes são incapazes de recordar os eventos traumáticos em seu estado consciente, se sob o efeito da hipnose eles se

3. *The Aetiology of Hysteria*, S.E., III, p. 191.

4. *The Psychic Mechanism of Hysterical Phenomena*, S.E., II, p. 6. (*Preliminary Communication*).

5. *Five Lectures on Psychoanalysis*, S.E., XI, pp. 12-13 (Primeira Conferência).

revelam de forma tão organizada e fácil? A teoria que explica este fenômeno é exposta na Parte II da *Comunicação Preliminar*. As recordações em questão correspondem a traumas porque, na ocasião em que se produziram, foi-lhes negada a descarga emocional adequada. Tal descarga não se produzira em virtude de duas séries de razões: ou a situação em que ocorreu o evento traumático tornaria esta reação penosa, como no caso de uma ofensa ou insulto por parte de alguém merecedor de respeito ou afeto, ou então ela se produziu num estado psíquico peculiar, como "um afeto paralisante, por exemplo o medo, ou diretamente em condições psíquicas anormais, como os estados crepusculares de devaneio semi-hipnótico ou condições similares"[6]. Tais estados, denominados por Breuer "estados hipnoides", impediriam a elaboração associativa do conteúdo psíquico introduzido durante sua vigência com os demais conteúdos psíquicos, característicos da consciência normal, não obstante a intensidade afetiva que caracteriza as ideias assimiladas nestas condições.

O fato de tais ideias, embora excluídas da associação com a consciência normal, serem capazes de se associar entre si, chama a atenção de Breuer e Freud para a tese de Janet, discípulo de Charcot, a respeito da "divisão de consciência". A tendência a esta divisão produz os estados hipnoides, com a consequente aparição das ideias hipnoides e sua organização numa segunda consciência. Contudo, um trauma severo, ou uma supressão violenta da reação normal, podem produzir a dissociação da consciência mesmo em pessoas que não apresentem tal predisposição. Com esta afirmação, os autores confirmam a importância atribuída à situação traumática, em detrimento das disposições constitucionais privilegiadas pela escola francesa, já que mesmo estas são referidas à ocorrência dos estados hipnoides antes da manifestação da doença; estes estados é que constituem a predisposição para a eclosão da histeria. Um sintoma histérico permanente corresponde à atuação do "segundo estado de consciência" sobre uma inervação corporal normalmente controlada pela consciência comum: é o que Freud denomina "conversão". A possibilidade teórica desta somatização é dada pelo fato de que o histérico delimita seus sintomas por referência às noções leigas sobre o corpo, e não em relação à anatomia real. O "braço", por exemplo, é aquela porção que vai da manga da roupa até a ponta dos dedos; a "garganta" corresponde ao que usualmente chamamos pescoço, e assim por diante[7]. Este fato, demonstrado por Charcot, comprova ademais a etiologia "ideogênica"

6. *Preliminary Communication*, S.E., II, p. 11.

7. Esta curiosa forma de se determinarem as regiões corporais indica que, desde o início, a psicanálise lidará com significações e não com coisas. A mesma relação que vigora aqui surgirá na esfera da linguagem, quando a matéria fônica sofrerá mutações profundas em função das variações de sentido produzidas pelas associações individuais ou pelo uso comum dos termos.

da histeria, e fundamenta o direito a um estudo psicológico deste distúrbio. Quanto ao ataque histérico, ocorre quando a consciência hipnoide, já mais organizada, toma momentaneamente o controle do indivíduo: não passa de uma manifestação do "conteúdo hipnoidal" (*sic*) da consciência.

Dada esta concepção global, a Parte V explica por que a terapia catártica é eficaz:

> ela anula o poder das ideias originalmente não ab-reagidas, ao permitir-lhes, através da linguagem, uma saída para seus afetos estrangulados. Traz a estas ideias uma correção associativa, reintroduzindo-as na consciência normal (numa hipnose suave), ou eliminando-as mediante sugestão médica, como no sonambulismo com amnésia[8].

Esta frase sintetiza o conteúdo de todo o artigo. A noção de que cada ideia é acompanhada de uma intensidade afetiva particular forma a base da teoria da ab-reação. É precisamente a ausência desta que torna o evento patogênico, impedindo que a quantidade de afeto a ele vinculada se descarregue adequadamente. Ao rememorar verbalmente o acontecimento ou a série de acontecimentos que provocaram o sintoma, o histérico o liberta daquela quantidade de afeto, tornando-o "inofensivo" e reintegrando-o na consciência normal. A linguagem é o veículo da ab-reação, no método catártico, porque é um substituto para o ato adequado. É este fato que marca a superioridade da catarse de Breuer sobre a "sugestão médica" de Charcot e dos psicoterapeutas mencionados no final do artigo, ainda que os autores reconheçam duas limitações em seu procedimento terapêutico: ele é incapaz de curar a predisposição para a histeria, "pois não bloqueamos o caminho para a nova ocorrência de estados hipnoides"[9] e tampouco impede a substituição dos sintomas ab-reagidos por outros novos. Contudo, dado que "os histéricos sofrem principalmente de reminiscências"[10]' – fórmula que condensa a posição teórica de Freud e Breuer àquela altura – e como o procedimento advogado é capaz de tornar tais reminiscências inócuas, os autores se sentem justificados em concluir que seu método representa um avanço em relação ao de Charcot.

Em síntese, a base e a determinação da histeria consistem na ocorrência dos estados hipnoides e em suas características peculiares. O que é surpreendente na *Comunicação Preliminar*, dado o desenvolvimento posterior da Psicanálise, é que nenhum dos elementos que Freud considerará essenciais ao seu "edifício teórico", e que assinalamos na abertura deste capítulo – a teoria da repressão, a sexualidade e a importância dos acontecimentos infantis – mereça nela qualquer destaque. A expressão "reprimiu" ocorre uma única vez, no

8. *Preliminary Communication*, S.E., II, p. 17.
9. *Preliminary Communication*, S.E., II, p. 17.
10. *Preliminary Communication*, S.E., II, p. 7.

contexto das razões pelas quais o trauma não pôde ser ab-reagido e sua recordação se tornou patogênica: "o paciente queria esquecer as coisas relacionadas com o trauma, e portanto, intencionalmente, as inibiu e reprimiu da sua memória consciente"[11]. Mas o uso de um termo não equivale à produção de um conceito; além do mais, o ato de reprimir é aqui considerado intencional, enquanto no conceito de repressão tal elemento não pode figurar de forma alguma. Os outros dois aspectos – a sexualidade e a vida infantil – não aparecem; a expressão "afeto sexual" surge uma única vez, entre parênteses, na justificação da precedência do trauma, ou da série de traumas, sobre a constituição hereditária do histérico, na ordem dos fatores que desencadeiam a doença.

Na verdade, podemos dizer que a Psicanálise consiste na demolição, peça por peça, do conteúdo da *Comunicação Preliminar*. Aquilo que nela é essencial vai ser abandonado paulatinamente: primeiro a teoria dos estados hipnoides, depois o método catártico, e por fim a noção de que a histeria se funda na reminiscência. Das teses secundárias, sobrarão o papel da linguagem – mas numa concepção vastamente modificada – e a noção de que a cada ideia corresponde uma intensidade afetiva. E justamente aquilo que aparece como um termo ainda sem conceito – a sexualidade e a repressão – vai ser utilizado como ponto de partida para as concepções verdadeiramente freudianas. Contudo, este texto é republicado como abertura dos *Estudos sobre a Histeria*, juntamente com um artigo teórico em que Breuer assume plenamente a teoria dos estados hipnoides, preocupando-se inclusive em diferenciar as condições da sua gênese, que são encontradas nos estados de devaneio e na ocorrência de um afeto; certas situações, como a da enfermeira (como em Anna O.), provocam a conjunção das duas condições, induzindo a auto-hipnose. Freud já se colocava outras questões, mesmo quando da redação da *Comunicação Preliminar:* não lhe interessava tanto o papel do devaneio e do afeto na determinação do estado hipnoide, como a questão da importância relativa deste e do trauma para a ocorrência da histeria. A seus olhos, contudo, o conceito de estado hipnoide ia rapidamente perdendo o valor heurístico que Breuer lhe atribuía; sua atenção vai se concentrar no conceito de "defesa", elaborado ao longo dos anos de 1893-94. Paralelamente, importantes modificações vão-se produzindo na técnica, gerando lentamente o que depois se transformará no método da livre-associação. Já em 1892, no caso de Fräulein Elizabeth von R., Freud renunciara ao método de Breuer, por razões muito sólidas, que analisaremos em seguida. O artigo de 1894, intitulado *As Neuropsicoses de Defesa*, formula nítidas dúvidas quanto à etiologia hipnoide, e, no capítulo sobre a terapia incluído nos *Estudos*

11. *Preliminary Communication*, S.E., II, p. 10.

sobre a Histeria, sob o nome de *A Psicoterapia da Histeria*, a discordância é explícita, tanto no que se refere à teoria quanto no que concerne à técnica. São precisamente estes tópicos que abordaremos agora, visando mostrar que o conceito de defesa – que no início é sinônimo do de repressão, embora mais adiante Freud prefira este último por ser mais específico – só pode ser produzido mediante a articulação com a etiologia sexual e com as alterações técnicas. Examinaremos, assim, os textos do período 1894-96, recorrendo também à correspondência com Wilhelm Fliess, publicada em 1950 com o título de *Aus den Anfängen der Psychoanalyse* (Os Inícios da Psicanálise).

2. NASCE UMA TEORIA

A guerra é o pai de todas as coisas e de todas o rei.
HERÁCLITO, Fragmento 53.

As dificuldades se manifestam primeiramente no campo da clínica, mas imediatamente são conduzidas por Freud a uma elaboração teórica. O fato incontestável da dissociação psíquica encontrava na hipótese dos estados hipnoides uma solução insatisfatória, embora menos inadequada que a teoria proposta por Janet para este mesmo fenômeno. Na abertura do artigo de 1894, *As Neuropsicoses de Defesa*, Freud critica a concepção janetiana desta dissociação. Janet a atribuía a uma fraqueza congênita de capacidade de síntese psíquica, o que provocaria um estreitamento do campo da consciência, mantendo fora dela uma série de experiências. Tal hipótese confirmaria a visão corrente sobre o caráter degenerado dos indivíduos histéricos. Nas Conferências de 1909, Freud retoma esta polêmica com mais amplitude. A hipótese da falha congênita é refutada pelo fato de que no histérico, a par do enfraquecimento de certas capacidades, verifica-se o fortalecimento de outras, como uma espécie de compensação. Este argumento soma-se ao de 1894, segundo o qual, num de seus casos, a dissociação psíquica fora iniciada por um ato voluntário do paciente, cujo motivo pôde ser descoberto; evidentemente o paciente não intentara produzir este efeito, mas este ocorrera apesar da intenção consciente. Na segunda destas Conferências, Freud afirma que sua concepção da origem da dissociação histérica "inevitavelmente divergiu, de maneira ampla e radical, das opiniões de Janet, pois meu ponto de partida não era, como o dele, a investigação de laboratório, e sim uma tentativa de terapia"[12].

Seja como for, a tese de Breuer é preferível à de Janet, porque oferece uma explicação genética da dissociação psíquica: "Ela é

12. *Five Lectures on Psychoanalysis*, S.E., XI, p. 22 (Segunda Conferência).

secundária e adquirida, e se origina porque as ideias que emergem nos estados hipnoides são isoladas da comunicação associativa com o resto da consciência"[13]. Além disto, a implicação de que o histérico é um indivíduo cujo sistema nervoso comporta degenerações ou taras hereditárias demonstra o erro de Janet. A par das histerias hipnoide e de retenção, Freud propõe introduzir um terceiro tipo, a histeria de defesa. As denominações "histeria hipnoide" e "histeria de retenção" são de Freud, já que para Breuer toda histeria é hipnoide, tendo-se originado necessariamente no decorrer dos estados hipnoides. A diferença entre elas consiste basicamente em que na histeria de retenção "os afetos não puderam ser ab-reagidos principalmente por causa das circunstâncias exteriores", enquanto a histeria hipnoide se caracteriza pela "não integração das representações ocorridas durante os estados hipnoides, que formam um grupo psíquico separado, inconsciente, suscetível de provocar efeitos patogênicos"[14]. A ideia de uma histeria hipnoide, aliás, deriva diretamente dos experimentos de Charcot, diferindo da chamada "histeria traumática" apenas pelo fato de que nesta um trauma de grande magnitude desencadeia o distúrbio, enquanto na histeria comum, não traumática, o fator patogênico é redutível a uma sucessão de pequenos traumas parciais, que no entanto retiram seu poder daninho do fato de constituírem fragmentos da história do paciente e portanto pertencerem de direito ao mesmo conjunto.

É deste quadro relativamente pobre, embora aparentemente preciso, que Freud vai destacar a histeria de defesa. O que caracteriza o quadro clínico desta nova modalidade é que os pacientes eram perfeitamente saudáveis até o momento em que ocorreu um caso de incompatibilidade em sua ideação,

> isto é, até que apareceu uma experiência, ideia ou sentimento, que provocou um afeto tão doloroso, que a pessoa decidiu esquecê-lo, porque não confiava em sua própria capacidade de remover a incompatibilidade entre as ideias intoleráveis e seu ego[15].

Esta declaração é fundamental sob vários aspectos. Em primeiro lugar, embora se mencionem também "experiências" e "sentimentos", a ênfase é colocada nas "ideias"; em segundo lugar, a incompatibilidade surge entre a ideia e o "ego", termo que passa a substituir – não sem transformações – a noção anterior de "consciência normal"; em terceiro lugar, a defesa é um ato intencional do indivíduo, que Freud refere em outro trecho à vontade; por fim, o "grupo psíquico separado" é separado pelo ato de defesa, indo portanto contra a suposta incapacidade das ideias surgidas no estado hipnoide de entrarem

13. *The Neuropsychoses of Defence*, S.E., III, p. 46.

14. LAPLANCHE E PONTALIS, *Vocabulaire de la Psychanalyse*, Paris, PUF, 1973, artigos "Hystérie Hypnoide" e "Hystérie de Rétention", pp. 181-182.

15. *The Neuropsychoses of Defence*, S.E., III, p. 47.

em associação com os demais conteúdos psíquicos. Esta era, aliás, a principal falha da teoria de Breuer: ela simplesmente postulava, sem demonstrar ou tentar explicar, a impossibilidade dos estados hipnoides serem absorvidos pela consciência normal. Freud escreve, na *História do Movimento Psicanalítico*:

> Breuer queria explicar a dissociação psíquica dos histéricos pela falta de comunicação entre os diversos estados de consciência; os produtos dos estados hipnoides ficavam enquistados, como corpos estranhos não assimilados, na consciência desperta. Eu concebia a própria dissociação psíquica como o resultado de um processo de repulsa, a que dei então o nome de "defesa", e posteriormente de "repressão"[16].

O mecanismo da defesa é descrito da seguinte maneira: surgida a ideia incompatível – que no sexo feminino origina-se em experiências e sentimentos sexuais (primeira vinculação explícita da sexualidade com a histeria) – a paciente procura recusá-la. Mas a tentativa de tratar a ideia como simplesmente não tendo ocorrido fracassa, porque o traço mnêmico por ela deixado e o afeto correspondente não podem ser extirpados da psique. O ego procura então enfraquecer a ideia, retirando dela a soma de excitação que lhe corresponde. Enfraquecida, a ideia já não poderá provocar associações, fatalmente penosas; mas a soma de excitação – termo mais preciso que o de "afeto" – precisará ser desviada para outra direção. Este mecanismo de defesa, consistente em dissociar a ideia da excitação, é o mesmo para a histeria, para a fobia e para a obsessão; mas o destino da excitação é diferente em cada caso, provocando cada uma das três neuroses.

Na histeria, a excitação é somatizada, total ou parcialmente, pelo mecanismo da "conversão". Mas o ego não fica por isto em melhor situação: tem que arcar com um símbolo mnêmico, que é a recordação da ideia incompatível, e com uma inervação motora desajustada. Ocorre então uma conversão na direção oposta: a ideia é recarregada e o ego tem que reprimi-la para se livrar do conflito. A ideia reprimida forma agora o núcleo de um segundo grupo psíquico, a que se acrescentam afetos provenientes de eventos traumáticos similares ao primeiro; por vezes, a ideia assim reforçada transpõe a barreira imposta pela vontade, integrando-se no conjunto psíquico consciente; o novo conflito provoca uma nova conversão, e assim sucessivamente. Sendo distribuição da excitação muito instável, a ideia retorna frequentemente ao ego; torna-se forçoso que ele a aceite através de uma elaboração associativa – dando origem aos sintomas histéricos persistentes – ou que se efetue uma descarga maciça – através do ataque histérico. A eficácia da terapia catártica de Breuer recebe então uma explicação satisfatória, ela:

16. *On the History of the Psychoanalitic Movement*, S.E., XIV, p. 11.

reconduz conscientemente a excitação da esfera física para a psíquica, e a seguir força uma resolução da contradição através do trabalho intelectual, bem como uma descarga da excitação através da fala[17].

Nesta descrição, podemos notar ainda alguns pontos de contato com a *Comunicação Preliminar*, especialmente na noção de que a ideia é acompanhada por um afeto que não pôde ser ab-re agido, no conceito do "segundo grupo psíquico", e na ênfase dada à reminiscência. Contudo, o estado hipnoide perdeu sua razão de ser, uma vez introduzida a noção de defesa. Esta é explicitamente vinculada a um ato consciente, a saber, a rejeição da ideia incompatível, o que pressupõe evidentemente a sua permanência, ainda que breve, no campo da consciência comum. O ato consciente de rejeição é também vinculado à vontade, o que fornece uma explicação para o efeito da hipnose: como o estado hipnótico se assemelha ao sono, e é peculiar a todos estes estados a remoção das distribuições de excitação que dependem da *vontade* (grifo de Freud) da personalidade consciente, a hipnose é capaz de ampliar o campo da consciência, tornando acessível a ela o grupo psíquico excluído. Notemos, porém, que quando à defesa, e mais especificamente à repressão, for reconhecido o caráter inconsciente, a vinculação do processo defensivo com a vontade já não poderá ser mantida, e o efeito da hipnose permanecerá por longo tempo misterioso. Na verdade, somente na *Psicologia de Grupo e Análise do Ego*, de 1921, é que Freud dará uma explicação convincente do fenômeno da sugestão hipnótica, vinculando-o à identificação e à transferência.

Ao final desta análise, outra ruptura com a *Comunicação Preliminar:* o que caracteriza a histeria não é mais a dissociação da consciência, mas a capacidade de conversão, que, aliás, só se torna patogênica caso ocorra a incompatibilidade psíquica ou um acúmulo de excitação.

Caso a predisposição para a conversão esteja ausente, a defesa não poderá somatizar o afeto separado da ideia, o qual permanecerá na esfera psíquica. A ideia enfraquecida permanecerá isolada da associação com as demais; seu afeto liberado, porém, vincular-se-á a outras ideias, em si mesmas não incompatíveis com o ego, mas que, por causa desta "falsa" conexão, se convertem em "obsessões". E neste contexto que Freud se refere com desembaraço, pela primeira vez, ao papel da sexualidade. Em todos os casos analisados, o afeto penoso vinculado à obsessão se originara na vida sexual. Freud não exclui que, teoricamente, tal afeto pudesse se originar em outras esferas:

17. *The Neuropsychoses of Defence*, S.E., III, p. 50. Para esta descrição, cf. especialmente a Parte I do artigo.

mas até agora não encontrei nenhuma outra origem. Além disto, pode-se compreender sem dificuldade que seja precisamente a vida sexual que proporcione as ocasiões mais propícias para o surgimento de ideias intoleráveis[18].

Contudo, as pacientes não concordavam com a hipótese do terapeuta, afirmando que não haviam pensado muito sobre "aquilo", que por um momento haviam ficado com medo, depois se haviam distraído e não mais pensado no assunto. Freud vê nesta objeção a prova de que a obsessão nada mais é do que um substituto para a ideia intolerável, que, afastada da consciência, naquela encontra uma compensação. Daí a inferência que o mecanismo da neurose obsessiva, ao invés de converter o afeto em inervação corporal, o "transpõe" ou "desloca" para outras ideias, que o médico pode facilmente reconhecer como substitutos da ideia sexual. A ideia ou ideias reprimidas por este mecanismo formam, como na histeria, um segundo grupo psíquico, acessível sem o recurso do hipnotismo. Esta é a primeira menção à nova técnica que Freud já estava empregando em 1894, a chamada "técnica de concentração", sobre a qual nos deteremos logo mais.

O esforço de Freud, neste artigo, é no sentido de isolar os mecanismos patogênicos das diferentes neuroses, embora reconheça a ação da defesa em todas elas. Na histeria, a excitação é convertida; nas neuroses obsessivas e fobias é transportada ou deslocada; na psicose alucinatória, objeto da última secção do artigo, tanto o afeto quanto a ideia intolerável são reprimidos. Mas, explica Freud, como neste caso a ideia está inextrincavelmente ligada a uma parte da realidade – por exemplo, a um homem amado – o ego, ao realizar a defesa, também se separa, total ou parcialmente, da realidade. Esta é a forma de defesa mais enérgica e eficaz, porém a que mais sacrifícios exige do indivíduo que a adota.

A etiologia sexual das neuropsicoses de defesa, portanto, é sustentada primeiramente no caso das obsessões, embora, como vimos, a ela seja feita uma rápida alusão no início da descrição do mecanismo defensivo da histeria. Pelos textos publicados deste período, poder-se-ia inferir que Freud se baseava exclusivamente nos dados clínicos de que dispunha; a etiologia sexual pertence àquelas porções da teoria das neuroses obsessivas que podem ser "diretamente demonstradas", frente a outras que se devem à inferência, como a hipótese da transposição do afeto. Com efeito, no capítulo dos *Estudos* sobre a "Pisicoterapia da Histeria", encontramos a seguinte passagem:

Quando comecei a analisar Frau Emmy von N., a ideia de neurose histérica de base sexual estava longe de mim. Eu havia acabado de retornar

18. *The Neuropsychoses of Defence*, S.E., III, p. 52.

da escola de Charcot, e considerava a vinculação da histeria com o tema sexual uma espécie de insulto, exatamente como meus pacientes estavam inclinados a fazer.

As Conferências de 1909 afirmam expressamente que a etiologia sexual não era um postulado teórico da psicanálise, e citam os *Estudos* como prova de que Freud não se apoiava neste fundamento; "converti-me a ele somente quando uma experiência mais rica conduziu-me a uma compreensão mais profunda da natureza dos casos". E na *Autobiografia* expressa-se assim:

a sexualidade não desempenhava, na teoria da catarse, nenhum papel importante. Nos relatos de caso com que contribuí para os *Estudos sobre a Histeria* intervém certamente fatores da vida sexual, mas dificilmente lhes é concedido um valor diferente do das demais excitações afetivas[19].

Certamente, é verdade que na teoria da catarse a sexualidade não tem qualquer função, como já mostramos ao analisar a *Comunicação Preliminar*. Podemos aceitar também que a sua importância para a determinação da histeria não estivesse clara em 1895, já que no artigo sobre as *Neuropsicoses de Defesa*, de 1894, ela é expressamente afirmada somente para a neurose obsessiva. Mas uma leitura atenta dos casos clínicos dos Estudos, em especial o de Fräulein Elizabeth von R., desmente a afirmação final desta última citação, pois é evidente que os "fatores da vida sexual" têm um valor muito maior que o das "demais excitações afetivas". Além disto, a correspondência com Fliess mostra outro aspecto da questão, bem mais verdadeiro. O Manuscrito C, anexo à carta 12 (30.5.1893) chama a etiologia sexual das neuroses de "folha mais bela da coroa". A carta 16 (7.2.1894), referindo-se a um caso de neurose obsessiva citado nas *Neuropsicoses de Defesa*, contém a seguinte afirmação:

A relação da neurose obsessiva com a sexualidade nem sempre é tão evidente e manifesta. Posso assegurar-te que em meu caso II (micção compulsiva) não foi fácil achá-la; quem não a tivesse buscado tão "monoideisticamente" como eu fiz, nunca teria dado com ela[20].

Portanto, já em 1893, e com certeza em fevereiro de 1894, Freud contava com a etiologia sexual como sua descoberta mais importante, e ao mesmo tempo como um precioso instrumento para a terapia. Contudo, a *Comunicação Preliminar* só a menciona uma vez, entre parênteses, e com a ressalva de um "quiçá". Para com-

19. Estes textos, que se referem ao mesmo assunto, estão respectivamente em: *The Psychotherapy of Hysteria*, S.E., II, pp. 259-260; *Five Lectures on Psychoanalysis*, S.E., XI, p. *40*; *An Autobiographical Study*, S.E., XX, p. 22. Freud sempre teve a preocupação de mostrar que chegara à etiologia sexual das neuroses através da observação clínica, sem deixar margem a que esta tese fosse atribuída a seus preconceitos pessoais ou teóricos.

20. *O.P*, carta 16, p. 3487.

preender a gênese exata desta etiologia, cuja importância para o "edifício teórico" da Psicanálise o próprio Freud se encarregou de assinalar, e ao mesmo tempo dar conta do problema cronológico, bem como da questão teórica que nos propusemos elucidar – a vinculação necessária entre a noção de defesa, a etiologia sexual e o método terapêutico – temos que nos voltar agora para este último aspecto: as modificações técnicas que Freud estava introduzindo em sua clínica, e que conduziriam ao nascimento do método da livre-associação.

3. NASCE UM MÉTODO

Freud se familiarizara com o método hipnótico durante sua estadia em Paris, e posteriormente em Nancy, quando visitara Bernheim para aperfeiçoar sua técnica. Quase ao mesmo tempo em que surgiu a *Comunicação Preliminar*, relata ele um caso de tratamento hipnótico clássico, isto é, por meio de sugestão, em que tivera êxito completo na remoção dos sintomas. Este artigo introduz o conceito de "ideias antitéticas" a uma intenção consciente, que, no caso de uma neurose, se encontram intensificadas de maneira patológica. A pessoa normal é capaz de inibir e suprimir da associação consciente a ideia antitética, a ponto de sua existência não chegar sequer a se manifestar. A histérica, pelo contrário, é incapaz de livrar-se desta ideia. O destino que ela segue é descrito assim:

> de acordo com a tendência à dissociação da consciência presente na histeria, a ideia perturbadora [...] é removida da associação com a intenção, e continua a existir como uma ideia desconexa, de maneira frequentemente inconsciente para o próprio paciente. Em segundo lugar, é supremamente característico da histeria que, no momento de realizar-se a intenção, a ideia antitética inibida pode efetuar-se através de uma inervação corporal [...]; a ideia antitética se estabelece, por assim dizer, como uma "contravontade", enquanto o paciente percebe com espanto que sua vontade normal está sem qualquer eficácia[21].

A explicação proposta por Freud para o fenômeno desta "contravontade" consiste em recordar o estado de exaustão geral em que ela se produz – o que concorda com a teoria dos "estados hipnoides" – mas logo em seguida afirma que este fator é apenas parcial, já que as ideias excluídas da associação com o ego normal (este sim exausto) *não* estão enfraquecidas. É por esta razão que elas predominam no momento favorável à eclosão da histeria. Mas esta construção do mecanismo psíquico é caracterizada como tendo sido obtida "por inferência", enquanto, nos casos relatados na *Comunicação Preliminar*, "eu pude estabelecer a operação de um mecanismo psíquico

21. *A Successful Case of Treatment by Hypnosis*, S.E., I, p. 122.

similar, nos sintomas histéricos, de forma *direta*, investigando o paciente sob hipnose"[22].

Temos aqui o primeiro elo da cadeia. A hipnose com sugestão, em que só o médico fala e o paciente permanece silencioso, não permite uma investigação direta da origem dos sintomas. Limita-se a removê-los, sem que nem o médico nem o paciente compreendam coisa alguma do que está se passando. Por outro lado, o método catártico funcionava bem melhor, e seu suporte teórico – a teoria da ab-reação – parecia bem mais fundamentado do que o da sugestão hipnótica. Em 1893, portanto, Freud declara publicamente sua preferência pelo método de Breuer, como o demonstra o penúltimo parágrafo da *Comunicação Preliminar*. O caso de Emmy von N. fora tratado por Freud de acordo com as prescrições de Breuer.

Contudo, a catarse também dependia da hipnose. No capítulo dos *Estudos* sobre a "Psicoterapia da Histeria", Freud afirma que se deparava com dois obstáculos para trabalhar com a hipnose: primeiro, nem todos os pacientes eram hipnotizáveis, embora manifestassem claramente sintomas histéricos; segundo, era preciso descobrir precisamente o que caracterizava a histeria, e em que ela diferia das outras neuroses. A primeira destas pistas pode ser seguida nos casos clínicos com que Freud contribui para os *Estudos*, especialmente os de número III (Miss Lucie) e V (Fräulein Elizabeth von R.). No caso de Miss Lucie, Freud coloca francamente o problema teórico envolvido no abandono da hipnose:

> Ao desistir de utilizar o sonambulismo, talvez estivesse me privando daquele pré-requisito sem o qual o método catártico parecia inaplicável. Pois ele se baseia na suposição de que, neste estado de consciência alterado, o paciente tem à sua disposição recordações e associações que aparentemente não existem em seu estado de consciência normal. Quando não se desse a ampliação sonambúlica da consciência, seria impossível trazer à consciência aquelas relações causais, que o paciente oferece ao médico como algo desconhecido para ele[23].

O problema se colocava assim: como induzir o paciente a se recordar dos eventos traumáticos sem recorrer à hipnose? No caso de Fräulein Elizabeth von R., em que a mesma resistência à hipnose se manifestava, Freud recorreu a uma observação feita em Nancy: Bernheim conseguia fazer o paciente, recém-despertado do estado hipnótico, recordar-se do que ocorrera durante tal estado, mediante a aplicação de uma pressão na testa e a sugestão de que, no momento em que a pressão fosse retirada, as recordações emergiriam sem dificuldade. O sucesso destes experimentos sugeriu a Freud um modelo:

22. *A Successful Case of Treatment by Hypnosis*, S.E., I, p. 123.
23. *Studies on Hysteria*, S.E., II, p. 109 (Case History of Miss Lucie R.)

Decidi prosseguir, baseado na suposição de que meus pacientes sabiam tudo aquilo que se revestia de significação patogênica, e que tudo o que era necessário era forçá-los a revelá-lo[24].

Quando o paciente não produzia a recordação desejada, Freud insistia até que ela aparecesse. A falha não significava o esquecimento da recordação pertinente; ela estava ali desde a primeira pressão. O que na verdade ocorria era que

os pacientes ainda não haviam aprendido a deixar de lado sua autocrítica. Repudiavam a recordação emergente porque a consideravam uma perturbação inútil e importuna; mas depois de a comunicarem, verificava-se invariavelmente ser esta a ideia correta[25].

É o fenômeno que Freud vai em seguida chamar de "resistência", embora ainda não se apercebesse da sua imensa importância. O caso de Fräulein Elizabeth von R. é o primeiro em que ocorre este termo. A técnica de "concentração", como era denominada, exigia uma absoluta e voluntária cooperação por parte da paciente, o que nem sempre ocorria. Inicialmente, quando tal obstinação se manifestava, Freud interrompia a sessão, considerando o dia "pouco propício". Mas o fato de que a resistência só ocorria quando Elizabeth se encontrava bem disposta, e nunca num dia em que se queixava de dores, somado à atitude de concentração e às longas pausas que precediam a declaração de nada ter visto, levou Freud a suspeitar de que realmente ela se recordara de algo, mas se recusava a comunicá-lo, ou por submeter o que lhe ocorrera a uma crítica injustificada, ou, o que é novo, porque o assunto a ser tratado lhe fosse demasiado penoso.

Aqui temos uma vinculação com a teoria da defesa. O relato detalhado do caso não apresenta maior interesse, embora Freud o considere como o seu primeiro caso de análise completa da histeria. O artigo sobre a *Psicoterapia da Histeria* retoma o fio do raciocínio:

Através do meu trabalho, eu tinha que sobrepujar uma força psíquica na paciente, que impedia que a ideia patogênica se tornasse consciente (recordada)... Devia ser a mesma força psíquica que contribuíra para a formação do sintoma, e que naquele momento (traumático) impedira a ideia patogênica de se tornar consciente. Que tipo de força poderia ter esta eficácia, e que motivo poderia tê-la feito entrar em ação? [...] Tais ideias (patogênicas) eram sempre de natureza dolorosa, adequadas para provocar os afetos de vergonha, reprovação, dor psíquica ou sentimento de injúria; eram em geral daquele tipo que as pessoas gostariam de não ter experimentado, e preferem esquecer[26].

24. *Miss Lucie*, S.E., II, p. 110.
25. *Miss Lucie*, S.E., II, p. 111.
26. *The Psychotherapy of Hysteria*, S.E., II, p. 268.

Esta passagem mostra que Freud procurou conciliar a hipótese da defesa com a teoria da ab-reação, mas a primeira logo tomou desnecessário o recurso à segunda. Com efeito, o raciocínio segue a linha da primeira parte do texto que citamos. Uma vez apresentada a ideia dolorosa, o ego a repelira, rejeitando-a para se defender do conflito que ela necessariamente acarretaria frente às demais ideias já unidas nele. Quando, na terapia, Freud tentava dirigir a atenção para o traço mnêmico desta ideia, sentia como "resistência" a mesma força que na origem do sintoma se manifestara como "repulsa". Faltava ainda demonstrar que a ideia excluída se tornara patogênica precisamente em virtude da repressão; é o que Freud procura fazer nas *Epicrises*, ou reconstituições dos casos clínicos. Tomaremos como exemplo o caso de Fräulein Elizabeth von R.

O conflito inicial se produzira por ocasião do regresso da moça, que saíra com um rapaz, à casa em que seu pai se encontrava doente, tendo a condição deste se agravado durante a ausência da filha. Este conflito inicial produzira a primeira conversão, fazendo surgir uma dor na perna. O conflito seguinte se produzira quando da morte de sua irmã; Elizabeth, que sempre alimentara um sentimento afetuoso em relação a seu cunhado, pensara subitamente: "Agora ele está livre; poderei casar-me com ele". A repressão desta ideia conduzira a uma nova conversão, agravando a dor e difundindo-a para outras regiões da perna. Neste momento, Freud introduz uma afirmação explícita da existência do inconsciente:

> Quando afirmamos que o amor pelo cunhado não era conhecido pela moça, exceto em raras ocasiões, e mesmo assim só momentaneamente, queremos dizer exatamente o que estamos dizendo. Não se trata de uma qualidade mais baixa ou de um grau menor de consciência, mas de uma interrupção do processo de livre-associação mental com o resto da consciência[27].

Nos dois casos, a ideia reprimida era de natureza erótica e incompatível com a consciência moral da jovem. O mecanismo de conversão para finalidades de defesa ficava assim dotado de uma base empírica sólida, que Freud comprova também no caso da governanta inglesa, Miss Lucie. A defesa resultava num benefício para o ego, que se poupava de um conflito intolerável; mas este benefício se conseguia às custas de uma anomalia psíquica, de uma divisão da consciência e do sofrimento físico imposto pelas dores na perna.

Por que deveria ocorrer uma conversão? A repressão operara em dois tempos: primeiramente, dissociando a ideia de sua quota de afeto, já que apenas uma ideia "enfraquecida" pode ser reprimida. Em seguida, a própria ideia fora excluída da associação mental, formando o núcleo do que já conhecemos como "um segundo grupo psíquico". Mas a questão da conversão não é respondida, nem o poderia ser. Ela envolve o problema da "escolha da neurose", com o

27. *Studies on Hysteria*, S.E., II, p. 165 (Case History of Miss Elizabeth von R.).

qual Freud ainda se debateria por longo tempo, a cuja primeira – e errada – solução será fornecida pela teoria da sedução.

A defesa apresenta um problema, nos termos da fórmula de que os "histéricos sofrem principalmente de reminiscências", já que seu mecanismo implica uma dissociação imediata da ideia e do seu afeto pelo ego, no próprio momento em que se produz o trauma. Freud procura obviar esta dificuldade através da hipótese – confirmada pela clínica – de que não somente *um* trauma é responsável pelo desencadeamento da histeria, mas que é preciso uma série deles, cada qual despertando, por similaridade, a recordação dos anteriores. Sua conclusão é formulada nos seguintes termos:

> a somação dos traumas e a concomitante latência dos sintomas significa simplesmente que a conversão pode ser operada tanto com um afeto recente como com um afeto recordado, e esta hipótese explica plenamente a contradição que parece existir na história e na análise de Fräulein Elizabeth von R.[28].

O artigo finaliza com a observação de que é uma questão "quantitativa" que determina a absorção ou a rejeição pelo ego das ideias intoleráveis; se a quantidade de afetos desagradáveis superar o limite de suportabilidade do indivíduo, formar-se-á o "ímpeto para a conversão". Esta preocupação com a quantidade já estava presente no artigo de 1894 sobre as *Neuropsicoses de Defesa*, que também se fecha com uma consideração quantitativa:

> todas as qualidades têm uma quantidade, embora não possamos medi-la. É algo que pode ser aumentado, diminuído, deslocado ou descarregado, e que se estende sobre os traços mnêmicos das ideias, talvez como uma carga elétrica sobre a superfície de um corpo. Esta hipótese também está implícita em nossa teoria da ab-reação[29].

A tentativa de introduzir este fator quantitativo de maneira mais clara em sua psicologia das neuroses vai conduzir Freud ao *Projeto de uma Psicologia para Neurólogos*, de que trataremos mais adiante, e culminará com a introdução do "ponto de vista econômico" na *Metapsicologia* de 1915.

4. PRIMEIROS COMBATES

> *Sob o familiar, descubra o insólito*
> *Sob o quotidiano, desvende o inexplicável.*
> *BRECHT*, A Exceção e a Regra, *ato II*.

Através da técnica de concentração, portanto, Freud estava progressivamente se libertando do método catártico e da hipnose que o acompanhava. A descoberta da resistência e a dedução do mecanismo

28. *Miss Elizabeth*, S.E., II, p. 173-174.
29. *The Neuropsychoses of Defence*, S.E., III, p. 60.

de defesa como pré-condição da sua emergência o convenceram a abandonar a técnica de Breuer, que, ao silenciar a consciência do paciente, na verdade obturava os canais por que poderiam surgir as resistências. Já no capítulo clínico dos *Estudos* de 1895, *A Psicoterapia da Histeria*, Freud reduz consideravelmente o alcance do método catártico. Esta redução se vincula a um segundo obstáculo que encontrara em sua prática clínica, isto é, a questão de saber o que diferenciava a histeria das outras neuroses. O fato empírico de nem todos os histéricos serem hipnotizáveis deixava margem a dúvidas: poderia, na verdade, tratar-se de um insuficiente domínio da técnica hipnótica por parte do próprio Freud. Embora tivesse estudado a fundo os procedimentos deste gênero, tendo inclusive traduzido as obras de Bernheim sobre a sugestão e escrito um verbete a respeito da hipnose para um dicionário médico, Freud poderia não dispor da capacidade de sugestão em grau adequado. Contudo, o fator teórico nos parece mais decisivo: a hipnose impedia a discriminação das várias neuroses, com as quais Freud se fora familiarizando por sua prática clínica, e cuja determinação precisa, em termos sintomatológicos e etiológicos, era a questão principal que o preocupava naquela época. O mecanismo descrito na *Comunicação Preliminar* – estrangulamento do afeto e sua consequente função patogênica – era amplo demais; aplicá-lo, a rigor, equivalia a equiparar as obsessões às histerias, o que era patentemente equivocado, como o próprio Freud demonstra no artigo de 1894 sobre as *Neuropsicoses de Defesa*.

E neste capítulo que ocorre explicitamente a generalização de que,

> Se podemos falar de uma causa pela qual as neuroses podem ser adquiridas, sua etiologia deve ser buscada em fatores sexuais. Isto concorda com a descoberta de que, falando de maneira geral, vários fatores sexuais podem produzir vários quadros clínicos de moléstias neuróticas[30].

O primeiro resultado deste esforço de classificação foi a separação das "neuroses atuais" das psiconeuroses, já que as primeiras – a neurastenia e a neurose de angústia – se caracterizam por não possuírem em sua etiologia nenhum mecanismo psíquico, originando-se do emprego inadequado da energia sexual. A neurastenia depende da inadequação da ação que descarrega a tensão sexual, como uma masturbação ou uma polução espontânea, enquanto a neurose de angústia é produzida

> por todos aqueles fatores que impedem a elaboração psíquica da excitação somática sexual... Os sintomas da neurose de angústia representam, em certa medida, um "substituto" para a ação sexual específica omitida[31],

30. *The Psychotherapy of Hysteria*, S.E., II, p. 257.

31. *On the Grounds for Detaching a Particular Syndrome from Neurasthenia under the Description "Anxiety Neurosis"*, S.E., III, pp. 109-110.

que Freud reconhece ser na maior parte das vezes o *coitus interruptus*. Assim, embora a neurose de angústia não possua um mecanismo "psíquico" específico, ela influencia a vida mental, dando origem a expectativas angustiadas, fobias etc. Quanto às psiconeuroses, são divididas em dois grandes grupos: as histerias, caracterizadas pela "conversão" do afeto, e as neuroses compulsivas, em que ocorre o "deslocamento" ou "transposição" do afeto, no interior da vida psíquica, sem afetar as inervações corporais. Os casos clínicos demonstram que a defesa, tanto num como noutro grupo, se exerce sempre sobre conteúdos de natureza sexual. Confirma-o a carta nº 18 a Fliess, de 21.5.1894:

> Tenho a clara impressão de ter tocado um dos grandes mistérios da Natureza [...] O "conflito" coincide com meu conceito de defesa, compreendendo os casos de neuroses adquiridas em pessoas hereditariamente normais. O que se exclui é sempre a sexualidade[32].

A avaliação do método catártico é feita em conexão com este quadro nosográfico. Como as neuroses com que o terapeuta se depara na clínica são geralmente de natureza mista, compreendendo sintomas de natureza histérica, compulsiva, neurastênica ou de angústia, é preciso dispor de técnicas para lidar com todos eles. Para remover sintomas de fundo histérico, o método de Breuer é "insuperável"; mas, além de não penetrar nas causas da histeria – o que já fora acentuado desde a *Comunicação Preliminar* – ele não se presta ao tratamento das histerias crônicas e progressivas, com produção contínua de sintomas. É para estes casos que a técnica de concentração e a concomitante hipótese da etiologia sexual-defensiva são indispensáveis, já que a terapia é neste caso "causalmente efetiva". Já sabemos por que: a remoção das resistências é que se converte no objetivo terapêutico primordial, uma vez que elas simplesmente expressam a repressão que tornou patogênica a ideia vinculada ao sintoma

Na terceira seção deste capítulo, o método catártico recebe um novo golpe. Freud reconhece que no caso de Frau Emmy von N., que tratara segundo a terapia proposta por Breuer,

> jamais encontrei as causas reais da moléstia, que sem dúvida eram idênticas às que provocaram suas recaídas depois do meu tratamento; e quando uma vez, acidentalmente, pedi-lhe uma recordação que continha um fragmento erótico, ela se mostrou tão resistente quanto meus pacientes posteriores, tratados sem recurso ao sonambulismo. [...] Como também presenciei casos que, mesmo em hipnose profunda, eram absolutamente refratários do ponto de vista terapêutico, apesar de sua obediência em todo o resto, tornei-me realmente cético quanto ao valor da hipnose para a facilitação do tratamento catártico[33].

32. *O.P.*, Carta 18, p. 3490.

33. *The Psychotherapy of Hysteria*, S.E., II, p. 284.

Este texto toca em três pontos fundamentais. Primeiramente, a limitação da terapia à remoção dos sintomas, o que, aos olhos de Freud, já era suficiente para desqualificá-la; em segundo lugar, ela não se presta à verificação da etiologia sexual, demonstrada pela análise das resistências através da concentração; por fim, os casos "terapeuticamente refratários" evidentemente se referem a neuroses não histéricas, o que implica que o método catártico constituía um entrave para a classificação e consequente apreensão dos mecanismos específicos de cada neurose. É curioso que ele ainda insista em denominar sua técnica de "método catártico", como se já não estivesse abundantemente demonstrado que a hipnose é essencial à catarse, e que sua nova "técnica de concentração", juntamente com a hipótese defensiva e a etiologia sexual, nada mais tinham a ver com o método de Breuer, nem com a *Comunicação Preliminar*. Apenas a consideração pelo colega com que assinava a obra nos parece dar conta da reticência de Freud em afirmar a diferença que os separava, já naquela altura.

A base teórica do método catártico era a doutrina dos estados hipnoides. A aquisição das ideias patogênicas durante tais estados autorizava a tentativa de removê-las mediante a sua reprodução controlada, isto é, sob hipnose. A discordância quanto a esta etiologia, contra a qual Freud propõe a defesa e a sexualidade, é encoberta pelo tato na formulação; mas, ainda que reconheça que o caso Anna O. pudesse ser considerado de "histeria hipnoide", o parágrafo seguinte reduz todas as histerias à de defesa:

> É notável, contudo, que em minha própria experiência jamais tenha encontrado uma genuína histeria hipnoide; tudo o que eu tratava se transformava numa histeria de defesa (. .) Pude demonstrar que o assim chamado estado hipnoide devia sua separação ao fato de que um grupo psíquico originara-se, primeiro, através da defesa.

O mesmo vale para as histerias de retenção:

> presumo, pois, com toda a cautela apropriada à ignorância, que também na base da histeria de retenção podemos encontrar um fragmento de defesa, que lançou todo o processo rumo à histeria. Esperemos que novas experiências decidam logo se estou incorrendo no perigo da unilateralidade e do erro, em minha tendência a ampliar o conceito de defesa para a totalidade da histeria[34].

34. *The Psycotherapy of Hysteria*, S.E., II, p. 286. Laplanche e Pontalis observam que o termo "histeria de defesa" desaparece depois do livro conjunto de Freud e Breuer: "Uma vez assegurado este resultado – ver na defesa o processo fundamental da histeria, estender às demais neuroses o modelo do conflito defensivo – o termo ‹histeria de defesa› perde evidentemente sua razão de ser." (*Vocabulaire*, ed. cit., artigo "Hystérie de Défense", p. 181).

Esta declaração não invalida, contudo, o fato de que o resto dos escritos deste período tenham em seu centro a noção de defesa.

Podemos considerar que foi a descoberta da resistência e de sua insuperabilidade pelo método catártico que finalmente conduziu Freud ao abandono das concepções da *Comunicação Preliminar*. No artigo sobre a *Psicoterapia da Histeria*, ela ocupa várias páginas, aparecendo principalmente como aquilo que determina o agrupamento das recordações ao redor do núcleo central patogênico: segundo o grau de resistência oferecido para determinado círculo de recordações, é possível determinar sua posição relativamente ao "núcleo central". Toda esta questão está relacionada ao que Freud denomina a "estratificação do material psicopatogênico": as recordações reprimidas não estão dispostas ao acaso, e sim arranjadas "em boa ordem lógica" ao redor do núcleo central. No decorrer do tratamento, o material reprimido é desvelado de maneira aparentemente caótica, porque o paciente comunica o que lhe vem à cabeça, e enquanto o faz não tem ideia do resto do conjunto reprimido. Cabe ao analista organizar estes dados, obtidos mediante a livre-associação e o trabalho de interpretação das resistências, numa "organização conjetural", que Freud compara a um quebra-cabeça chinês. Esta análise, profusa em analogias, é retomada no Manuscrito M, anexo à sua carta nº 63 a Fliess (25.5.1897), intitulado "A Arquitetura da Histeria"[35], e nos parece importante por dois motivos. Em primeiro lugar, a rigorosa arquitetura do material patogênico justifica o recurso à livre-associação. Com efeito, poderia parecer arriscado substituir o interrogatório sistemático, sob hipnose ou sob concentração – deste ponto de vista, os dois procedimentos se equivalem – pela arbitrariedade na comunicação dos dados relevantes, implícita na livre-associação. Ernest Jones cita quatro motivos para este passo aparentemente anticientífico[36]: a paciência extraordinária de Freud; sua fidelidade aos princípios de causalidade professados pela escola de Helmholtz; a suspeita de que os devaneios dos pacientes denotavam sua resistência, a qual, embora retardasse a emergência da recordação desejada, acabava sempre por aludir a ela; e a recordação inconsciente de um ensaio de Ludwig Börme, escritor a quem Freud muito apreciara em sua adolescência, e que identificava na livre-associação um método ideal para a criação literária. Destes quatro motivos, interessam-nos aqui o segundo e o terceiro. Se na mente nada ocorre por acaso, e se o material reprimido se encontra disposto segundo uma ordem coerente, a associação só é livre na aparência. Em 1909, perante seu público americano, Freud dirá que "adotamos a hipótese de que nada pode ocorrer ao paciente que não se relacione, ainda que de forma indireta, com o complexo de ideias

35. *O.P.*, Manuscrito M, p. 3570.

36. ERNEST JONES, *La Vie et l'oeuvre de Sigmund Freud*, Paris, PUF, 1970, tomo I, pp. 270-272.

e afetos que estamos procurando"[37]. As associações do paciente devem ser tratadas como se fossem sintomas, isto é, elementos originados de uma transação entre as forças repressoras e o material reprimido. Mas, como sintomas, devem mostrar certa similaridade com o material reprimido, de forma que é possível, a partir da natureza das associações, descobrir o objeto oculto da busca analítica. A associação é, portanto, uma "alusão" ao reprimido, uma maneira de mencioná-lo sem dizê-lo diretamente.

Em segundo lugar, a estratificação do material reprimido oferece a Freud uma prova cabal de que nada há no histérico de anormal ou degenerado. O alvo visado aqui é Janet, com sua teoria de que a histeria se deve a uma incapacidade congênita de síntese psíquica, e indiretamente Charcot, que, como vimos, atribuía a predisposição para a histeria a uma deterioração hereditária do cérebro. Escreve Freud:

> a experiência mostra o contrário: no momento em que os motivos ocultos são revelados e levados em conta, nada resta no fluxo mental do histérico que seja enigmático ou anômalo[38].

A teoria do conflito defensivo, com efeito, explica a aparente incoerência do discurso histérico mediante o conceito de resistência, e proporciona uma teoria bastante completa para a ocorrência deste fenômeno, com o conceito de repressão. Freud ainda não elucidara este último, e na verdade ainda tinha um longo caminho a percorrer; mas o aspecto clínico do problema estava posto de forma bem mais convincente do que se poderia depreender quer da teoria de Janet, quer da hipótese de Breuer. Esta, aliás, é descartada de forma cabal nas Conferências de 1909: "a ideia de Breuer sobre os estados hipnoides mostrou-se supérflua e nociva a uma investigação posterior, e foi eliminada das concepções atuais da psicanálise"[39]. Supérflua: a noção de defesa a substitui e a explica. Nociva: encobrindo o conflito defensivo, impedia a percepção da resistência e com ela da etiologia sexual das neuroses, além de fundamentar apenas uma terapia "sintomal", incapaz de curar a histeria de forma radical. Não que Freud considerasse possível esta cura com seu próprio método, ainda envolto em tantas obscuridades teóricas; mas ao menos este permitia, atingindo o que supunha ser a raiz da doença, compreendê-la melhor e esperar melhorias mais significativas na condição do paciente.

Podemos, assim, sintetizar o percurso realizado até aqui. Propusemo-nos demonstrar que o conceito de defesa só pode ser produzido através de uma ampla reformulação das teorias iniciais e dos

37. *Five Lectures on Psychoanalysis*, S.E., XI, p. 31-32. (Terceira Conferência).
38. *The Psychotherapy of Hysteria*, S.E., II, p. 294.
39. *Five Lectures on Psychoanalysis*, S.E., XI, p. 20 (Primeira Conferência).

procedimentos técnicos de que Freud se servia antes de 1895. Tanto estes como aquelas lhe foram legados por seus antecessores, Breuer e Charcot. De Charcot procedia a vinculação da histeria com a hipnose; de Breuer, o método catártico e a teoria dos estados hipnoides. Contudo, Freud possuía uma experiência clínica que faltava a Breuer, e um interesse pela psicologia que faltava a Charcot. Foram estes dois elementos que lhe permitiriam ultrapassar seus predecessores – na medida em que podemos considerá-los como tais – e avançar num rumo inteiramente novo, que se encontra nas raízes da Psicanálise. E foi sem dúvida a prática clínica que lhe forneceu o ponto de partida para as investigações que iriam conduzir ao nascimento desta disciplina, voltando-se inicialmente contra Charcot e em seguida contra Breuer.

O primeiro combate foi relativamente fácil. Charcot não dispunha de uma teoria capaz de explicar os sucessos do método hipnótico; a constatação de que os sintomas podiam ser induzidos ou removidos mediante a hipnose significava simplesmente que eles eram "ideogênicos", isto é, provocados por ideias. Esta constatação exigia uma teoria psicológica, pela qual o mestre francês não manifestava maior interesse. Daí sua redução dos traumas ao papel de *agents provocateurs* e sua ênfase na predisposição constitucional. Nesta linha, a explicação psicológica proposta por Janet – a tendência congênita à incapacidade de síntese psíquica – não passava de uma explicação *ad hoc*, justapondo sem maiores delongas o fator congênito (de origem orgânica, de onde sua insistência na degenerescência do cérebro do histérico) e o fator psicológico. Pelo menos assim o entendeu Freud, nas frequentes polêmicas que o vimos entreter com as teses da escola de Paris. Em primeiro lugar, desde a *Comunicação Preliminar* o trauma recebe um valor etiológico decisivo, e uma teoria para explicar este valor; em segundo, a clínica demonstrava precisamente o oposto do que seria de se esperar, caso a hipótese psicológica de Janet fosse fundada: não só o histérico dispunha de faculdades psíquicas perfeitamente normais, como o material patogênico, após correta interpretação por parte do terapeuta, apresentava-se provido de uma organização rica e complexa. O único fato que Freud retém da psicologia proposta por Janet é o da "dissociação psíquica", mas desde a primeira versão da teoria ele recebe uma explicação diferente da que lhe outorgava o investigador de Paris.

Com Breuer, as coisas se apresentavam de forma diferente. Os fulcros da explicação da *Comunicação Preliminar* são a noção de estados hipnoides e seu concomitante, o conceito de ab-reação. Tecnicamente, o método catártico apresentava uma vantagem sobre o hipnótico, que consistia em dar a palavra ao paciente e desta forma recuar até a origem dos traumas que o haviam conduzido à histeria. Do ponto de vista teórico, lançava-se mão de um postulado – o de que toda ideia comporta uma representação e um afeto – bem mais plausível do que a especulação sobre a incapacidade de sintetizar os conteúdos psíquicos de forma satisfatória[40]. O postulado conduzia a um teorema, o dos estados hipnoides, cujas premissas consistiam no caráter ideogênico do sintoma e na possibilidade de sua remoção por uma técnica psicológica, e cujos corolários podemos seguir no desenvolvimento do método catártico. Se os traumas são desconhecidos pela consciência normal do paciente, só podem ter sido adquiridos numa condição que impedisse quer sua ab-reação, quer sua inclusão no complexo de associações conscientes. A hipnose, alargando o campo da consciência, tornava possíveis ambas as coisas, desde que se deixasse o paciente falar: o caráter patogênico do trauma ou da série de traumas era eliminado pela ab-reação verbal, permitindo a inclusão da ideia correspondente no psiquismo normal, onde seria associada a outras ou esquecida.

A crítica de Freud incide precisamente sobre o teorema dos estados hipnoides. Dois pontos essenciais pareciam-lhe falhos: a *origem* destes estados e a *razão* pela qual as ideias neles surgidas tinham necessariamente que ser excluídas da consciência desperta. A explicação de Breuer para o primeiro ponto – a exaustão psíquica do indivíduo – não era satisfatória, já que outras pessoas podiam passar pelas mesmas experiências sem se tornarem histéricas. Na verdade, tal explicação desembocava na reintrodução do fator predispositivo, único capaz de dar conta do problema. Ora, era precisamente a desvalorização deste fator que a teoria se propunha a fundamentar. O segundo ponto conduzia a uma explicação circular: as representações adquiridas no estado hipnoide seriam privadas de ulterior absorção associativa devido às peculiaridades deste estado, o qual por sua vez tinha que ser introduzido para dar conta da impossibilidade daquelas representações serem associadas às demais. O mesmo valia para o estrangulamento dos afetos: sua retenção dependia da condição hipnoide, que por sua vez se caracterizava por impedir a ab-reação dos afetos. Por fim, a identificação da eficácia do método catártico com a reprodução dirigida dos estados hipnoides era desmentida pelos fatos clínicos aduzidos por Freud: a impossibilidade de hipnotizar certos histéricos e, conversamente, o fracasso do método com indivíduos perfeitamente hipnotizados.

40. O conceito em questão – considerar a ideia como associação de um componente representativo e um elemento afetivo – recorda a noção espinosiana de ideia. Segundo Richard Wollheim (*As Ideias de Freud*, S. Paulo, Cultrix, 1974), Freud a teria aprendido de Franz Brentano, a cujos cursos assistiu na Universidade de Viena. O fundamental, porém, não é a origem da noção, mas seu papel decisivo para a constituição de uma psicologia dinâmica. Ao considerar complementares os registros intelectual e emocional, Freud mune-se do instrumento capaz de, mediante a intervenção da repressão, dar conta do surgimento do inconsciente e do conflito defensivo, sem necessitar de qualquer elaboração especulativa para explicar o laço que une a representação e o afeto: eles já estão vinculados *ex hypothese*. O problema não é, portanto, o seu liame, mas a sua separação. Esta exige a intervenção de uma força que opere neste sentido: eis aí o ponto de partida para pensar a repressão.

Freud começou por abandonar a hipnose e a catarse, introduzindo a técnica da concentração[41]. A percepção das resistências, tornada possível pelo estado normal de consciência em que se conduzia o tratamento, levou-o a suspeitar de existência da defesa. Esta foi inicialmente identificada com um ato voluntário do indivíduo, o que condiz com a introdução da consciência desperta no curso da terapia. O conceito de defesa mantinha os elementos explicados pela teoria de Breuer – a importância do fator traumático e o caráter secundário da dissociação psíquica – mas evitava os escolhos de contradição e da circularidade em que aquela incorria. A causa da defesa foi encontrada na incompatibilidade da ideia penosa com o resto do ego, o que, longe de incorrer no erro da circularidade, abria o campo para a questão de por que tais ideias seriam penosas. A resposta de Freud consistia em afirmar o caráter sexual das representações excluídas, o que novamente abria um campo fecundo: por que a sexualidade seria vivida como um tormento? Da defesa à etiologia sexual, portanto, o percurso é impecável, ao contrário do que verificamos ser o caso com o teorema dos estados hipnoides. Muito naturalmente, Freud dedicou-se em seguida à questão sexual, embora, como veremos na próxima seção, sua primeira hipótese estivesse equivocada (trata-se da teoria da sedução).

Mas a noção de defesa tinha outra implicação, muito mais importante: permitia classificar as neuroses segundo as modalidades defensivas, superando a excessiva amplitude da teoria dos "afetos estrangulados". Com efeito, na histeria a defesa conduzia à conversão do afeto, nas neuroses compulsivas ao seu deslocamento, e na confusão alucionatória à repressão tanto do afeto quanto da ideia. Esta classificação vai ser bastante alterada no curso dos anos seguintes, mas o essencial será mantido. Novamente vemos abrir-se um outro campo: a questão da "escolha de neurose" que, evidentemente, só pode ser posta no contexto das modalidades da defesa, e jamais com base no estrangulamento do afeto, hipótese em que modalidades de realização diferentes não têm qualquer sentido.

41. Esta modificação não se resumia, porém, numa alteração técnica. Implicava em transformar a terapia num diálogo, abandonando o médico a postura autoritária do semideus onisciente. Freud se confessava ignorante e, socraticamente, nisto residia sua força. Por outro lado, as "ideias" patogênicas, ao serem rememoradas na sessão analítica, transpunham o passado para o presente, o que convertia o tratamento num processo de autoconscientização. O registro simbólico da linguagem ganhava assim a dimensão de fator preponderante para a cura, o que não cessará de preocupar os positivistas, que esperam encontrar no lugar da ferida simbólica uma lesão orgânica. A psicanálise, no gesto mesmo que a funda, estabelece um valor ético irredutível: a sinceridade como pilar do discurso do paciente, a discrição e a suspensão do juízo moral como condições da escuta do analista. Esta escuta, à caça das resistências, é um exercício de suspeita: a sobredeterminação, só tematizada na *Interpretação dos Sonhos*, aparece aqui implicitamente como fundadora da lógica da loucura, e, inversamente, a interpretação se erige como método insuperável para detectar o desejo oculto sob a linguagem. Mas estes são temas cujas repercussões só poderão ser notadas posteriormente, em outras constelações conceptuais.

O caráter voluntário que Freud atribui ao movimento da defesa – embora posteriormente este ponto de vista fosse abandonado – explica também, no plano da teoria, o motivo da eficácia do procedimento de Breuer: ao colocar sob hipnose o paciente, sua vontade se encontra paralisada, e as defesas superficiais podem ser transpostas sem maiores dificuldades. Contudo, as limitações do método catártico são igualmente explicadas de maneira satisfatória: a hipnose reencontra as defesas fundamentais e é incapaz de dissolvê-las, já que encobre as resistências delas derivadas, sendo a interpretação a única forma de desvendar e desfazer os movimentos defensivos iniciais.

A introdução do conceito de defesa, assim, marca o início da teoria psicanalítica. Ele não nasceu simplesmente da prática clínica; foi produzido mediante uma reflexão sistemática sobre os dados desta prática, cujas etapas procuramos reconstituir, e uma crítica coerente dos defeitos lógicos da teoria dos estados "hipnoides", que ele vem substituir com grandes vantagens. A dissociação psíquica passa a ser pensada em termos dinâmicos, como consequência de um conflito entre forças psíquicas. Sendo o objetivo visado pela defesa invariavelmente a sexualidade, toma-se preciso investigar de perto o funcionamento da vida sexual; o problema da determinação das magnitudes das forças em presença conduz Freud à elaboração do *Projeto* e posteriormente à introdução do "ponto de vista econômico". Abrem-se assim as duas frentes em que seu pensamento vai-se desenvolver no curso dos anos seguintes, percurso que seguiremos agora através dos textos publicados entre os *Estudos sobre a Histeria* (1895) e a *Interpretação dos Sonhos* (1900), bem como através da correspondência com Fliess, que atingiu o auge de sua intensidade precisamente durante este período.

5. NEURÔNIOS E NEUROSES

Nosso próximo objetivo é demonstrar que a teoria da sedução, à qual Freud aderiu entre 1895 e 1897, está estreitamente vinculada à hipótese básica do *Projeto para uma Psicologia Científica*, a saber, que os diferentes estados psíquicos podem ser descritos a partir do fluxo de energia no interior do sistema nervoso. As sucessivas reelaborações impostas por Freud a estas duas concepções, atestadas pelas cartas trocadas com Fliess, culminaram com o abandono quase simultâneo de ambas por volta do outono de 1897. Esta dupla rejeição tampouco é casual, como procuraremos mostrar ao final do percurso. Nossa tese é de que as duas ideias estão relacionadas da seguinte maneira: a hipótese quantitativa, que se refere ao funcionamento do sistema de neurônios, procura dar conta tanto dos processos psíquicos normais quanto dos patológicos, entre os quais Freud inclui as neuroses. Ela é encarregada, portanto, de fundamentar a teoria da sedução, a partir do que poderíamos denominar uma psicologia do normal: o valor etiológico da sedução tem que ser explicado pela mecânica dos neurônios e pelos eventuais distúrbios na distribuição de energia no interior do sistema nervoso. Freud procurou realizar esta tarefa, explicitamente, na Parte II do *Projeto*, em que a repressão é considerada como uma forma patológica de defesa. Por outro lado, as descobertas clínicas e as próprias contradições internas da hipótese quantitativa conduziram-no a abandonar este esquema de explicação; embora as primeiras tenham valor decisivo aos olhos de Freud, é provável que as segundas também tenham desempenhado um papel importante neste ponto. A descoberta da sexualidade infantil exigia, naturalmente, o abandono de qualquer tentativa de fundamentar os processos psíquicos na fisiologia do cérebro; contudo, veremos que Freud, ainda que renunciando a um paralelismo simplista, jamais se desfez da esperança de que um dia a correlação entre a psicologia e a realidade orgânica pudesse ser estabelecida.

Interroguemos, pois, os textos. Em maio de 1894, Freud envia a Fliess o Manuscrito D, intitulado *Sobre a Etiologia e a Teoria das Grandes Neuroses*; um dos parágrafos deste manuscrito assinala os "Pontos de Contato com a Teoria da Constância". São eles:

> Incremento interno e externo da estimulação; excitação constante e efêmera – Somação como característica da excitação interna. – Reação Específica. – Formulação e Exposição da Teoria da Constância. – Intercalação do ego, com a acumulação da excitação.

Quatro linhas mais abaixo encontramos o

> Mecanismo das Neuroses: As neuroses como transtornos do equilíbrio provocados por crescentes dificuldades de descarga. – Tentativas de compensação, de eficácia limitada. – Mecanismo das diferentes neuroses em relação com sua etiologia sexual. – Afetos e neuroses[42].

Estas indicações, extremamente esquemáticas, serão desenvolvidas no *Projeto*. Mas já podemos perceber os dois registros em que Freud vai procurar formular suas ideias: a noção de "excitação" provém da biologia, o conceito de "mecanismo" origina-se da física. Embora quase todo o *Projeto* esteja vazado numa linguagem inspirada na mecânica, a biologia desempenha nele um papel importante, tanto como linguagem de referência, como por se tratar de explicar a fisiologia do sistema nervoso enquanto capaz de servir de suporte a processos psíquicos. A expressão "mecanismo" deve ser tomada ao pé da letra. "Mecanismo das neuroses" refere-se abreviadamente a uma concepção que poderíamos formular assim: "(perturbações do) mecanismo (do sistema nervoso, que resultam na produção) das

42. *O.P.*, Manuscrito D, p. 3493.

neuroses". Ora, aqui se encontra implícita uma ideia do sistema nervoso como algo semelhante a um aparelho, no interior do qual a energia circula de uma forma "normal" até que se produzam desarranjos. Estes, comparáveis a curto-circuitos, desencadeiam reações antifuncionais, o que, expresso em termos biológicos, equivale a dizer reações patológicas.

A tentativa de explicar os processos psíquicos através da fisiologia do sistema nervoso estava, por assim dizer, na ordem do dia[43]. Mas pensamos que Freud tinha suas próprias razões para aventurar-se pelo campo da psicologia, e que entre estas razões avultava a questão de encontrar uma base psicofisiológica para a sua teoria das neuroses, centrada sobre a hipótese da sedução. Isto é confirmado pela maneira como ele introduz a concepção quantitativa, considerada o "Primeiro Teorema Principal" do *Projeto:*

> Esta (concepção quantitativa) é derivada diretamente da observação clínico-patológica, especialmente no caso de ideias excessivamente intensas –na histeria e nas obsessões, nas quais a característica quantitativa emerge mais claramente que nos casos normais. Processos como o estímulo, a substituição, a conversão e a descarga [...] sugeriram diretamente a concepção da excitação neuronal como uma quantidade em estado de fluxo. Parece legítimo generalizar o que foi reconhecido nestas perturbações[44].

A expressão "diretamente" ocorre duas vezes nesta passagem. A noção de que toda ideia consiste numa representação e numa quota de afeto aparece desde a *Comunicação Preliminar*; mas já vimos como Freud produziu o conceito de defesa para explicar a dissociação destes componentes e a origem das neuroses. Trata-se agora de encontrar o modelo normal deste processo e explicá-lo em função de diferentes distribuições da excitação nervosa. Na carta 24 a Fliess, de 25.5.1895, Freud declara que

> duas ambições me dominam: primeiro, averiguar qual será a teoria do funcionamento psíquico se se introduzir o ponto de vista quantitativo, uma espécie de economia da energia nervosa; segundo, extrair da psicopatologia tudo o que puder ser útil para a psicologia da normalidade. Com efeito, seria impossível alcançar uma compreensão global e satisfatória dos transtornos neuropsicóticos, se não se pudesse fundá-la sobre claras hipóteses acerca dos processos psíquicos normais[45].

Cabe perguntar por quê. Em primeiro lugar, pensamos na polêmica contra Janet, em que Freud sustenta serem os histéricos pessoas normais até o momento da eclosão da doença, descartando a

43. ERNEST JONES, *op. cit*, tomo I, pp. 417-418. O biógrafo de Freud sugere que este se tenha inspirado na obra de seu professor, Sigmund Exner, publicada em 1894 com o título de *Ensaio de uma Explicação Fisiológica dos Fenômenos Psíquicos*, em que constam as noções de soma de excitação, facilitações neurônicas, inibição, leis quantitativas, e a regulação do sistema pelo princípio do prazer-desprazer.

44. *Project for a Scientifc Psychology*, S.E., I, pp. 295-296. (*Project*).

45. *O.P*, Carta 24, p. 3516.

hipótese de degeneração constitucional. É evidente que, se a histeria é uma perturbação psíquica adquirida – e demonstrar isto é o objetivo da teoria da defesa –, torna-se necessário compreender por que um processo psíquico até então normal assume características patológicas. Em segundo lugar, a fórmula da *Comunicação Preliminar*, segundo a qual os histéricos sofrem principalmente de reminiscências, é retida no *Projeto*, embora a explicação para a intensidade anormal destas reminiscências oferecida naquele texto (a impossibilidade de ab-reação devido aos estados hipnoides) já não seja satisfatória. Se as reminiscências são demasiado intensas, é preciso investigar a natureza da "intensidade" psíquica e descobrir de que forma elas assumiram tal característica. As duas "ambições" podem ser resumidas numa única questão: *Por que os histéricos sofrem de reminiscências?* A memória é uma função psíquica normal; trata-se de descobrir em que ela consiste e através de que processos ela se transforma.

É por esta razão, parece-nos, que a primeira questão de Freud no *Projeto* se refere à memória. Suas hipóteses iniciais sobre o sistema nervoso são bem conhecidas: ele se compõe de células especiais, os neurônios, através das quais circula uma quantidade Q de energia[46]. Os neurônios pelos quais passa esta energia procuram livrar-se dela mediante uma descarga, finalmente operada pelo aparelho motor. É o modelo do arco reflexo simples que conduz Freud ao *Princípio de Inércia Neurônica*, segundo o qual os neurônios tendem a desinvestir-se de Q, sendo esta descarga a função primária do sistema. Contudo, como as excitações provêm tanto do mundo exterior quanto do corpo do indivíduo, e como frente a estas últimas a reação de fuga do estímulo é impossível, o sistema nervoso tem que aprender a suportar uma certa carga de Q, suficiente para provocar a ação específica capaz de, mediante uma modificação do meio externo, pôr fim à excitação endógena. A manutenção deste investimento de Q no nível mais baixo possível, e ao mesmo tempo suficiente para realizar a ação específica, constitui a função secundária do sistema nervoso, que segundo Freud é uma decorrência da necessidade da sobrevivência do organismo. Vemos aqui o primeiro afloramento do registro biológico, já que a função secundária é imprescindível para a atividade vital do indivíduo. Contudo, isto é imediatamente traduzido em termos mecânicos: como a função secundária implica que ao menos um certo volume de Q seja retido, é preciso que entre os neurônios existam resistências que se oponham à descarga imediata; Freud as denomina "barreiras de contato". Consequentemente, ele postula duas classes de neurônios:

46. A rigor, Freud se serve de duas abrevições: Q e *Qή*. Contudo, não fica claro se existe uma separação nítida entre os conceitos denotados pelos dois sinais; James Strachey coloca, num longo adendo ao texto do *Project*, uma observação sobre a dificuldade de delimitar a significação de cada abreviação (S.E., I, pp. 392-397). Por este motivo, e também em nome da simplicidade, optamos por designar a quantidade de que trata o *Project* como Q, omitindo a outra fórmula.

os neurônios φ, totalmente permeáveis à excitação, e os neurônios ψ, que dificultam a passagem de Q. Ao transitar entre um neurônio e outro, Q abre caminho por entre estas barreiras, marcando seu percurso por "facilitações" nas barreiras de contato. "A memória é representada pelas diferenças de facilitações entre os neurônios ψ"[47]. Esta facilitação é função da intensidade de Q que atravessa o neurônio e do número de repetições deste processo. É importante que o "fator operativo" seja Q e não a natureza dos neurônios, pois o histólogo Freud sabe perfeitamente que as células são idênticas tanto no sistema ψ como no sistema φ.

Para dar conta da consciência, que trabalha com qualidades psíquicas e não com quantidades de energia, é introduzido o sistema ω. Este grupo de neurônios apresenta total permeabilidade, o que é exigido pela natureza transitória da consciência, mas se distingue dos neurônios do sistema ϕ por trasmitir apenas a "peridiocidade" do movimento neuronal, e não as intensidades de Q. A importância da consciência é dada pelo fato de nela se manifestarem as sensações qualitativas do prazer e do desprazer. A passagem merece ser citada por inteiro, já que é a primeira formulação do Princípio do Prazer:

> Como conhecemos uma tendência na vida psíquica a evitar o desprazer, somos tentados a identificar esta tendência com a tendência primária à inércia. Neste caso, o "desprazer" teria que ser considerado como coincidindo com uma elevação do nível de Q ou com um aumento na pressão quantitativa: seria a sensação ω quando há um aumento de Q em ψ. O prazer seria a sensação de descarga [...] Desta maneira, os processos quantitativos em ψ também alcançariam a consciência, uma vez mais como qualidades[48].

A energia do sistema ω provém de ψ e não de ϕ, porque este, sendo o sistema mais próximo da percepção, recebe apenas quantidades, que são transmitidas para ψ, de onde a periodicidade da energia passa para o sistema ω, como "qualidades" sensoriais, já que as percepções iniciais estão quase desprovidas de quantidade. Todo este esquema será modificado na carta 39, quando Freud inserir o sistema ω *entre* ψ e ϕ. Contudo, o que nos interessa neste momento é mostrar que a consciência é antes de mais nada consciência das alterações internas do indivíduo, representadas pelo acúmulo de tensão no sistema ψ, único a estar em contato direto com os órgãos do corpo. O modelo de que se serve Freud aqui é o da necessidade biológica, em especial a fome, que, como todo estímulo endógeno, só se toma acessível à consciência após transpor um certo limiar de intensidade. Em outras palavras, é preciso uma somação de excitações para varar as barreiras de contato do sistema ψ. Eis aqui mais um exemplo do duplo registro, mecânico e biológico, em que o *Projeto* se articula. Conclui Freud:

47. *Project*, S.E., I, p. 300.
48. *Project*, S.E., I, p. 312.

é do interior do sistema que surge o impulso que mantém toda a atividade psíquica. Conhecemos esta força como a vontade – o derivado das pulsões[49].

Toda esta elaborada construção teórica visa acomodar no sistema nervoso as três funções psíquicas que Freud considera essenciais: a percepção, a memória e a consciência. Elas são correlativas aos três sistemas neurônicos estabelecidos; o sistema ϕ é encarregado de receber a excitação e fracioná-la: uma parte vai para os órgãos motores, outra segue para ψ. Este sistema é subdividido em neurônios "corticais", em contato com ψ, onde se forma a imagem perceptiva, e neurônios "nucleares", que recebem Q do interior do organismo. Assim, a rigor, a percepção é função conjunta do sistema ϕ e dos neurônios corticais. Mas o sistema ψ é o mais importante, já que através dele fluem as quantidades, tanto exógenas quanto endógenas, que irão investir ω e transformar-se em qualidades da série prazer-desprazer. É à estimulação endógena que Freud atribui maior importância; recordemos que, segundo nossa hipótese de trabalho, a construção mecânica visa dar conta do funcionamento tanto normal quanto patológico da mente, para poder explicar os dados clínicos e a teoria da defesa. Esta exige a repulsa de uma representação penosa; consequentemente, o passo seguinte do *Projeto* vai elaborar os conceitos de "experiência de satisfação" e de "experiência de dor", que, através do percurso que analisaremos a seguir, vão desembocar nos de "desejo" e "defesa".

A experiência de satisfação é descrita da seguinte maneira: quando Q preenche os neurônios nucleares de ψ, ocorre um aumento de tensão que é sentido como desprazer. Mediante a ação específica adequada, produz-se uma modificação no mundo exterior, que conduz à descarga e ao prazer: por exemplo, a criança sente fome, chora, a mãe lhe traz alimento e a fome é aplacada. A percepção da figura da mãe ou do seio equivale a um investimento dos neurônios corticais correspondentes; quando estes são informados da descarga da tensão, estabelece-se uma facilitação entre estes neurônios corticais e os neurônios nucleares, cujo investimento por Q deu origem ao processo. Freud diz que se estabelece uma tendência a reproduzir este percurso quando o estado de tensão voltar a aparecer, de sorte que:

49. *Project*, S.E., I, p. 317. O termo "vontade" não torna a ser utilizado por Freud depois do *Projeto*, embora tivesse desempenhado um papel relativamente importante nos textos iniciais sobre a defesa. A razão disto é simples: "vontade" é um conceito vinculado à consciência, e tanto a teoria da defesa quanto o jogo de investimentos de que se trata aqui são inconscientes, no sentido descritivo do termo. Por esta razão, não vemos maior interesse em discutir a estranha definição oferecida aqui. Tanto é verdadeiro que a vontade não tem qualquer importância para o pensamento freudiano e que não figura entre as funções psíquicas essenciais mencionadas no parágrafo seguinte, isto é, a percepção, a memória e a consciência.

a imagem mnêmica do objeto (que satisfez a necessidade anteriormente) será a primeira a ser afetada pela ativação do desejo. Não tenho dúvidas de que, em primeiro lugar, esta ativação produzirá a mesma coisa que chamamos uma percepção, isto é, uma "alucinação". Se a ação reflexa for introduzida a seguir, será impossível evitar um desapontamento[50].

É deste fato – que em seguida será chamado de "processo primário" – que se segue a necessidade da indicação de realidade, para distinguir a percepção real da alucinação. Antes de discutir este ponto, porém, seguiremos o raciocínio de Freud e descreveremos a "experiência de dor".

A dor é nitidamente diferenciada do desprazer. Ela surge como consequência do excesso de Q transmitido ao sistema ψ pelo sistema ϕ, quando este se defronta com uma estimulação excessiva provinda do exterior. O desprazer acompanha a "qualidade peculiar" da dor, sobre a qual nada mais se diz. Para Freud, é mais importante o desprazer que se origina quando a recordação do objeto que provocou a dor é reinvestida, por exemplo, numa nova percepção. Neste caso, surge um estado que não é a dor, mas se assemelha a ela, por incluir o desprazer e a inclinação à descarga que acompanha a experiência desta. Mas como o desprazer equivale a um aumento do nível de Q, surge um problema: de onde provém este Q adicional? Na experiência de dor, tratava-se de uma irrupção originada do "exterior"; mas o investimento de uma *recordação* corresponde a qualquer outra percepção de imagem, e não pode ter como consequência um aumento do nível de Q.

Freud é obrigado então a supor que, devido ao investimento da recordação do objeto hostil, o desprazer é liberado do interior do corpo e retransmitido ao sistema ψ, mediante um complexo sistema de neurônios secretores de Q, os quais, quando excitados, causam o surgimento, no corpo, de algo que opera como estímulo sobre os condutos que levam a ψ. Estes neurônios, que ao invés de descarregarem Q a produzem, são denominados "neurônios-chave". Ora, como resultado da experiência de dor, "a imagem mnêmica do objeto hostil adquiriu uma excelente facilitação para estes neurônios-chave, em virtude da qual o desprazer é agora liberado no afeto"[51].

Como se pode perceber, esta explicação não é em absoluto convincente. Com efeito, é fácil conceber que no estado de tensão provocado por uma necessidade endógena o indivíduo invista a recordação do objeto gratificador; mas por que, excetuada a nova percepção do objeto hostil, um aparelho que tende a descarregar energia iria investir uma imagem mnêmica que envolve o aumento de ten-

50. *Project*, S.E., I, p. 319.
51. *Project*, S.E., I, p. 321.

são? Além disto, a percepção do objeto hostil não precisa conduzir à sua recordação; no caso da experiência de satisfação, é precisamente a *ausência* da percepção que conduz ao investimento alucinatório. O reconhecimento do objeto como hostil exige a presença de um juízo, o que é inconcebível neste ponto da argumentação, em que a instância judicante – o ego – ainda não apareceu. O próprio Freud se sentiu embaraçado ao ter que recorrer à hipótese dos neurônios-chave, que, ao contrário de todos os outros, não tendem a descarregar energia, mas a gerá-la. É verdade que esta Q é transmitida ao sistema ψ, mas a hipótese envolve supor uma excitação endógena de origem neuronal, enquanto até aqui tal excitação provinha apenas do "interior do corpo", quer dizer, dos órgãos exteriores ao sistema nervoso. O único exemplo aduzido como apoio a esta suposição claramente ilegítima é o caso da liberação do afeto sexual. Tudo parece indicar que aqui Freud tinha em mente sua teoria da sedução, que, como veremos mais adiante, exige que a recordação da experiência sexual esteja dotada de um investimento superior ao que acompanhou a própria experiência. Seja como for, a conclusão que Freud extrai destas análises da experiência de satisfação e da experiência de dor é que ambas deixam um resíduo: a primeira resulta num estado de desejo, que se vincula à atração para o objeto gratificador; a segunda conduz a uma repulsa frente ao objeto hostil e a uma falta de inclinação para manter investida sua imagem mnêmica. Esta tendência a abandonar a imagem mnêmica hostil é o que Freud denomina "defesa primária ou repressão. [...] A explicação para este fenômeno deve estar no fato de que as experiências primárias de dor foram levadas à finalização por uma defesa reflexa"[52]. O sistema ψ aprendeu, biologicamente, que o surgimento de outro objeto marcou a cessação da dor, e procura reproduzir este estado de coisas quando a recordação hostil é investida.

Com a introdução da "atração para o objeto gratificador" e da "inclinação à repressão", Freud dá um passo além na elaboração da teoria. Estes processos sugerem a presença de uma organização especial no interior do sistema ψ, capaz de interferir com a livre passagem de Q. A esta organização dá ele o nome de "ego". Constantemente investido de Q, o ego corresponde ao lugar de armazenamento da energia exigido pela função secundária do sistema nervoso, que é a manutenção de Q no nível mínimo necessário para desencadear as ações específicas. No *Projeto*, a principal função do ego é inibir o trânsito de Q para os neurônios corticais em que se alojam as recordações dos objetos percebidos como hostis ou gratificadores; em outras palavras, ele é encarregado de inibir o processo primário. Esta tarefa é realizada pelo "investimento lateral": como os neurônios do ego estão permanentemente investidos, podem atrair para si o fluxo de Q que se encaminhava para as imagens mnêmicas cuja reprodução se

52. *Project*, S.E., I, p. 322.

trata de evitar. É neste ponto que a indicação de realidade fornecida pelo sistema ω se torna imprescindível: a excitação que atinge ω – o sistema de neurônios vinculado à consciência – é descarregada, e a informação desta descarga atinge o sistema ψ Sendo a indicação de percepção superior em intensidade à indicação de investimento mnêmico, no caso de ocorrer apenas este a indicação de qualidade ou de realidade não se produzirá. Esta hipótese é justificada por Freud com o argumento de que,

> se provier do exterior, a indicação de realidade será transmitida, qualquer que seja o investimento, enquanto se se originar de ψ, tal só ocorrerá quando houver grandes intensidades. É, portanto, a inibição pelo ego que torna possível um critério para distinguir a percepção da memória[53].

A inibição pelo ego se refere evidentemente ao fluxo de Q no interior do sistema nervoso, que impede o sistema ψ de ser investido com "grandes intensidades" de Q. Um processo semelhante ocorre quando Q se dirige para uma recordação hostil: a inibição pelo ego impede que ela venha a ser investida com energia, provocando liberação de desprazer. Esta mesma energia serve ao ego para reforçar seus investimentos laterais, de sorte que, quanto maior for o desprazer, maior será a defesa primária.

Freud sintetiza seu raciocínio:

> Portanto: se há a inibição por um ego investido, as indicações de descarga se tornam em geral indicações de realidade, que o sistema ψ aprende, biologicamente, a utilizar. Se, quando surgir uma indicação de realidade deste gênero, o ego estiver num estado de tensão e desejo, permitirá que a descarga ocorra rumo à ação específica que satisfaz o desejo. Se um aumento de desprazer coincidir com a indicação de realidade, então o ego instituirá, mediante um investimento lateral de magnitude conveniente, uma defesa de intensidade normal no ponto indicado. Se não ocorrer nem um caso nem outro, o investimento prosseguirá desimpedido, segundo as circunstâncias da facilitação. Descrevemos investimentos de desejo suficientemente intensos para produzir alucinações e gerar desprazer, que envolvem um dispêndio completo de energia para a defesa, como "processos psíquicos primários". Em contrapartida, aqueles processos que só podem ocorrer através de um investimento adequado do ego, e que representam uma moderação dos anteriores, são descritos como "processos psíquicos secundários"[54].

A importância dos processos psíquicos secundários é sobretudo biológica: sem eles, o indivíduo estaria constantemente às voltas com alucinações e com liberações endógenas de desprazer, que terminariam por fazê-lo sucumbir frente aos perigos do mundo exterior e frente às excitações emanadas do seu próprio organismo. Isto significa que a função elementar do psiquismo é servir ao corpo como um meio de defesa contra seus inimigos, na esfera da vida. Esta é

53. *Project*, S.E., I, p. 326.
54. *Project*, S.E., I, p. 326.

encarada como o perigo constante, que deve ser neutralizado pelo indivíduo, para permanecer vivo. O darwinismo de Freud encontra aqui sua primeira expressão: quem não é apto para a luta pela existência é vencido por ela. Daí a referência às "exigências da vida" no texto do *Projeto:* elas representam o preço a pagar pela dependência do ser vivo frente a seus meios de subsistência, sempre exteriores a ele. Incidentalmente, podemos observar que no *Projeto* a morte é implicitamente vista como um fracasso do ser na luta pela vida, o que sugere o alcance da revolução introduzida pelo conceito de "pulsão de morte", que estudaremos no Cap. 4. Os processos secundários são, portanto, uma expressão da "astúcia da razão", que poderíamos ver como consubstancial à própria ideia freudiana do que seja a razão. Contudo, os processos primários não desaparecem por causa do advento dos secundários: diariamente, eles retornam durante o sono, quando o ego afrouxa seu nível de investimento e portanto diminui a inibição que exerce na vigília sobre o livre fluxo de Q. O sonho, cuja primeira análise é apresentada aqui, fornece uma prova satisfatória das hipóteses avançadas até o momento. Ora, os mecanismos patológicos revelados pela análise das psiconeuroses são idênticos aos processos do sonho. Isto significa que funcionam segundo o processo primário, e que portanto o ego fracassou no seu propósito de inibi-los. Quais são estes mecanismos psiconeuróticos? Para responder a esta questão, vamos voltar-nos agora para a teoria freudiana das neuroses, tal como ela se apresentava no momento da redação do *Projeto*.

6. A SEDUTORA HIPÓTESE DA SEDUÇÃO

Esta teoria, exposta em várias cartas e manuscritos enviados a Fliess, em especial o Manuscrito K, de 1.1.1896, recebe sua forma acabada no artigo de *1896*, *Novas Observações sobre as Neuropsicoses de Defesa*, e na conferência sobre a *Etiologia da Histeria*. Freud começa o artigo recordando três pontos já estabelecidos em publicações anteriores: que o aspecto comum à histeria, às obsessões e a certos casos de confusão alucinatória aguda consiste no mecanismo de defesa, pelo qual o ego procura reprimir uma ideia intolerável que lhe causa desprazer; que os sintomas da histeria só se tomam compreensíveis se forem reduzidos a experiências traumáticas; e que estes traumas psíquicos se referem à vida sexual. A novidade é a apresentação, com todas as letras, da teoria da sedução. A seção intitulada "A Etiologia Específica da Histeria" contém, no primeiro parágrafo, a seguinte afirmação:

> Para causar uma histeria, é preciso que a experiência que vai se tornar traumática, através da liberação e da repressão do afeto doloroso, pertença aos traumas sexuais da infância; e seu conteúdo deve consistir numa irritação

real dos órgãos genitais. A determinação específica da histeria é a passividade sexual nos períodos pré-sexuais[55].

Esta conclusão é fruto da observação de treze casos de histeria, dois dos quais se referem a pacientes masculinos. Duas objeções são afastadas de imediato: a de que não se deve acreditar nas novelas que os pacientes inventam, e a de que a sexualidade ainda não desenvolvida da criança tornaria impossível que tais experiências assumissem o valor de traumas. À primeira, Freud responde ousadamente que ninguém deve se pronunciar a respeito destes problemas sem ter feito uso do único método que permite o acesso a eles: o método psicanalítico. A segunda é rejeitada com base na teoria das reminiscências: "na verdade, não são as próprias experiências que agem traumaticamente, mas sua revivescência como recordações, depois que o indivíduo penetra na maturidade sexual"[56]. Uma nota de rodapé vincula as duas respostas, supondo serem os relatos de abusos sexuais provenientes dos traços mnêmicos dos traumas infantis. A confiança que Freud deposita nestas recordações infantis, apesar da sua relutância inicial – aliás expressamente mencionada – repousa sobre duas peculiaridades da neurose: em primeiro lugar, certos sintomas mórbidos só são explicáveis se referidos a traumas sexuais; em segundo, a estrutura lógica da doença, expressa pela organização rigorosa do material patogênico, torna impossível recusar o valor de verdade das lembranças da infância. Aqui temos mais um eco da sua crença na normalidade dos histéricos, que o vimos sustentar contra Janet.

O trauma não é patógeno no momento em que ocorre; a ocasião para o início da histeria é a reativação, por meio das experiências da puberdade, das recordações deste trauma, as quais não se tornam conscientes, mas conduzem à liberação do afeto penoso e à repressão. A data do trauma é localizada ao redor dos três ou quatro anos de idade. A "predisposição à histeria", tão genérica nos escritos anteriores, é agora explicitamente substituída pelo efeito póstumo do trauma sexual infantil.

A etiologia da histeria envolve, pois, uma experiência passiva de sedução durante a primeira infância, cuja recordação se torna patogênica através da repressão na época da puberdade. A neurose obsessiva, por outro lado, depende da "atividade" sexual da criança; isto é, a sedução partiu dela e atingiu outra criança, em geral mais nova. Mas Freud acrescenta imediatamente que em todos os casos de "neurose compulsiva", como a chamava então, encontrava-se um "subsolo" de sintomas histéricos, "que puderam ser traçados até uma experiência passiva precedente. Presumo que esta coincidência seja sempre válida, e que uma agressão sexual prematura pressupõe sem-

55. *Further Remarks on the Neuropsychoses of Defence*, S.E., III, p. 163.
56. *Further Remarks*, S.E., III, p. 164.

pre uma experiência de sedução"[57]. Em outras palavras, a criança repetiria com outra a agressão sexual de que fora vítima. Este texto mostra quão longe estava Freud de supor a existência da sexualidade infantil: qualquer manifestação sexual antes da puberdade só pode se produzir em função de uma passividade prévia, sendo desencadeada sobre o modelo da sexualidade adulta. Daí a ênfase na irritação dos genitais e o recurso à teoria da sedução, para explicar o que poderia ser interpretado – e o será mais adiante – como afloramento da sexualidade no período pré-puberal.

O problema que se coloca neste momento é o seguinte: como explicar que uma experiência, em si mesma não patogênica, tenha o poder de desencadear o processo neurótico mediante sua recordação? Para analisar os vários aspectos da questão, temos que retornar ao *Projeto*, cuja Parte II, intitulada "Psicopatologia", esboça uma explicação deste enigma em termos do investimento neurônico e da hipótese quantitativa.

Freud parte da observação de que o histérico é afetado por ideias excessivamente intensas, mas que se caracterizam por serem absolutamente banais, aparentemente desprovidas de capacidade de produzir as consequências dolorosas da moléstia: as inervações motoras desajustadas, as paralisias etc. A análise mostra que uma ideia deste gênero, digamos *A*, está substituindo uma outra ideia, *B*, que teria a intensidade necessária para provocar as reações observadas, como o choro, os vômitos etc. O que caracteriza a associação histérica é que, na experiência original, *A* não passava de uma circunstância acessória, enquanto *B* estava diretamente ligada ao conteúdo desta experiência; a substituição de *B* por *A*, inconsciente para o sujeito, explica a aparente incongruência da reação histérica. Mas o que ocorreu neste processo de substituição?

B não foi esquecida: seu traço mnêmico foi conservado no sistema ψ como todas as recordações importantes. Tendo sido originalmente acompanhada de um afeto desagradável – o que significa um aumento do nível de Q no sistema ψ – ela é submetida a uma defesa primária, como qualquer resultante do que foi denominado uma "experiência de dor". Quando uma percepção similar a *B* surge frente ao indivíduo, o ego inibe a corrente de Q que normalmente desembocaria no resíduo mnêmico de *B*, dirigindo o fluxo de energia para *A*, que emerge na consciência do lugar de *B*.

A é compulsiva, *B* é reprimida. Para toda compulsão, existe uma "repressão" correspondente [...] O termo "excessivamente intenso" aponta para características quantitativas. É plausível supor que a repressão tem o sentido quantitativo de "estar desprovido de Q", e que algo subtraído a *B* tenha sido acrescentado a *A*. O processo patológico é o deslocamento, que já conhecemos do sonho – portanto um processo primário[58].

57. *Further Remarks*, S.E., III, p. 168-169.

58. *Project*, S.E., I, p. 350.

Ora, o processo defensivo neste caso conduz a um resultado bastante diferente do da defesa normal, que podemos identificar com a inibição pelo ego da recordação do objeto hostil. O que diferencia a repressão histérica da defesa comum é a formação de uma associação estável entre *B* e *A*, que provoca a aparição compulsiva de *A* frente à percepção de algo que recorda *B*. A explicação mais imediata, segundo a qual a defesa ampliada resultaria de um desprazer muito intenso vinculado a *B*, não dá conta do problema, pois os remorsos, que são justamente as ideias associadas a um desprazer particularmente forte, não são substituíveis por símbolos estáveis do tipo *A/B*. Além disto, a experiência clínica verifica que são invariavelmente ideias sexuais que sofrem a repressão, e nada autoriza a supor que os afetos sexuais sejam mais geradores de desprazer do que os outros. Por fim, como compreender que o ego esteja envolvido num processo primário, quando sua função é precisamente inibir este processo e substituí-lo pelo secundário?

Freud procura responder a estas três questões recorrendo a uma única hipótese. É preciso que as ideias da esfera sexual possuam determinantes psíquicos especiais, para transtornar a este ponto o funcionamento do sistema dos neurônios.

> Ora, há uma característica natural da sexualidade que nos serve para este propósito. [...] Uma recordação desperta um afeto que não despertou enquanto experiência, porque no intervalo (entre a experiência e a recordação) a mudança produzida pela puberdade tornou possível uma compreensão diferente daquilo que foi recordado. Invariavelmente, chegamos à conclusão de que só é reprimida uma recordação que se tornou traumática em virtude da "ação diferida". A causa deste estado de coisas é o retardamento da puberdade, se comparado com o restante do desenvolvimento do indivíduo[59].

Numa nota de rodapé aposta à discussão da predisposição para a histeria nas *Novas Observações sobre as Psiconeuroses de Defesa*, Freud aborda o mesmo problema, de maneira mais completa. O raciocínio é o seguinte: as ideias de conteúdo sexual produzem fenômenos de excitação nos órgãos genitais, análogos aos que acompanham a experiência real. Normalmente, o efeito desta experiência é muito mais intenso no momento da sua ocorrência do que no da sua recordação. Mas, se a experiência sexual tiver ocorrido na infância, não despertará uma excitação forte, em virtude da imaturidade do sujeito; e se a recordação ocorrer durante a vida madura, ela despertará uma excitação proporcionalmente superior à da própria experiência,

> pois no intervalo o advento da puberdade aumentou imensamente a capacidade de resposta do aparelho sexual. Através do retardamento da puberdade, em contraste com a função psíquica, a vida sexual oferece a única possibili-

59. *Project*, S.E., I, p. 356.

dade possível para esta inversão da eficácia relativa da experiência e da recordação. Os traumas infantis agem subsequentemente como experiências recentes, mas então já se tornaram inconscientes[60].

Assim, a função sexual se caracteriza por seu advento tardio e pela intensidade, tanto somática quanto psíquica, das experiências a ela relacionadas. Este fato é o que, aos olhos de Freud, explica o motivo da repressão abater-se precisamente sobre as representações sexuais e não sobre as outras, contra as quais basta uma defesa normal. Mas como explicar o terceiro problema que levantamos acima – o envolvimento do ego num processo primário? Os outros dois receberam uma solução satisfatória, em termos da teoria quantitativa: o afeto sexual é mais intenso do que os outros porque é concomitante às decisivas modificações biológicas que ocorrem na puberdade, e a ideia sexual é objeto de uma defesa mais violenta precisamente porque a intensidade do investimento neurônico que a acompanha é superior à dos investimentos com que o ego lida normalmente. Contudo, esta diferença de intensidade não basta para explicar por que a defesa fracassa, pois a substituição da ideia reprimida por outra compulsiva não significa outra coisa. Se o processo defensivo tivesse êxito completo, a ideia em questão simplesmente desapareceria sem deixar rastros.

Para dar conta deste distúrbio, Freud recorre a uma explicação engenhosa. Da análise anterior resultaram duas conclusões: que a liberação sexual reprimida estava ligada a uma recordação e não a uma experiência, e que esta liberação sexual ocorreu prematuramente. Ambas podem ser fundidas na concepção de que o processo de liberação de afetos se assemelha a um processo primário, já que nos dois o processo normal de pensamento é perturbado por uma corrente excessivamente intensa de Q. Freud se expressa assim:

A função do ego é não permitir qualquer liberação de afeto, já que isto possibilita ao mesmo tempo um processo primário. Seu melhor instrumento para isto é o mecanismo da atenção. Se um investimento liberador de desprazer conseguir evitar este mecanismo, o ego entrará em ação demasiado tarde. Ora, é precisamente o que ocorre no caso do *proton pseudos* histérico. A atenção está normalmente focalizada no sentido das percepções, que em geral oferecem mais ocasiões para a liberação do desprazer. Aqui, contudo, o que apareceu não foi uma percepção, mas uma recordação, que inesperadamente liberou o desprazer; e o ego só descobriu isto tarde demais. Ele permitiu o processo primário porque não o esperava. [...] O *retardamento da puberdade possibilita o aparecimento de processos primários póstumos*[61].

O manuscrito da Parte II se interrompe precisamente nesta frase, e boa parte da Parte III é dedicada ao estudo da atenção. É fácil perceber que neste ponto Freud precisava de uma explicação mais convincente do mecanismo da atenção, já que todo o ônus da prova

60. *Further Remarks*, S.E., III, p. 167.

61. *Project*, S.E., I, pp. 358-359.

recai sobre ele. Mas não o seguiremos neste trajeto; é tempo de nos determos nas dificuldades que a hipótese proposta envolve.

O próprio Freud se deu conta delas. A carta 29 a Fliess (8.10.1895) tem um tom lamentoso:

> as coisas ainda não concordam, e talvez nunca cheguem a concordar [...] O que não se ajusta é a explicação da repressão, em cujo conhecimento clínico, por outro lado, fiz grandes progressos[62].

Esta mesma carta anuncia a teoria da sedução, embora em termos um pouco diferentes dos do artigo de 1896: a histeria está condicionada por uma experiência sexual acompanhada de repulsa e de susto, enquanto a neurose obsessiva está condicionada pelo mesmo tipo de experiência, mas vivida com prazer. Como a Parte III do *Projeto* está datada de 5.10.1895, no momento em que Freud enviava esta carta a Parte II já estava concluída, com a explicação para a repressão que acabamos de mencionar. Uma carta eufórica de 20.10.1895 anuncia que

> de repente os véus caíram, as barreiras se levantaram, e pude penetrar, num só golpe, desde as particularidades das neuroses até as próprias condições da consciência. Tudo parece encaixar-se no seu lugar; [...] tudo concordava e continua concordando ainda hoje![63]

Mas, dez dias depois, a carta 33 declara que

> a teoria do prazer-dor, aduzida por mim com tanto entusiasmo para a explicação da histeria, bem como da neurose obsessiva, começou a inspirar-me certas dúvidas. É evidente que aqueles são os elementos essenciais, mas percebo que ainda não atinei com a correta ordenação das peças neste quebra-cabeças[64].

Por quê?

7. ÀS VOLTAS COM A QUADRATURA DO CÍRCULO

> *Perdu trouvé, caché de si long siècle*
> *Par autres vents sera déshonoré.*
> *NOSTRADAMUS*, Centúria I, *25*.

A teoria do "prazer-dor" consiste na concepção de que o sistema nervoso tende a evitar o aumento do nível de tensão em seu interior, ou, o que neste momento significa o mesmo, tende a manter cons-

62. *O.P*, carta 29, p. 3520.
63. *O.P*, carta 32, p. 3522.
64. *O.P*, carta 33, p. 3523.

tante a quantidade de Q. O nível de Q pode subir de duas maneiras: ou uma excitação muito intensa provém do exterior e atravessa o sistema ϕ sem que este consiga bloqueá-la, ou uma excitação endógena transmite Q ao sistema ψ, que então procura a descarga motora. A experiência biológica obriga ao surgimento, no interior de ψ, de uma massa neuronal constantemente investida, o ego, capaz de evitar que o processo de descarga opere automaticamente, porque neste caso se seguirá um desprazer: para aplacar a excitação endógena, concebida constantemente sobre o modelo da fome do lactante, é preciso uma ação específica (por exemplo, o choro), capaz de provocar uma alteração conveniente no mundo exterior (o aporte de alimento pela mãe). Para que este esquema teórico seja aceitável, é preciso explicar como a energia, originalmente em estado de livre fluxo – em virtude do "princípio de inércia neurônica" – chega a ser ligada no ego, o que envolve descobrir como se criam as barreiras que impedem a porção de Q ligada no ego de se esvair pelos neurônios adjacentes. Aqui Freud recorre à biologia: só a ameaça de desprazer vinculada a uma descarga prematura pode originar estas barreiras, que devem ser imaginadas como interpondo-se entre o ego e o aparelho motor, por um lado, e entre o ego e as imagens mnêmicas, por outro. Pois o ego também aprendeu que, se investir as imagens mnêmicas de objetos gratificadores além de um certo ponto, ocorrerá uma alucinação, ineficaz para aplacar o desprazer engendrado pela excitação endógena; e, se não inibir o fluxo de Q para as imagens mnêmicas dos objetos hostis, ocorrerá a liberação do desprazer associado a elas.

> Tudo o que denomino uma "aquisição biológica" do sistema nervoso representado, em minha opinião, por uma "ameaça de desprazer", cujo efeito consiste em que os neurônios que conduzem à liberação do desprazer não estão investidos. Esta é a defesa primária, uma consequência compreensível da tendência original do sistema nervoso. O desprazer é o único meio de educação[65].

A defesa primária é a "primeira regra biológica".

A segunda "regra biológica" governa o mecanismo da atenção. Como é do mundo exterior que provém a satisfação, a atenção deve estar dirigida para as indicações de realidade provenientes daquela direção; isto acarreta que o ego, para poder desencadear a ação específica adequada, deve complementar o investimento daqueles neurônios em que um investimento de percepção real já apareceu. Ora,

65. *Project*, S.E., I, p. 370. O que está sendo introduzido aqui é a noção do "desamparo" do ser humano, tão fundamental na doutrina freudiana. Inerme frente ao poderio avassalador do mundo que o rodeia, o infante só aprende pela reiteração dos seus fracassos, e o mesmo ocorrerá com o adulto. A situação do desamparo está na raiz da ilusão religiosa, como se lê em *Totem e Tabu* e *O Futuro de uma Ilusão:* o consolo religioso nega imaginariamente este desvalimento do homem, o que explica ao mesmo tempo sua força e sua fraqueza. O tema será elaborado por Freud na quarta fase de sua produção teórica, que analisaremos no Cap. 4, sob a rubrica da violência.

a recordação é uma precondição necessária para toda verificação de realidade efetuada pelo pensamento, pois, antes de desencadear a ação específica, é preciso assegurar-se de que o objeto percebido é ao menos parcialmente idêntico ao que motivou uma experiência de satisfação. Mas, no percurso rumo à imagem mnêmica, o pensamento pode encontrar subitamente uma imagem associada ao desprazer. As recordações que geram desprazer ainda não foram "domesticadas" pelo ego, segundo a terminologia do *Projeto*. Tendo sido originalmente vinculado à percepção durante uma experiência de dor, o desprazer associa-se ao traço mnêmico do objeto percebido àquela altura. Mas, justamente por serem experiências de dor, isto é, produzidas mediante o ingresso de quantidades intoleráveis de excitação, as imagens mnêmicas em questão foram investidas com *Qs* muito intensas, adquirindo uma facilitação muito forte para a liberação do desprazer. É por esta razão que o ego leva muito tempo para "domesticá-las", isto é, despojá-las de sua carga desproporcionalmente grande de Q. Isto é feito através da ligação desta energia aos próprios neurônios do ego.

Estamos aqui frente à mesma dificuldade com que Freud se defrontou para explicar o resíduo da experiência de dor. Como é possível que uma recordação possa liberar o desprazer associado a uma percepção? Naquela altura, Freud se vira obrigado a introduzir os neurônios-chave, capazes de gerar Q, ao invés de, como todos os outros, procurar descarregá-la. Já então, a hipótese lhe parecera embaraçosa. Aqui, ele reconhece francamente a impossibilidade de dar uma explicação mecânica da defesa primária, embora procure no mecanismo da atenção o fator explicativo da inibição:

> Como a defesa primária, isto é, o não investimento devido a uma ameaça de desprazer, deve ser representada mecanicamente, confesso que não sei dizer. [...] Mas parece que o processo de subjugar a recordação deixa um traço permanente na passagem do pensamento: há uma tendência a inibir esta passagem, assim que a recordação domesticada gera o seu traço de desprazer [...]. Assim surge a defesa-de-pensamento primária, que, no pensamento prático, toma a liberação de desprazer como um sinal para abandonar um caminho particular de investimento – isto é, para dirigir o investimento de atenção para "outro lugar"[66].

Este texto é redondamente contraditório. Em primeiro lugar, se a domesticação da recordação significa a retirada do seu investimento energético, uma recordação domada não pode "gerar um traço de desprazer". Em segundo lugar, se a atenção está focalizada para o sistema perceptivo, o ego não pode dirigir o "investimento da atenção" para outro lugar, evidentemente significando outra imagem mnêmica. Poderíamos supor que o termo "atenção" estivesse aqui sendo empregado de maneira ampla, significando o engajamento do

66. *Project*, S.E., I, pp. 370 e 382.

ego no processo de investir a recordação adequada, segundo os critérios da indicação de realidade. Mas isto não soluciona o problema principal, que é o do mecanismo quantitativo da defesa: a recordação não pode ter, dentro da teoria do *Projeto*, a mesma intensidade que a percepção, pela simples razão de que esta é invariavelmente acompanhada da indicação de realidade, enquanto o acesso àquela está em parte bloqueado pela inibição do ego, quer se trate de uma recordação de objeto gratificante (para não desembocar na alucinação), quer de objeto hostil (para não desembocar no desprazer). A "facilitação anormalmente forte", a que Freud se vê constrangido a atribuir a geração de desprazer por uma recordação, remete à hipótese dos neurônios-chave, tão evidentemente construída *ad hoc*, que ele não a menciona mais no resto do texto, nem, ao que saibamos, no resto dos seus escritos.

Não importa por qual lado Freud retorça a teoria, a questão da experiência de dor não pode ser solucionada mecanicamente. É por isto que se torna necessário recorrer cada vez mais ao registro biológico, concebendo a defesa e a atenção como "regras biológicas" e, sintomaticamente, jamais como regras mecânicas. Para dar conta da defesa patológica que se encontra na origem da histeria, a teoria remete ao fato biológico do retardamento da puberdade. Com efeito, a tese de que os histéricos sofrem de reminiscências exige uma explicação quantitativa para o fato de que estas reminiscências sejam capazes de conservar sua força, apesar das sucessivas inibições do ego. Elas correspondem ao que Freud chama, no *Projeto*, de "recordações não domesticadas". Se estas reminiscências forem vinculadas à teoria da sedução, sem que a sexualidade infantil intervenha, é necessário encontrar uma explicação para o fato de que uma percepção anódina – a cena da sedução, ocorrida *ex hypothese* no período pré-sexual – dê lugar a uma recordação extremamente penosa, por ocasião de sua revivescência no momento da puberdade. O problema é ainda mais complicado que o da recordação vinculada a uma percepção efetivamente dolorosa, em que ele se resume a descobrir o motivo da *conservação* do desprazer. Ora, se Freud não consegue resolver, no quadro da teoria mecânica, nem mesmo esta questão preliminar, não poderá dispor de pista alguma para solucionar o problema, clinicamente muito mais grave, do *acréscimo* de desprazer a uma recordação que durante dez ou doze anos parecera perfeitamente domesticada.

A hipótese dos neurônios-chave já extravasa do quadro mecânico para o campo da fisiologia. Recordemos que o exemplo aduzido para justificar esta aberração era precisamente a liberação do desprazer na esfera sexual. As considerações biológicas intervêm de maneira mais decisiva quando é introduzido o retardamento da puberdade como fator explicativo. Mas a tentativa de seguir esta via até o mecanismo da atenção – também biologicamente determinado, ainda que seja possível descrevê-lo em termos mecânicos, com o auxílio do conceito de "indicação da realidade" – esbarra novamente na impossibilidade de resolver a questão da recordação. Freud considerava que, no caso da reminiscência de ordem sexual, o ego tinha sido surpreendido por uma descarga de desprazer vinculada a uma recordação, enquanto a atenção estava focalizada na direção da percepção, da qual, como vimos, provêm as indicações de realidade tanto dos objetos gratificadores como dos objetos hostis. Ora, é precisamente esta questão que não pôde ser resolvida no quadro da teoria mecânica, já que se tomava impossível explicar o mistério da não domesticação da recordação, mesmo que ela fosse sexual. E ainda que o fosse, "é completamente impossível que os afetos sexuais penosos excedam tanto em intensidade todos os demais afetos desagradáveis"[67]. Na Parte II do *Projeto*, é exatamente esta consideração que conduz Freud a buscar no retardamento da puberdade a condição *sine qua non* para a formação da defesa patológica.

Vemos, portanto, a contradição fundamental da hipótese quantitativa: a exigência de que a recordação patogênica conserve ou mesmo aumente seu investimento de Q, quando todo o funcionamento do sistema nervoso tende ao objetivo oposto, conduz Freud simultaneamente rumo à biologia e rumo à psicologia. De nada adianta, aliás, argumentar que a recordação se torna patogênica porque escapa à inibição do ego, já que este argumento não passa de uma petição de princípio. A nota de rodapé das *Novas Observações sobre as Neuropsicoses de Defesa* que citamos anteriormente contém uma frase reveladora:

> uma recordação desperta um afeto que não despertou quando experiência, porque no intervalo a mudança da puberdade tornou possível uma compreensão diferente daquilo que foi recordado[68].

A expressão fundamental aqui é "compreensão diferente". Apesar de todo o esforço de Freud para representar mecanicamente os processos de pensamento, a "compreensão" pertence exclusivamente à dimensão psicológica; não pode ser representada em termos do deslocamento de energia num sistema de neurônios. Mas a psicologia já era o "tirano" de Freud; caso contrário, não teria embarcado na temerária aventura do *Projeto*. O que ocorreu, sem que o próprio Freud se apercebesse disto – ou pelo menos sem que o tenha registrado por escrito –, foi que o conceito de psicologia foi modificado: deixou de conotar as vicisssitudes do investimento neuronal e passou a designar o que podemos saber do "aparelho psíquico". Veremos mais adiante que o *Projeto* deixou fundas marcas no pensamento freudiano, embora os conceitos básicos nele expendidos jamais voltassem a ser repetidos.

67. *Project*, S.E., I, p. 352.

68. *Further Remarks*, S.E., III, p. 167.

Freud supôs, por um momento, ter encontrado no retardamento da puberdade a explicação teórica para a repressão. A carta 46 a Fliess, de 30.05.1896, traça um elaborado esquema para localizar a repressão no curso da vida infantil, e para determinar o condicionamento cronológico dos períodos em que ocorreu a cena de sedução. Assim, cabe distinguir vários períodos na vida: até os quatro anos, dos quatro aos oito, dos dez aos treze e dos dezessete em diante. A repressão ocorre nos intervalos de oito a dez e de treze a dezessete.

> A evocação de uma recordação sexual de um período anterior em outro posterior introduz no psiquismo um "excesso de sexualidade", que exerce efeito inibidor sobre o pensamento, e empresta à recordação e aos seus derivados o caráter compulsivo que os torna inacessíveis à inibição. [...] O excesso de sexualidade, por si só, não chega a causar a repressão, sendo necessário para isto a ajuda da "defesa"; mas esta, sozinha, não produzirá a neurose sem o excesso de sexualidade[69].

Esta passagem, altamente obscura, tem o mérito de procurar explicar o caráter compulsivo das ideias histéricas, tema aflorado na Parte II do *Projeto*, e que ali não fora retomado em termos teóricos. A que, porém, atribuir o "excesso de sexualidade" introduzido no psiquismo pela evocação da recordação sexual a um período anterior? E por que tal evocação seria capaz de produzir este efeito? É o mesmo problema que Freud não conseguira resolver em termos mecânicos, e que tampouco conseguirá em sua versão biológica. Um eco das concepções quantitativas aparece na segunda parte do texto, em que se declara que para produzir a repressão é necessária a "ajuda" prestada pela defesa ao excesso de sexualidade, quer dizer, a somação das respectivas intensidades. Mas o mecanismo desta operação não é descrito.

O primeiro período se caracteriza por não conter registros verbais, de sorte que a evocação de uma cena sexual ocorrida nesta etapa não conduz a consequências psíquicas, e sim a resultados físicos: a recordação é "convertida", produzindo uma histeria devido ao efeito combinado da defesa e da sexualidade excessiva. As cenas que produzem uma neurose obsessiva se situam entre os quatro e oito anos; como estão providas de tradução verbal, ao serem evocadas nos períodos posteriores resultam em sintomas obsessivos psíquicos. A paranoia se reporta a cenas ocorridas entre os dez e os treze anos, que ao serem evocadas no período da puberdade (depois dos dezessete) produzem uma defesa que se manifesta como incredulidade.

> Portanto, os períodos em que se produz a repressão não têm importância alguma para a escolha da neurose, enquanto os períodos em que ocorre

69. *O.P.*, carta 46, p. 3545.

a cena são decisivos. O "caráter" da cena é importante, na medida em que possa determinar a defesa[70].

O acento claramente biológico deste esquema, contudo, não impede que o elemento psicológico desempenhe um papel relevante: a tradutibilidade em palavras é decisiva para a caracterização de cada período, embora na carta Freud localize as barreiras também em função da primeira ou segunda dentição. O "caráter da cena" se refere à atividade ou passividade da criança, segundo a formulação das *Novas Observações*; mas como neste texto a atividade sexual é explicitamente vinculada a uma passividade prévia – pedra de toque da teoria da sedução – podemos referir também este "caráter" ao fato de a cena ter sido vivida com prazer ou com repulsa pela criança, nos termos da carta 29, de 08.10.1895.

Este mesmo problema central – o da origem do desprazer vinculado à vida sexual – fora abordado na carta 39, de 01.01.1896, e no manuscrito K, que a acompanha. A carta 39 inverte a posição relativa dos sistemas ϕ, ψ e ω, colocando este entre os outros dois. Recordemos que o sistema ω é encarregado da consciência, e que uma das dificuldades do esquema teórico do *Projeto* consistia precisamente na total distinção entre a recepção de estímulos, função de ϕ, e a consciência, função de ω. Com a modificação da posição relativa dos sistemas, ϕ passa a transmitir qualidades a ω, enquanto ω não transmite nada a ψ, apenas colocando-o em estado de excitação, isto é, em estado de receber as intensidades de Q enviadas do interior do corpo. Além da considerável simplificação que esta transposição acarreta, e que não nos interessa no momento, o fato de os processos perceptivos serem por si mesmo conscientes, enquanto os processos ψ seriam inicialmente inconscientes, só adquirindo consciência ao ligar-se com os processos de descarga e de percepção por intermédio da associação verbal, permite a Freud a seguinte formulação:

70. *O.P.*, carta 46, p. 3546. O reiterado emprego do termo "cena" dá o que pensar. São as imagens reconhecidas que provocam a defesa, mas Freud não faz qualquer concessão à Gestalt. O elemento decisivo não é o aparecimento de configurações semelhantes, mas o seu "caráter", isto é, sua relação com a sedução. É a intersubjetividade da cena que a torna importante. Mais tarde, quando a hipótese da sedução tiver sido abandonada, a noção de "cena" permanecerá no pensamento freudiano: o sonho tem por lugar "uma outra cena", a fantasia é o cenário do desejo etc. Esta referência constante ao teatro forma um dos registros em que Freud cunha suas metáforas: as "máscaras" do desejo, os "papéis" do Édipo, a "encenação" das fantasias na perversão [...] Cremos ver aí um índice da maneira pela qual Freud concebe o desejo. Este é humano porque se constitui e se repõe na relação intersubjetiva, cujas circunstâncias visuais estão gravadas no psiquismo inconsciente. Por outro lado, a relação humana é marcada pela violência. O vocabulário de que Freud se serve para circunscrever o sentido da cena o revela: passividade, atividade, sedução, agressão, defesa, desprazer, repressão, perversidade [...]. Aqui emerge a noção de que o desamparo do homem não é relativo apenas à Natureza, mas sobretudo aos outros homens; veremos no Cap. 4 como a violência se torna o tema constante do último Freud.

O conflito entre a condição orgânica puramente quantitativa e os processos "estimulados" em ψ pelas sensações conscientes permite-me explicar também a produção de desprazer de que necessito para motivar a repressão nas neuroses sexuais[71].

Por quê? Freud não se demora em explicações, mas podemos conjeturar como tal processo poderia ocorrer. O sistema ψ recebe estimulação apenas do interior do corpo, e portanto a ele chegam também as quantidades provenientes da energia sexual. As sensações conscientes estimulam ψ, mas sem lhe transmitir qualquer conteúdo definido; simplesmente o põem em "estado de excitação". Ao fazer isto, as facilitações em ψ se tornam menos resistentes, permitindo a passagem de um volume Q maior. Se este volume proceder da esfera sexual física, tenderá a encaminhar-se para as imagens mnêmicas associadas com as experiências sexuais, e seu caminho será facilitado pela maior permeabilidade de ψ à excitação, ocasionada pelas sensações conscientes. O ego disporá de menos opções de inibição, de modo que, se Q chegar a investir as imagens mnêmicas a que se destina, terá lugar a liberação de desprazer. Esta conjectura se assenta, naturalmente, na teoria da sedução, segundo a qual a primeira imagem mnêmica da esfera sexual seria necessariamente vinculada ao aumento de tensão provocado pela irritação dos genitais, e portanto investida com desprazer.

Mas, tenha ou não Freud pensado nesta linha, o problema essencial se mantém. Por que a excitação por uma sensação consciente entraria em conflito com a condução de intensidades quantitativas? Se este fosse sempre o caso, qualquer sensação consciente acabaria por colocar em xeque o ego, seja liberando desprazer, seja culminando numa alucinação. Seria preciso supor um valor de intensidade muito grande para as recordações da esfera sexual, o que foi explicitamente descartado por Freud no *Projeto*, sem ser postulado aqui. Por esta via, chegamos novamente ao problema insolúvel de que tratamos nas páginas anteriores.

Uma outra especulação, talvez mais esclarecedora, é desautorizada pela frase "ω não transfere nem qualidades nem quantidades a ψ". Se Freud não tivesse escrito isto, poderíamos pensar o seguinte: o sistema perceptivo, frente a um objeto de tipo sexual, transmitiria a ψ a informação de sua presença, despertando as facilitações que conduzem à recordação deste objeto. O desprazer suscitado por este investimento seria vinculado com a percepção atual do objeto, criando mais desprazer, por exemplo sob a forma de sentimentos de vergonha ou de repugnância. Neste caso, haveria realmente um "conflito" entre a sensação consciente inicial, de prazer frente ao objeto sensual, e o processo de condução orgânica, liberador de desprazer

71. *O.P.*, carta 39. p. 3531.

originalmente vinculado aos objetos sexuais. Mas nada disto pode ser atribuído a Freud, de modo que a obscuridade quanto à origem do desprazer sexual permanece intocada.

O Manuscrito K é explícito:

> Sem dúvida, nos encontraremos submersos nos enigmas mais profundos da psicologia ao perguntarmo-nos pela origem do desprazer que seria suscitado pela estimulação sexual prematura, e sem o qual não se poderia explicar a origem da repressão. [...] Em minha opinião, deve existir na vida sexual uma fonte independente de desprazer, fonte essa que, uma vez estabelecida, é suscetível de ativar as percepções repugnantes, de emprestar força à moral, e assim por diante. [...] Enquanto não dispusermos de uma teoria correta deste processo, permanecerá insolúvel o problema da origem do desprazer que atua na repressão[72].

Como este texto foi enviado juntamente com a carta 39, parece legítimo supor que Freud não dispunha da "teoria correta" em questão, e que a passagem que acabamos de analisar não passava de um alarme falso. Se nossa hipótese estiver correta, este fato é perfeitamente explicável: nenhuma modificação na mecânica do sistema nervoso poderia dar conta da contradição que domina a teoria, e que consiste precisamente na impossibilidade de encontrar um percurso viável para o fluxo de Q encarregado de provocar o acréscimo de desprazer a uma recordação por definição já "domesticada". É justamente por isto que Freud recorre à biologia, embora tampouco aqui encontre uma solução.

A tentativa mais ampla que Freud empreendeu, no quadro da teoria da sedução, visou elucidar a estrutura e o sentido da neurose obsessiva. O Manuscrito K contém boa parte do trabalho desenvolvido a este respeito, mas preferimos analisá-lo em sua formulação publicada, na Parte II das *Novas Observações*. A fórmula etiológica do que aqui é denominado "neurose compulsiva" é a seguinte: "As obsessões são sempre 'recriminações' transformadas que retornam da repressão, e que sempre se referem a uma ação sexual infantil realizada com prazer"[73]. Para compreender esta fórmula, é preciso descrever o curso da doença. Há quatro períodos bem definidos: na primeira infância, ocorrem as experiências de sedução que posteriormente possibilitam a repressão, seguidas pelas ações de agressão sexual, que depois se manifestam como recriminações. Uma "maturidade sexual autônoma" faz com que uma reprovação se vincule à recordação daquela ação prazerosa, e a conexão com a experiência inicial de passividade torna possível reprimi-la, substituindo-a por um "sintoma primário de defesa". Segue-se o período de aparente saúde, mas na realidade de defesa bem-sucedida, que começa com os

72. *O.P.*, Manuscrito K., p. 3534.

73. *Further Remarks*, S.E., III, p. 169.

sintomas de vergonha, desconfiança e limpeza excessiva; e o quarto período é caracterizado pelo retorno das reminiscências reprimidas, isto é, pelo fracasso da defesa. O que se toma consciente, no entanto, na qualidade de ideias e afetos obsessivos, jamais é idêntico às recriminações originais; são formações de compromisso entre as ideias reprimidas e as ideias repressoras.

Este texto introduz dois conceitos fundamentais, que discutiremos com mais vagar nos próximos capítulos: o de "retorno do reprimido" e o de "formação de compromisso". Freud prossegue seu raciocínio, fazendo depender o tipo de neurose compulsiva da circunstância de apenas as recordações da ação reprovável penetrarem na consciência, ou de estarem elas acompanhadas do respectivo afeto desagradável. No primeiro caso, surge a obsessão típica, em que o conteúdo é duplamente distorcido em relação à ação infantil: algo atual substitui a experiência passada, e o sexual é substituído por uma experiência análoga de ordem não sexual. No segundo caso, o afeto de reprovação retorna, mas transformado em outro afeto desagradável, como a "vergonha", caso alguém descubra a ação sexual infantil, ou a "ansiedade hipocondríaca", por causa das consequências presumivelmente maléficas da ação sobre o corpo, ou a "angústia social", que consiste no temor de ser castigado por outrem, e assim sucessivamente.

Por fim, além dos sintomas, compromissos que denotam o fracasso da defesa, a neurose compulsiva forma uma série de outros sintomas, de natureza completamente diferente:

> o ego realmente procura se defender daqueles descendentes da recordação inicialmente reprimida, e neste conflito de defesa produz sintomas que podemos compreender como uma "defesa secundária"[74].

Estas medidas de proteção, caso tenham êxito em reprimir os sintomas iniciais, absorvem a compulsão que os caracterizava, produzindo um tipo novo de formações obsessivas: as "ações compulsivas", quer sejam de penitência, de privação, ou de dipsomania, todas com o mesmo objetivo: impedir a emergência de situações em que os sintomas iniciais pudessem se manifestar. Mas em todos os casos, a compulsão obsessiva se caracteriza por sua inexplicabilidade através da atividade psíquica consciente, o que pressupõe a defesa inconsciente.

Esta elaborada descrição é essencialmente correta; Freud não a modificará, nos anos seguintes, em seus aspectos essenciais. Mas em termos de explicação teórica, ela deixa muito a desejar. A base de todo o esquema é claramente a teoria da sedução, e a repressão é nitidamente diferenciada da defesa, da qual ela é apenas uma modalidade. Note-se, por exemplo, que os "sintomas secundários" não

74. *Further Remarks*, S.E., III, p. 172.

são objeto de uma repressão, mas de uma defesa. Podemos inferir que a repressão designa um mecanismo que atua exclusivamente sobre ideias de conteúdo sexual acompanhadas de um afeto penoso; como os sintomas já são fruto de uma transação entre a sexualidade e a defesa, não caem sob a alçada da repressão. Ela é "possibilitada" pela experiência da sedução, cuja recordação se vincula, na segunda fase do distúrbio, às recriminações frente à agressão sexual recordada. Surge uma "maturidade sexual autônoma", sobre cuja origem e mecanismo nada se diz, e que é encarregada de proporcionar o desprazer necessário à repressão. O retorno do reprimido e a formação dos sintomas como compromisso são atribuídos ao fracasso da repressão, sem que se deem maiores esclarecimentos sobre como e por que se constitui este fenômeno. A ocorrência dos processos de defesa secundária tampouco é explicada, a não ser por um conflito do ego com os sintomas iniciais. Mas estes já eram produto de uma transação, na qual evidentemente o ego tomara parte. A compulsão tem de ser concebida como dotada de potencialidades de crescimento, pois só o aumento progressivo da sua intensidade pode explicar a necessidade de uma nova defesa. No Manuscrito K, é a libido constantemente engendrada pelo indivíduo que explica esta intensidade:

> Pareceria que são os estados de libido atual insatisfeita que empregam a força do seu desprazer para despertar a autorrecriminação reprimida. Uma vez produzida esta recriminação e engendrado um sintoma pelo impacto do material reprimido sobre o ego, não cabe dúvida de que este material continua operando independentemente, mas as oscilações quantitativas do seu poderio continuam dependendo sempre da magnitude que em cada momento seja alcançada pela tensão libidinal. [...] Os neuróticos obsessivos são pessoas que estão expostas ao perigo de que a totalidade da tensão sexual diariamente gerada neles termine por converter-se em autorrecriminações ou nos sintomas correspondentes[75].

Esta tensão sexual, contudo, não é canalizada para sua satisfação normal precisamente porque o indivíduo é um neurótico obsessivo, isto é, alguém que já passou pelas etapas iniciais do impacto da repressão e do fracasso da defesa. Portanto, a tensão sexual atual não pode explicar a origem do desprazer vinculado à repressão, nem do mecanismo pelo qual a recordação pôde se tornar objeto de um investimento liberador de desprazer.

O que se conclui deste panorama um tanto sombrio é que tampouco o retardamento da puberdade pode dar conta do mecanismo da repressão inicial, apesar da explícita declaração de Freud no texto que citamos. A prova disto é que torna necessária a introdução da misteriosa "maturidade sexual autônoma" por volta dos oito anos, já evocada na carta 46, a qual, embora cronologicamente posterior (30.05.1896) ao Manuscrito K., coincide com a publicação do se-

75. *O.P.*, Manuscrito K., p. 3537.

gundo artigo sobre as *Neuropsicoses de Defesa*, ocorrida em maio de 1896[76]. Paulatinamente, vai-se tornando claro que a biologia não pode resolver o problema da repressão, tanto porque esta tem lugar muito antes do período da puberdade, como pela impossibilidade de situar, também neste registro, a origem do desprazer indispensável para que o investimento da recordação seja capaz de adquirir valor patogênico.

Uma tentativa um pouco diferente para resolver estas questões foi empreendida por Freud na Conferência de abril de 1896, que traz o título de *A Etiologia da Histeria*. Aqui ele faz para a histeria o mesmo que o vimos fazer com a neurose obsessiva no artigo que acabamos de analisar: procura revelar o mecanismo desencadeador da moléstia referindo-o à teoria da sedução. A cena traumática, a que se chega pelo método da concentração, tem que satisfazer duas condições para ser considerada responsável pelo surgimento da histeria: a conveniência como determinante e a apropriada força traumática. Se as cenas recordadas pelo paciente não preencherem ambos os requisitos, é preciso continuar o interrogatório até que por trás delas surjam outras, adequadas para produzir o efeito patológico. Ora, as cadeias associativas conduzem inevitavelmente ao campo da experiência sexual; mas as primeiras cenas recordadas, que geralmente ocorrem na puberdade, são de caráter trivial, não possuindo a força traumática requerida, e por vezes sequer a conveniência como determinantes. Mas a cadeia de associações chega até a primeira infância, um período "anterior ao desenvolvimento da vida sexual", o que pareceria invalidar a etiologia proposta. Tal não se dá, porém, porque se trata de experiências que exercem seu efeito psíquico através dos traços mnêmicos que deixaram, o que apenas confirma a descoberta de que os sintomas só surgem através da cooperação de diversas recordações:

> Nenhum sintoma histérico pode surgir de uma experiência isolada; em todos os casos, a recordação de experiências anteriores, despertada em associação com ela, tem uma função na causação do sintoma[77].

As cenas anteriores, descobertas através do trabalho analítico, ocorreram invariavelmente na primeira infância. Os pacientes nada sabem de tais cenas, e opõem uma viva resistência à sua rememoração. Este fato parece a Freud fornecer uma prova conclusiva da sua veracidade: se os pacientes as tivessem inventado, por que procurariam negá-las com tanta veemência? Além disto, a uniformidade dos relatos, a sua comprovação por meio de terceiros, o fato de que os pacientes descrevem como inócuos eventos cujo significado evidentemente não compreendem, e acima de tudo a necessidade lógica delas para explicar a origem e a arquitetura da neurose, são indicações de que as cenas de sedução realmente ocorreram.

76. ERNEST JONES, *op. cit.*, tomo I, p. 291.

77. *The Aetiology of Hysteria*, S.E., III, p. 197.

Mas, se a sedução é tão mais frequente do que se supõe, como explicar que tantas pessoas tenham passado por este trauma sem se tornarem histéricas? A resposta de Freud envolve um aspecto lógico e outro empírico. Em primeiro lugar, a objeção peca contra a lógica: o fato relevante não é que muitos indivíduos tenham sido seduzidos sem se tornarem histéricos, mas o de que "todos os histéricos passaram pela sedução". Da mesma forma, muitas pessoas absorvem o bacilo de Koch sem sucumbir à tuberculose; o que prova o valor etiológico do bacilo é que todos os tuberculosos o apresentam. Em segundo lugar, a sedução não basta para explicar a origem da histeria; os histéricos passam ainda por um conflito defensivo, mediante o qual o ego reprime uma ideia incompatível com o restante do psiquismo do indivíduo. Esta ideia é incompatível porque se encontra conectada com a experiência infantil da sedução, segundo aspectos de semelhança visual ou por meio de uma associação lógica. Além disso, as recordações destas cenas estão sob regime de inconsciência, e somente nesse caso são capazes de gerar e manter sintomas histéricos.

Os sintomas começam a se formar por volta dos oito anos de idade, o que mostra ser esta uma espécie de linha-limite, após a qual uma experiência sexual já não parece estar dotada de poder patogênico.

> A existência desta linha-limite está provavelmente vinculada com os processos do desenvolvimento sexual [...]. Exemplos isolados de ocorrência da histeria antes dos oito anos podem ser interpretados como fenômenos de maturação sexual precoce [...] a qual pode ser inclusive provocada por uma estimulação sexual prematura[78].

Até aqui, portanto, Freud formulou claramente a teoria da sedução, afastou as objeções que poderiam ser levantadas contra ela, e fundamentou-a na abundante experiência clínica de que dispunha. O registro biológico é mais uma vez decisivo para a argumentação: o início da segunda infância, por volta dos oito anos, traça uma barreira ao futuro desenvolvimento dos sintomas histéricos. A maturação sexual precoce, que surgira tão intrigantemente a propósito da neurose obsessiva, recebe um esboço de explicação, através da "estimulação prematura". A teoria da sedução valida a da defesa: esta se exerce somente no caso da ideia intolerável estar associada à cena traumática. Mas o grande, o ineludível problema que encontramos por toda parte – por que a "recordação" de uma experiência sexual produziria efeitos patológicos tão intensos, quando a própria experiência não levou a nenhuma consequência – reaparece aqui, como não poderia deixar de acontecer. A resposta de Freud é reveladora:

78. *The Aetiology of Hysteria*, S.E., III, p. 212.

Este é um problema puramente psicológico, cuja solução talvez necessite de certas hipóteses acerca dos processos psíquicos normais e do papel neles desempenhado pela consciência[79].

A referência é claramente à psicologia do *Projeto*, que já estava elaborada há meses; mas, como já vimos, ela é incapaz de dar conta do problema, e Freud sabia perfeitamente disso. Outras duas questões são classificadas por Freud no capítulo do "puramente psicológico": o tipo de processo que permite o acúmulo de recordações penosas inconscientes, tal que a reação ao evento trivial que provocou o desencadeamento da neurose possa ser incluída na série cuja somatória de intensidades justifica o sintoma, e o problema da "escolha de neurose", isto é, o que determina se a experiência de sedução irá conduzir a uma histeria ou a uma neurose obsessiva. Mas a mecânica dos investimentos neuronais ainda está muito distante de uma explicação "puramente psicológica"...

8. O COLAPSO

A tentativa final de resolver o problema da repressão no quadro de coordenadas determinado pela teoria da sedução e pela hipótese quantitativa se encontra na longa carta 52, de 06.12.1896, em que as ideias do *Projeto* são remanejadas pela última vez, a partir de uma hipótese nova, a meio caminho entre a fisiologia e a psicologia: a da transcrição das recordações. Escreve Freud:

> O essencialmente novo em minha teoria é a afirmação de que a memória não se encontra numa versão única, mas em várias, ou seja, que se acha transcrita em diferentes classes de "signos" [...]. As diferentes transcrições também estão separadas quanto aos neurônios que são seus portadores, embora não seja preciso supor que esses estejam topograficamente separados[80].

Segue-se um esquema em que os neurônios perceptivos conduzem as percepções até outros, do sistema ψ, em que se efetua a primeira transcrição das percepções, estruturada por relações de simultaneidade e totalmente incapaz de se tornar consciente. O segundo registro, denominado "Ics" (inconsciente) se estrutura por relações causais, e seus traços poderiam corresponder a recordações conceptuais. A terceira transcrição, chamada "Pcs" (pré-consciente), corresponde ao ego e se estrutura segundo imagens verbais; em determinadas circunstâncias, estes podem chegar a se tornar conscientes. As várias transcrições representam a obra psíquica de diferentes períodos de vida; em cada limite entre tais épocas, o material psíquico deve ser submetido a uma nova transcrição; cada nova transcrição

79. *The Aetiology of Hysteria*, S.E., III, p. 212-213.
80. *O.P.*, carta 52, p. 3551.

inibe a anterior e aparta dela o processo excitatório, segundo a tendência à equalização quantitativa:

> Cada vez que falta uma transcrição, a excitação será resolvida de acordo com as leis psicológicas vigentes no período psíquico anterior, e pelas vias que então eram acessíveis... A falta de tradução é o que conhecemos clinicamente por "repressão". Seu motivo é sempre a provocação do desprazer que resultaria da tradução efetuada, como se este desprazer engendrasse um transtorno do pensamento, que por sua vez impedisse o processo de tradução[81].

Este texto, verdadeiramente limítrofe entre a fisiologia e a psicologia, postula que a excitação (biológica) seja resolvida de acordo com as leis *psicológicas* vigentes no período anterior; a transcrição para o novo registro é exigida pelo advento de uma nova "época da vida"; a repressão tem uma face biológica e outra psicológica; e seu motivo é simultaneamente mecânico, biológico e psicológico. Comecemos por este último ponto. Sabemos que o desprazer resulta, nos termos do *Projeto*, de um incremento no nível de tensão de Q, e que a tendência a evitar este aumento é dada pelo "Princípio da Constância". Por outro lado, o evitar desprazer é uma regra biológica, indispensável para a sobrevivência do indivíduo. E o desprazer é uma sensação consciente, ocorrendo no sistema de neurônios ω, sede de todos os processos da consciência. Assim, a repressão deve ser formulada em três registros diferentes, mas é evidente que na última frase Freud privilegia o biológico. Também podemos admitir uma explicação mecânica, embora mais claudicante: vimos atrás que, quando o pensamento esbarra numa recordação penosa, ele toma a liberação de desprazer concomitante como o sinal para abandonar aquele caminho particular de investimento neuronal e dirigir a atenção para outro lugar. A este processo Freud denominava "defesa-de-pensamento". Aqui esta ideia se torna mais explícita: ao desviar-se para "outro lugar", o pensamento passa ao largo da recordação penosa, deixando-a imune ao processo de transcrição que está sendo efetuado. Mas o mesmo problema deixado em suspenso na Parte III do *Projeto* retorna aqui: o que permite esta liberação de desprazer de uma recordação "não domesticada"? Freud acentua que há dois tipos de defesa: a normal, que atua contra a geração de desprazer dentro de uma mesma fase psíquica, isto é, entre transcrições da mesma natureza, e a patológica, que se exerce contra os traços mnêmicos de uma fase anterior, não traduzidos. O fracasso desta última não pode depender da magnitude do desprazer provocado pela recordação, já que é comum esforçarmo-nos por esquecer as recordações que acarretam maior desprazer. A inibição do desprazer só pode fracassar se ao desprazer provocado por tal recordação, no momento em que foi uma experiência real, vier se somar um "novo" desprazer, que não poderá ser inibido.

81. *O.P.*, carta 52, p. 3553.

Tal caso só pode se dar quando se trata de acontecimentos sexuais, porque as magnitudes de excitação que eles liberam crescem por si mesmas à medida que o tempo passa, isto é, à medida que avança o desenvolvimento sexual[82].

Eis-nos de volta ao argumento da puberdade atrasada, que já encontramos diversas vezes. Mas aqui ele é ampliado para explicar a "compulsão", deixada pendente nas discussões anteriores. Como a maioria das experiências sexuais provocam prazer e não desprazer, a sua reprodução está acompanhada de um prazer que não pode ser inibido: este prazer constitui uma compulsão.

Chegamos assim às seguintes conclusões: quando uma vivência sexual é recordada numa fase diferente, e se ao mesmo tempo há um desprendimento de prazer, o resultado é a *compulsão*; mas se a recordação é acompanhada de desprazer, o resultado é a *repressão*. Em ambos os casos, parece estar impedida a tradução para os signos da nova fase[83].

Esta distinção parece servir para fundamentar a ocorrência da neurose obsessiva, que segundo Freud dependeria de uma experiência de agressão sexual seguida de prazer, calcada sobre uma experiência prévia de sedução vivida passivamente.

Ora, no momento em que tudo parece encaixar-se no devido lugar, o edifício inteiro vem abaixo. O resto da carta não nos ocupará neste momento, embora toque pontos importantes para a evolução do pensamento de Freud; este, aliás, não se apercebeu no momento das contradições em que incorria, e que apontaremos agora. Em primeiro lugar, o termo "compulsão" não é privativo da sintomatologia da neurose obsessiva: vimos na Parte II do *Projeto* que existe uma compulsão histérica, que força a entrada do pensamento de um substituto – Freud então o designava como "símbolo" – da representação reprimida, mas dotado da mesma intensidade afetiva. Escrevia Freud então: "*A* é compulsiva, *B* é reprimida". Portanto, a compulsão não se opõe à repressão, mas representa simplesmente o reverso concomitante desta, caso a "tendência à equalização quantitativa" deva ser levada a sério. Em segundo lugar, a compulsão se origina do desprazer provocado por *B*, isto é, pela ideia reprimida, e é justamente por estar vinculada a este desprazer que a ideia compulsiva parece desproporcionalmente trivial para causar o efeito patogênico do sintoma histérico. Se a compulsão derivasse do prazer vinculado a uma representação ou recordação sexual, não haveria motivo para a irrupção da ideia compulsiva em lugar da ideia reprimida; em outras palavras, o afeto desagradável da segunda jamais poderia unir-se à primeira, caso esta estivesse investida como recordação prazenteira.

Mas a falha mais grave é a postulação de um "prazer" na esfera da sexualidade, no mesmo nível do desprazer, já que depende da presença de um *ou* de outro que a compulsão *ou* a repressão se manifes-

82. *O.P.*, carta 52, p. 3553.

83. *O.P.*, carta 52, p. 3553.

tem. Pela teoria da sedução, é impossível que a primeira experiência sexual da criança tenha sido acompanhada de prazer, tanto porque a sedução pressupõe uma violência por parte do adulto pervertido que a realiza – e Freud descreve com abundância de detalhes esta violência, na Parte II da Conferência sobre a *Etiologia da Histeria* – quando pelo pressuposto de que, inexistindo a sexualidade infantil, a criança não pode viver com prazer a irritação dos seus órgãos genitais, e muito menos as sensações na boca ou no reto, que a perversão do adulto a obrigaria a utilizar para que ele, adulto, pudesse ter satisfação. Para que a teoria da sedução se mantenha, é indispensável que a primeira experiência tenha sido passiva e bastante desagradável; a prova disto é que, tanto na *Etiologia da Histeria* quanto nas *Novas Observações sobre as Neuropsicoses de Defesa*, a experiência ativa e acompanhada de prazer que se encontra na raiz da neurose obsessiva tem que ter sido precedida por uma outra, passiva, que Freud designa como o "subsolo histérico de toda neurose obsessiva".

Assim, a introdução das recordações sexuais acompanhadas de prazer, que aliás são expressamente consideradas como constituindo a maioria deste grupo de lembranças, torna contraditória a pedra de toque de toda a construção, representada pela teoria da sedução. Nas cartas seguintes, Freud ainda não se dá conta disto, procurando com afinco determinar a época da vida em que teria ocorrido a cena primordial, com o consequente desencadeamento desta ou daquela neurose. A carta 57, de 24.1.1897, anuncia que

> Neste momento, vejo que começa a cambalear uma das suposições que alimentei até aqui – que a escolha da neurose está determinada por sua época de origem – pois agora me parece muito mais provável que esta esteja fixada na primeira infância. Contudo, continuo em dúvida sobre se está determinada pela época da origem ou da repressão[84].

A carta 58, de 8.2.1897, indica que a própria teoria da sedução está se tornando complicada demais: "a teoria agora se deslocou para longe; dilato tanto quanto possível todos os intentos de chegar a uma compreensão. Até as relações cronológicas se me afiguram incertas"[85].

O golpe de graça em toda esta laboriosa construção, em que Freud se empenhara durante mais de dois anos, será dado pela descoberta das fantasias histéricas, anunciada na carta 59, e das quais

84. *O.P.*, carta 57, p. 3562. A palavra "escolha" é ambígua; certamente, não se trata de optar por esta ou aquela neurose, como se opta por uma pera ou por uma maçã. O que Freud quer dizer é que o quadro clínico posterior é determinado pela natureza das experiências infantis. O termo "escolha" aparecerá com o mesmo sentido no composto "escolha de objeto" (ver nota 92 do Cap. 2). Contudo, ele alude a uma certa participação do sujeito, que por enquanto ainda é misteriosa, e que se explicitará quando a problemática da sexualidade passar a ser tratada no quadro de referência do inconsciente, da primeira tópica e da repressão.

85. O.P., carta 58, p. 3563.

trataremos no próximo capítulo. No primeiro momento, Freud não se deu conta de que elas tornavam desnecessária a teoria da sedução, procurando ao contrário encaixá-las no quadro teórico sugerido por ela. Prova-o a carta 61, de 2.5.1897:

as fantasias procedem de "coisas ouvidas, mas só posteriormente compreendidas", e todo o seu material é evidentemente genuíno. São construções defensivas, sublimações e embelezamentos dos fatos, servindo simultaneamente ao propósito da autoexoneração[86].

Os "fatos" referem-se evidentemente às cenas de sedução, já que, se as fantasias são "construções defensivas", obedecem ao modelo universal da defesa, isto é, a expulsão de uma recordação intolerável do campo associativo. A "autoexoneração" significa que o indivíduo não teve culpa nos "fatos", isto é, foi seduzido contra a sua vontade. Esta concepção inicial das fantasias vai ser abandonada logo mais, quando Freud se der conta da sexualidade infantil e dos conteúdos a ela associados.

O mais surpreendente desta carta, porém, é a tranquila rejeição da recordação, no momento em que Freud escreve:

as estruturas psíquicas que são objeto de repressão na histeria não são, na verdade, recordações – já que ninguém se entrega sem motivo à atividade da memória – mas impulsos derivados das cenas primitivas [...] O que diferencia as três neuroses – histeria, neurose obsessiva e paranoia – é que o estabelecimento da transação, isto é, a formação do sintoma, tem em cada uma delas uma localização diferente: na histeria, são as recordações; na neurose obsessiva, os impulsos perversos; e na paranoia, as ficções defensivas (fantasias), que irrompem na superfície normal sob o aspecto de deformações transacionais[87].

As recordações possuem aqui um estatuto muito ambíguo: não são objeto de repressão, mas emergem como sintomas em forma disfarçada. Sabemos que o disfarce é resultado da transação entre as ideias repressoras e as ideias reprimidas; ora, se as recordações não foram reprimidas, como imaginar que possam entrar numa transação deste tipo? Na verdade, a noção de recordação começa aqui a ser substituída pela de "impulso", embora o novo conceito apareça aqui de forma restringida, vinculado à neurose obsessiva como aquilo que origina a formação do sintoma. Mas o conceito de impulso vai por Freud na pista da sexualidade infantil e do complexo de Édipo, como se depreende do Manuscrito N, agregado à carta nº 64, de 31.5.1897, e da carta 65, de 7.7.1897. No Manuscrito M, adjunto à carta 63, de 25.5.1897, Freud ainda escreve que:

86. *O.P.*, carta 61, p. 3565.
87. *O.P.*, carta 61, p. 3566.

as fantasias se originam pela combinação inconsciente do vivenciado com o ouvido, seguindo determinadas tendências, as quais perseguem o objetivo de tornar inacessível a recordação de que surgiram ou poderiam surgir sintomas...[88]

Mas o Manuscrito N, intitulado "Impulsos", abre-se com a declaração de que os impulsos hostis contra os pais, o desejo de que morram, também constituem elementos integrantes das neuroses:

> Parece que este desejo de morte se dirige nos filhos contra o pai e nas filhas contra a mãe... Estes impulsos são reprimidos naquelas ocasiões que reanimaram a compaixão pelos pais, como sua enfermidade ou morte[89].

E a carta 66, de 7.7.1897, quando Freud iniciava sua autoanálise, firma o conceito de que as fantasias e os impulsos perversos, cuja repressão mais tarde se tornará inevitável, "dão lugar às determinações superiores dos sintomas, já engendrados pelas recordações, bem como novos motivos para ater-se à enfermidade"[90]. É fácil perceber que o impulso vai ocupando um lugar cada vez mais importante na teorização freudiana, embora nesta fase, intermediária entre sua descoberta (maio de 1897) e o abandono definitivo da teoria da sedução (setembro de 1897), sua posição no esquema conceptual ainda não esteja bem definida. Mas torna-se evidente que, com a importância cada vez menor conferida à recordação da cena traumática, vira-se uma página na história dos conceitos de Freud: a partir da carta 69, todo o esquema teórico vai cair, sendo substituído pelo que conhecemos como "sexualidade infantil" e "inconsciente".

9. OS BECOS DO LABIRINTO

É preciso ter um caos dentro de si para dará luz uma estrela cintilante.
NIETZSCHE, Assim Falava Zaratustra, *Preâmbulo, V.*

Havíamo-nos proposto demonstrar que a hipótese quantitativa era a contrapartida necessária da teoria da sedução, e que seu abandono conjunto no outono de 1897 não é em absoluto casual: as duas concepções surgem e naufragam ao mesmo tempo, porque entre ambas a vinculação é essencial.

A hipótese quantitativa apoia-se sobre o que Freud denomina o "Princípio de Constância", isto é, a tendência do sistema nervoso a manter tanto quanto possível inalterado o nível de energia no seu interior. A um aumento deste nível, manifestado como desprazer, o

88. *O.P.*, Manuscrito M., p. 3571.
89. *O.P*, Manuscrito N., p. 3573.
90. O.P., carta 66, p. 3577.

sistema responde de duas maneiras: com uma descarga imediata ou com uma inibição do fluxo de Q para os neurônios cujo investimento liberaria desprazer. Contudo, vimos que a par deste registro mecânico-termodinâmico, é imediatamente introduzido o registro biológico, já que o sistema nervoso não é uma máquina, e sim um componente do organismo humano. Além de ser uma indicação do acréscimo de Q, o desprazer é também a mola da educação do indivíduo, em sua luta pela sobrevivência em meio a um ambiente relativamente desfavorável.

O primeiro ponto de contato entre as duas teorias é a noção de "trauma". Aparentemente fundamentado pelos dados clínicos, o trauma satisfaz as condições mecânicas, biológicas e psicológicas requeridas para provocar uma neurose. Mecanicamente, corresponde a um grande fluxo de Q a atingir do exterior o sistema nervoso; biologicamente, engendra um considerável desprazer e acarreta a inibição, pelo ego, dos neurônios facilitados pelo ingresso de excessiva dose de estimulação; psicologicamente, possui as duas características exigidas para que um evento possa ser considerado como causador de neurose, a saber: a conveniência como determinante e a força traumática. Mas durante o período em que se ateve a este conjunto de hipóteses, Freud permaneceu fiel à fórmula da *Comunicação Preliminar*, segundo a qual os pacientes sofrem principalmente de reminiscências. O próprio trabalho de anamnese desenvolvido durante a terapia analítica parecia fundamentar esta afirmação, aparentemente indubitável, se levarmos em conta a intensa resistência que os analisandos opunham ao desvelamento de suas recordações.

Contudo, a fórmula exigia que a teoria desse conta de um problema: como poderia ser uma recordação mais investida de energia do que a experiência da qual se origina? Porque esta só revela efeitos patológicos muito tempo depois de sua ocorrência; caso contrário, a criança seduzida deveria desenvolver uma neurose imediatamente após o trauma. A teoria da defesa, que vimos substituir a dos estados hipnoides, em nada auxiliava a solução da questão, já que, em primeiro lugar, era preciso que o ego estivesse formado e que uma "ideia" incompatível se apresentasse, para que o conflito defensivo pudesse ocorrer; e, em segundo lugar, a defesa deveria fracassar, pois caso contrário a neurose, posteriormente, não poderia se produzir. Assim, tornava-se necessário explicar de onde se originava tal ideia intolerável – ao que a teoria da sedução respondia: ela consiste na recordação do trauma sexual – e ao mesmo tempo dar conta da formação do ego, do mecanismo da defesa e dos motivos do seu fracasso. A formação do ego podia ser justificada biologicamente, como organização capaz de manter a reserva de energia necessária para efetuar as ações específicas, requeridas para pôr fim às excitações endógenas, ou, em outras palavras, para manter viva a criança. Mecanicamente, o problema consistia em explicar de que modo se formavam as barreiras que impediam a energia acumulada nos neurônios do ego de esvaziar-se rumo aos neurônios adjacentes. Freud recorre novamente ao conceito de desprazer: estas barreiras se interpõem entre o ego e os neurônios que conduzem à motilidade e à percepção, para evitar a descarga prematura e a alucinação. Solução absolutamente não mecânica, e completamente biológica. Primeiro problema, pois, insolúvel no quadro da teoria quantitativa: a questão do ego.

Muito mais graves, porém, são as duas outras dificuldades: o problema do investimento da recordação penosa e a questão do insucesso da defesa. Já vimos como repetidas vezes Freud procura encontrar uma solução para a primeira delas: supondo que a "domesticação" das recordações deixasse traços indeléveis que facilitariam o percurso de Q, admitindo a hipótese dos neurônios-chave, e assim por diante. Todas as tentativas esbarram no mesmo rochedo intransponível: não é possível encontrar o percurso de Q capaz de reinvestir a recordação até então "domesticada", e é necessário que um novo e intenso fluxo de Q venha quebrar as resistências inibidoras impostas pelo ego. A puberdade retardada explicaria de um golpe só esta dificuldade e a outra: o excesso de sexualidade provocado pelo seu advento aumentaria em geral o nível de Q no organismo, facilitando o investimento das recordações sexuais mediante a percepção de elementos similares aos que haviam marcado a situação traumática, e a defesa fracassaria porque a excitação se originaria do interior do corpo, burlando a vigilância da atenção, focalizada normalmente para o mundo externo. Mas esta hipótese, ainda que aparentemente aceitável do ponto de vista biológico – a puberdade efetivamente produz um aumento da tensão sexual, e também é verdade que esta, no sentido não psicanalítico, só aparece bem depois de outras funções, tanto orgânicas quanto psíquicas, já estarem quase completamente desenvolvidas – tropeça em obstáculos mecânicos ainda mais espinhosos. Segundo a primeira teoria da repressão, que a concebia como "desinvestimento de Q", a recordação fora esvaziada de sua carga energética, transferida precisamente para a ideia compulsiva que se manifestava em seu lugar: portanto, a percepção de objetos sexuais não poderia conduzir a libido atual para a recordação do trauma, ou mesmo de suas circunstâncias acidentais (ideia compulsiva), sem desfazer o trabalho da repressão. Ou seja, um círculo perfeito: para que haja repressão, é preciso que tenha havido repressão; o mesmo investimento tem que estar vinculado à ideia reprimida e à ideia compulsiva; o que, nos termos da Parte II do *Projeto*, é impossível. Portanto, a hipótese biológica não é passível de explicação nos termos mecânicos que deveriam validá-la. Mas tampouco se sustenta em termos psicofisiológicos. Com efeito, para que a energia oriunda da sexualidade possa ser encaminhada para a recordação patogênica – ainda que este processo seja ininteligível em termos mecânicos – é preciso que ela não encontre uma saída normal pela descarga motora, mesmo masturbatória. Ora, isto não ocorre porque o indivíduo já é neurótico, quer dizer, já passou pela repressão anteriormente – e Freud ilustra este mecanismo no caso da neurose obsessiva. Ou seja, o efeito assume as vezes de causa: a energia sexual não pode ser descarregada porque é atraída para a recordação, e é atraída para a recordação porque não pode ser descarregada. O próprio Freud se confessa incapaz de dar uma explicação convincente para este processo, em passagem que citamos anteriormente.

A hipótese da transcrição das recordações, invocada na carta 52, também esbarra com os mesmos obstáculos. Mas quando Freud se dá conta de que a maioria das recordações sexuais são acompanhadas de prazer e não de desprazer, a própria teoria da sedução passa a se mostrar insustentável. Além de criar inúmeros problemas no registro mecânico, a biologia também se revela incapaz de fornecer uma explicação para este fenômeno: a imaturidade sexual da criança no momento da sedução é incongruente com a liberação de prazer através do investimento de recordações da esfera sexual.

A puberdade retardada já não serve como hipótese explicativa, pois o aumento de tensão sexual não pode dar conta do prazer envolvido em tais recordações. Então, das duas uma: ou o trauma geraria prazer, o que é absurdo, ou a recordação do trauma, através de vias extremamente complicadas, também acabaria por gerar prazer, o que é igualmente absurdo.

A descoberta das fantasias e dos impulsos vai assestar um golpe definitivo nas duas teorias. Se o que é reprimido são impulsos e não recordações, o problema de descobrir o mecanismo que permite investir novamente uma recordação, insolúvel no quadro da hipótese quantitativa, se torna supérfluo. E se a fantasia é a produtora das cenas de sedução, o trauma real também passa a ser dispensável. Com o abandono da hipótese do trauma, todas as considerações quantitativas se revelam redundantes: não é preciso mais procurar a quadratura do círculo mecânico na evolução biológica, pois o ponto de partida de toda a problemática já foi suprimido. Quando as considerações quantitativas reaparecem, na *Metapsicologia*, já não se fará alusão a uma energia "nervosa", mas a uma energia psíquica, o que é bastante diferente. Freud não abandonará jamais o ideal de encontrar uma base orgânica para a psicologia, mas este ideal é afastado para um futuro longínquo, em detrimento de considerações estritamente psicológicas. A renúncia à teoria da sedução e à sua contrapartida físico-fisiológica, a hipótese quantitativa, marca o advento dos conceitos propriamente psicanalíticos de "inconsciente" e "sexualidade infantil". À incapacidade daquelas hipóteses para dar uma explicação convincente do fenômeno da repressão, somavam-se os numerosos pontos contraditórios e becos sem saída a que conduziam, se tomadas ao pé da letra. A etiologia sexual das neuroses teria então de apoiar-se sobre uma teoria mais ampla, que evitasse os escolhos da hipótese da sedução, já por si só um tanto inverossímil, em que pese a enérgica defesa que Freud fez dela em várias ocasiões. A inverossimilhança, contudo, não deve ser referida às críticas do senso comum; é por ter sido superada por um mergulho mais profundo na trama do inconsciente que ela se revela como tal. Além de improvável, nos termos da psicanálise nascente, a hipótese da sedução era contraditória com a metapsicologia que deveria fundá-la, se podemos chamar assim a hipótese quantitativa, e com suas próprias implicações internas. Invertendo a epígrafe que Freud escolheu para a *História do Movimento Psicanalítico*, a teoria da sedução e as hipóteses do *Projeto* formavam um conjunto que, sob a pressão combinada dos fatores que apontamos, *nec fluctuat, mergitur* (não flutua, submerge).

2. Os Demônios da Alma

Ninguém que, como eu, conjure os mais maldosos dos demônios semidomesticados que habitam o peito humano, e que com eles procure se medir, pode esperar sair ileso do combate.

Caso Dora

E das peles que visto
Muitas há que não vi.

CARLOS DRUMMOND DE ANDRADE,
"Sonetilho do Falso Fernando Pessoa", in Novos Poemas.

1. FANTASIAR

Então invento o que amo, e amo o que invento.
DANTE MILANO, "Homenagem a Camões", in Poesias.

Revendo o conjunto de sua obra em 1925, Freud observa na *Autobiografia:*

> as teorias da resistência e da repressão do inconsciente, da significação etiológica da vida sexual e da importância dos acontecimentos infantis são os elementos principais do edifício teórico psicanalítico[1].

1. *An Autobiographical Study*, S.E., XX, p. 40.

São precisamente estes elementos que atingem sua formulação propriamente psicanalítica entre os anos de 1897 e 1905, quando Freud, depois do tortuoso percurso que analisamos no capítulo anterior, lança as bases do seu "edifício teórico" no conjunto de textos de que nos ocuparemos agora: a *Interpretação dos Sonhos*, o *Fragmento da Análise de um Caso de Histeria*, a *Psicopatolotia da Vida Quotidiana*, a *Frase de Espírito e sua Relação com o Inconsciente* e os *Três Ensaios para uma Teoria Sexual*. Queremos mostrar que uma mesma problemática percorre todos estes escritos: a do inconsciente e da sexualidade. Consideramos que as duas vertentes desta problemática estão intimamente associadas, e que o foco central de todo o conjunto é dado pela teoria da repressão, a qual, no quadro teórico anterior – as hipóteses gêmeas da sedução e da psicofisiologia do *Projeto* – permanecera perfeitamente enigmática. Esta constelação conceptual, em seus vários aspectos, constitui na verdade o fundamento teórico da Psicanálise; os diferentes elementos que a compõem aparecem em contextos diversos, porém, a unidade subjacente a todos eles pode ser demonstrada com segurança. Este capítulo, portanto, ocupar-se-á com a análise do núcleo teórico representado pelos conceitos de "inconsciente" – na primeira elaboração que Freud lhe dedicou – e de "sexualidade", e mostrará a articulação interna das ramificações que a partir deles delimitam o campo psicanalítico, tal como ele se apresentava na época mencionada.

Começaremos com o conceito de "fantasia". Na carta 69 a Fliess, de 21.9.1897, Freud escreve:

> Permite-me que te confie sem maiores delongas o grande segredo que no curso dos últimos meses se me foi revelando paulatinamente: já não acredito na minha *Neurotica*. [...] O primeiro grupo de motivos de minha atual incredulidade é formado pelos contínuos fracassos em conduzir minhas análises a uma verdadeira conclusão [...]; em segundo lugar, a assombrosa circunstância de que todos os casos obrigavam a atribuir atos perversos ao pai; [...] em terceiro, a inegável comprovação de que no inconsciente não existe um "signo de realidade", de modo que é impossível distinguir uma verdade de uma ficção afetivamente carregada [...]; em quarto, a consideração de que nem mesmo nas psicoses mais profundas chega a irromper a recordação inconsciente, de modo que o segredo das vivências infantis não se traduz sequer no mais confuso estado delirante[2].

Estes quatro argumentos não têm todos o mesmo valor. O segundo deles já fora levantado inúmeras vezes contra a hipótese da sedução, mas Freud replicara sempre que só aqueles que utilizassem o método psicanalítico poderiam se manifestar a respeito, dado que apenas ele abria o acesso às cenas infantis. Mas o primeiro argu-

2. *O.P.*, carta 69, p. 3579. O termo "Neurotica", em latim, refere-se à teoria das neuroses, como *Topica* se refere à teoria dos lugares psíquicos.

mento anula esta réplica: sem dúvida, apenas o próprio Freud manejava o método que criara, e contudo as análises não podiam ser concluídas. Concluir uma análise significava, em 1897, remover todos os sintomas apresentados e, na medida do possível, evitar o surgimento de outros em seu lugar. Tal objeto só poderia ser alcançado caso se vencessem as resistências opostas pelo paciente e se desvendassem os segredos de sua vida pregressa, especialmente na esfera sexual, até atingir o trauma da sedução, subjacente, como vimos, a todos os tipos de psiconeuroses. Ora, ou a recordação pertinente não era produzida, ou o era; no primeiro caso, Freud atribuía à "resistência" a amnésia do trauma, e portanto ao próprio neurótico a responsabilidade pelo fracasso da terapia; é o que mostra, entre outras coisas, a análise do sonho da "injeção em Irma", com o qual Freud abre o capítulo II da *Interpretação dos Sonhos*. Mas, se o paciente reproduzisse a cena esperada, a terapia encaminhava-se para um beco sem saída: a análise não era "concluída". Portanto, das duas uma: ou o método funcionava até um certo ponto, para fracassar misteriosamente no momento seguinte, ou a hipótese da sedução tinha que ser revista. Frente à implausibilidade da primeira alternativa, Freud dispunha de duas indicações a favor da segunda, representadas pelo terceiro e pelo quarto argumentos que avança. Se mesmo nos delírios mais descabelados não ocorria qualquer menção ao trauma da sedução, este fato poderia conduzir a duas conclusões: ou haveria no inconsciente recantos tão sombrios que mesmo o máximo levantamento possível das resistências era incapaz de desvelá-los, ou a cena em questão jamais ocorrera. A primeira possibilidade implicaria o abandono completo da psicanálise, dado que esta se propunha precisamente a desfazer as resistências para trazer à luz os núcleos patogênicos; ora, se mesmo em regime de delírio o núcleo fundamental jamais pudesse ser evocado, com muito menos razão o seria no curso da terapia freudiana. Restava a segunda possibilidade: a cena não ocorrera. Neste caso, de onde teriam os pacientes extraído seu conteúdo? Ou da sugestão do próprio Freud, ou da atuação do seu inconsciente. A primeira alternativa estava enfaticamente afastada, já que o terapeuta jamais pode impor ao paciente algo a que nada corresponda nas suas recordações, corretamente interpretadas; e o próprio Freud se encarrega de mostrar isto em textos anteriores. A noção de "signo de realidade", elaborada no *Projeto*, fornecia uma indicação mais plausível. Sendo função do sistema secundário, encarregado de inibir os processos primários que conduziam à alucinação e ao desprazer, seria radicalmente impossível sua presença no sistema primário, aqui chamado de "inconsciente". Portanto, uma formação inconsciente poderia ser tomada como pertencente à realidade exterior, como demonstrava a análise da "experiência de satisfação". Se o mesmo ocorresse neste caso, a cena de sedução poderia ter sido produzida pelo paciente e confundida com um evento real. Esta hipótese abria numerosas interrogações, mas evitava as objeções anteriores, incapazes de serem eliminadas pela teoria da sedução. Com efeito, a desconsideração do mundo da fantasia explicava o fracasso terapêutico pela omissão de um fator essencial da vida psíquica do paciente, e dava conta da ausência da cena de sedução nos delírios, cujo fundamento assenta sempre em experiências efetivamente vividas. Quanto ao enorme índice de pais pervertidos, a hipótese da fantasia invertia o problema, colocando a possibilidade bem mais razoável de que a produção de fantasias sexuais fosse um fenômeno bastante comum nos indivíduos normais e universal nos neuróticos.

A hipótese da existência de fantasias inconscientes colocou Freud no caminho que conduziu às suas grandes descobertas. Com efeito, para dar conta da sua produção, tornava-se preciso investigar de perto o funcionamento da mente, em especial da sua parte inconsciente; o conteúdo sexual deste tipo de ideação exigia noções mais claras sobre a sexualidade, em especial sobre a sexualidade infantil; o fato de serem submetidas a uma repressão extremamente intensa tornava imperioso o estudo aprofundado deste fenômeno, ao mesmo tempo em que o colocava em termos estritamente psicológicos, desvinculando-o do jugo da neurologia. Freud ataca todos estes problemas ao mesmo tempo, baseando-se no estudo dos sonhos, sobre os quais formulara suas primeiras hipóteses no *Projeto*. Na mesma carta 69, confia a Fliess que

> nesta derrocada de todos os valores, somente a psicologia ficou intacta. Os sonhos continuam solidamente garantidos, e minhas primeiras tentativas de investigação metapsicológica aumentaram de valor a meus olhos[3].

A conclusão geral que tirou do abandono da teoria da sedução se encontra formulada com nitidez na *História do Movimento Psicanalítico:*

> Se os histéricos referem seus sintomas e traumas inventados por eles, é preciso tomar em consideração este fato novo [...] e conceder à realidade psíquica um lugar ao lado da realidade prática. Não tardamos, pois, em descobrir que tais fantasias se destinavam a encobrir a atividade autoerótica dos primeiros anos infantis [...]. Por trás delas apareceu, então, a vida sexual infantil em toda a sua amplidão[4].

As cartas subsequentes a Fliess confirmaram este trajeto. A carta 71, de 15.10.1897, anuncia a descoberta dos sentimentos hostis contra os pais, que neste momento aparecem como uma prova da ideação fantasmática: "Também em mim comprovei o amor pela mãe e os ciúmes contra o pai, a ponto de considerá-los agora como um fenômeno geral da primeira infância"[5]. Segue-se uma nova tentativa de explicar a repressão, partindo da resistência (carta 72, de 27.10.1897). A

3. *O.P.*, carta 69, p. 3580.
4. *On The History of the Psychoanalytic Movement*, S.E., XIV, pp. 17-18.
5. *O.P.*, carta 71, p. 3584.

resistência expressa o caráter degenerativo da criança, que sucumbiu à repressão; como a terapia o desenterra contra todas as oposições, o paciente apresenta todos os traços de uma criança malcriada,

> até que eu lhe mostre sua conduta, e com isto lhe permita superar este caráter degenerativo. Deste modo, a resistência se me converteu em algo objetivamente tangível, e somente desejaria captar a coisa análoga que se esconde sob o nome de repressão[6].

Os dois textos se completam, embora o conjunto da teoria sexual ainda esteja longe de ser elaborado. Os sentimentos edipianos caracterizam a primeira infância, sucumbindo posteriormente à repressão, embora este mecanismo ainda esteja "oculto"; a repressão se manifesta como resistência no curso do tratamento, tanto no sentido de evitar o relato de conteúdos perturbadores, como mediante o artifício muito mais sutil de apresentar as fantasias, das quais o "culpado" seria o paciente, como recordações objetivas, em que ele figuraria apenas como vítima; o levantamento das resistências acarreta o ressurgimento do material reprimido, e consequentemente de condutas infantis: mentira, simulação etc. O que permanece como incógnita é o "análogo" da resistência, isto é, o mecanismo da repressão e o motivo de sua incidência precisamente sobre os conteúdos sexuais.

Mas o primeiro vislumbre do caminho para resolver estes problemas não se faz esperar. A carta 75 (14.11.1897) apresenta a primeira versão da futura teoria da libido:

> Trata-se do abandono de antigas zonas sexuais [...] que devem ser a anal e a bucofaríngea. Primeiro, sua contemplação e imaginação já não exercem um efeito excitante, e segundo, as sensações internas delas emanadas já não contribuem em absoluto para a libido [...]. Cabe admitir que, na infância, a excitação sexual ainda não esteja tão localizada como nas épocas posteriores, de modo que nela as zonas que posteriormente deverão ser abandonadas – e possivelmente toda a superfície do corpo – estimulam a produção de algo que pode ser considerado análogo à posterior excitação sexual. [...] A excitação sexual pode ser produzida a partir de representações ou rastros mnemônicos, isto é, pelo conduto da ação diferida [...]. Tal ação diferida opera também com as recordações de excitações vinculadas às zonas sexuais abandonadas; mas sua consequência não é o desprendimento de prazer, e sim de desprazer, ou seja, de uma sensação análoga à repugnância sentida em relação ao objeto. Para dizê-lo cruamente: a recordação tem o mesmo fedor e atualidade que o objeto real, e assim como afastamos dele, repugnados, nossos órgãos dos sentidos, também o pré-consciente e nosso sentido consciente se afastam da recordação. *Eis aqui a repressão* (grifo de Freud)[7].

Este texto é fundamental sob vários aspectos. Em primeiro lugar, a sexualidade é explicitamente desvinculada dos órgãos genitais, aos quais estivera necessariamente ligada na teoria da sedução. Sabemos

6. *O.P.*, carta 72, p. 3586.
7. *O.P.*, carta 75, pp. 3589-3590.

que Freud fizera constar, entre as condições necessárias para o desencadeamento da neurose, uma irritação dos genitais que arremedava o coito. Abandonada a teoria da sedução e dado o conteúdo das fantasias reprimidas, os orifícios do trato digestivo começam a ser pensados como produtores de sensações análogas às sexuais. Isto implica que a sexualidade seja sentida como prazerosa, pelo menos na região genital e na puberdade; as sensações da abertura oral durante a primeira infância eram reconhecidas, desde o *Projeto*, como portadoras de gratificação. O exemplo constante da experiência de satisfação, naquele texto como no capítulo VII da *Interpretação dos Sonhos*, é o do bebê sendo alimentado no seio materno. Quanto à abertura anal, já na carta 57 (24.01.1897) Freud perguntava a Fliess quando as crianças começam a sentir repugnância por seus excrementos. Provavelmente, a menção destas regiões nas fantasias de seus pacientes o levou a atribuir a elas uma significação erógena; mas agora, quando a utilização destas áreas pelos adultos pervertidos – em função da imaturidade sexual da criança, vítima da sedução – já não possuía força explicativa, a emergência delas nos contextos associativos só poderia apontar para uma atividade análoga à da sexualidade durante os primeiros anos da infância.

Em segundo lugar, o conceito de "ação diferida" sofreu uma mutação decisiva. No *Projeto*, ela caracterizava a sobreposição de dois acontecimentos, separados por uma diferença temporal: o primeiro é a sedução, embora não vivida como trauma pela criança; o segundo, apresentando alguma analogia superficial com o primeiro, surge carregado de desprazer devido ao advento da puberdade. Este desprazer, que o indivíduo experimenta como vinculado ao segundo acontecimento, é na verdade suscitado pela recordação do primeiro, tornado traumático – e portanto reprimido – pela ocorrência do segundo, através do mecanismo da ação diferida. No texto que estamos analisando, porém, a ação diferida opera diretamente a partir da recordação sexual, e o desprazer não é provocado por um acontecimento análogo ao da sedução, mas pela "repugnância" vinculada às fezes ou aos produtos da boca. As sensações das zonas erógenas abandonadas foram uma vez vividas com prazer, correspondendo à atividade sexual (no sentido ampliado) da criança. A puberdade, enquanto fator orgânico, já não desempenha qualquer papel importante: o que é determinante é a repugnância frente às zonas em questão, cuja origem se prende à educação e a outros fatores psicológicos, não mais biológicos. Não se trata, pois, de um simples distanciamento temporal; o novo sentido do termo envolve uma elaboração do conteúdo em questão pelo indivíduo. Eis aí um primeiro ponto de contato entre a sexualidade e o inconsciente, pois essa elaboração não ocorre em outro lugar; e a repressão do conteúdo sexual é que o torna inconsciente. Esta concepção só é possível uma vez eliminada a teoria da puberdade como fator essencial da repressão, e introduzida a "repugnância", que de forma alguma pode ser reduzida à "compreensão diferente do que se passou na cena traumática", invocada por Freud no artigo sobre as *Neuropsicoses de Defesa*, já citado.

Em terceiro lugar, a ideia de uma evolução da libido se encontra aqui em germe, pois o abandono das zonas erógenas evidentemente se dá ao longo de uma série orientada, embora os seus componentes não estejam ainda especificados. Mas esta noção fundamenta a primeira explicação psicológica da repressão: ela consiste em algo que faz abandonar as antigas zonas erógenas e as interdita à sensação de prazer; portanto, é uma operação que converte uma sensação de prazer numa sensação de desprazer.

O quarto aspecto relevante, que é o uso dos termos "pré-consciente" e "consciente", será retomado mais adiante. Seguiremos por ora o fio do raciocínio de Freud, que continua a expor na carta mencionada suas hipóteses sobre a repressão. Distingue ele duas variedades do mecanismo repressivo: uma normal e uma patogênica. A repressão normal conduz ao surgimento da moral, do pudor, etc, isto é, de bloqueios destinados a impedir a "loucura moral", que ocorreria no caso de as zonas erógenas iniciais não serem abandonadas. Esta formulação implícita das perversões não é ampliada nesta passagem, mas é fácil estabelecer a ponte entre a persistência do prazer nas zonas anal e oral e as perversões correspondentes. O adágio dos *Três Ensaios*, segundo o qual "as neuroses são o negativo das perversões", pode ser compreendido à luz deste texto: a perversão ocorre quando a repressão não se completa; a neurose, ao contrário, se deve a uma repressão excepcionalmente violenta. É o que se infere da passagem seguinte:

> Na medida em que a recordação se refira ao ânus, à boca, etc, produzirá repugnância "interna", com o resultado de que certa magnitude de libido já não poderá irromper sob forma de ação ou de tradução em termos psíquicos, mas se verá obrigada a irromper em direção "regressiva", como no sonho[8].

A repressão e a regressão são unidas aqui de forma explícita. Uma passagem do *Fragmento da Análise de uma Histeria* (Caso Dora) esclarece melhor esta conexão. Dora apresentava sintomas vinculados à zona oral: tosse, afonia, catarro, entre outros. Mediante a ligação entre a sexualidade, a repressão, o inconsciente e a fantasia, Freud pôde descobrir o sentido da tosse histérica da moça:

> Um sintoma significa a realização de uma fantasia com um conteúdo sexual, isto é, significa uma situação sexual [...]. Logo se tornou possível interpretar a tosse nervosa de Dora desta maneira, por meio de uma situação sexual imaginada. [...] Dora confirmou que seu pai era impotente [...] e que sabia ser perfeitamente possível obter satisfação sexual [...] mediante o uso de outros órgãos [...]. Nesse caso, continuei, ela deveria estar pensando exatamente na-

8. *O.P.*, carta 75, p. 3591.

queles órgãos que em seu caso se apresentavam irritados – a garganta e a cavidade oral [...]. Impôs-se inevitavelmente a conclusão de que, com sua tosse espasmódica, [...] ela estava representando para si mesma uma cena de gratificação sexual *per os* entre as duas pessoas cujo caso amoroso ocupava sua mente de forma tão obsessiva[9].

Para nossos propósitos, neste momento, basta assinalar que a libido de Dora, impedida de desenvolver-se normalmente pelas circunstâncias especiais de seu caso, permanecera fixada na zona oral, e que seus sintomas denotavam a existência de uma fantasia inconsciente vinculada a esta região.

Disso se conclui que a libido anteriormente ligada às zonas erógeas pode sofrer vários destinos: ou permanece ligada a elas, resultando em perversões; ou as abandona, canalizando-se para a zona genital, caso em que a sexualidade "normal" poderá aflorar; ou, depois de ter chegado à etapa genital, fatores específicos a impedem de se fixar nesta região, e a repressão se encarrega de fazê-la refluir para as zonas abandonadas. Mas a mesma repressão impede o surgimento da perversão correspondente; impedida de "atuar" (descarregar-se) por um ato perverso, ou de "traduzir-se em termos psíquicos" (aceder à consciência), a libido adere a fantasias de natureza inconsciente, isto é, reprimidas, que contribuem para formar os sintomas neuróticos, através de mecanismos que examinaremos mais adiante. Este é o sentido da "regressão" mencionada na carta 75: a libido retorna aos canais de onde fluíra para a zona genital. A carta 75 finaliza com uma afirmação de triunfo, em meio às incertezas com que se debatia Freud àquela altura: "O valor da minha síntese consiste em que conecta o processo normal com o

9. *Fragment of An Analysis of a Case of Hysteria*, S.E., VII, pp. 47-49. (Caso Dora). O conceito de fantasia alude a um dos eixos mais importantes do pensamento freudiano: a oposição entre "realidade psíquica" e "realidade material". Por "realidade psíquica", contudo, não se deve entender o mundo interior da psicologia introspectiva; o termo "realidade" deve ser tomado no seu sentido forte, como algo dotado de organização, estabilidade e eficácia, e cujas modalidades de operação a psicanálise se esforça por descobrir. A fantasia é o cenário do desejo; a existência de cenários típicos, como o sádico, o masoquista, o "romance familiar", sugerem a Freud a noção de "fantasias originárias", que organizam a vida fantasmática do sujeito independentemente de suas experiências pessoais. Pertencem ao rol das fantasias originárias a cena de sedução, a cena do coito parental, a castração etc. Sua universalidade se explica, segundo Freud, por sua origem filogenética (*Introductory Lectures on Psychoanalysis*, S.E., XVI, p. 371). Laplanche e Pontalis (*Vocabulaire de la Psychanalyse*, ed. cit., artigos "Fantasme" e "Fantasmes Originaires", pp. 152-159) caracterizam a fantasia por um certo número de traços constantes: é uma dramatização visual em que o sujeito está sempre presente, tem uma sintaxe própria capaz de sofrer permutações de função (como a fantasia homossexual "Eu o amo" do Caso Schreber, ou a fantasia sádica "uma criança é espancada", ambas analisadas por nós no capítulo 3 deste trabalho), é marcada por operações defensivas, como a projeção, a negação, a transformação no contrário etc. Vemos aí a presença da "proibição" no coração mesmo do desejo.

neurótico[10]". Esta era uma velha exigência que Freud impunha à sua psicologia, como vimos ao analisar a carta 24 (25.05.1895).

Contudo, se submetermos o texto a um escrutínio mais cerrado, perceberemos que a nota de triunfo é ainda prematura. Freud descreveu os *efeitos* da repressão, mas seu mecanismo continua obscuro; com efeito, de que maneira a repressão transforma o prazer infantil em repugnância? A solução deste problema exigia toda uma série de investigações, que podemos incluir em duas rubricas: a investigação do aparelho psíquico e a investigação da sexualidade infantil. O conceito de repressão envolve uma transação de forças: algo reprime e algo é reprimido. Era necessário, nesta altura, traçar uma geografia e uma dinâmica da mente, para explicar o fenômeno da repressão e seus efeitos, a produção de um inconsciente e em particular das neuroses. Por outro lado, a verificação de que a sexualidade constituía a esfera privilegiada dos fenômenos repressivos, somada à descoberta do conteúdo sexual das fantasias histéricas, tornava imprescindível a elaboração de uma teoria sexual que desse conta dos fatos observados na clínica. A existência de fantasias inconscientes indicava que o sistema inconsciente se pautava por normas de ideação diferentes das que governam o pensamento consciente: ele é o conjunto dos elementos que se encontram sob regime de repressão, e por isto mesmo impedidos de aceder à consciência. Sob qualquer dos ângulos que Freud focalizasse o problema, a repressão apareceria como o elemento central; mas seu objeto – o sexual – e seu efeito –a produção de um inconsciente – apareciam de tal forma imbricados, que a solução de um aspecto do problema fatalmente traria indicações sobre o caminho para resolver o outro.

Nosso caminho, portanto, será o seguinte: abordaremos inicialmente o lado do inconsciente, mostrando como este conceito vai-se determinando, através da tripla análise do sonho, do ato falho e do dito espirituoso, da constituição do "aparelho mental" e da primeira teoria realmente psicanalítica da repressão. Em seguida, tomaremos o problema pelo lado da sexualidade, seguindo os passos da constituição da teoria dos *Três Ensaios*. Feito isto, mostraremos como tais análises reverberam sobre a problemática das neuroses, unificando a prática clínica e a teoria que dela parte e na verdade a sustenta. Por fim, retomaremos todos os fios da meada, para mostrar a coerência da problemática e as determinações recíprocas que organizam seus elementos.

A interpretação dos sonhos, a que Freud passara a se dedicar devido à constante presença deles em meio às associações dos pacientes, foi a via escolhida para abordar estas questões. Não cremos que esta opção se tenha devido apenas à circunstância de que,

10. *O.P.*, carta 75, p. 3591.

desde 1895, Freud dispunha de um método para analisá-los, como atestam a carta 137 (12.06.1900) e o sonho da injeção a Irma, no capítulo II da *Interpretação dos Sonhos*. Parece-nos que a vertente do inconsciente era realmente a mais indicada para iniciar a investigação. Por um lado, o método da livre-associação permitia atingir a região em que se elaboravam os sonhos, conforme mostrava a experiência clínica, enquanto a via para explorar a sexualidade não era de forma alguma evidente. Por outro lado, se a neurose fosse realmente um substitutivo para as manifestações sexuais reprimidas, que constituíam também o núcleo das fantasias, o estudo do inconsciente – isto é, do reprimido – deveria logicamente preceder o da sexualidade. Além disso, o conceito de defesa permitia uma primeira visão dos fenômenos psíquicos, entendidos como resultado de uma transação permanente de forças, ao passo que o sexual, por envolver uma faceta biológica (cujo mecanismo era inteiramente desconhecido naquela época), apresentava-se envolto em completa obscuridade. Como, por exemplo, poderia ser explicada em termos biológicos a existência de fantasias sexuais? O fracasso da excursão psicofisiológica do *Projeto* provava que há mais coisas entre o céu do pensamento e a terra da fisiologia do que sonhava a vã psicologia freudiana... Por fim, o inconsciente inclui elementos sexuais, mas a recíproca não é verdadeira: poderia haver conteúdos inconscientes que nada tivessem a ver com a esfera do sexual. É por estas razões que nos parece não ser a simples existência do método para interpretar sonhos – circunstância, por outro lado, essencial – o único fator que levou Freud a explorar o inconsciente "antes" da sexualidade, embora esta separação abstrata viesse a se superar no próprio movimento posterior da teoria.

2. ORA, DIREIS, INTERPRETAR OS SONHOS...

E que saibas também de um trabalho que é silêncio; misterioso é o caminho do espírito.
Bhagavad Gita, *IV, 17.*

Podemos agora, talvez, começar a suspeitar que a interpretação dos sonhos é capaz de nos proporcionar informações a respeito da estrutura do nosso aparelho psíquico, o que até agora esperávamos, em vão, da Filosofia[11].

Esta afirmação coloca com clareza o objetivo que Freud se propôs ao empreender o estudo dos sonhos. Ao concluir o exame das teorias a respeito do problema existente no final do século XIX, exame esse que constitui o capítulo introdutório da obra, Freud se dá conta de que, ao avançar a tese de que é possível interpretar os

11. *The Interpretation of Dreams*, S.E., IV, p. 145. (Designaremos esta obra pela sigla I.D.)

sonhos, está se colocando contra as doutrinas vigentes, que consideravam os fenômenos oníricos como processos somáticos que se tornam conhecidos pelo aparelho psíquico através de símbolos. Pois "interpretar um sonho é especificar seu 'sentido', substituí-lo por algo que assume seu lugar, na concatenação de nossas atividades psíquicas, como um elo de valor e importância definidos"[12]. O sonho solicita a interpretação porque se apresenta como um conjunto de elementos desconexos, aparentemente absurdos e sem sentido; mas muitas vezes nos sentimos assustados por um sonho, ou, ao contrário, alegres por ter sonhado algo "bonito". O caráter de não sentido dos sonhos fora explicado até então como decorrência de sua origem somática; isto é, processos orgânicos sem relação entre si se tornariam percebidos pela consciência um a um, de sorte que sua tradução psíquica – o sonho – seria apenas um somatório de símbolos de tais processos. Nestas condições, a aparência absurda dos sonhos não colocava qualquer problema; o estranho seria que o sonho *apresentasse* um sentido.

Ora, quando Freud começou a estudar os fenômenos da histeria, o mesmo quadro se lhe apresentava. O caráter ilógico dos sintomas histéricos e a aparente falta de conexão entre as queixas dos pacientes e sua boa condição orgânica haviam sido atribuídos a um vago "nervosismo", ou, nas primeiras tentativas de explicação médica, à degeneração das funções psíquicas em virtude de perturbações do cérebro, quer orgânicas, quer funcionais. A experiência freudiana, ao contrário, baseava-se na suposição de que os sintomas possuíam um sentido; e os vários métodos de decifração deste sentido, começando com a catarse e chegando até a livre-associação, só haviam corroborado a hipótese fundamental. As incoerências da sintomatologia das neuroses podiam ser explicadas mediante o conceito de defesa, que envolvia uma transação de forças entre o ego – repelindo uma ideia intolerável – e certos conteúdos psíquicos, que contudo conservavam seu poder patogênico, retornando à vida do indivíduo sob a forma dos sintomas. O que Freud fez foi simplesmente tratar o sonho como um sintoma, e aplicar à sua elucidação os mesmos procedimentos de que se servira para a terapia das psiconeuroses. Este passo estava justificado por duas ordens de razões: do ponto de vista clínico, o fato de os pacientes relatarem com frequência seus sonhos durante a análise, em meio a associações relevantes para a compreensão da arquitetura da neurose, autorizava o terapeuta a considerá-los como produtos das mesmas atividades psíquicas que provocavam a doença; e do ponto de vista teórico, a coincidência entre a aparente ilogicidade do sintoma e do sonho permitia investigar este com os métodos elaborados para compreender aquele. Além disto, os obstáculos opostos pelos pacientes à interpretação dos seus sonhos eram da mesma ordem que os que surgiam durante a análise dos sintomas, ou seja, resistências

12. *I.D.*, S.E.,IV, p. 96.

de vários graus de intensidade; daí a hipótese de que ambos se formavam da mesma maneira.

A primeira consequência desta equiparação entre o sonho e o sintoma foi a nítida separação entre o conteúdo manifesto do sonho e os pensamentos latentes produzidos pela atividade da associação. O conteúdo manifesto é o relato do sonho, tal qual o indivíduo o formula após ter despertado. Sendo este normalmente longo, o passo inicial consiste em decompor o relato em seus elementos, e solicitar para cada um deles as associações pertinentes; o sonho é assim tratado como um aglomerado de formações psíquicas, cujos intervalos são preenchidos pelos pensamentos latentes, de modo que, após a análise, ele se revela como um encadeamento de ideias coerente e provido de significação.

Sem dúvida, a afirmação mais surpreendente com que se depara o leitor da *Interpretação dos Sonhos* é a de que "o conteúdo de um sonho é a realização de um desejo; seu motivo é um desejo"[13]. Todo o Capítulo III da obra é dedicado a comprovar esta afirmação, sugerida pela interpretação do sonho-modelo da injeção em Irma. Freud parte dos sonhos em que um estímulo somático (a sede, por exemplo) provoca o aparecimento de imagens em que a pessoa vê satisfeita tal necessidade. Em seguida, os sonhos de crianças pequenas demonstram que os desejos não satisfeitos durante o dia se realizam alucinatoriamente durante a noite. Estas categorias compõem um conjunto de sonhos, em que a realização do desejo é evidente e não necessita de maiores artifícios para sua compreensão. A objeção de que dificilmente um pesadelo pode ser considerado como a satisfação de um desejo, pois provoca sentimentos penosos e por vezes chega a acordar a pessoa, é refutada pela distinção entre o conteúdo latente e o conteúdo manifesto: sob interpretação, o conteúdo latente trazido à luz pode se revelar como a realização de um desejo. Mas ela traz consigo uma questão de inegável valor teórico, desde que corretamente formulada:

> Por que, em geral, é necessária uma interpretação dos sonhos? Por que eles não dizem diretamente o que querem dizer? [...] Se denominarmos esta peculiaridade dos sonhos – a saber, que eles precisam ser elucidados – de "fenômeno da deformação dos sonhos", surge uma segunda questão: qual é a origem desta deformação?[14].

Aqui cabe assinalar que, ao introduzir o conceito de "deformação", Freud estabelece a conexão decisiva entre o sonho e o sintoma. Pois o sintoma também é a expressão deformada de um conteúdo psíquico, como demonstram os artigos que analisamos no Capítulo

13. *I.D.*, S.E., IV, pp. 119 e 121.
14. *I.D.*, S.E., IV, p. 136.

1. Tais conteúdos, em virtude de sua incompatibilidade com o ego, são expulsos da consciência, mas retornam por meio das formações de compromisso que constituem o sintoma; Freud analisara este mecanismo a propósito da neurose obsessiva, no texto de 1896 sobre as *Neuropsicoses de Defesa*. A partir desta ideia, o caminho subsequente se torna claro: assimilação do conteúdo latente do sonho à mesma ordem de conteúdos psíquicos proibidos de aceder à consciência; invocação de uma transação de forças entre tais conteúdos e o ego; surgimento de uma formação compósita, que ao mesmo tempo traduz o conteúdo incompatível e o disfarça sob a máscara de uma ideia ou sequência de ideias aparentemente inocente. O que a *Interpretação dos Sonhos* traz de novo é o estudo minucioso dos mecanismos de deformação, chamados de "trabalho do sonho", e uma teoria abrangente do aparelho psíquico, capaz de dar conta da possibilidade deste trabalho. A importância desta investigação para a remodelação da teoria das neuroses, num registro propriamente psicológico, e para a elucidação do problema da repressão, cuja atividade é fácil de perceber por trás da deformação onírica, não precisa ser ressaltada.

O sonho oferece sobre a neurose duas vantagens decisivas, do ponto de vista da serventia como instrumento de investigação do aparelho psíquico: é incomparavelmente mais simples, e ocorre com todo mundo. A simplicidade relativa do sonho permite avançar rapidamente no mapeamento da geografia mental, e a frequência com que se manifesta, além de proporcionar uma quantidade de espécimes muito superior, garante que as conclusões a serem extraídas sejam válidas tanto para a psicologia "normal" quanto para a psicopatologia. Esta era uma preocupação constante de Freud, e o levou a evitar ancorar seu estudo sobre os sonhos dos seus pacientes, pois seria possível, caso o fizesse, levantar a objeção de que as teorias elaboradas por este meio seriam válidas apenas para elucidar o funcionamento da mente psicopática. Ora, à proposição de que entre a doença mental e a normalidade a diferença não é de natureza, mas de grau, Freud aderia desde suas polêmicas com Janet, no início da década de 1890. Por outro lado, se o sonho pode ser tratado como um sintoma, no caso de serem utilizados sonhos de neuróticos como coluna mestra do livro, seria necessário dar uma ideia de quadro clínico do paciente, o que tornaria a exposição longa e difícil de ler. O *Caso Dora*, cuja análise está centrada em dois sonhos apenas, ocupa mais de cento e cinquenta páginas: isto sugere a impraticabilidade de utilizar como matéria-prima os sonhos dos pacientes. Freud os utiliza em alguns pontos, para ilustrar aspectos específicos, mas a maioria dos sonhos analisados é dele próprio; na verdade, todo o livro é um fragmento de sua própria autoanálise.

Posto isto, retornemos à questão da deformação dos sonhos. Freud parte da analogia com a censura à imprensa, que suprime dos textos jornalísticos aquilo que desagrada ao regime ou é considerado por ele como perigoso; esta metáfora já aparecera na carta 79 a Fliess (22.12.1897). A correspondência entre os efeitos da censura e os da deformação onírica sugere a existência de condições similares para os dois casos:

como causa primária da formação dos sonhos, assumiremos a existência, em todo ser humano, de duas forças psíquicas (tendências ou sistemas), uma das quais forma o desejo expresso pelo sonho, enquanto a outra exerce uma censura sobre este desejo, impondo-lhe uma deformação. [...] A admissão à consciência é uma prerrogativa desta segunda agência; nada pode atingir a consciência, partindo do primeiro sistema, sem antes ter passado por esta segunda instância. [...] Aqui chegamos a uma concepção muito definida quanto à essência da consciência; para nós, o estado de "tornar-se consciente" é um ato psíquico especial, diferente e independente do processo de tornar-se fixado ou representado. A consciência aparece para nós como um órgão sensorial que percebe um conteúdo emanado de outra fonte[15].

É no parágrafo seguinte que surge a afirmação com a qual abrimos esta seção, e que postula ser possível esperar da interpretação dos sonhos informações mais precisas, sobre a estrutura do aparelho psíquico, do que das especulações filosóficas. Esta é a primeira formulação publicada do que se convencionou chamar a "primeira tópica" de Freud: a divisão do aparelho psíquico em inconsciente, pré-consciente e consciente. O texto é claro: não se deve confundir a instância censuradora com a consciência, já que o desejo do sonho deve passar por ela antes de chegar à consciência. Esta se limita à percepção de conteúdos emanados de "outras fontes": reconhecemos aqui um eco da topografia neurônica do *Projeto*, em que o sistema co recebe estimulação do mundo exterior e do interior do organismo. Mas aqui Freud abandona qualquer tentativa de estabelecer uma base anatômica para seus "sistemas" psíquicos, aliás, concebidos, imediatamente, também sob outra forma: como forças ou tendências dinâmicas[16]. Notamos ainda uma segunda afirmação essencial, desta vez a respeito da consciência: ela não recobre sequer o conjunto das atividades ideativas, pois o ato de tornar-se consciente é independente do de ser representado. Freud sugere aqui algo muito estranho, e que não cessará de inquietá-lo nos anos posteriores: que o inconsciente é não só sede de desejos, mas também de "pensamen-

15. *I.D.*, S.E., IV, p. 144.

16. Sabemos que foi muito a contragosto que esta pista foi deixada de lado; com efeito, na carta 98 (*O.P.*, p. 3610), Freud escreve que "não me inclino a manter o psicológico flutuando no limbo, sem nenhuma base orgânica; só que, além da convicção de que deve existir esta base, não sei para onde me encaminhar, nem no sentido teórico, nem no sentido terapêutico, de modo que devo continuar trabalhando como se só estivesse confrontado com o psicológico". Sem dúvida, foi a insustentabilidade da hipótese quantitativa que o levou a separar-se, ainda que provisoriamente, desta tentativa; mas não retornará a ela em nenhum de seus escritos posteriores. O psíquico encontrará um ponto de contato com o orgânico, bem mais elaborado do que uma simples localização topográfica, através do conceito de pulsão, que examinaremos no Cap. 3.

tos" ou representações; o estatuto destas representações é sumamente ambíguo, embora ele fale desembaraçadamente em "pensamentos latentes" do sonho (*latente Traumgedanken*), cuja exposição coerente na consciência é o resultado do trabalho da interpretação. Freud retomará estes temas no capítulo final da *Interpretação dos Sonhos*, procurando dar-lhes uma elaboração mais sistemática; mas desde este momento se torna claro que, na estratégia da exposição, ele já conta com o modelo do aparelho psíquico que vai receber sua versão definitiva no capítulo VII.

Esta divisão permite desfazer a objeção de que os pesadelos não são sonhos de realização de desejo. Com efeito, o que ocorreu foi simplesmente que a censura barrou, de forma excepcionalmente violenta, o acesso do conteúdo do desejo à consciência, mobilizando contra ele intensas barreiras afetivas, sentidas como desprazer. Outro tipo de sonhos com um conteúdo desagradável é o caracterizado por uma punição; mas a análise revela que o desejo satisfeito aqui pertence à agência censuradora, que se vinga do inconsciente por ter este suscitado um conteúdo incompatível com os critérios daquela. Assim, a não realização de um desejo corresponde simplesmente à realização de outro, de forma que a teoria continua de pé. Do estudo inicial da censura, Freud retira sua fórmula definitiva quanto à natureza do sonho: "o sonho é a realização disfarçada de um desejo reprimido"[17]. Daí se conclui a existência de uma relação íntima entre o desejo do sonho e o fenômeno da deformação: é precisamente porque o desejo provoca uma reação de defesa por parte do ego que o conteúdo manifesto do sonho se apresenta deformado, mascarando a realização daquele a ponto de torná-la irreconhecível. Eis aí outro ponto de contato com a teoria das neuroses: a defesa opera da mesma forma, quer produza um sonho, quer o resultado seja um sintoma.

O material sobre o qual incide a censura é representado por dois grandes grupos: as experiências do dia anterior e as recordações infantis. O que chama a atenção no primeiro grupo é que as experiências selecionadas pela memória onírica são normalmente de pequena importância, do tipo que é facilmente esquecido. Mas a interpretação descobre invariavelmente, sob estas experiências indiferentes, outras mais relevantes, às quais o elemento manifesto alude indiretamente. Esta é a primeira aparição do mecanismo do "deslocamento", que consiste no desvio do acento psíquico de uma ideia para outra,

> até que ideias de potencial fraco, ao retirar o investimento de outras que inicialmente possuem um potencial mais forte, atingem um grau de intensidade que lhes permite forçar o acesso à consciência[18].

17. *I.D.*, S.E., IV, p. 160.
18. *I.D.*, S.E., IV, p. 177.

Este processo pertence ao que Freud denomina o "trabalho de sonho", e retomaremos a ele logo mais. Mas o deslocamento poderia, em princípio, operar em qualquer direção, transferindo as intensidades psíquicas para uma ideia qualquer. Para dar conta do critério de seleção do material que vai aparecer sob a forma manifesta, Freud invoca um segundo mecanismo: "se o dia trouxe duas ou mais experiências que podem evocar um sonho, este comprimirá a alusão num único conjunto: ele obedece uma 'compulsão a uni-los num conjunto único'"[19]. Este é o mecanismo da condensação, que fornece o segundo exemplo do trabalho do sonho.

As reminiscências infantis tornadas "recentes" pela experiência do dia, contudo, é que representam o reservatório principal dos pensamentos do sonho. O fenômeno da atualização destas experiências é amplamente confirmado pela análise dos histéricos, nos quais são precisamente estes resíduos infantis que determinam o conteúdo dos sintomas. O problema teórico colocado pela sobrevivência da criança, com todos os seus desejos e impulsos, na vida onírica, será tratado por Freud sob o conceito de "regressão", no capítulo VII da *Interpretação dos Sonhos*. A fórmula que resume este ponto é de rara felicidade:

> se pudesse generalizar esta concepção, diria que todo sonho, através de seu conteúdo manifesto, se relaciona com experiências recentes, enquanto mediante seu conteúdo latente se vincula a experiências mais remotas[20].

A distinção feita entre o conteúdo manifesto e o conteúdo latente do sonho exige uma explicação quanto à maneira pela qual o segundo se transforma no primeiro. É este processo que Freud denomina o "trabalho do sonho", cujos dois mecanismos principais acabamos de assinalar: são a condensação e o deslocamento. A condensação age no sentido de comprimir vários elementos latentes num único elemento manifesto; mas seria errôneo supor que para cada série de elementos latentes ocorresse uma única condensação, produzindo um só elemento manifesto, procedimento este que seria repetido várias vezes, até constituir o "texto" do sonho. Ao contrário, é toda a massa dos pensamentos latentes que se encontra submetida à condensação, de modo que o mesmo pensamento latente pode estar representado em vários pontos do conteúdo manifesto, tanto quanto um único elemento manifesto estar representado por vários elementos latentes. Este é o fenômeno da "sobredeterminação", que Freud já isolara na histeria e neurose obsessiva: o sintoma está sempre relacionado a vários impulsos e eventos da vida do paciente, e o mesmo impulso pode encontrar expressão em diversos sintomas. A importância da sobredeterminação aparece imediatamente na técnica da

19. *I.D.*, S.E., IV, p. 179.
20. *I.D.*, S.E., IV, p. 218.

interpretação, para dirimir a dúvida quanto à pertinência de todas as associações produzidas pelo indivíduo aos pensamentos latentes. A questão é vital, pois, caso isso não ocorresse, seria preciso um critério para separar os elementos associativos pertinentes dos acessórios. Empiricamente, o que se verifica é que, depois de uma série de associações aparentemente sem qualquer conexão com o conteúdo manifesto, surge uma que é de grande importância para a compreensão e que pode ser legitimamente considerada como pertencente aos pensamentos latentes. O conceito de sobredeterminação explica teoricamente este fenômeno, já que a condensação comprime num ou em vários elementos numerosos outros, que permanecem ocultos à consciência. Pode-se visualizar o trabalho da condensação como a omissão dos elos intermediários, enquanto a múltipla determinação de um elemento facilita sua penetração no conteúdo manifesto do sonho[21].

O deslocamento é o mecanismo mais importante para a formação do sonho, dado que é mediante as transferências de intensidade psíquica operadas por ele que os pensamentos latentes podem aceder à consciência, convenientemente disfarçados para iludir a censura. Freud retoma a frase de Fechner, segundo a qual o "sonho está centrado em outro lugar", e a interpreta como significando que aquilo que, no conteúdo manifesto, aparece como mais importante, não passa de uma cortina de fumaça; frequentemente, o essencial dos pensamentos do sonho se acha representado por uma alusão aparentemente sem importância. Quanto maior a extensão dos des-

21. Os conceitos de "trabalho" e "sobredeterminação" estão relacionados entre si de uma maneira que recorda o pensamento dialético. O trabalho é constituinte do sonho: este pode ser pensado como o produto da transformação dos pensamentos latentes no conteúdo manifesto. O primeiro aparece como a matéria-prima, enquanto no segundo, dialeticamente negado e superado, se cristaliza o gasto de energia representado pelo trabalho. Os "instrumentos" são a condensação e o deslocamento; estes mecanismos representam trabalho congelado e não formas vazias, pois são fruto das operações efetuadas anteriormente pelo psiquismo sobre si mesmo. Por outro lado, o sonho apresenta um "sentido", que só pode ser pensado como resultado de um processo de trabalho. Este dá forma e conteúdo significativos ao material sobre o qual opera, de sorte que o conteúdo manifesto contém em si as marcas de seu processo de constituição. Por outro lado, os elementos latentes estão presentes em vários pontos do conteúdo manifesto, e vice-versa; o conceito de sobredeterminação, que expressa esta relação complexa, só adquire sentido se visto à luz do trabalho. Como o sonho é uma significação e não uma coisa, vários componentes da "matéria-prima" podem reduplicar-se, determinando o conteúdo manifesto de diversas maneiras e em pontos diferentes. A sobredeterminação e o trabalho permitem superar uma lógica da expressão por meio de uma lógica da produção, com a imensa vantagem de que a produção permite pensar como um fator pode subsistir e ao mesmo tempo não ser imediatamente visível no produto, enquanto a expressão implica a exterioridade entre o elemento que expressa e aquilo que é expressado. O que Freud está introduzindo é o conceito de mediação, pelo qual uma totalidade complexa pode ser articulada em vários níveis, sem perder de vista a especificidade de cada um deles. A sobredeterminação significa, assim, a forma específica pela qual o trabalho do sonho se constitui e constitui o sonho; na malha das mediações sobredeterminadas, tece-se o sentido que a interpretação vai desvendar.

locamentos, maior será a diferença entre o texto do sonho latente e o texto do conteúdo manifesto. O deslocamento, contudo, não se limita a baralhar completamente os pensamentos latentes; ele está presente também no terceiro mecanismo do trabalho do sonho, que Freud denomina "consideração pela representabilidade". Como os pensamentos devem expressar-se em imagens visuais, determinação que é a característica do sonho frente aos sintomas e aos demais componentes da série das formações de compromisso, o fraseado destes pensamentos deve ser de tal ordem que permita a fácil transposição em imagens. Assim, o aristocrata é representado por "um homem com o nariz empinado", a gravidez por "um passo em falso", e assim por diante. O deslocamento consiste aqui em substituir a roupagem verbal de uma ideia, por outra, similar, porém mais adequada para a formação do sonho. Ao interferir desta forma na linguagem, o deslocamento se revela como um modo de operação do inconsciente extremamente eficaz e frequente, como teremos ocasião de verificar ao discutir os atos falhos e as frases de espírito.

A "consideração pela representabilidade" é responsável pela desaparição das relações lógicas entre os pensamentos latentes, e sua substituição por elementos formais, como a simultaneidade ou a sucessão de imagens. O resultado mais notável deste mecanismo é a supressão da contradição no sonho: pensamentos que em nossa vida desperta seriam considerados como incopossíveis aparecem no sonho lado a lado, sem que isto perturbe o inconsciente, porque nele também desejos contraditórios convivem harmoniosamente. É frequente também que, em virtude de um deslocamento, um pensamento seja representado pelo seu oposto, o que demonstra que a antítese tampouco é levada em conta pelo trabalho do sonho. Num exemplo citado por Freud, a ideia de ter "subido na vida" é representada pelo ato de descer uma escada. A inversão também pode ser operada pela censura, caso em que visa tornar absolutamente irreconhecível o conteúdo do sonho. No primeiro sonho de Dora, por exemplo, o fogo que toma conta da casa representa a emissão de líquido durante a enurese e masturbação, seu pai adorado é utilizado para simbolizar o odiado Herr K, e assim sucessivamente[22].

O quarto mecanismo do trabalho do sonho tem sua origem na atividade da censura: trata-se da "elaboração secundária". A função deste processo é dotar o sonho de um certo grau de coerência, aproximando-o das formações psíquicas normais. A censura não se limita, assim, a riscar dos pensamentos latentes aquilo que poderia parecer ofensivo ou penoso; ela interfere desde o início da elaboração do sonho, inserindo nele elementos organizadores, que podem ser reconhecidos na interpretação pela circunstância de que não produzem associações capazes de elucidar o sentido do sonho. Para este fim, a censura utiliza-se frequentemente de fantasias já elabo-

22. Caso Dora, S.E., VIII, pp. 71-73.

radas no inconsciente, poupando-se o trabalho de encontrar formas novas, capazes de amoldar o conteúdo dos pensamentos reprimidos às exigências do ego. Esta surpreendente irrupção das fantasias no trabalho do sonho merece uma consideração mais acurada, já que, aludindo a temas proibidos à consciência, elas não deveriam aceder ao estado consciente nem mesmo no sonho. A estranha indulgência da censura quanto a estas formações inconscientes, das quais já falamos rapidamente na seção anterior, e sobre as quais Freud se detém com vagar, deve-se à tendência à inércia característica do estado de sono.

> Como os sonhos, as fantasias inconscientes são realizações de desejo; como os sonhos, baseiam-se em impressões infantis; e como os sonhos, elas gozam de uma certa tolerância da censura quanto às suas criações...[23].

Cabe perguntar por quê. Assinalemos que, no estado do sono, o desejo fundamental é o de permanecer dormindo, e que o sonho funciona precisamente para satisfazer este desejo. Comentando as fontes somáticas do sonho – aquelas que, segundo os investigadores precedentes, seriam responsáveis pela sua produção – Freud nota que o estímulo orgânico é utilizado como material para o sonho, mas precisamente para despojá-lo de seu índice de realidade e permitir ao indivíduo dormir mais um pouco. Assim, num exemplo, os sinos da igreja da aldeia em que veraneava certa ocasião ameaçavam despertá-lo; para satisfazer o desejo de dormir, o ruído foi prontamente integrado num sonho, segundo o qual Freud estava em Roma, o Papa morrera e os sinos dobravam a finados em sua homenagem. Ora, este desejo de dormir provém do pré-consciente, e sua realização satisfaz ao pré-consciente; esta hipótese responde a duas exigências aparentemente desconexas, mas na verdade bastante relacionadas. Por um lado, o problema do estímulo somático é resolvido no quadro da teoria da realização de desejos, o que pareceria difícil; por outro lado, a presença de fantasias completas no sonho, à primeira vista incongruentes com a operação da censura, liga-se ao mesmo desejo de dormir. Com efeito, a elaboração secundária poderia requerer do pré-consciente um dispêndio de energia psíquica de tal ordem que, para reuni-la, fosse preciso acordar e proceder a intensos deslocamentos de intensidade entre as ideias. Esta solução seria duplamente equivocada: em primeiro lugar, interromperia o sono; em segundo, impediria os conteúdos inconscientes de emergirem, ainda que sob a máscara do conteúdo manifesto, já que a censura opera com muito mais vigor durante a vigília, e não permitiria a transação de forças que resulta no sonho. Em outras palavras, é mais econômico tolerar a presença de uma fantasia inconsciente no sonho do que optar por qualquer destas alternativas: mobilizar associações novas para disfarçar o seu sen-

23. *I.D.*, S.E., V, pp. 491-492.

tido real, ou acordar, frustrando o desejo de dormir e obrigando o ego a um dispêndio superior de energia para manter reprimidos tais conteúdos, que poderiam encontrar uma vida de expressão inócua no sonho. É por esta razão que Freud escreve:

> O sonho é o guardião do sono, não o seu perturbador [...] O desejo de dormir, a que se ajustou o ego consciente, e que juntamente com a censura e com a elaboração secundária constitui sua contribuição para o sonho, deve sempre ser levado em conta como motivo de formação do sonho. Todo sonho que se desenvolve com êxito é uma realização deste desejo[24].

Contudo, as considerações econômicas que desenvolvemos para explicar a inclusão de fantasias inconscientes no sonho manifesto, por obra e graça do pré-consciente, não são suficientes para dar conta de um outro problema, bem mais sério: como o pré-consciente tem acesso às fantasias, para poder inseri-las no sonho manifesto? Deixaremos esta questão em suspenso até examinarmos o modelo do aparelho psíquico construído por Freud no capítulo VII da *Interpretação dos Sonhos*.

Dado este processo de produção do sonho, a "interpretação" vai ser concebida como o percurso inverso, isto é, como trabalho de desconstrução da elaboração onírica. Partindo do conteúdo manifesto, a interpretação procurará descobrir o conteúdo latente, através das associações do paciente. Esta técnica exclui duas outras: a tomada do conteúdo manifesto como algo coerente por si só, capaz portanto de ser traduzido termo a termo por outro conteúdo, como José fez com os sonhos do Faraó; e a forma simétrica de "interpretação", que consiste em tomar cada significação do sonho e traduzi-la por outra, sem atentar para a coerência do todo, tal como se vê nos livros populares de "chaves para os sonhos". A associação parte de cada fragmento do sonho porque este é concebido como um nó de signifcações, produzido pela operação conjunta da condensação, do deslocamento, da consideração pela representabilidade e da elaboração secundária sobre a "matéria-prima" do sonho, que são os pensamentos latentes. É a estrutura destes pensamentos – que na verdade são desejos e fantasias – que confere ao sonho o seu sentido. A interpretação, pois, é necessária pela simples razão de que o desejo se diz no sonho, porém se diz mascarado pela repressão; não só no sonho, mas também no sintoma, no ato falho e na frase de espírito, ou seja, na série das formações de compromisso que a psicanálise desvenda como transações de forças.

Freud finaliza o capítulo VI do livro sobre os sonhos com a observação de que

24. *I.D.*, S.E., IV, pp. 233-234.

o trabalho do sonho está muito mais distante do padrão do pensamento desperto do que supuseram mesmo os mais decididos detratores da atividade psíquica na formação dos sonhos. Não que seja mais incorreto, mais negligente, mais incompleto, mais propenso ao esquecimento do que o pensamento desperto; do ponto de vista qualitativo, é algo completamente diferente do pensamento desperto, e não pode ser comparado com ele[25].

Este parece-nos ser o principal resultado do estudo sobre os sonhos para a elucidação dos processos inconscientes de pensamento: estes nada têm a ver com a cogitação consciente, e se regulam por leis qualitativamente diferentes das que vigoram no campo da consciência. O sonho e o sintoma são produzidos mediante estes processos, dos quais a condensação e o deslocamento se revelam os mais frequentes e eficazes, dando origem aos demais membros da série de formações de compromisso. A descoberta destes mecanismos, porém, deu-se no estudo dos sonhos, e por esta razão Freud jamais deixou de considerar a sua interpretação como a "estrada real" para o conhecimento do inconsciente.

3. A GEOGRAFIA DA MENTE

A descoberta das regras que governam o pensamento inconsciente abre uma série de novas questões. Se a deformação onírica submete os pensamentos latentes a tal grau de distorção, se o material dos sonhos reside fundamentalmente na vida infantil, se a repressão atua de forma tão intensa mesmo em individuos considerados "normais", é preciso que uma teoria abrangente dos processos psíquicos dê conta destes fenômenos surpreendentes. A psicologia cuja construção Freud se impunha como tarefa desde a época do *Projeto* não poderia ser mais adiada, sob pena de as revolucionárias descobertas da investigação sobre os sonhos permanecerem sem vinculação com a teoria das neuroses e mesmo sem conexão entre si. Esta é a meta do capítulo final da *Interpretação dos Sonhos*, capítulo que Freud batizara de "filosófico" na carta 115 a Fliess, mas que na edição impressa traz simplesmente o título de *A Psicologia dos Processos Oníricos*. Aqui Freud empreende a primeira construção do aparelho psíquico, a chamada "primeira tópica", e para cuja formulação se serve extensamente dos seus conhecimentos sobre as neuroses.

A investigação precedente conduzira aos seguintes resultados: o sonho é um ato psíquico de extrema importância; representa a realização de um desejo pungente, cujo reconhecimento é dificultado pelo trabalho da censura, de onde sua aparência de estranheza; em sua formação, cooperam os mecanismos da condensação, do deslo-

25. *I.D.*, S.E..V, p. 507.

camento, da consideração pela representabilidade e da elaboração secundária.

> A partir de cada uma destas proposições, abre-se um caminho que conduz a suposições e postulados psicológicos. Assim, torna-se necessário investigar as relações existentes entre o estado de desejo e as quatro condições mecionadas, bem como as relações recíprocas entre estas condições. O sonho tem que ser inserido no conjunto de nossa vida psíquica[26].

Freud parte da observação já citada de Fechner, segundo a qual "o sonho tem por palco outra região". Agora, ele a interpreta como a sugestão da existência de localidades psíquicas, embora sem qualquer relação com a anatomia cerebral, como indicamos mais atrás. O aparelho psíquico é imaginado como uma sucessão orientada de regiões, à semelhança de um telescópio ou microscópio, que a excitação atravessa numa direção definida. O modelo do arco reflexo sugere que esta direção é a que conduz do "polo perceptivo" ao "polo motor". Contudo, a imensa complexidade da vida psíquica não poderia ser reduzida a uma composição de atos reflexos; o aparelho sofre uma primeira diferenciação na extremidade perceptiva, para dar conta da existência da memória. Freud argumenta que a memória e a percepção devem ser atribuídas a sistemas diferentes, porque os traços mnêmicos das percepções efetuam uma modificação permanente nos elementos do "sistema-memória", que perturbaria a recepção de novas imagens no "sistema-percepção", caso as duas funções estivessem localizadas na mesma região psíquica. O mesmo argumento serve para conceber a associação como função do "sistema-memória", já que ela se estabelece como consequência da diminuição de resistências entre os vários traços mnêmicos, fazendo com que a excitação se transmita preferencialmente de um traço A para um traço B, e não para um traço C. Estas primeiras formulações recordam a linha de raciocínio do *Projeto*, mas com a diferença essencial de que ali se tratava de conjuntos de neurônios suscetíveis de serem localizados no sistema nervoso, enquanto neste caso a "excitação" deve ser tomada num sentido psicológico, sem qualquer referência à anatomia. A referência às "resistências" fica um tanto obscura, já que as barreiras de contato invocadas no *Projeto* dificilmente podem ser atribuídas às ideias cujos rastos constituem os traços mnêmicos em questão.

O estudo dos sonhos fornece a indicação da existência de duas outras regiões no aparelho psíquico: a instância crítica e a instância criticada. Freud chama à primeira "pré-consciente" e à segunda "inconsciente", e localiza o pré-consciente ao lado do polo motor, já que ele representa a agência que controla nossa vida desperta e nossas ações voluntárias. A base para estas hipóteses é proporcionada pelo

26. *I.D.*, S.E., V, p. 533.

fenômeno da elaboração secundária, pois a exigência de inteligibilidade que ela impõe ao sonho só pode provir do nosso pensamento normal. O que caracteriza o inconsciente, nesta primeira formulação, é que seu conteúdo só pode aceder à consciência por intermédio do pré-consciente, enquanto os conteúdos deste último têm direto acesso à consciência, desde que dotados de intensidade suficiente e beneficiados com uma certa cota de atenção.

Os impulsos para a formação do sonho provêm do inconsciente e tentam atingir a consciência através do pré-consciente. A resistência da censura os impede de realizar este percurso durante o dia, mas à noite ele se torna praticável. O simples enfraquecimento da censura durante o sono não basta para explicar este fenômeno, pois as ideias inconscientes não possuem caráter alucinatório. Para dar conta da produção de imagens que caracteriza o sonho, Freud sugere que a excitação psíquica segue um curso regressivo, retornando às pegadas das imagens impressas na memória, e desta forma atingindo o polo perceptivo. A explicação mais convincente para este curso regressivo consiste no fato de que as inervações que conduzem à motilidade estão bloqueadas durante o sono: mas tal explicação não é suficiente para cobrir todo o campo dos fenômenos regressivos. Com efeito, a regressão se verifica também durante o processo de recordação consciente, quando procuramos rememorar uma cena, e em outras atividades da cogitação normal; contudo, a regressão se interrompe, nestes casos, na altura das imagens mnêmicas, sem atingir a reprodução das imagens alucinatórias características do sonho. Este passo suplementar requer uma intensificação dos investimentos energéticos que "ocupam" as ideias; isto pode ser atribuído ao processo de condensação, que, ao comprimir o material onírico em algumas poucas ideias, aumenta a carga energética destas ideias, fornecendo--lhes a energia necessária para propelir-se até o polo receptivo. Todavia, o fenômeno da regressão não se restringe aos sonhos, ocorrendo igualmente em estados mórbidos como as alucinações da histeria e da paranoia. Deste fato, Freud conclui que "somente pensamentos intimamente vinculados a recordações reprimidas ou inconscientes podem sofrer esta transformação [...]. Tais recordações são geralmente de caráter infantil"[27]. Desta forma, à regressão tópica representada pelo fluxo invertido da excitação – do pré-consciente para o polo perceptivo – acrescenta-se a regressão cronológica – do presente para o passado. Este passo, justificado pela prática clínica, permite considerar a condensação como um dos mecanismos ativos na formação dos sintomas, enquanto explica também o fato de que as recordações infantis possam emergir no sonho. O mecanismo deste processo é descrito como uma "atração" exercida pela recordação psiquicamente existente no modo visual – já que originalmente correspondeu a uma percepção – sobre os pensamentos inconscientes,

27. *I.D.*, S.E., V, p. 544.

que lutam por expressar-se através da barreira da censura. Assim, à intensificação dos investimentos nas ideias que resultam da condensação, vem se somar a atração das imagens mnêmicas infantis, processo cujo efeito multiplicador permite satisfazer o impulso de expressão tanto destas quanto daquelas. É por isso que Freud pode caracterizar o sonho como "um substituto para a cena infantil, modificada por uma transferência efetuada para um material recente"[28]. Se as cenas infantis estiverem reforçadas por fantasias construídas com seus elementos, o somatório atingirá um valor maior ainda, facilitando a expressão dos conteúdos reprimidos. O fato de a elaboração secundária servir-se destas fantasias, que já mencionamos, contribui para facilitar o acesso de todo o material onírico à consciência, mas ao mesmo tempo auxilia o trabalho da censura, mascarando o verdadeiro sentido destes pensamentos e recordações. Assim se explica o ponto que deixamos em suspenso mais atrás, acerca do problema envolvido pela utilização de um material inconsciente por parte do sistema pré-consciente.

A atração dos pensamentos inconscientes pelas recordações visuais pode também explicar o terceiro mecanismo do trabalho do sonho, isto é, a "consideração pela representabilidade", entre cujos efeitos se contava a eliminação das relações lógicas entre os pensamentos latentes. Este terceiro tipo de regressão, de uma rede cerrada de articulações ideacionais para os elementos isolados que a compõem, é denominado "regressão formal", substituindo formas de representação mais elaboradas por outras mais primitivas. Mas, acrescenta Freud, estes três tipos de regressão são basicamente idênticos, "pois o que é mais antigo do ponto de vista temporal é ao mesmo tempo formalmente primitivo e, na topografia psíquica, mais próximo do polo perceptivo"[29]. À primeira vista, esta afirmação poderia parecer paradoxal: pois, se é concebível que as primeiras percepções seja formalmente grosseiras, não há motivo para supor que elas permaneçam próximas ao polo perceptivo; pelo contrário, as impressões mais recentes é que deveriam ocupar esta posição no sistema da memória. Mas Freud concebe a região da memória como escalonada em graus de complexidade, e é neste sentido que podemos compreender o texto em questão.

> Devemos assumir que a mesma excitação transmitida pelos elementos perceptivos sofre uma fixação diversificada. O primeiro sistema mnêmico conterá a fixação das associações por simultaneidade, enquanto nos outros, localizados mais para o interior do aparelho psíquico, o mesmo material será arranjado segundo outras formas de combinação[30].

28. *I.D.*, S.E., V, p. 546.

29. 29. *I.D.*, S.E., V, p. 548. Este parágrafo data da 3ª edição da obra (1914).

30. *I.D.*, S.E., V, p. 539. Esta passagem tem por base a carta 58, que menciona os "sistemas de transcrição" das recordações.

Ou seja, se figurarmos o aparelho psíquico como um sistema linear, as formas mais complexas de memória estarão próximas do pré-consciente, que as utiliza para a recordação intencional, para as associações imaginativas conscientes etc. Assim, no curso da regressão os pensamentos inconscientes atravessam o aparelho psíquico em sentido inverso ao da cogitação consciente; à medida que se aproximam do polo perceptivo, vão sendo desvestidos das relações mais complexas, isto é, mais semelhantes às da atividade mental desperta. Isto confirma as hipóteses relativas aos efeitos da "consideração pela representabilidade", e ao mesmo tempo elucida o caráter aparentemente enigmático da coincidência entre os três tipos de regressão.

Dos três, o mais importante é o que se caracterizou como a regressão cronológica, já que ela permite estabelecer uma ponte com a hipótese de que apenas um desejo, e nenhuma outra formação psíquica, pode suscitar, a atividade onírica. Freud distingue três tipos de desejos: os que foram provocados durante o dia, considerados aceitáveis e não realizados por qualquer circunstância acidental; os que foram provocados durante o dia, mas rejeitados pela consciência e atirados para o inconsciente; os que nada têm a ver com os acontecimentos do dia, mas permanecem ativos no inconsciente durante toda a vida do indivíduo. Em termos topográficos, os desejos do primeiro tipo permanecerem no pré-consciente, os do segundo foram reprimidos para o inconsciente e os do terceiro jamais ultrapassaram a barreira, habitando exclusivamente o inconsciente. Ora, se a regressão só atinge os conteúdos reprimidos, cuja forma de expressão nos indivíduos normais é a alucinação onírica, segue-se que somente os desejos do terceiro tipo possuem a força necessária para provocar um sonho. Os desejos pré-conscientes contribuem para o sonho sob a forma de um estímulo, mas sozinhos não são capazes de engendrá-lo. É o deslocamento que transfere a energia do desejo inconsciente para o pré-consciente, quanto a condensação unifica os dois num elemento de suficiente intensidade para forçar a barreira da percepção, mediante a atração pelas recordações visuais infantis cujo mecanismo acabamos de descrever. A fórmula freudiana declara:

> o desejo manifestado pelo sonho deve ser um desejo infantil [...] o desejo consciente só excita a produção de um sonho se conseguir despertar um desejo inconsciente semelhante, capaz de reforçá-lo[31].

Da mesma forma, as impressões diurnas, os problemas não resolvidos, e outras experiências recentes, só serão aproveitadas pelo trabalho do sonho se associarem ao desejo infantil, que podemos caracterizar ainda como inconsciente e reprimido; do ponto de vista deste desejo, a existência de tais experiências inocentes é vantajosa para iludir a censura, através dos deslocamentos e condensações per-

31. *I.D.*, S.E., V, p. 553.

tinentes. Freud se serve de uma metáfora excelente: a impressão recente é comparada a um empresário que tem uma boa ideia, mas que, para tomá-lo industrialmente viável, necessita do capital fornecido pelo desejo infantil. Se, contudo, mesmo depois de disfarçado sob a máscara inocente da experiência recente, o desejo ainda se revelar como perigoso para o ego, este se defenderá de várias formas, a mais extrema das quais é a liberação da angústia que caracteriza o pesadelo e normalmente conduz ao fim do sonho. Os sonhos de punição, que também se apresentam como dolorosos, podem ser incluídos na teoria, se se levar com conta que a punição corresponde a um desejo inconsciente: o desejo de ser castigado por abrigar impulsos perversos, proibidos e portanto reprimidos.

À teoria de que somente um desejo pode produzir o sonho, porém, falta ainda um elemento essencial. Freud tem que definir o que entende por "desejo", e o faz retomando os conceitos desenvolvidos no *Projeto*: o aparelho psíquico tende a manter tão baixo quando possível o nível de estimulação, desenvolvendo para este fim o esquema do arco reflexo, que permite descarregar instantaneamente a excitação sensorial recebida do mundo exterior. Contudo, as exigências da vida, que aparecem no modo das necessidades físicas, conduzem à ação específica (o exemplo é novamente o da criança faminta que chora) capaz de produzir uma modificação no mundo exterior, que aplaca a necessidade: eis aí a experiência de satisfação, mediante a qual a imagem perceptiva de um objeto gratificante se associa à excitação interna nascida da necessidade. Segue-se o protótipo alucinatório, mediante o qual o impulso psíquico procura estabelecer uma identidade perceptiva com o objeto da primeira satisfação:

> este impulso é o que chamamos um desejo; a reaparição da percepção constitui a realização do desejo, e o investimento completo da percepção, pela excitação brotada da necessidade, constitui o caminho mais curto para a realização do desejo[32].

O fracasso da alucinação determina o aparecimento da prova de realidade, que suspende a regressão quando esta atinge as recordações visuais, desviando a energia que se encaminhava para a revivescência alucinatória rumo à produção da identidade requerida a partir do mundo exterior. É neste contexto que aparece o pensamento, que consiste simplesmente na realização do desejo por um desvio mais longo, porém mais eficaz.

> Nada, exceto um desejo, pode impelir à atividade nosso aparelho psíquico [...]; o sonho, que realiza o desejo pelo caminho mais curto da regressão, simplesmente preserva para nós um exemplo do modo "primário" de operação do nosso aparelho psíquico, que foi abandonado na vida real por ser inadequado[33].

32. *I.D.*, S.E., V, p. 566.
33. *I.D.*, S.E., V, p. 567.

O sonho é sempre uma realização de desejo pelo simples motivo de que é uma função do inconsciente, o qual não possui outro objetivo a não ser a realização de desejos, e que só dispõe das forças representadas pelos impulsos de desejo.

Esta extraordinária definição da essência do sistema inconsciente é imediatamente transferida para a teoria das neuroses. O sintoma histérico também representa a realização de um desejo inconsciente, contrabalançado por uma formação reativa que se opõe a ele, e que contudo também representa um desejo, desta vez originado do pré-consciente:

> um sintoma histérico se origina apenas quando duas realizações de desejo opostas, cuja fonte se encontra em dois sistemas psíquicos diferentes, são capazes de combinar-se numa expressão única[34].

Uma formulação mais explícita desta ideia se encontra na carta 105 a Fliess (19.02.1899), em que Freud descreve a diferença entre o sonho e o sintoma do mesmo ponto de vista. O sonho realiza apenas o desejo inconsciente, porque jamais chegará a se expressar na vida real; o sintoma, imerso na realidade da vida, deve representar também o pensamento repressor.

> O sintoma, pois, surge quando o pensamento reprimido e o pensamento repressor coincidem na mesma realização de desejo. O sintoma é a realização do desejo do pensamento repressor na medida em que implica, por exemplo, um castigo, uma autopunição[35].

O exemplo é o mesmo que ocorre na *Interpretação dos Sonhos*: uma paciente sofre de vômitos histéricos, que significam ao mesmo tempo seu desejo de estar grávida e seu desejo de adoecer, tornando-se repulsiva aos homens e portanto jamais engravidar. Não é difícil reconhecer nos sonhos de punição uma forma atenuada deste gênero de sintoma, de modo que a série poderia ser, em grau decrescente de gravidade, constituída da seguinte maneira: sintoma – sonhos de punição – sonhos de angústia – sonhos de realização disfarçada de desejos (a maioria dos sonhos pertence a esta categoria) – sonhos de realização evidente de desejos (caso dos sonhos da criança). A série, contudo, é cortada de forma inequívoca entre o terceiro e o quarto componentes, já que, nos sonhos usuais, o desejo repressor não se faz sentir. O que o substitui é o desejo pré-consciente de dormir, que já encontramos várias vezes no decorrer deste estudo. A conjunção dos dois desejos – o infantil e o de continuar adormecido – é suficientemente caracterizada, mediante o trabalho onírico, para incluir o sonho na série das formações de compromissos, pois, *latu sensu*, a ele pode se aplicar a definição do sintoma citada: dois desejos opostos

34. *I.D.*, S.E., V, p. 569.
35. *O.P.*, carta 105, p. 3618.

emanados de dois sistemas psíquicos diferentes, combinados numa expressão única. A distinção relevante é que o desejo de dormir não é propriamente oposto ao desejo infantil que suscita o sonho, mas apenas "diferente" dele. Foi esta semelhança entre o sonho e o sintoma, aliás, que pôs Freud na pista do estudo de que nos ocupamos.

Tendo definido o desejo como o impulso para reencontrar uma satisfação perdida e o sonho como um modo infantil de obter esta satisfação, determinado por sua origem inconsciente, Freud pode agora descrever o tortuoso trajeto do sonho no interior do aparelho psíquico. Neste percurso, distinguem-se três fases. Um desejo inconsciente se ancora em material recente e inofensivo, e procura atingir a consciência, através do pré-consciente; mas encontra a censura, que lhe impõe as deformações características do trabalho do sonho. Encontrando o caminho para a motilidade bloqueado devido ao sono, o material onírico toma o caminho regressivo, atraído pelas imagens mnêmicas: torna-se representável em imagens e recebe intensidades suplementares pelo mecanismo da condensação. As imagens do sonho atingem assim a intensidade necessária para serem percebidas pela consciência, a qual, como foi definida anteriormente, consiste num órgão de percepção de prazer ou de dor; Freud acrescenta de passagem que a introdução da linguagem permite à consciência assumir também o papel de órgão sensorial para uma parte dos processos de pensamento, originados no pré-consciente. É por meio desta segunda característica da consciência que o sonho, depois de passar pela elaboração secundária, consegue atrair a atenção para si e fazer-se perceber como sequência de imagens: eis o conteúdo manifesto do sonho, tal como o indivíduo o vivência e posteriormente o relata, caso a resistência da censura não o faça esquecer-se dele horas depois de tê-lo sonhado. Assim, das três etapas, a primeira é progressiva, a segunda regressiva e a terceira novamente progressiva.

Cabe perguntar, a esta altura, para que finalidade serve o sonho, se um processo tão complicado preside à sua elaboração. Freud invoca aqui outro conceito originado do *Projeto*, o dos estados "livre" e "ligado" da energia psíquica. O princípio de economia do dispêndio psíquico postula que é mais vantajoso deixar o impulso inconsciente livre, permitir-lhe formar um sonho no decorrer do trajeto regressivo, e depois "ligar" o conjunto por meio de um pequeno gasto de energia pré-inconsciente, do que manter o inconsciente em xeque durante todo o período do sono:

> o sonho recebe a tarefa de trazer novamente a excitação do inconsciente, que fora deixada em estado livre, para o controle do pré-consciente; desta forma, atua como uma válvula de segurança para o inconsciente, descarregando a sua excitação, e ao mesmo tempo, mediante um pequeno dispêndio de atividade "desperta", assegura o sono do pré-consciente[36].

36. *I.D.*, S.E., V, p. 579.

Mas por que é preciso manter o inconsciente, por assim dizer, constantemente sob a mira do fuzil? É que, se o movimento de ideias desencadeado no sistema inconsciente pudesse seguir seu caminho sem maiores obstáculos, ele provocaria o surgimento de um afeto originalmente agradável, mas que, em virtude do processo de repressão, passaria a ser sentido como portador de desprazer. E desta forma, ao completar o estudo do sonho, Freud se vê novamente ante o problema central da sua teoria psicológica: a questão da repressão. A seção E do capítulo VII da *Interpretação dos Sonhos*, intitulada "Os Processos Primário e Secundário: A Repressão", tenta mais uma vez dar conta deste mecanismo essencial, agora à luz do modelo do aparelho psíquico construído a partir da descoberta dos processos oníricos. E este retorno não se deve ao acaso: as estranhas operações descritas sob a rubrica do "trabalho do sonho" devem ser questionadas quanto à sua origem, e, como veremos agora, esta se encontra intimamente vinculada à repressão.

4. PROCESSO PRIMÁRIO, SEXUALIDADE E REPRESSÃO

A análise dos pensamentos do sonho mostra que, em si mesmos, eles nada possuem que, em tese, os impedisse de aceder à consciência. Se isto não ocorre, e se, ao contrário, tais pensamentos são submetidos a uma elaboração que se afasta tanto das condições normais de raciocínio, algo deve ter ocorrido com eles. Várias possibilidades se apresentam: ou a atenção consciente não chegou a iluminá-los, ou o curso do pensamento conduziu a uma ideia criticável e foi abandonado, podendo ser retomado durante a noite. Freud introduz o conceito de energia psíquica para explicar estes movimentos do pensamento:

> Acreditamos que uma certa quantidade de excitação, que denominamos "energia de investimento", é deslocada de uma ideia intencional para as vias associativas selecionadas por esta ideia diretora. Uma cadeia de pensamento "desprezada" não recebeu este investimento; este, por sua vez, foi retirado de uma cadeia "suprimida" ou "rejeitada"; ambas foram assim abandonadas às suas próprias excitações[37].

Pode ocorrer que estas cadeias de pensamento sejam atraídas por outras, presentes naquele momento no pré-consciente, mas cuja origem se encontra no inconsciente. Neste caso, estabelecer-se-á uma conexão entre o desejo inconsciente representado pelas ideias-ímã e as cadeias de pensamento suprimidas ou desprezadas pela ideação consciente: estas serão absorvidas, por assim dizer, pelo inconsciente. A partir deste momento, passam a estar submetidas às normas que governam a cogitação inconsciente: deslocamentos e

37. *I.D.*, S.E., V, p. 594.

condensações transferem a intensidade psíquica das ideias inconscientes umas para as outras, resultando em ideias altamente investidas, que representam pontos nodais, terminações de longas séries de pensamento, semelhantes a palavras impressas em itálico num livro ou a expressões enfáticas do discurso. São estas ideias que, traduzidas em imagens durante o trabalho do sonho, compõem o seu conteúdo manifesto. Mas os mesmos processos ocorrem na formação dos sintomas neuróticos, nos quais o conteúdo das ideias submetidas à elaboração "anormal" não desempenha qualquer papel, sendo o importante para o processo apenas os deslocamentos de energia capazes de torná-la móvel e em estado de prontidão para a descarga. Esta identidade entre as peculiaridades do trabalho do sonho e as da atividade psíquica que culmina na produção dos sintomas neuróticos autoriza a generalização, para os sonhos, das conclusões referentes à histeria.

> Da teoria da histeria, tomamos a proposição de que uma tal elaboração anormal de processos de pensamento normais só ocorre quando estes foram utilizados para a transferência de um desejo inconsciente, que data da vida infantil e está em regime de repressão[38].

Portanto, o trabalho do sonho, como aquilo a que poderíamos denominar de "trabalho do sintoma", tem sua origem no fato da repressão. Mas o mecanismo da repressão não é elucidado pelo simples acoplamento dos seus efeitos; Freud retoma os termos do *Projeto* e propõe distinguir entre dois modos de funcionamento do aparelho psíquico: o processo "primário" e o "processo secundário". Recordamos que o processo primário consista no livre fluxo da energia rumo às imagens mnêmicas, o que invariavelmente desemboca numa frustração: se a imagem investida for a de um objeto gratificante, nem por isto a alucinação provocará a liberação do prazer associado à experiência de satisfação correspondente; se for de um objeto desagradável, o desprazer associado à sua recordação será liberado devido à conexão entre esta imagem e uma experiência de dor. O princípio que regula o aparelho psíquico é o da busca do prazer e da fuga da dor; ora, sob a influência deste princípio, o indivíduo aprende a inibir o fluxo da excitação rumo às imagens mnêmicas, evitando assim o desencadeamento do desprazer. A este modo de funcionamento do aparelho psíquico, Freud chama "processo secundário". Uma das atividades do processo secundário é impedir o investimento das imagens mnêmicas produtoras de desprazer, ou melhor, impedir que o investimento inicial destas imagens continue até atingir o ponto da alucinação. Em nossa análise da hipótese quantitativa, no capítulo anterior, havíamos demonstrado que, se continuasse preso à noção de uma excitação neuronal, Freud jamais poderia dar conta da produção do desprazer adicional necessário para a repressão. Ora,

38. *I.D.*, S.E., V, p. 598.

no contexto da *Interpretação dos Sonhos*, este obstáculo é afastado, porque se lida com *ideias* investidas e não com *neurônios* investidos. Afirma Freud:

> Este repúdio de uma recordação, que apenas reproduz a fuga anterior da percepção hostil, também é facilitado pelo fato de que, diferentemente da percepção, a recordação não dispõe de qualidade suficiente para despertar a consciência, e portanto para atrair um novo investimento[39].

Todo o processo se passa, portanto, abaixo do nível da consciência. Se esta só é capaz de ser excitada quando os processos pré-conscientes atingem uma determinada intensidade, que aqui Freud chama de "qualidade", a operação de iniciar e retirar um investimento forçosamente deve passar-lhe despercebida, caso as intensidades deslocadas sejam inferiores ao limiar mínimo de perceptibilidade pela consciência. Ora, o ato de tornar-se consciente envolve uma atribuição de atenção às representações em questão, operação a que Freud chama de "sobreinvestimento". A não ocorrência deste sobreinvestimento impede o conteúdo manejado neste contexto de atingir o nível de intensidade necessário para ser sentido como "dor". Aquilo que, no *Projeto*, obrigava aos mais atléticos malabarismos de imaginação para ser representado, toma-se aqui perfeitamente compreensível: a sensação de dor, ou, mais corretamente, de desprazer, surge de um aumento da intensidade do investimento psíquico; ora, a retirada em tempo da cota inicial de investimento pré-consciente torna impossível à consciência agregar sua porção de sobreinvestimento à ideia em questão; esta não chega a ultrapassar o estágio de recordação pré-consciente, não atingindo portanto a etapa seguinte, de percepção consciente (no caso de ser uma imagem) ou de ideia consciente (no caso de ser um conteúdo cogitativo). Solucionada esta dificuldade, Freud pode afirmar que "esta rejeição normal e sem esforço da recordação de qualquer coisa que alguma vez tenha sido dolorosa nos dá o protótipo e o primeiro exemplo da "repressão psíquica"[40]. Este conceito também está prefigurado no *Projeto*: ali, ele se apresentava como a "defesa normal".

Em sua evolução, o aparelho psíquico precisa aprender a lidar com as recordações dolorosas de outra maneira; caso contrário, o pensamento se veria constantemente obstruído pela presença de tais recordações. Isto é feito por um tipo especial de investimento, que consiste em inibir o fluxo de excitação que em circunstâncias do processo primário decorreria delas e conduziria à produção do desprazer. O investimento pelo segundo sistema, porém, só é possível

39. *I.D.*, S.E., V, p. 600.
40. *I.D.*, S.E., V, p. 600.

quando ele (o sistema) estiver numa posição tal, que possa inibir qualquer desprazer proveniente desta ideia. Tudo aquilo que fosse capaz de se furtar a esta inibição permaneceria ao mesmo tempo inacessível ao segundo sistema, isto é, seria imediatamente abandonado em virtude do princípio do desprazer[41].

Freud considera este fato como a chave para a teoria da repressão. O argumento é extremamente engenhoso, e merece ser considerado de perto. O processo primário não recebe esta designação apenas por ser mais selvagem, mas também em virtude de ser o mais antigo, datando dos primórdios da vida do recém-nascido. O processo secundário, por sua vez, só se implanta gradativamente, no curso da vida posterior, e só chega a inibir o processo primário na fase adulta. É por esta razão que os impulsos de desejo inconscientes, originados na época em que o processo secundário ainda não existia, permanecem inacessíveis ao pré-consciente que o abriga, cuja função se limita a indicar os caminhos mais adequados para a realização dos desejos emanados do inconsciente. Entre estes, que se caracterizam por sua raiz infantil, por sua indestrutibilidade e por sua invulnerabilidade às inibições, existem alguns cuja realização não provocaria prazer, e sim desprazer, por entrarem em contradição com as intenções do pensamento secundário. "É precisamente esta conversão de afeto (de prazer em desprazer) que constitui a essência do que chamamos 'repressão'"[42]. As recordações a partir das quais os desejos inconscientes evocam uma liberação de afeto jamais estiveram sob controle do pré-consciente, e por esta razão ele não pode inibir tal liberação. Intervém o princípio do desprazer, fazendo com que o pré-consciente se afaste tanto dos desejos inconscientes quanto das ideias pré-conscientes para as quais aquelas transferiram sua energia, através do mecanismo da "absorção" descrito anteriormente. Estas são então abandonadas a si mesmas, isto é, reprimidas, e a existência de um conjunto de recordações infantis *a priori* independentes do pré-consciente se toma a condição preliminar da repressão.

Caso o desejo inconsciente reprimido receba um reforço orgânico, que capacite as ideias pré-conscientes vinculadas a ele a aumentar sua intensidade e tentar forçar a barreira do pré-consciente, haverá uma luta defensiva: o pré-consciente reforça as ideias opostas através de um contrainvestimento, e o resultado é que se cria um compromisso entre os dois grupos de ideias: um sintoma neurótico. Uma vez intensamente investidos pelo desejo inconsciente, os conteúdos reprimidos sucumbem ao processo primário e procuram uma via motora para a descarga de sua energia; ou, se esta estiver bloqueada, tomam o caminho mais curto da regressão

41. *I.D.*, S.E., V, p. 601.
42. *I.D.*, S.E.,V, p. 604.

alucinatória, formando delírios, visões, ou, na melhor das hipóteses, apenas um sonho.

Esta análise da repressão não se opõe à que Freud propôs na carta 75 a Fliess, à qual aludimos na seção anterior. Naquela ocasião, ela se vinculava à repugnância experimentada frente às sensações sexuais vinculadas na memória às zonas erógenas abandonadas: o ânus e a boca. Prudentemente, Freud se abstém de mencionar semelhantes hipóteses no livro dos sonhos, tanto porque a ideia de um inconsciente eficaz já era suficientemente escandalosa, como porque a teoria da sexualidade necessária para concatenar aquelas observações dispersas ainda não fora elaborada. As cartas de outono de 1899 fazem referências fragmentárias à teoria sexual, mas ela terá que esperar os *Três Ensaios* para receber sua versão final. Entretanto, podemos vincular as duas ordens de ideias no quadro proposto pela *Interpretação dos Sonhos*: a transformação do prazer em desprazer, no sentido de repugnância, se coaduna bem com a ideia de que as recordações infantis vinculadas à sexualidade jamais puderam ser dominadas pelo pré-consciente, de modo que sua reprodução não poderia ser inibida por ele, em virtude do fato-chave da repressão: o sistema pré-consciente só pode inibir uma ideia quando ela pertence à sua esfera de ação. A parte mais importante dos desejos infantis inconscientes, emergindo das experiências de satisfação relacionadas com as primeiras zonas erógenas, pode facilmente ser incluída entre os elementos fora do alcance do controle pré-consciente, em virtude da sua relativa antiguidade. Por esta mesma razão, elas encontram-se submetidas ao processo primário, sendo suscetíveis de todas as transformações que ocorrem quando e onde este processo estiver atuando. A repressão se abate sobre elas com extraordinária facilidade e intensidade, em virtude da constante produção de libido, que, de acordo com a hipótese do "reforço orgânico", encontra-se em posição particularmente favorável para investir as ideias pré-conscientes absorvidas pelo inconsciente mediante o mecanismo da rejeição do que provoca desprazer. Freud já não necessita da hipótese aberrante do retardamento da puberdade para dar conta do desprazer ligado às recordações sexuais infantis, nem da teoria da sedução, abandonada em virtude de suas próprias contradições internas. Pelo contrário, podemos discernir aqui o primeiro esboço da teoria das pulsões, cujos representantes psíquicos, no caso das pulsões sexuais, seriam evidentemente as recordações sexuais infantis e as fantasias construídas sobre elas. Se, ao atingir a puberdade, interesse pelo mundo da sexualidade se reativa, ou se se torna consciente pela primeira vez, a percepção de objetos semelhantes aos que haviam gratificado as zonas erógenas infantis reacenderá automaticamente as recordações vinculadas a eles, e a excitação correspondente poderá liberar afeto independentemente da inibição do pré-consciente, uma vez que pelas características do funcionamento mental elas jamais estiveram sob o domínio deste sistema. Já não é preciso recorrer à grosseira artimanha de supor o ego "apanhado de surpresa" por um estímulo proveniente da memória, como no *Projeto*; ao contrário, a consciência estaria voltada para a percepção do objeto em questão, acrescentando seu sobreinvestimento à função da rememoração; a violência da defesa e o valor patogênico que ela assume recebem neste caso uma explicação bem mais plausível. Ou, caso o conflito se dê abaixo do limiar da consciência, a origem da excitação desprazerosa tampouco estará envolta em mistérios, se se levar em conta a diferença temporal entre a instalação dos processos primário e secundário na vida do indivíduo. Com a hipótese desta diferença temporal, Freud pode enfim formular uma teoria da repressão que, pelo menos em 1900, parecia ao mesmo tempo necessária e suficiente.

É por estas conexões invisíveis com as versões iniciais da teoria da sexualidade que se compreende o sentido do parágrafo seguinte do capítulo:

> A teoria das psiconeuroses assegura com absoluta certeza que somente desejos sexuais da vida infantil, que sofreram repressão durante o período de desenvolvimento da infância, e que são suscetíveis de se renovar em épocas posteriores do nosso desenvolvimento [...], tornam-se capazes de fornecer a força motriz para todos os sintomas psiconeuróticos. Somente com a introdução destas forças sexuais poderemos preencher os vazios que ainda podem ser detectados na teoria da repressão[43].

São justamente estes "vazios" que a carta mencionada permite preencher, como acabamos de demonstrar. Contudo, a elaboração

43. *I.D.*, S.E., V, pp. 605-606. A repressão não é uma simples astúcia do ego, nem uma mera substituição de uma ideia por outra. Ela significa a *exclusão* de um conteúdo da cogitação consciente, seguida da *transformação* do afeto correspondente de prazeroso em desprazeroso, caso o conteúdo excluído tente retornar pela porta dos fundos ao palco da consciência. A censura onírica é a segunda figura da repressão a ser descoberta por Freud; a primeira, recordamo-lo, fora a resistência à terapia. O paralelismo entre as duas manifestações do conflito psíquico – o sonho e o sintoma – está fundado pelo fato de ser o *mesmo* mecanismo que os constitui, e os constitui como síntese provisória de opostos determinados. Neste momento, a gênese dos opostos ainda é pensada no referencial do indivíduo; a repressão se apresenta como algo apenas interno ao psiquismo. É precisamente por isto que pensamos ser ela o ponto de ligação entre as duas temáticas que atravessam nosso capítulo: a sexualidade e o inconsciente. O sexual é aquilo que a repressão reprimiu; o inconsciente é o modo no qual o sexual existe em virtude da repressão. A tarefa da *Interpretação dos Sonhos* é construir o mapa do aparelho psíquico, para justificar a aparição do conceito de inconsciente; a teoria sexual é elaborada ao mesmo tempo, mas só será publicada em 1905. Mas não se faz aqui somente uma geografia do psiquismo: há também a sua geologia, cujo tema são os movimentos tectônicos que a abalam e subvertem os rochedos da alma, os terremotos, deslizamentos e explosões provocados pelas tensões que a atravessam de lado a lado, o incessante movimento que confere seu aspecto à paisagem enganadoramente imóvel que se descortina na primeira mirada. A repressão funciona como a lei de constituição da tribo que povoa o inconsciente; mas a tribo é rebelde, e procura constantemente sacudir o jugo que lhe é imposto, de onde as rebeliões de Espártaco que se chamam sonhos e os quilombos de Palmares denominados sintomas.

posterior da teoria sexual imporá uma nova revisão à teoria da repressão, em função do complexo de Édipo e da incorporação da alteridade ao psiquismo: Freud descobrirá que, para dar conta deste fenômeno que é o ponto central da sua teoria, é preciso levar em consideração que o indivíduo não é jamais ele mesmo, que a distância interior que o habita é produto da sua inserção num quadro social, e que a Autoridade determina o Desejo de uma forma muito mais complexa do que suspeitava ao redigir a obra sobre os sonhos. Mas até lá, a caracterização da repressão como fenômeno interior ao próprio desenvolvimento biopsicológico do indivíduo terá valor de verdade; e é neste quadro que as atividades múltiplas e surpreendentes do inconsciente sob regime de repressão se oferecem à análise freudiana, a qual, entre 1900 e 1905, irá revelar a presença mascarada do desejo nos lugares e funções mais inesperados da vida psíquica.

5. A EFICÁCIA QUOTIDIANA DO INCONSCIENTE

Então, segundo o que alguém fez ou disse, descubro o que pensou;
e é raro que me engane.
ROUSSEAU, Confissões, *III*.

Ao concluir *A Interpretação dos Sonhos*, Freud demonstrara três pontos essenciais para a teoria da psicanálise: a ocorrência de processos de pensamento inconscientes em indivíduos normais, o papel preponderante do desejo na vida psíquica, e o imenso alcance do fenômeno da repressão. Os mecanismos compreendidos sob a rubrica do "trabalho do sonho" haviam sido atribuídos ao modo de funcionamento do sistema inconsciente, e sua surpreendente semelhança com as vias da formação dos sintomas neuróticos permitia uma melhor compreensão dos processos psicopatológicos, a cujo estudo científico se dedicava há mais de uma década.

Estas descobertas, e especialmente a da eficácia do incosnciente, conduziram-no a uma nova ordem de trabalhos, voltada para a detecção de mecanismos similares na esfera chamada "normalidade". Os resultados destas investigações, conduzidas paralelamente à elaboração da teoria sexual, estão contidos em dois textos que analisaremos agora: a *Psicopatologia da Vida Quotidiana* e *A Frase de Espírito e sua Relação com o Inconsciente*. A primeira destas obras talvez seja a mais popular de todas as escritas por Freud, mas contém indicações teóricas importantes; a segunda, a nosso ver erradamente considerada como um texto menor, representa um passo decisivo para a consolidação da teoria sexual, incluindo uma das mais finas análises freudianas sobre o problema do prazer.

As mais complexas operações mentais são possíveis sem o auxílio da consciência: eis uma verdade que teríamos que aprender, de qualquer forma, de cada psicanálise de um histérico ou de um obsessivo[44].

Este livro é de caráter inteiramente popular: visa simplesmente, por uma acumulação de exemplos, abrir caminho para a suposição necessária da existência de processos mentais *inconscientes, mas eficazes*[45]. (Grifo de Freud.)

Estas duas passagens – a primeira da *Interpretação dos Sonhos*, a segunda da *Psicopatologia da Vida Quotidiana* – se completam à primeira vista. Não obstante, há uma ampliação notável do campo psicanalítico entre elas: da psicanálise dos histéricos e obsessivos emerge uma conclusão de alcance geral quanto ao funcionamento da mente humana. Os "exemplos" a que alude Freud serão retirados da vida diária de pessoas normais, e não cessarão de crescer a cada edição do livro. O método empregado para a sua interpretação é idêntico ao da análise dos sonhos, e seu objetivo é o mesmo: demonstrar a completa determinação de todos os atos da vida psíquica, mesmo os mais triviais e aparentemente destituídos de sentido. Não há lugar para o acaso da teoria da psicanálise. Pelas vias mais estranhas, o desejo se manifesta sob as malhas da repressão: o enigmático, o pitoresco ou o aberrante encontram, a cada passo, sua explicação lógica e veem estabelecida a sua função no conjunto da economia psíquica.

É da rede teórica da psicanálise que emerge a coerência interna do grupo de fenômenos a que Freud atribui a designação de *Fehlleistungen*, que traduziremos por "atos falhos", reservando o termo de "ações desastradas" para o subgrupo correspondente ao termo alemão *Vergreifen*. Freud destaca que o próprio uso da língua se encarrega de denotar-lhes a unidade, através do prefixo *Ver: vergessen* (esquecer), *versprechen* (*lapsus linguaè*), *verschreiben* (lapsos de escrita), *verlesen* (lapsos de leitura), *vergreifen* (ações desastradas) etc.[46] Contudo, esta semelhança é enganadora: existem muitos outros termos que se iniciam com o mesmo prefixo e que nada denotam de semelhante, e basta traduzi-los para outra língua para que a analogia verbal se desfaça. O que permite a Freud englobá-los na mesma categoria é algo que só pode surgir dos fundamentos teóricos da psicanálise:

44. *I.D.*, S.E., V, p. 593.

45. *The Psychopathology of Everday Life*, S.E., VI, p. 272. (Designaremos esta obra pela sigla *P.E.L.*).

46. *P.E.L.* S.E., VI, p. 239. A sequência do nosso texto mostra a insuficiência desta explicação. Contudo, seria interessante ver como cada idioma constrói a sua rede de analogias, tanto para este caso quanto para outros do mesmo tipo. O inglês se serve do prefixo "mis" (*misread, mislay, mistake* etc). Nós, lusófonos, nos prendemos ao latim (lapso), mas o termo que empregamos significa também "intervalo". Que conformação simbólica se esconde nas malhas do discurso português, para o qual um "espaço de tempo" se liga a um "erro de linguagem" por meio de um termo comum? Toda uma análise de linguagem, pelo seu lado constitutivo – a região das significações – poderia ser elaborada a partir desta questão. Sirvam-nos de exemplo o uso fecundo que faz Lacan das particularidades do léxico francês, ou as tematizações heideggerianas do vocabulário grego e alemão.

certas falhas em nosso funcionamento psíquico e certos atos aparentemente não intencionais demonstram possuir [...] motivos sólidos e serem determinados por razões desconhecidas por nossa consciência [...]. A aparência de uma função incorreta é explicada pela interferência de duas ou mais funções corretas[47].

A primeira frase alude ao desejo e ao inconsciente; a segunda, ao conflito e à sua resolução repressiva. Nada disso poderia ser pensado independentemente da psicanálise, e o conceito de ato falho não estava dado, à espera de que um investigador mais paciente o "descobrisse". Ele é produzido pela operação dos instrumentos científicos da psicanálise, que estabelecem uma relação pertinente entre fenômenos não só desconectados entre si, mas aos quais ninguém até então considerara necessário prestar maior atenção. Desta forma, emerge um novo campo de fenômenos, que será explorado por Freud com os instrumentos que forjara, e cujo mapeamento repercutirá sobre o próprio alcance destes instrumentos.

Os atos falhos se dividem em três grandes categorias: as perturbações da memória, as perturbações da linguagem e as perturbações do controle motor. Mostraremos, mais adiante, que esta divisão é abolida pelo funcionamento da teoria, mas neste primeiro momento ela é útil como forma de classificação. O primeiro tipo se caracteriza pelo fenômeno genérico do esquecimento; esquecemos palavras, nomes, frases feitas, intenções, impressões de nossa própria vida etc. O segundo grupo consiste na formação de termos inexistentes, palavras compostas com fragmentos de outras, inversões de letras e fonemas etc. O terceiro cobre o mau funcionamento dos membros, resultando nos atos de quebrar coisas, tropeçar, escorregar e outros semelhantes. Analisaremos separadamente cada uma das categorias, para ver em seguida que fatores comuns figuram nelas e permitem sua unificação do ponto de vista teórico.

O que é comum a todos os casos de esquecimento, sem referência ao material, é o fato de o assunto esquecido ou distorcido estar conectado, por alguma via associativa, com um pensamento inconsciente, o qual é a fonte do efeito manifestado sob a forma do esquecimento[48].

O que nos chama a atenção para certos casos de esquecimento é a certeza de que sabemos perfeitamente do que se trata, mas somos momentaneamente impedidos de recordá-lo. De saída, Freud elimina a possibilidade de o esquecimento ser determinado simplesmente por uma diminuição da atenção: é precisamente quando procuramos recordar, com o máximo de concentração, algo de que necessitamos no momento, que o ato falho se produz. Além disso, não costumamos estar repetindo a cada momento que devemos fazer ou dizer isto ou aquilo; o caso privilegiado deste grupo é o esque-

47. *P.E.L.*, S.E.,VI, pp. 239 e 278.

48. *P.E.L.*, S.E.,VI, p. 20.

cimento de intenções simples, como colocar uma carta no correio, comprar um objeto etc. Em todos os casos, o que a análise revela é a existência de uma contraintenção, operando no sentido oposto ao da intenção consciente: na verdade, não queremos adquirir o objeto ou colocar a carta. A que se deve a existência desta contraintenção? Invariavelmente, o esquecimento revela-se como sendo determinado por uma repulsa ao desprazer. A tendência essencial do aparelho psíquico a evitar o desprazer surge, assim, numa região inteiramente diferente das que a teoria abordara até este momento. Mas a peculiaridade de o esquecido ser de natureza trivial exige uma explicação: por que comprar flores ou ler um artigo seria causa de desprazer? Se este fosse consciente, certamente o indivíduo se recusaria a assumir o compromisso esquecido; ou melhor, se a recusa pudesse ser comunicada ao outro sem maiores problemas, o compromisso não seria assumido. Na verdade, temos aqui dois tipos diferentes de esquecimento: um poderia ser quase classificado de voluntário, enquanto o outro opera num registro radicalmente inconsciente. Contudo, o caráter trivial é comum aos dois tipos, e admite uma mesma explicação: ocorreu um deslocamento inconsciente do tema em questão para outro, cuja evocação provocaria desprazer. Esta é uma aquisição teórica de primeira ordem, pois revela que o deslocamento não afeta apenas os pensamentos do sonho, mas opera também durante a vigília, no interior mesmo da atividade cogitativa habitual. A análise do esquecimento do nome Signorelli, que abre o livro sobre os atos falhos, resulta na mesma conclusão: Freud havia reprimido uma cadeia de pensamento desagradável, referente aos temas da morte e da sexualidade, e que convergia para a palavra "Herr"; no momento seguinte, ao tentar recordar quem pintara os afrescos da catedral de Orvieto, o nome Signorelli escapou-lhe completamente, sendo substituído por dois outros, que ele sabia incorretos. A magistral análise deste caso permite a seguinte conclusão: "Há, pois, um tipo de esquecimento motivado pela repressão"[49]. A conexão entre "Herr" e "Signor" fez com que o movimento de repressão que visava o primeiro termo se deslocasse para o segundo. Este processo, inteiramente inconsciente, verifica-se em inúmeros outros casos citados na obra.

Com o esquecimento dos nomes, tocamos um caso limítrofe entre a primeira e a segunda categoria dos atos falhos: as perturbações da memória e as da linguagem. É à análise destas últimas que Freud dedica a maior parte da sua exposição. Aqui, o deslocamento é facilitado pela assonância ou similaridade entre duas palavras, uma das quais pertence a um complexo reprimido, enquanto a outra, vítima do esquecimento, aparentemente nada tem de perigoso. O mesmo ocorre com palavras que possuem dois ou mais significados; sua evocação num contexto é perturbada por sua pertinência a outro, reprimido

49. *P.E.L.*, S.E., VI, p. 7.

com boas razões. Esta variante do deslocamento é denominada por Freud de "interferência":

> O mecanismo do esquecimento temporário de nomes consiste numa "interferência", por parte de uma cadeia de pensamento estranha e não consciente no momento, com a recordação da palavra procurada... Entre os motivos para estas interferências, ressalta o de evitar o desprazer através da recordação[50].

O exemplo clássico deste tipo de ato falho é o do esquecimento do termo *aliquis* numa citação latina, porque esta palavra estava vinculada ao temor do indivíduo de que sua amante tivesse um filho dele. A rigor, este exemplo cairia sob a rubrica do "esquecimento de palavras estrangeiras", mas o mecanismo é idêntico para todos os casos de esquecimento de palavras. O deslocamento, para sermos mais precisos, incide sobre todo o grupo de ideias vinculado ao termo em questão: no exemplo do "Signorelli", o fato de os afrescos representarem o tema do Juízo Final se vincula ao assunto da morte, que Freud afastara do seu pensamento consciente; a supressão da locução latina se prendia ao tema dos descendentes, sobre o qual o companheiro de viagem de Freud se detivera no momento anterior. As palavras esquecidas constituíam, assim, pontos nodais na rede de associações mentais de cada pessoa; a semelhança deste processo com o mecanismo da condensação, destacado por Freud na análise dos sonhos, é suficientemente clara para dispensar maiores comentários.

A condensação se revela como o mecanismo constituinte do grupo principal das perturbações momentâneas da linguagem: os *lapsus linguae*, tão identificados com a psicanálise que o inglês os designa como *Freudian slips*. A simples semelhança fônica entre os termos submetidos ao que Meringer e Mayer chamavam de "contaminação" não basta para dar conta do lapso: Freud se demora na discussão com estes autores, para quem a condição de possibilidade dos *lapsus linguae* residiria na assonância, isto é, na substância sonora das palavras, e na sua proximidade relativa no momento da prolação da frase. Duas considerações intervém a propósito desta questão: em primeiro lugar, em numerosos lapsos as leis fonéticas não desempenham papel algum; em segundo, atribuir a formação do lapso a um mecanismo puramente linguístico equivaleria a recair no erro da "falta de atenção", supondo que uma simples diminuição da intensidade da concentração fosse suficiente para perturbar um processo tão automático quanto o da fala. Mesmo que isto fosse correto, haveria ainda a elucidar o motivo da queda da atenção precisamente nestes casos, e a origem da palavra composta ou incorreta pronunciada em tais circunstâncias.

50. *P.E.L.*, S.E., VI, p. 40.

Frente a este argumento, que recorda em sua inspiração o da teoria somática no caso da produção dos sonhos, Freud avança uma explicação incomparavelmente mais fecunda:

> Uma semelhança qualquer entre dois elementos do material inconsciente – quer entre as próprias coisas, quer entre suas representações verbais – é tomada como ocasião para a formação de um terceiro elemento, que é uma formação composta ou de compromisso. [...] A formação destas substituições e contaminações [...] é, consequentemente, o começo do trabalho da condensação, que encontramos com maior vigor na construção dos sonhos[51].

Aqui, como na análise dos sonhos, Freud mostra que o que até então fora tomado como *causa* do fenômeno não passa de uma *ocasião* para sua manifestação; o estímulo somático é elaborado pela condensação no contexto de um sonho, como a similaridade fônica é utilizada para a formação de um termo composto. O que é importante nesta passagem é o conceito de formação de compromisso, que indica a presença de duas forças opostas agindo sobre o mesmo material, a exemplo do que ocorre no sonho. O termo composto representa uma forma suave do "retorno do reprimido": algo que fora afastado, consciente ou inconscientemente, da esfera da consciência, consegue imiscuir-se na cadeia verbal pronunciada, mas de maneira deformada. O lapso é um compromisso entre o pensamento reprimido e a força repressora, em que ambos são vencidos e vencedores: o pensamento reprimido só se manifesta sob uma forma distorcida, e a força repressora não consegue mais do que mascarar o seu fracasso. Mas a manifestação (embora deformada) e o mascaramento (ainda que parcial) são

51. *P.E.L.*, S.E., VI, p. 58. Eis aqui mais um exemplo do antiempirismo radical de Freud. A desqualificação da atenção como elemento heurístico, quer no caso dos esquecimentos, quer no dos *lapsus linguae*, prende-se à importância que assumem as significações para a constituição do comportamento exibido pela pessoa que comete o ato falho. A atenção é a regra da experiência; com efeito, se esta envolve um sujeito *tabula rasa* e um objeto que lhe é exterior, o movimento de inscrição do objeto no sujeito precisa ser explicado pela atenção, que se focaliza, como um facho de luz, neste ou naquele objeto. O fracasso da psicologia proposta no *Projeto* alerta Freud para os riscos deste procedimento; o que ocorre é que a noção de experiência muda completamente de sentido se se pensa a partir da óptica da psicanálise. Num sujeito constituído pelo desejo, a experiência é sempre "reencontro", quer seja gratificante, quer seja dolorosa. O sujeito visa então significações que não são redutíveis a coisas, e em cuja determinação a fantasia pode ter um papel predominante. Daí a ênfase no mecanismo da interferência, que pressupõe o inconsciente e a repressão. Surge assim um novo ponto de contato entre as temáticas que analisamos neste capítulo; mas, paulatinamente, o inconsciente vai deixando de incluir apenas o sexual em sentido restrito, para emergir como o registro do desejo, quer sexual, quer, depois de 1920, de morte. Freud não se apercebe desta transformação, pois está ocupado com outros problemas; os conceitos, contudo, vão sendo trabalhados a partir do seu próprio interior, aparecendo os diferentes perfis de seu conteúdo em outros tantos momentos de explicitação.

resultado de um conflito, em que, por assim dizer, os contendores terminaram empatados[52].

A ocorrência de lapsos na esfera da linguagem não se limita à fala; encontramo-los também nos domínios da escrita e da leitura. Entre os motivos que levam a estes erros de leitura, queremos destacar o que conduz o leitor a ver algo inexistente em virtude de uma defesa inconsciente, como se o texto impresso excitasse algo proibido, de modo que a leitura é viciada por um lapso. Este fenômeno é mais ilustrativo do que o outro, sem dúvida muito mais frequente, que consiste em lermos no texto aquilo que desejamos e não o que está escrito, em virtude de alguma semelhança entre as palavras que expressam nosso desejo e as que figuram sobre o papel. Aqui o mecanismo de realização de desejo é perfeitamente patente; no caso oposto, em que não lemos o que está escrito, a defesa inconsciente não atua no sentido de propiciar prazer – o que seria incompatível com sua natureza – mas para evitar o desprazer. O caráter inconsciente da repressão, confirma com clareza a tese, exigida pela lógica interna da teoria psicanalítica, de que a diminuição da atenção não basta para dar conta do lapso linguístico[53].

Podemos destacar três aspectos importantes das análises efetuadas até aqui. Em primeiro lugar, a existência "em todo ser humano" das duas forças psíquicas a que aludia a *Interpretação dos Sonhos* – o desejo e a repressão – encontra-se consideravelmente confirmada pelo estudo dos dois primeiros grupos de atos falhos, que classificamos como perturbações da memória e da linguagem. Contrariamente ao que postulava a psicologia acadêmica, não existem aí disfunções da atenção, mas formações de compromisso entre as duas forças em questão, quer elas se manifestem sob a forma de um terceiro elemento, reconhecido ou não como incorreto, quer

52. Entre os deliciosos exemplos citados por Freud, destacamos o do professor que ao expor um tópico de ginecologia, disse o seguinte: "No caso dos genitais femininos, apesar de inúmeras tentações – digo, tentativas...". (*P.E.L.*, S.E., VI, pp. 78-79).

53. A linguagem aparece assim trabalhada pela condensação e pelo deslocamento, como campo de transação do sentido e do desejo. Sabe-se que Lacan confere extraordinária importância a este fato, comparando os mecanismos da ideação inconsciente com os procedimentos retóricos da metáfora e da metonímia, e concluindo, em seu artigo *Função e Campo da Palavra e da Linguagem em Psicanálise*, que o inconsciente está estruturado como uma linguagem. A obra de Lacan e de seus discípulos é tão vasta, que uma análise superficial de suas proposições resultaria forçosamente numa deformação caricatural. Apesar da indiscutível importância da escola lacaniana, não examinaremos nesta tese a contribuição que ela realizou para a clarificação conceptual e para o desenvolvimento da psicanálise. Como explicamos na Introdução, nosso tema é exclusivamente a obra escrita de Freud, na qual o problema da linguagem não assume, explicitamente, a posição central que lhe atribui Lacan. Cremos que o objetivo de Freud ao escrever sobre os lapsos da linguagem foi simplesmente demonstrar a eficácia dos processos inconscientes na vida psíquica normal, em que a função da fala e do pensamento ocupa sem dúvida uma posição privilegiada.

como um "branco" na sequência da cogitação consciente. Em segundo lugar, a ampliação dos mecanismos do sonho a esta nova região da vida psíquica reforça a convicção freudiana acerca do "processo primário" como modo de funcionamento característico do inconsciente.

> Este modo de operação [...] não pode ser atribuído ao estado de sono, já que possuímos tamanha abundância de provas, sob a forma de atos falhos, de que ele funciona também durante a nossa vida desperta[54].

O estabelecimento deste ponto é essencial à doutrina da eficácia do inconsciente, acrescentando aos sintomas e aos sonhos um outro conjunto de fenômenos em que ela se manifesta. Da psicopatologia à elaboração onírica, transpôs-se o limiar da normalidade; a *Interpretação dos Sonhos* mostrava que não são somente os neuróticos que possuem um inconsciente. Da elaboração onírica à análise dos atos falhos, uma nova fronteira é vencida: o inconsciente não funciona apenas quando a repressão se distrai e o interesse no mundo exterior se apaga, mas sua atividade é detectável também no dia a dia, na vida normal, em circunstâncias que envolvem a participação de terceiros. Por fim, a distinção artificial entre as perturbações da memória e da linguagem pode ser dispensada, já que sabemos ser o conceito de "traço mnêmico" comum às duas funções. A memória deixa de ser assim uma atividade ligada quase exclusivamente à percepção, como se poderia concluir de uma leitura apressada da *Interpretação dos Sonhos*. À "imagem mnêmica" que ali desempenhava um papel preponderante, soma-se agora a esfera da linguagem, introduzindo com clareza o nível do pensamento abstrato. Numa palavra, poderíamos dizer que o inconsciente freudiano não apenas visa à reprodução de identidades perceptivas, resíduos da experiência de satisfação essencialmente ligada ao desejo; ele pensa também, ampliando o conceito de pensamentos latentes da esfera do sonho para a esfera da atividade desperta. Por certo que tais pensamentos não possuem realidade palpável, mas sua eficácia não pode ser por isto ignorada.

O caráter de compromisso dos atos falhos, resultante da convergência entre o desejo e a repressão, é especialmente claro na terceira categoria que discernimos, e das perturbações do controle motor. Aqui, a mediação da linguagem é como que dispensada, agindo o inconsciente diretamente sobre os atos reflexos do movimento. Freud distingue, para maior clareza, dois subgrupos nesta categoria: as ações desastradas (*Vergreifen*) e as ações sintomáticas (*Symptomhandlungen*)[55].

54. *P.E.L.*,S.E.,VI, p. 278.

55. A diferença entre ambos consiste em que, no primeiro caso, o ato tem uma motivação consciente, mas seu efeito é diverso do pretendido, enquanto no segundo a ação é quase reflexa, sem nenhum objetivo consciente. Tanto num como noutro caso,

O sentido das ações desastradas invariavelmente consiste em que, embora inadequadas do ponto de vista da consciência, são admiravelmente aptas para a realização de desejos inconscientes. Os exemplos de Freud se acumulam para mostrar que o fenômeno da "contraintenção" é aqui universal. Mas o sentido mais importante deste tipo de ações é que, em certos comportamentos neuróticos, elas podem representar simbolicamente fantasias de conteúdo sexual: é o caso dos tropeços e escorregões das mulheres histéricas, e que resultariam na produção de uma "neurose traumática devido ao choque da queda".

> Eu sempre tive a impressão de que os acontecimentos se encadeavam de outro modo, e que a queda já era um produto da neurose, expressando as mesmas fantasias inconscientes, dotadas de conteúdo sexual, que podiam ser consideradas como as forças atuantes por trás dos sintomas[56].

O simbolismo do *faux pas* é ilustrado pela entorse de Dora, cujo sentido se torna compreensível à luz de uma fantasia inconsciente de gravidez: ela se rebelara inconscientemente contra o desfecho da cena no lago (que conduzira à ruptura de suas relações com Herr K.), produzindo uma fantasia segundo a qual dera um "passo em falso" (simbolizado pelo arrastar do pé) e ficara grávida (pois nove meses depois teve um ataque de "apendicite histérica", que arremedava as dores do parto)[57]. As ações desastradas podem servir também para propósitos de autopunição, mascarando-os sob o disfarce de um "acidente" sem maiores determinações; mas o verdadeiro sentido do acidente é revelado pela tranquilidade com que a pessoa aceita as consequências da "suposta falta de sorte", tão em desacordo com o comportamento habitual nestes casos.

Esta ponte entre a psicopatologia da vida quotidiana e a psicopatologia das neuroses de verdade é reforçada pelo estudo dos "atos sintomáticos". Freud considera que um ato sintomático "expressa algo cuja existência a pessoa desconhecia, e que não tinha intenção de comunicar a outrem, e sim de guardar para si"[58]. Isto fornece ao psicanalista indicações preciosas sobre fatos que o paciente timbra em esconder, e aos quais nega qualquer outra forma de expressão: são ações na aparência inocentes, como brincar com anéis, chaves e moedas, desabotoar um casaco, ou deixar aberta a porta entre a sala de espera e o consultório do analista, que melhor revelam o que vai

é preciso afastar a possibilidade de uma disfunção do sistema nervoso, análoga à falta de atenção, ser o mecanismo regulador deste tipo de falhas motoras; a atitude de Freud é interpretar estes pequenos distúrbios, localizando seus determinantes psíquicos nos mesmos registros que colocara em evidência nos casos anteriores.

56. *P.E.L.*,S.E.,Vl, p. 175.

57. *Caso Dora*, S.E., VII, pp. 102-104.

58. *P.E.L.*, S.E., VI, p. 191.

na vida íntima de um indivíduo. O extensivo emprego do simbolismo neste tipo de ações, que quase invariavelmente ocultam um significado sexual, constitui um problema importante, e tocaremos aqui alguns de seus aspectos essenciais.

O simbolismo não é fácil de integrar no conjunto teórico que estamos examinando. Com efeito, a individualidade dos conteúdos do inconsciente combina-se melhor com as hipóteses da defesa e das vivências infantis, já que a repressão incide sobre desejos marcadamente específicos. O que é proibido ou doloroso para uma pessoa pode ser perfeitamente indiferente para uma outra; as recordações da infância se prendem a detalhes bastante particulares, embora da mesma índole geral. O sonho de Freud relativo à monografia botânica e às flores amarelas, para citar um exemplo, refere-se a eventos que só aconteceram com ele; o mesmo pode-se dizer dos sonhos de Dora, ao redor de cuja interpretação gira toda a história do Caso. Ora, o símbolo se caracteriza precisamente por significar sempre o mesmo conteúdo, independentemente das vivências de cada um; e um dos critérios para interpretar como símbolo um dado elemento do sonho é justamente a ausência de associações específicas para este elemento. A primeira edição da *Interpretação dos Sonhos* dedicava um espaço bastante reduzido a esta categoria onírica, e Freud confessa que foram os trabalhos de Stekel que lhe chamaram a atenção para o importante papel que ela desempenha no trabalho do sonho. Por outro lado, a maneira arbitrária com que este autor interpretava os símbolos parecia pouco científica, recordando o método "cifrado", a que Freud se refere ironicamente no início do capítulo II da obra. É justamente para evitar esta arbitrariedade, ou pelo menos restringi-la a parâmetros aceitáveis, que Freud preconiza uma técnica "mista" para a interpretação dos símbolos do sonho, baseando-se ao mesmo tempo nas associações do paciente e na compreensão, pelo analista, do sentido destes elementos, que deveria intervir somente para preencher os vazios na cadeia associativa. O trabalho não é facilitado pela circunstância de os símbolos possuírem frequentemente vários significados, cabendo ao intérprete utilizar com "parcimônia e circunspecção" o material simbólico durante a análise. Freud emprega duas metáforas tiradas do domínio da escrita para caracterizar o símbolo: por um lado, ele equivale a um signo taquigráfico provido de significado constante, e por outro lado, a um ideograma chinês, cujo sentido só pode ser corretamente estabelecido pelo contexto em que ocorre. A explicação da ocorrência dos símbolos na *Interpretação dos Sonhos* articula-se com a natureza "genética" destes elementos, isto é, "o que atualmente é vinculado por meio de símbolos era conectado, nos tempos primitivos, provavelmente por laços conceptuais e linguísticos"[59]. Contudo, uma nota de rodapé a esta afirmação faz notar que, mesmo na ausência de correspondências formais, que podem depender das particulari-

59. *I.D.*, S.E., V, p. 352.

dades do léxico de cada idioma, certos símbolos conotam os mesmos significados em diversas línguas: assim, o quarto representa a mulher em sonhos de franceses e de outros povos latinos, embora nada exista nestas línguas semelhante à expressão alemã *Frauenzimmer*, que significa ao mesmo tempo os genitais femininos e os quartos propriamente ditos reservados às senhoras. Esta observação confirma a crença de Freud na origem filogenética do simbolismo, que aliás é um dos pilares da sua antropologia.

O característico dos símbolos é que eles invariavelmente se referem a temas sexuais, e com grande frequência aos órgãos genitais. Tudo o que é côncavo ou representa um orifício designa a vagina; elementos eretos, pontudos ou rígidos conotam o pênis. Freud afasta também a objeção de que o significado sexual dos símbolos seja fruto da imaginação pervertida dos neuróticos, recordando que todos os mecanismos do sonho, inclusive a simbolização, ocorrem igualmente em pessoas sadias e neuróticas; na verdade,

> os sonhos das pessoas normais frequentemente contêm um simbolismo muito mais transparente e característico do que os dos neuróticos, cuja simbolização, devido à censura mais exigente e à deformação mais acentuada produzida por ela, é muitas vezes mais obscura, e portanto mais difícil de traduzir[60].

Para o fato de que os símbolos estão estreitamente vinculados à esfera sexual, a explicação de Freud se baseia na teoria da repressão: sendo a função sexual a mais sujeita às operações repressivas, dela restaram numerosos desejos inconscientes, que procuram expressar-se sob a forma disfarçada do sonho; a aparente falta de nexo entre o conteúdo sexual e sua representação plástica no símbolo se presta, com muita facilidade, ao ocultamento deste gênero de desejos, já que serve com igual eficácia a ambas as tendências que cooperam na formação do sonho: do lado do significante, beneficia-se a censura; do lado do significado, o desejo.

Nestas condições, os atos sintomáticos podem substituir ou complementar a descarga fantasmática do sonho, expressando significados sexuais através de ações aparentemente inocentes, como brincar com a aliança de casamento e outros "descuidos" semelhantes. Mas o sentido dos atos sintomáticos não se esgota na esfera sexual; impulsos das mais variadas naturezas podem ser percebidos sob o disfarce destes gestos: hostilidade, ciúmes, inveja, vergonha e outros. Contudo, o objeto com que se brinca, que se perde, que se esquece ou que se quebra é frequentemente associado com elementos reprimidos através de um laço simbólico, cuja leitura na chave da sexualidade pode muitas vezes ser reali-

60. *I.D.*, S.E., V, p. 374. Todo este parágrafo foi acrescentado em 1914.

zada sem grande dificuldade. A existência e a grande frequência deste gênero de atos falhos, e em especial sua ocorrência durante a sessão analítica, reforça a hipótese de que a distância entre a normalidade e a neurose é bem menor do que a psicologia acadêmica estava disposta a aceitar[61].

Esta terceira categoria de atos falhos, que caracterizamos como perturbações do controle motor, revela-se assim como a mais próxima do sintoma, tanto pelo seu significado mais nitidamente sexual, como pela dose maior de repressão a que se pode atribuir sua produção. Com efeito, as perturbações da memória e da linguagem envolviam funções que a tópica localiza no pré-consciente, enquanto as falhas do controle motor, ainda que esta atividade seja também atribuída ao pré-consciente, revelam-se mais suscetíveis de uma determinação pelo inconsciente propriamente dito. Se levarmos em conta que o que caracteriza a histeria é a somatização do pensamento inconsciente, através de um trajeto que passa pelas associações conceptuais e frequentemente pelo simbolismo, não parece muito arrojado supor que, na geografia imaginária da psicopatologia, os atos falhos deste tipo estejam localizados numa região próxima à dos sintomas histéricos, enquanto a extensa atividade do deslocamento que preside às perturbações dos outros dois grupos permite colocá-los relativamente perto dos sintomas da neurose obsessiva. A carta 79 a Fliess, de 22.12.1897, afirma que

> o ponto através do qual irrompe o reprimido, na neurose obsessiva, é a "representação" verbal", e não o conceito que dela depende [...] Daí resulta que as ideias obsessivas tendam a reunir as coisas mais disparatadas numa palavra plurívoca[62].

A mesma carta sugere que este processo não é de todo absurdo, já que muitas palavras hoje inocentes talvez tenham derivado de verbos "coprofílicos"; o exemplo aduzido é o de "fazer", na dupla acepção de evacuar e realizar. Dois anos depois, na carta 101 (03.01.1899), são as fantasias que se revelam como

61. A análise do simbolismo oferece mais um ponto de contato entre as temáticas do inconsciente e da sexualidade, ponto aliás precioso para a tese que procuramos demonstrar neste capítulo. Com efeito, o símbolo unifica o sexual e o inconsciente por meio da repressão: é no mesmo movimento que ele institui e afasta de si o seu sentido. O sexual lhe fornece a matéria-prima, as semelhanças de forma ou de função o geram como símbolo, e seu enigma consiste precisamente na dupla face da repressão: como violência e como fracasso. Não é por acaso que Freud o compara à fantasia. A origem visual está presente em ambos, e por isto eles podem ser absorvidos pelo trabalho do sonho. O que é inconsciente no símbolo é o seu sentido; mas ao mesmo tempo este sentido é incessantemente pronunciado, pelo fato mesmo da inocência do seu invólucro. Mas não se pense numa exterioridade da forma ao conteúdo: o modo de produção do símbolo tem como mola propulsora a duplicidade do sentido, que se diz exatamente nas malhas da forma que suscita.

62. *O.P.*, carta 79, p. 3594.

produtos relativamente tardios, que desde este presente se projetam retrospectivamente até a primeira infância; além disto, comprovei a via pela qual se realiza esta projeção: trata-se, novamente, da representação verbal[63].

Ou seja, a ambiguidade da linguagem serve como veículo para a manifestação do inconsciente, em todas as suas gradações: do *lapsus linguae* à neurose obsessiva, o mecanismo é o mesmo, variando apenas a intensidade das forças em jogo. Isto nos permite eliminar de vez a distinção auxiliar que havíamos estabelecido, visando a clareza da exposição, entre as três categorias de atos falhos. As duas primeiras já se haviam fundido, mediante a análise das funções da memória e da linguagem; com a introdução das fantasias, cujo mecanismo de produção também depende da linguagem, podemos perceber a relação íntima que une os três grupos entre si e com os modos de produção dos sintomas neuróticos.

A parte F do último capítulo da *Psicopatologia da Vida Quotidiana* fornece uma visão de conjunto dos fenômenos que discutimos nesta seção. O esquecimento, em suas várias formas, deve-se à necessidade de evitar o desprazer; as condensações e deslocamentos que perturbam as funções da linguagem podem ser atribuídas à presença de materiais reprimidos, que interferem com o funcionamento correto do pensamento; os atos sintomáticos e as ações desastradas representam geralmente fantasias e desejos inconscientes. Todas estas intervenções do inconsciente revelam a existência de impulsos e sentimentos rejeitados, de natureza hostil, egoísta ou ciumenta, cuja realização só é possível pelas vias transversas da simbolização e dos atos falhos. O fator determinante para que um desejo seja obrigado a se expressar desta maneira é invariavelmente o grau de repressão a que se acha submetido; a resistência muitas vezes oposta à interpretação psicanalítica dos atos falhos é da mesma natureza que a oferecida pelos pacientes à análise do significado dos seus sintomas. Isto, somado à surpreendente analogia com os mecanismos do sonho, sugere que os atos falhos em geral representam a pequena parcela de tendências neuróticas comum a todos os indivíduos reputados normais. Contudo, o que distingue o ato falho do sintoma neurótico é que o primeiro se localiza nas funções psíquicas menos importantes, deixando livres as que possuem um valor psíquico mais elevado, enquanto o segundo atinge exatamente as áreas vitais do psiquismo, perturbando severamente a alimentação, o trabalho profissional, a vida em comum ou o relacionamento sexual.

Dito de outra forma, o ato falho representa um intermediário entre o sonho e a neurose: daquele, toma a trivialidade, mas diferencia-se por se intalar na vida desperta; a neurose representa

63. *O.P.*, carta 101, pp. 3613-3614.

um agravamento deste conflito e sua extensão a regiões da vida psíquica poupadas pelo ato falho. Mas a série das formações de compromisso se encontra solidamente encadeada pelos fatores comuns que a percorrem: realização de desejos inconscientes, deformados pela vigilância da censura; mecanismos comuns, dos quais o deslocamento e a condensação se revelam os mais frequentes; referências veladas, em maior ou menor grau, às regiões abissais da vida mental, subsumidas no conceito de inconsciente; e, *last but not least*, a onipresença da repressão, regime normal de um psiquismo perpetuamente condenado à frustração de seus impulsos mais elementares.

6. DO PRAZER E DO RISO

O ato falho, contudo, não é a única via de expressão que o inconsciente consegue abrir por entre os escolhos da repressão. Outro fenômeno da vida diária serve-lhe como canal de escoamento, contando ainda com a vantagem de não ser embaraçoso ou desastrado, mas, ao contrário, contribuir para elevar o prestígio da pessoa aos olhos do outro: a frase de espírito[64], a cujo estudo Freud dedicou uma de suas obras mais originais e importantes.

Ao iniciar a investigação da frase espirituosa, Freud, como em outros casos, se encontra diante de uma multiplicidade de teorias e de nenhuma explicação satisfatória. Certos traços da frase de espírito pareciam bem estabelecidos nas obras de Lipps e Fechner, entre outros autores: o relacionamento entre elementos aparentemente desconexos, a tendência à concisão, o contraste de representações, o espanto inicial seguido por uma compreensão súbita e pelo riso etc. Mas que relações existiriam entre estas características? E o que, na verdade, tornaria espirituosa uma frase de espírito? A concisão, por exemplo, seria um atributo necessário, mas não suficiente: caso contrário, todo laconismo seria um gracejo. Freud se dedica, inicialmente, a estabelecer as técnicas de construção da frase de espírito; e a primeira conclusão que se impõe é a de que elas podem ser reduzidas fundamentalmente a duas: a condensação e o deslocamento. A concisão característica dos ditos espirituosos é um efeito da condensação, assim como os termos compostos que

64. Convém distinguir, desde já, a frase de espírito da anedota comum: esta provoca apenas um efeito cômico, enquanto a frase de espírito obedece a processos de elaboração muito mais complexos, não sendo o cômico necessariamente um deles. Além disso, como veremos, a frase de espírito se dá inteiramente no domínio da linguagem, enquanto o cômico brota, na maioria dos casos, do gestual e do visual. A anedota simplesmente relata uma cena cômica, obtendo um efeito de segundo grau, sempre dependendo da visualização imaginária da situação abordada. São estas características do que Freud chama o *Witz* que nos levaram a traduzir este termo por "frase de espírito", e não, como é habitual, por "chiste": esta palavra, além de ser um espanholismo, não dispensa a conotação da história humorística.

por vezes figuram neles: por exemplo, a designação das férias de Natal como *alcoholidays*, ou o desejo de uma dama, que queria perpetuar o nome de um cientista, pouco conhecido no momento, através de uma estátua: "Desejamos-lhe, então, um sucesso *monumentâneo*"[65]. Em outros casos, duas ordens de ideias vêm convergir numa só expressão, obtendo-se o efeito espirituoso com uma ligeira modificação de uma delas: ao referir-se a um personagem em evidência na época, um jornalista vienense dizia que "a vaidade é um de seus quatro calcanhares de Aquiles". O deslocamento serve como técnica de construção de toda uma série de frases de espírito irredutíveis à condensação: o sentido se desvia de uma ideia para outra, mediante o jogo do contrassenso, da plurivocidade ou da representação indireta[66].

A constatação de que os mesmos mecanismos do processo primário são os determinantes para a construção das frases de espírito, em suas numerosas variedades, abre todo um campo de interrogações. A primeira delas se refere à função da frase de espírito: se o processo primário visa a produção do prazer, não será este o objetivo fundamental do dito humorístico? Por outro lado, como vincular a técnica da frase de espírito à liberação deste prazer? E, se o prazer consiste na realização de um desejo, com a consequente diminuição da tensão que o acompanha, por quais conexões o desejo alcança a expressão, ludibriando a censura que o impede de realizar-se à luz do dia?

Que o espírito proporcione prazer a quem o escuta, é suficientemente claro se atentarmos para o riso que acompanha a sua comunicação. Mas no que consiste o prazer do autor da frase, que, aliás, deve manter-se sério para obter o efeito que deseja? A primeira resposta de Freud se baseia na hipótese de que o prazer consiste numa diminuição da tensão psíquica, ou, o que é equivalente, na economia de um dispêndio psíquico. A técnica da frase de espírito obedece a esta economia: a fusão de duas ideias, incompatíveis entre si, mas cuja representação verbal se assemelha, equivale à economia do trabalho necessário para pensar; a mente se deixa levar pela assonância das palavras, sem prestar atenção ao conteúdo ideativo que elas recobrem. Mas uma análise mais cerrada permite distinguir outra fonte de prazer, bem mais fecunda, e que de certa forma contém a primeira. "A frase de espírito permite a satisfação de um impulso, obsceno ou

65. *Jokes and their Relation to the l'Inconscious*, S.E., VIII, pp. 21-22. (Designaremos esta obra pela sigla *Jokes*.).

66. Entre os exemplos de Freud, destacaremos alguns desta categoria: "Esta moça faz lembrar o capitão Dreyfus: o exército já não acredita na sua inocência" (*Jokes*, S.E., VIII, p. 40); quando Napoleão III confiscou os bens da casa de Orléans, dizia-se em Paris: "Cest le premier vol de l'aigle" (vol = voo e roubo; S.E., VIII, p. 37); um vendedor de cavalos oferece um animal a seu cliente, e para louvar suas qualidades, diz que, se o cavalo partir da aldeia às quatro da manhã, chegará à cidade às seis e meia. Ao que o cliente, espantado, responde: "E o que é que eu vou fazer na cidade às seis e meia da manhã?" (S.E., VIII, p. 54).

hostil, apesar da existência de um obstáculo que lhe barra o caminho"[67]. Este obstáculo é a repressão; a frase de espírito é um modo socialmente aceitável de criticar ou ofender a outrem, e a razão desta tolerância reside justamente no modo disfarçado com que a injúria é lançada. Dizer que uma moça se comporta como uma prostituta, ou que o Imperador é ladrão, poderia levar a consequências graves, e dificilmente provocaria o riso; mas aludir a estes pensamentos, através da insinuação de que o exército já não acredita na inocência da rapariga, ou de que a águia acaba de fazer seu primeiro *vol*, torna o ouvinte complacente e permite "dizer sem dizer" aquilo que deve ser dito.

O obstáculo à livre manifestação do desejo reprimido pode ser exterior ao autor do dito espirituoso ou estar presente nele sob a forma de uma inibição. Quando um príncipe, excursionando pelos campos de seu domínio, encontra um rapaz que se parece muito com ele, e lhe pergunta se por acaso sua mãe não fora empregada no palácio real, obtém a seguinte resposta: "Não, Alteza; foi meu pai que trabalhou lá": eis um exemplo de obstáculo exterior. À insinuação do príncipe de que a mãe do rapaz poderia ter sido seduzida pelo rei, o camponês responde na mesma moeda: foi a rainha que cedeu aos encantos de um criado. A roupagem humorística permite ao súdito dizer ao governante algo que sem dúvida lhe custaria a cabeça, se fosse formulado diretamente; o que ele consegue é evitar o estabelecimento de uma inibição, que incidiria sobre o impulso natural de não permitir a ofensa à sua mãe, mesmo vinda de tão alto. Mas o prazer é muito mais intenso quando o disfarce espirituoso permite o levantamento de uma repressão já existente, como no caso do jornalista que critica o ministro dizendo que este é um animal (possui "quatro" calcanhares de Aquiles). A diferença é sutil, pois poderia se argumentar que o medo à autoridade é o mesmo nos dois casos; mas a resposta do camponês evita que se instale este temor, enquanto o *bon mot* do jornalista tem que vencer primeiro a inibição que já incide sobre o tema que vai ridicularizar.

Na frase de espírito, assim, é possível distinguir os dois componentes que já isolamos em toda a série das formações de compromisso: o desejo inconsciente e a deformação da censura. O primeiro corresponde ao conteúdo do dito espirituoso; a segunda surge da necessidade de impor a este conteúdo uma forma humorística. Mas, ao mesmo tempo, a forma releva dos mecanismos inconscientes da condensação e do deslocamento: ou seja, o mesmo procedimento toma possível realizar o desejo, ainda que de forma meramente alusiva, e evitar a barreira da crítica. O levantamento momentâneo da repressão equivale à suspensão de um dispêndio psíquico, pre-

67. *Jokes*, S.E., VIII, p. 101.

cisamente aquele necessário para inibir o desejo que se manifesta na frase de espírito:

> Tanto o estabelecimento quanto a manutenção de uma inibição psíquica exigem uma certa quota de "esforço". O prazer proporcionado pela frase de espírito corresponde a uma poupança do esforço psíquico[68].

Aqui ainda percebemos um eco das concepções do *Projeto*, em que o prazer e a repressão dependem de relações quantitativas, embora o caráter psicológico destes fenômenos esteja inteiramente estabelecido desde a época da *Interpretação dos Sonhos*. O que há de novo e realmente importante na análise que Freud desenvolve no texto que estamos examinando é a descoberta do caráter socialmente determinado da repressão, que bloqueia o prazer infantil ao longo de uma escala etária correspondente ao desenvolvimento das faculdades intelectuais.

O capítulo III deste livro se intitula "O Mecanismo do Prazer e a Psicogênese do Espírito". Freud começa por recordar que a unificação de ideias estranhas entre si, que pela via do raciocínio lógico exigiria um trajeto longo e complicado, pode ser alcançada pelo curto-circuito da frase espirituosa com grande economia de esforço mental. Mas este modo de jogar com as palavras é característico do pensamento infantil; a criança experimenta um grande prazer em brincar com os termos de seu idioma materno, sem levar em conta o sentido preciso destes vocábulos. O espírito preserva para nós a possibilidade de retornar a esta experiência agradável da infância, progressivamente restringida pelas exigências da racionalidade, sobretudo na escola. O medo de parecer ridículo conduz ao abandono das técnicas do contrassenso, à medida que a razão crítica vai se instalando como o único critério válido para pensar.

> Mas a tendência a reagir contra o rigor do raciocínio e da realidade permanece, profunda e tenaz [...]; cada renúncia a um prazer do qual o homem provou uma vez é extremamente penosa[69].

A assimilação das restrições da razão, impostas pela realidade, triunfa em quase todos os casos; contudo, quanto mais completa ela se revela, maior será o peso da renúncia exigida, e consequentemente maior o prazer obtido ao sacudir o seu jugo. As estudantadas dos universitários, as canções de cervejaria e outros fatos da mesma índole, chegando até à desfiguração das comunicações científicas nos congressos de especialistas, testemunham a força com que o contrassenso procura se afirmar, mesmo nos ambientes mais sérios e insossos. É a criança que sobrevive, embora soterrada pelas repressões do adulto, que exige o prazer do deslizamento li-

68. *Jokes*, S.E., VIII, p. 118.
69. *Jokes*, S.E., VIII, p. 126.

vre do sentido, característico do processo primário, e cujo cenário privilegiado de operação é o sonho. Mesmo no jogo infantil, em que a repetição do mesmo ato ou do mesmo tema é uma inesgotável fonte de prazer – e Freud nota isto em 1905, quinze anos antes de *Além do Princípio do Prazer* – a fruição se prende ao reencontro de algo já experimentado e que uma vez produziu satisfação: esta é uma técnica que a frase de espírito utilizará com grande frequência, mediante o emprego das unificações, consonâncias, alusões a provérbios e frases feitas, referências a acontecimentos recentes, e procedimentos do mesmo gênero. A recordação e o reconhecimento se acompanham de prazer, tanto pela poupança de dispêndio psíquico quanto pela reprodução de uma circunstância passada, muitas vezes de ordem infantil.

Na psicogênese do espírito, portanto, a primeira etapa é representada pelo jogo da criança, que se estende à esfera da linguagem assim que ela a adquire; e o primeiro obstáculo consiste na implantação dolorosa da razão crítica, que o indivíduo procurará, sempre que possível, neutralizar pelo recurso ao modo infantil de raciocínio, o qual agora aparece sob a forma do gracejo. O que diferencia o gracejo da frase de espírito é que o pensamento subtraído à crítica não precisa ser profundo nem original; basta que ele possa encontrar uma expressão, mesmo insípida: "o essencial do gracejo é ter permitido aquilo que a crítica proíbe"[70]. Se o pensamento tiver algum valor intelectual, o gracejo se transforma num dito espirituoso; aqui, contribuem para o prazer tanto o próprio conteúdo quanto a forma hábil em que ele se aloja, sem esquecer o sentimento de vitória por ter iludido a crítica. Ou mesmo, se quisermos ser mais precisos, poderemos dizer que a elegância da fórmula verbal seduz a razão crítica, ao mesmo tempo desviando a atenção do conteúdo reprovável que se esconde naquelas palavras. Esta é a razão pela qual afirmávamos, mais acima, que o mesmo mecanismo satisfaz ao desejo inconsciente e à censura: esta como que sorri da engenhosidade verbal, e, enquanto se delicia com a proeza do raciocínio, deixa esgueirar-se o impulso por entre seus lábios entreabertos. É por isto que a elaboração do dito espirituoso passa pela seleção cuidadosa das particularidades do léxico e das constelações possíveis para a associação; este artifício técnico, além de permitir o deslizamento do sentido segundo as regras do processo primário (condensação e deslocamento), tem a vantagem de dotar o que vai ser proferido com um aval da censura.

Freud havia dividido anteriormente os ditos espirituosos em "inofensivos" e "tendenciosos", caracterizando-se os segundos por ocultarem um impulso obsceno, sádico ou cínico, enquanto os primeiros se limitariam ao jogo técnico com as palavras. Esta distinção

70. *Jokes*, S.E., VIII, p. 129.

perde agora muito do seu valor, pois mesmo às frases "inofensivas" se pode atribuir uma tendência: a de burlar a censura. As etapas genéticas da constituição do espírito mostram que, inicialmente, este era inofensivo, visando apenas à produção do prazer pela economia de esforço psíquico; mas na sua forma tendenciosa, ele entra a serviço dos grandes impulsos do inconsciente, abrindo-lhes uma via de expressão até então interdita. A análise das frases de espírito obscenas e hostis confirma estes pontos de vista, reforçando a hipótese de que o essencial do prazer promovido pelo espírito consiste na suspensão momentânea da repressão.

A obscenidade consiste na

> evocação intencional, por meio da palavra, de situações e atos sexuais. [...] Mas uma conferência sobre a anatomia dos órgãos genitais nada tem a ver com a obscenidade. É preciso que esta evocação se dirija a uma pessoa que nos excita sexualmente, e a quem nossa "piada suja" revele este fato, despertando nela uma excitação da mesma ordem[71].

A frase de espírito licenciosa, portanto, equivale a uma tentativa velada de sedução: despe, por assim dizer, a pessoa visada por ela. O objetivo deste ato simbólico é contemplar os órgãos genitais da mulher; e mesmo esta contemplação já representa uma satisfação substitutiva para o prazer mais grosseiro e primitivo de *tocar* esta região. Por uma série de deslocamentos, a pulsão sexual – ou, mais precisamente, a pulsão parcial de ver, denominada tecnicamente "escoptofilia" – se realiza através do dito obsceno, que, evidentemente, se distingue do galanteio erótico pelo tom agressivo e indisfarçado de que se reveste. O reverso desta pulsão parcial, o exibicionismo, também se presta facilmente à transposição verbal pela via da frase grosseira, auxiliado pelo componente libidinal sádico, que é chamado à ação a partir do momento em que a mulher resiste à proposta que lhe é feita. Esta análise envolve a discussão da teoria sexual, e por este motivo retornaremos a ela ao examinarmos este aspecto dos conceitos freudianos; neste momento, interessa-nos ressaltar o papel essencial do "terceiro", cuja presença tem o efeito de excluir a possibilidade da condescendência por parte da mulher. Freud nota que, entre as classes sociais mais baixas, é a aparição da mulher que fornece a ocasião para as frases obscenas, enquanto, num degrau mais elevado da escala social, este fato tem o efeito contrário: "a licenciosidade se interrompe no momento em que aparece a mulher, e os homens só se servem deste gênero de divertimento quanto estão somente entre outros homens"[72]. A responsabilidade por esta inversão da situação adequada ao surgimento de ditos obscenos – que primitivamente se dirigiam ao sexo feminino, mas agora se dirigem

71. *Jokes*, S.E., VIII, p. 97.
72. *Jokes*, S.E., VIII, p. 99.

ao ouvinte – cabe sem dúvida à repressão, como nota o Manuscrito K enviado a Fliess (01.02.1896). É por se dirigir ao ouvinte, visando provocar nele uma sensação de prazer, que o dito obsceno se aproxima da frase de espírito. A necessidade de uma roupagem espirituosa para disfarçar o verdadeiro propósito do dito obsceno só se manifesta quando o ouvinte é uma pessoa "refinada e educada", isto é, sujeita a um elevado grau de repressão. A técnica empregada é neste caso a alusão, isto é, "a substituição por um detalhe que só oferece relações longínquas com a obscenidade, a qual é restabelecida na imaginação do ouvinte, franca e completa"[73]. O exemplo aduzido por Freud é o seguinte: "Uma esposa é como um guarda-chuva; é sempre necessário tomar um fiacre"[74]. A alusão é dupla: à insuficência de uma mulher só para satisfazer os apetites sexuais de um homem, e ao caráter público do veículo de aluguel, que se ocupa temporariamente por um preço combinado, quando chove muito. A transposição desta frase espirituosa fá-la perder seu traço pitoresco e revela cruamente o sentido obsceno: quando a libido se torna tempestuosa, é preciso recorrer a uma prostituta. Os mecanismos da condensação e do deslocamento aparecem aqui combinados: a condensação faz convergir as ideias de sêmen e água (alusão à chuva), de prostituta e de veículo público (alusão ao fiacre); o deslocamento faz deslizar o sentido da região sexual para a área, aparentemente inocente, da proteção contra a chuva.

Estes sofisticados procedimentos técnicos, que quase chegam a impedir a compreensão deste dito, são exigidos pelo trabalho da repressão. Mas agora, pela primeira vez nos textos de Freud, o elemento social é trazido para o primeiro plano na análise deste fenômeno:

> Atribuímos à cultura e à boa educação uma grande influência sobre o desenvolvimento da repressão, e admitimos que, nestas condições, a organização psíquica sofre uma grande transformação, [...] que torna inaceitável para nós aquilo que considerávamos como agradável, e que de agora em diante recusamos com todas as forças da nossa mente. O trabalho de repressão da cultura aniquila em nós as faculdades primitivas de gozo, agora repudiadas pela censura. Mas a renúncia é terrivelmente dura para a alma humana. Ora, o espírito tendencioso permite neutralizar esta renúncia e recuperar o bem perdido[75].

Neste texto capital, distinguiremos três planos possíveis de análise. Primeiramente, é possível fazer dele uma leitura na clave da história da libido individual: a criança, inicialmente livre das restrições culturais, tem que ceder às pressões que a civilização lhe impõe, abandonando as formas de gratificação sexual que lhe são próprias em benefício da aceitação pelo mundo adulto, processo este que culmina na instalação da censura e que pode ser momentaneamente sus-

73. *Jokes*, S.E., VIII, p. 100.
74. *Jokes*, S.E., VIII, p. 78.
75. *Jokes*, S.E., VIII, p. 101.

penso pelos mecanismos do gracejo obsceno. Contudo, uma segunda leitura poderia parecer mais pertinente, se levarmos em conta que a sexualidade infantil ainda não está sob a primazia da organização genital e que a obscenidade é uma tentativa de sedução: referimo-nos a uma leitura filogenética, em que as "faculdades primitivas de gozo" seriam interpretadas como uma sexualidade mais livre, menos restringida pelo desenvolvimento repressivo da civilização, e a que somente o artifício do espírito tendencioso permitiria aceder novamente. A terceira possibilidade de leitura, porém, se nos afigura como a mais plausível: os impulsos gratificados pela licenciosidade verbal são idênticos aos componentes parciais da libido, tanto no par voyeurismo-exibicionismo, quanto no eixo de referência da crueldade; ora, se acrescentarmos a isto a hipótese do abandono das zonas erógenas, que Freud já mencionava na carta 75 a Fliess (14.11.1897), vemos delinear-se aqui a teoria sexual dos *Três Ensaios*, aliás publicados no mesmo ano de 1905. "Aquilo que antes considerávamos agradável" significaria o prazer emanado das primitivas zonas erógenas da boca e do ânus; as "faculdades primitivas de gozo" se refeririam ao prazer pré-genital, sentido como repugnância na fase adulta. E a intervenção da cultura torna dispensável o recurso ao elaborado argumento da precedência temporal do processo primário sobre o secundário, desenvolvido no capítulo final da *Interpretação dos Sonhos:* a "boa educação", quer dizer, as limitações socialmente determinadas ao exercício desimpedido da função sexual, dá conta do caráter forçado desta renúncia "terrivelmente dura" às satisfações sexuais infantis, que permanecia ainda obscuro no quadro da hipótese da anterioridade cronológica do processo primário. O "bem perdido" recuperado pelo espírito tendencioso se referiria assim às componentes parciais da pulsão sexual, que, sem o estabelecimento da repressão, ou caso ela fracasse por algum motivo, conduzem a modos de satisfação erótica condenados socialmente como perversos. Falta apenas a elaboração do conceito de etapas da organização genital para que a armação teórica se complete: os outros dados do problema se encontram articulados e quase explícitos.

Esta digressão esclarece melhor a função reservada ao "terceiro homem" no quadro teórico da explicação da frase de espírito. No caso do espírito obsceno, o ouvinte aparentemente impediria a mulher de ceder aos prazeres do homem, e assim surgiria como um perturbador da realização do desejo; mas, devido à própria resistência da mulher, o desejo se transforma em cólera, e o objetivo deixa de ser a sedução para passar a consistir na ofensa. A partir deste momento, o terceiro se converte naquele diante de quem a vítima se envergonha, cora, sente-se embaraçada; ele se transformou num aliado do humorista lascivo. A presença puramente imaginária da mulher, no caso da sociedade mais refinada, em nada altera este ciclo: simplesmente, por meio da alusão, a frase de espírito obscena estabelece a mesma aliança, mediante a referência cifrada a uma vítima que seria compartilhada por quem a faz e por quem a escuta. Um processo análogo pode ser reconhecido nas frases espirituosas que satisfazem a impulsos hostis sem conteúdo sexual:

> nossos impulsos hostis quanto ao próximo foram submetidos, desde a nossa infância e mesmo desde o início da cultura humana, à mesma repressão progressiva que nossas aspirações sexuais. [...] Desde que renunciamos a manifestar nossa hostilidade pelas vias de fato – impedidos de fazê-lo pela presença de um terceiro indiferente, interessado na manutenção de sua segurança pessoal – desenvolvemos uma nova técnica de invectiva, [...] que visa colocar o terceiro do nosso lado, e contra nosso adversário[76].

Além de notarmos nesta passagem a possibilidade de uma dupla leitura – individual e social – similar à que se oferecia para o caso da agressão sexual, podemos observar que a repressão incide sobre os desejos hostis da mesma forma que sobre os ligados à sexualidade, e que sua determinação social é mais nítida ainda. No trecho que omitimos da citação, Freud observa que as regras de delicadeza e respeito valiam inicialmente apenas para os membros do mesmo clã, e que as expressões de polidez, como os pedidos de desculpas, equivalem à tradução civilizada de uma bofetada no rosto. Tendo a cultura restringido enormemente a escolha das armas para este combate simbólico, o terceiro, aqui inicialmente indiferente, e talvez mesmo contrário ao surgimento de uma situação de conflito – que incomodaria sua "segurança pessoal" – é atraído para a facção do humorista precisamente pelo recurso à técnica do espírito, que lhe proporciona um prazer inesperado. A exacerbação dos traços negativos do adversário, permitida somente pelo desvio da frase espirituosa, satisfaz assim o impulso hostil, acrescentando a vantagem de não alienar o terceiro, o qual poderia sentir-se ofendido pela crueldade nua e até mesmo identificar-se com o agredido. Dizer que alguém é um animal pode provocar desaprovação; mas referir-se a uma conversa *tête-à-bête* com ele, ou afirmar que, como Cincinato, o indivíduo retomou seu lugar "à frente" da charrua[77], desperta o riso e a anuência do terceiro à agressão sofisticada pelo mecanismo do dito de espírito.

Ora, quais são as condições necessárias para provocar o riso do ouvinte, e, de forma mais geral, por que é imperioso comunicar a alguém a frase espirituosa que elaboramos? Por que não podemos, em geral, satisfazer-nos com nosso próprio humor? São estas as questões que se colocam a partir da intervenção do "terceiro homem" no ciclo de prazer da frase de espírito, e que Freud aborda no capítulo IV do seu texto, intitulado *O Espírito enquanto Processo Social*. É esta necessidade, aliás, que constitui o critério essencial para distinguir o espirituoso do simplesmente cômico: este põe em

76. *Jokes*, S.E., VIII, pp. 102-103.
77. *Jokes*, S.E., VIII, pp. 25 e 27.

jogo apenas duas pessoas, aquela que ri e aquela de quem se ri. O espírito, ao contrário, se satisfaz com a representação imaginária do segundo homem, a vítima do impulso que nele transparece, mas não dispensa a presença do terceiro, espectador sem o qual o riso não eclode, e para quem, na verdade, é calculado o efeito do dito espirituoso.

Freud postula que o riso é uma descarga motora, para cuja efetuação é necessária uma certa soma de energia psíquica. Sua concepção, admiravelmente simples, pode ser vinculada aos deslocamentos de energia que intervinham no capítulo VII da *Interpretação dos Sonhos*. A soma de energia necessária para desencadear o riso provém do levantamento da repressão que incidia sobre as representações tematizadas pela frase espirituosa: sendo seu conteúdo apresentado por um outro, o autor do dito, o ouvinte é apanhado de surpresa e se representa a situação formulada na frase. Ao realizar esta operação, gratifica seus próprios impulsos inconscientes, tornando dispensável a manutenção da repressão, cuja energia, não encontrando outra aplicação imediata, pode ser empregada para a descarga do ouvinte, impedindo-o de tomar a "ligar" a energia subtamente liberada; e, para que ocorra esta liberação, é imprescindível ainda que o conteúdo do dito não seja ofensivo nem comovedor para quem o escuta, pois neste caso a reação não seria de riso, mas de cólera ou choro. Em termos econômicos, a mesma argumentação pareceria poder-se aplicar para dar conta da ausência do riso na pessoa que pronuncia a frase: a energia derivada do levantamento da repressão seria parcialmente empregada para elaborar o pensamento numa forma espirituosa, não atingindo o resto desta subtração a intensidade necessária para provocar o riso. Mas Freud percebe que está girando num círculo: com efeito, se a repressão tem que ser levantada, pois caso contrário seria impossível elaborar o dito espirituoso, seria a "mesma" energia que teria de ser empregada duas vezes: uma para suspendê-la, outra para conservá-la. A inibição tem que ser circundada, mas o combustível para o veículo que vai realizar o desvio (a frase espirituosa) tem que ser retirado do próprio depósito que por definição se deve evitar. É por isto que, ao concluir esta parte da discussão, Freud confessa francamente: "Podemos resolver de maneira mais completa a primeira parte do problema – por que o terceiro ri – do que a segunda – por que o primeiro não ri"[78].

Para oferecer uma solução a este problema, Freud sugere duas possibilidades complementares: em primeiro lugar, somos obrigados a comunicar nossa invenção espirituosa a outrem "precisamente porque" não podemos rir dela sozinhos; e não podemos rir sozinhos porque as condições necessárias para a descarga estão ausentes, enquanto aquelas que provocam o prazer só se realizam de maneira in-

78. *Jokes*, S.E., VIII, p. 150.

completa. Sendo o riso um fenômeno extremamente contagioso, a gargalhada do outro nos é necessária para completar nosso próprio processo psíquico, rindo, como diz Freud, *par ricochet*.

> A comunicação de minha frase espirituosa a outra pessoa responderia assim a diversas intenções: dar-me-ia a certeza objetiva de que a elaboração espirituosa teve êxito, e completaria meu próprio prazer pelo retorno, por tabela, do prazer do outro sobre mim mesmo[79].

A técnica da frase de espírito me proporciona um prazer preliminar de pequena intensidade, devido ao relaxamento das exigências repressoras em meu próprio psiquismo. Esta é a primeira aparição do conceito de "prazer preliminar", que terá importância decisiva para a teoria sexual, como veremos mais adiante. De momento, interessa-nos mostrar que a dificuldade de Freud pode ser contornada com seus próprios recursos: o primeiro não ri porque o espírito é um processo "social", que visa captar a simpatia do outro para a posição agressiva ou sedutora de quem o faz; quando o riso do terceiro explode, esta é a confirmação de que ele aceitou o jogo e passou para o lado do primeiro. O que aflora é o registro, essencial para o desenvolvimento da teoria psicanalítica, da alteridade; ela está sempre presente, como objeto, adversário ou complemento, no ciclo do prazer. Freud ainda está a caminho desta descoberta, e por isso tem que dar tratos à imaginação para explicar o efeito da frase sobre o seu autor: o mecanismo "contagioso" do riso, obviamente, não faz mais do que deslocar o problema para a questão de saber por que ocorre tal contágio. A intersubjetividade que se desenha aqui como o lugar do desejo – pois o prazer tem como referência única e permanente o desejo – aparecerá logo mais como o lugar da proibição, criando a dialética constitutiva da humanidade do homem; já notamos, a propósito do levantamento da repressão "interna" e "externa", os primeiros brotos desta problemática, que agora se complementa com o tratamento, embora implícito e ainda enigmático, do desejo que subjaz ao espírito.

No entanto, a nítida distinção entre o prazer preliminar e o prazer propriamente dito revela-se como essencial para estabelecer as relações de conjunto entre a frase de espírito e o inconsciente, objetivo que Freud se propusera ao traçar o plano da obra. O primeiro elemento destas relações é dado pelos mecanismos da condensação e do deslocamento, característicos do processo primário, e cuja eficácia na produção do dito espirituoso conduz a uma das fórmulas mais felizes de Freud, resumindo numa frase as trezentas páginas do livro:

79. *Jokes*, S.E., VIII, p. 156.

A formação da frase de espírito se dá da seguinte maneira: um pensamento pré-consciente é confiado por um momento ao inconsciente, e o que resulta deste tratamento é imediatamente recuperado pela percepção consciente[80].

O "tratamento" inconsciente consiste na compressão e no deslocamento da intensidade psíquica do pensamento em questão, que segue vias associativas muito mais amplas e desimpedidas do que no seu *habitat* pré-consciente; uma vez que um impulso inconsciente aderiu a ele, convenientemente encapotado pelos disfarces necessários para ludibriar a censura, a percepção consciente o recupera e ele estala como uma frase espirituosa, servindo como válvula de escape para o desejo inconsciente. O processo é análogo ao da elaboração do sonho, mas se deve ressaltar a importante omissão da representação visual; a frase de espírito se limita à esfera da linguagem, escolhendo os casos em que as palavras, por seus sentidos múltiplos e pela inesgotável variedade das associações possíveis, possam recobrir o não senso essencial à caracterização do jogo infantil. Este sobrevive na frase espirituosa, que, circundando a fortaleza da razão crítica, torna possível o reencontro com o prazer arcaico de brincar com a linguagem. Ao mesmo tempo, o desejo eternamente insatisfeito encontra na labilidade dos vocábulos uma ocasião para se manifestar, de maneira mais intensa que nos lapsos verbais, já que no caso da frase de espírito o resultado é para ser comunicado e não para ser escondido. Por outro lado, a presença necessária do terceiro homem impõe ao dito espirituoso, quanto à possibilidade de expressão, uma limitação superior à que vale para o sonho: este, apesar de tudo, pode ser guardado em segredo pelo indivíduo, enquanto o segredo arruína o prazer derivado da invenção espirituosa. Mesmo assim, os impulsos sexuais e hostis, ordinariamente sob regime de repressão violenta, encontram nos ditos humorísticos um vasto campo de expressão, como pode ser demonstrado pelas análises anteriores.

As diferenças entre o sonho e a frase de espírito, contudo, são de natureza mais profunda, embora ambos recorram a mecanismos similares. Além da inteligibilidade constitutiva do espírito e interdita ao sonho, é preciso recordar que este é invariavelmente uma realização de desejo, enquanto aquele nasce do jogo e simplesmente se põe a serviço de desejos ou impulsos; do ponto de vista da economia do prazer, o sonho visa poupar um desprazer (através das complexas operações descritas na seção correspondente deste capítulo), enquanto a frase de espírito tem por objetivo um incremento, ainda que modesto, do prazer. Com efeito, é esta a sua característica essencial:

> a frase espirituosa consiste num compromisso, realizado pelos mecanismos da sua elaboração, entre as exigências da crítica racional e o impulso de não renunciar a um prazer, anteriormente vinculado ao não sentido e ao jogo com as palavras[81].

80. *Jokes*, S.E., VIII, p. 166.
81. *Jokes*, S.E., VIII, p. 204.

7. CRITÉRIOS DE CLASSIFICAÇÃO

A extraordinária variedade dos fenômenos que abordamos nestas duas últimas seções demonstra a tese fundamental de Freud, segundo a qual a eficácia do inconsciente e a ação da repressão podem ser assinaladas em pessoas normais, desde que aquilo que tendemos a considerar como mero acaso seja submetido a uma análise minuciosa. É possível, contudo, estabelecer alguns pontos de contato entre eles, agrupando-os segundo cinco critérios de síntese, como procuraremos mostrar agora.

Em primeiro lugar, os mecanismos do processo primário que determinam o tipo de fenômeno "cotidiano" são sempre os mesmos: a condensação, o deslocamento e em alguns casos a simbolização. A condensação pode estar a serviço do inconsciente ou da repressão, o mesmo podendo ocorrer com o deslocamento. Caso as tendências inconscientes consigam contornar o bloqueio repressivo, veremos a condensação atuando nos erros de leitura, nos *lapsus linguae*, nos lapsos de escrita e nos dois tipos básicos da frase de espírito. Sem nos determos em exemplos, verificamos que todos os atos falhos e ditos espirituosos em que a condensação permite a manifestação dos conteúdos inconscientes, ainda que deformada, pertencem à esfera da linguagem. As assonâncias e similaridades entre as palavras fornecem a ocasião para a eclosão desta primeira série de formações de compromisso, que se servem das particularidades do léxico de cada idioma. Em todos os casos, a cadeia de pensamento pré-consciente se vê absorvida pelo inconsciente, em razão das associações possíveis no momento. Mas a condensação também pode se colocar a serviço das tendências defensivas, como no caso de certos erros de leitura, em que a pessoa vê no texto não o que está escrito, mas algo diferente, evitando com isto o surgimento do desprazer que seria provocado pela compreensão correta da sequência gráfica. Por sua vez, o deslocamento da intensidade psíquica de um grupo de ideias para outro permite a aparição de certos atos sintomáticos, de ações desastradas, do esquecimento de intenções e de todas as formas de espírito, das mais inofensivas às mais cínicas ou obscenas. Nestes casos, o deslocamento favorece as tendências inconscientes, ludibriando em parte a vigilância da censura; o esquecimento de palavras, nomes e frases, porém, mostra que este mecanismo também pode atuar no sentido repressivo. Por fim, a simbolização serve simultaneamente aos dois contendores, como se vê no caso dos atos sintomáticos e desastrados, bem como na produção de frases de espírito que aludem ao sexual. A dupla caracterização do simbolismo pode ser compreendida se atentarmos para o fato de que ele opera através da analogia, seja de forma, de função ou de outra natureza; ora, a analogia é um procedimento que simultaneamente revela e mascara o segundo termo mediante o emprego do primeiro.

Do ponto de vista da esfera em que se manifestam, as formações de compromisso em questão podem ser agrupadas sob duas rubricas: a da linguagem e a da motricidade. Na primeira, incluiremos todos os lapsos de fala, escrita e leitura, o esquecimento de palavras em geral, e as variedades da frase de espírito. A segunda recobre os atos sintomáticos e desastrados, os lapsos de escrita – função essencialmente motora, embora também vinculada à área da linguagem – e os esquecimentos de intenções, que se caracterizam pela ausência dos movimentos motores necessários para a sua efetivação. E interessante notar que o deslocamento atua nas duas esferas com igual mobilidade, enquanto a condensação parece limitar-se à esfera da linguagem. Uma explicação para esta assimetria pode ser fornecida pelo caráter mais fundamental do deslocamento em relação à condensação, já observado por Freud na *Interpretação dos Sonhos*. A condensação afeta somente os pensamentos inconscientes, enquanto o deslocamento atinge também os desejos inconscientes; assim sendo, a motricidade, inicialmente sob o controle do inconsciente (nas épocas arcaicas da vida infantil), o qual visa realizar através dela a experiência de satisfação, é mais sujeita à recuperação por essa instância do que a linguagem, cujos traços mnêmicos estão gravados no pré-consciente. Esta dupla diferença, dinâmica e tópica, pode ser completada por uma terceira, de índole econômica: com efeito, para que a condensação possa se efetuar, é condição necessária um prévio deslocamento de intensidades psíquicas, pois caso contrário a formação condensada não receberia a carga energética suficente para se impor à consciência.

O terceiro critério que propomos para a classificação das formações de compromisso consiste na diferenciação dos conteúdos inconscientes que conseguem abrir uma brecha na muralha repressora. A frase de espírito inofensiva ou gracejo expressa um desejo infantil de caráter benigno, o de brincar com as palavras. A esfera dos desejos hostis se manifesta na frase de espírito cínica, no esquecimento de intenções, nos atos desastrados e na maioria dos lapsos de linguagem, utilizando na maioria das vezes o deslocamento, embora se sirva também da condensação e por vezes dos dois mecanismos ao mesmo tempo. A preferência pelo deslocamento – embora não seja universal – esclarece-se pela natureza da repressão, que impede a manifestação direta dos impulsos agressivos, obrigando-os a se desviar para canais aparentemente inocentes: o deslocamento é particularmente adequado para produzir este efeito. Quanto aos desejos sexuais, sua área de ação privilegiada no âmbito da linguagem é a frase de espírito obscena, ainda que possamos detectá-los em certos *lapsus linguae*; na esfera motora, os atos sintomáticos canalizam com frequência impulsos desta natureza, sejam diretamente desejos, sejam fantasias construídas sobre desejos. Estas, aliás, associam-se às pulsões parciais da sexualidade, como conteúdo característico dos ditos de espírito licenciosos.

A eficácia da repressão fornece o quarto critério sistematizador Ela pode ser elevada, como no caso do esquecimento de frases e palavras, no tipo de erros de leitura motivado pela defesa inconsciente, e nos atos sintomáticos e desastrados que têm de recorrer à simbolização para atingir a descarga motora. Vemo-la contornada, com graus de êxito variáveis, nos lapsos de toda ordem, no esquecimento de intenções e nas formas diversificadas do dito espirituoso, o qual representa o melhor caminho para iludir a repressão, em virtude da aparência lógica que lhe é conferida pela elaboração do espírito. O grau de eficácia atingido na deformação dos conteúdos inconscientes depende, naturalmente, da intensidade da repressão exercida sobre eles, de sorte que este critério aponta para o fator dinâmico envolvido nas atividades mentais.

A teoria psicanalítica postula que o princípio do prazer regula o funcionamento do aparelho psíquico; a série prazer-desprazer sugere, portanto, um quinto padrão para diferenciar os componentes da sequência das formações de compromisso. De maneira geral, elas têm como resultado ou a produção de prazer ou o bloqueio do desprazer; no primeiro grupo, incluiremos as frases de espírito e os lapsos de linguagem que satisfazem tendências inconscientes reprimidas; no segundo, os esquecimentos de todos os tipos, e os lapsos de escrita que servem uma finalidade defensiva. Certos atos falhos, deste ponto de vista, são neutros, pois a satisfação dos impulsos reprimidos por eles proporcionada não chega a ser sentida como prazer pela consciência: é o caso dos atos sintomáticos e de alguns lapsos linguísticos. Por outro lado, a autopunição realizada por meio de ações desastradas satisfaz a uma das forças psíquicas, às expensas da outra, não chegando por isso a ser percebida como desprazer no sentido psicológico, ainda que resulte em dor física.

Esta sumarização dos fenômenos não patológicos em que se expressa a atividade inconsciente mostra que não é apenas o propósito de divulgar suas ideias que Freud atinge ao escrever a *Psicopatologia da Vida Quotidiana* e *A Frase de Espírito*. O resultado maior que cremos discernir nestas investigações é a sólida conexão que estabelecem entre a psicologia da normalidade e a psicopatologia, exigência que a psicanálise se impunha desde os seus inícios. A demonstração de que os conceitos fundamentais da teoria são capazes de elucidar também ocorrências da esfera "normal" empresta-lhes um novo valor heurístico, do qual Freud se servirá em seus estudos posteriores sobre as neuroses. Em especial, a revelação da fantasia como atividade constante da mente humana, através da análise dos atos sintomáticos e da frase de espírito alusiva ao sexual, fornece pistas extremamente fecundas para o mapeamento do outro grande campo que vimos se abrir à investigação analítica, no momento em que a teoria da sedução exalou seu último suspiro: a história e o alcance da função sexual, bem como os avatares da repressão, que constituem o homem na sua especificidade dentro do reino animal.

8. "CRIANÇA FELIZ, FELIZ A BRINCAR..."

O que não tem vergonha, nem nunca terá
O que não tem governo, nem nunca terá
O que não tem juízo...
CHICO BUARQUE, À Flor da Pele.

De todos os elementos do edifício teórico da psicanálise, a teoria sexual é provavelmente aquele que mais modificações sofreu durante o desenvolvimento da obra de Freud. Embora o papel preponderante da sexualidade tivesse sido reconhecido desde a década de 1890, a elaboração teórica deste conceito é extremamente complexa, tanto pelo erro inicial da teoria da sedução, quanto pelo fato de que, a cada avanço na construção do pensamento freudiano, novas determinações vão se acrescentar à sua esfera. Podemos dizer, por isso, que a história da evolução do conceito de sexualidade é idêntica à história da psicanálise. O texto fundamental sobre este tema, os *Três Ensaios para uma Teoria Sexual*, passou por inúmeras transformações desde a sua primeira edição, em 1905, até a forma definitiva, que só lhe foi dada em 1925, na quinta versão da obra. Mesmo assim, importantes elementos da teoria, como a estruturação do complexo de Édipo feminino, só foram acrescentados no final da década de 1920[82].

Como teremos de retornar aos *Três Ensaios* várias vezes, no decorrer deste estudo, cremos ser útil uma esquematização dos diferentes níveis do texto, a fim de não desorientar o leitor quanto ao momento da aparição dos conceitos. Assim, pertencem ao texto original as noções de sexualidade infantil, pulsões parciais, zonas erógenas, perversões, escolha de objeto e libido. O termo "Complexo de Édipo" só é introduzido em 1910, no artigo *Sobre um Tipo Especial de Escolha de Objeto no Homem*. A noção fundamental das fases da libido e das sucessivas organizações libidinais pré-genitais emerge gradualmente, de 1908 a 1923: em 1908, no artigo *Caráter e Erotismo Anal*, surge o conceito de formação reativa; em 1913, com *A Predisposição à Neurose Obsessiva*, encontramos a ideia de uma organização provisória da libido infantil, chamada "fase anal"; em 1915, na terceira edição dos *Três Ensaios*, aparece o conceito de fase

82. O investigador da obra de Freud deve um preito de gratidão aos organizadores da *Standard Edition*, pela cuidadosa demarcação das porções de texto segundo o critério cronológico, que permite acompanhar passo a passo o desenvolvimento das concepções de Freud a este respeito. Sem este trabalho minucioso e completo, seria muito mais difícil deduzir o que pertence a cada momento da elaboração da teoria, impedindo a percepção clara da sequência em que aparecem os conceitos freudianos sobre a sexualidade.

oral; em 1923, com *A Organização Genital Infantil*, brota o de fase fálica. A teoria da libido no seu conjunto passa por duas modificações decisivas: em 1914, com *Introdução ao Narcisismo*, aparece a divisão em libido narcísica e libido objetal; em 1920, *Além do Princípio do Prazer* incorpora a libido às pulsões de vida, opondo-se às pulsões de morte. A localização cronológica do Complexo de Édipo, que até 1913 era fixada arbitrariamente na puberdade, vai recuando cada vez mais, para somente em 1923 atingir sua posição definitiva (na fase fálica, de três a cinco anos). A castração, embora operante já na análise do Pequeno Hans (1908), só será tematizada com amplitude com a introdução da fase fálica, e sua eficácia, diametralmente oposta no menino e na menina, só é definitivamente esclarecida no artigo *Algumas Consequências Psíquicas da Diferença Sexual Anatômica*, de 1925. Em resumo, podemos distinguir quatro períodos na formulação da teoria sexual, a partir do abandono da hipótese da sedução, em 1897. O primeiro contém os conceitos fundamentais e corresponde à primeira edição dos *Três Ensaios*, em 1905; o segundo introduz o conceito de fase anal e reavalia a doutrina da libido à luz do narcisismo; o terceiro inova com a noção de fase oral (1915); e o quarto introduz a fase fálica, reconstituindo de alto a baixo a determinação do Complexo de Édipo (1922-1925), no interior da nova oposição pulsional entre Eros e a pulsão de destruição.

Voltemo-nos agora para o exame da primeira versão dos *Três Ensaios*, que contém a teoria sexual de 1905, o que, segundo nossa proposta no decorrer deste capítulo, corresponde à segunda vertente da problemática do inconsciente. Freud começa por se opor à "opinião popular" acerca da sexualidade:

> A concepção geral é que ela não existe na infância; que se manifesta por ocasião da puberdade, em conexão com o processo de maturação, revelando-se como a atração irresistível exercida por um sexo sobre o outro; quanto ao seu objetivo, supõe-se que seja a união sexual, ou em todo caso atos que conduzem a esta finalidade. Temos, contudo, razões para crer que estas opiniões dão uma ideia extremamente errônea da verdadeira situação[83].

Freud discorda das concepções usuais em três pontos basilares: a época do surgimento da pulsão sexual, a natureza necessariamente heterossexual do objeto, e a limitação do objetivo sexual à cópula. O primeiro momento da análise é a discussão das perversões, apoiado na clara distinção que se estabelece entre o "objeto sexual" e a "finalidade sexual": o objeto é aquilo de que procede a atração sexual (pessoa ou coisa); a finalidade é o ato ao qual tende a pulsão, e que descarrega a tensão, obtendo prazer. A perversão é então definida como aquilo que se desvia do objeto e da finalidade normais: há

83. *Three Essays on the Theory of Sexuality*, S.E., VII, p. 135. (Designaremos esta obra pela sigla *Three Essays*).

perversões quanto ao objeto e perversões quanto à finalidade da pulsão sexual.

Freud não é, certamente, o primeiro a chamar a atenção para as formas aberrantes do comportamento sexual[84]. Sua originalidade está no tratamento novo que concede às informações com que trabalha e nos resultados absolutamente revolucionários que extrai de sua pesquisa.

As perversões quanto ao objeto consistem basicamente no homossexualismo, aqui chamado de "inversão", e na escolha de crianças e animais como veículo de descarga da tensão sexual. A primeira preocupação de Freud é rejeitar o pretenso caráter degenerativo e inato da homossexualidade: muitos homossexuais não apresentam qualquer sinal de perturbação nas demais esferas da sua vida, e atingem mesmo altos graus de eficiência na atividade intelectual. A hipótese de uma derivação hereditária para este fenômeno é desmentida pela existência de gradações no homossexualismo, havendo tanto os invertidos absolutos como aqueles que o são apenas em certas ocasiões, ou que aceitam objetos sexuais tanto do seu próprio sexo quanto do oposto. A conclusão geral desta primeira parte do estudo é fundamental para o conceito de sexualidade que será característico da psicanálise:

> a conexão entre o objeto sexual e a pulsão sexual tem sido considerada como mais íntima do que realmente é. [...] Parece provável que a pulsão sexual seja inicialmente independente do seu objeto[85].

É a problemática da escolha de objeto que vemos delinear-se aqui: o objeto não é predeterminado, mas contingente; seu encontro depende de uma série de fatores, e a escolha "normal" não é menos enigmática que a escolha do invertido. Esta tese é apoiada pelo segundo tipo de desvio no campo do objeto: a escolha de crianças ou animais para a satisfação sexual (pedofilia e bestialismo). Não é possível atribuir estas perversões à insanidade mental, tanto porque a escolha de objeto dos psicopatas não é necessariamente perversa, como pelo fato simétrico de que tais aberrações são comuns entre grupos sociais normais: a pedofilia era institucionalizada na Grécia clássica, e a cópula com animais não é rara entre camponeses.

As perversões quanto à finalidade, isto é, quanto ao ato ao qual a pulsão recorre a fim de descarregar sua energia, são classificadas em dois grupos: o primeiro recobre as "extensões anatômicas" e o segundo a fixação nos "objetivos sexuais preliminares". Freud considera como extensões anatômicas o uso de outras regiões corporais,

84. Uma nota de rodapé, na primeira página do texto, menciona nove autores em que se baseou para coligir os dados que utiliza, além, naturalmente, das suas próprias observações. Entre eles, destacam-se Krafft-Ebing (*Psychopathia Sexualis*, 1893) e Havelock Ellis (*Studies in the Psychology of Sex*, 1897).

85. *Three Essays*, S.E., VII, pp. 147-148.

além da genital, para finalidades de gozo sexual. Duas destas regiões são mencionadas: a boca e o ânus. O caráter erógeno destas áreas já era reconhecido desde a carta 75 a Fliess (14.11.1897); o que Freud acrescenta agora é que o abandono destas mucosas se deve à implantação do sentimento de repugnância, no caso da boca associada aos restos alimentares, e no caso do ânus aos resíduos excrementais devidos à função orgânica do trato intestinal. Quanto à fixação nas finalidades preliminares, são destacadas as séries complementares do exibicionismo-voyeurismo e do sadismo-masoquismo, presentes no ato normal a título de mecanismos preparativos para a cópula, produzindo excitação e prazer preliminar. Tais atos se convertem em perversões a partir do momento em que, ao invés de acompanhar ou preceder o coito, passam a substituí-lo como finalidade exclusiva, sobrepujando a resistência oposta pela "vergonha". Duas conclusões são retiradas desta segunda parte do estudo:

> A pulsão sexual tem que lutar contra certas forças mentais, que agem como resistências e das quais as mais proeminentes são a repugnância e a vergonha [...]. Algumas das perversões que encontramos só são inteligíveis se assumirmos a convergência de várias forças [...], o que nos fornece uma pista para supor que talvez a pulsão sexual não seja uma coisa simples, mas constituída por vários componentes, que tornaram a se separar nas perversões[86].

Em outras palavras, o conceito de zonas erógenas, que só vai surgir em letra de forma no Segundo Ensaio, está praticamente conformado, e a boca e o ânus, que já em 1897 apareciam como sede de sensações sexuais infantis, agora recebem um destaque especial, visto pela lente de aumento das perversões correspondentes. A ação da repressão está representada pelos sentimentos de vergonha e de repugnância, cuja atuação restringe a manifestação desenfreada da erogeneidade não genital, e cuja ausência (ou derrota) é indicada pela ocorrência de perversão. Por fim, o conceito fundamental de "pulsões parciais" está implícito na frase final da passagem, sugerindo que a função sexual normal se constitui a partir de elementos originalmente dispersos, que, no caso da perversão, não chegaram a se unificar, ou foram novamente divididos pela ação de algum fator de natureza ainda desconhecida.

A seção seguinte deste Primeiro Ensaio vincula explicitamente os impulsos parciais às zonas erógenas. Freud reconhece duas delas, a boca e o ânus, que se comportam, tanto nas perversões como nas neuroses, como regiões subordinadas ao aparelho genital ou substitutos dele. A escoptofilia e o exibicionismo permitem considerar que o olho funciona, nestes casos, como zona erógena, enquanto o sadismo e o masoquismo atribuem este papel à pele, sede privilegiada da dor, e que constitui a "zona erógena por excelência". A estratégia da exposição indica a Freud a passagem pela sexualidade

86. *Three Essays*, S.E., VII, p. 160.

dos neuróticos, que manifestam de maneira negativa todas as classes de perversões; ora, como a ponte entre a neurose e a normalidade é muito menos longa do que se acredita, impõe-se a conclusão de que o elemento inato por trás das perversões é comum a todo o gênero humano: são as raízes constitucionais da pulsão sexual que se apresentam desmascaradas nas perversões mais estranhas. Aqui eles atingem a condição de veículos efetivos da atividade sexual; no caso das neuroses, verifica-se uma repressão violenta destes componentes, que contudo retornam sob o disfarce dos sintomas; no caso da "normalidade", as restrições atingem seu objetivo e realizam a convergência das pulsões parciais sob a égide da genitalidade. Ocorre que, se esta hipótese for verdadeira, tais elementos constitucionais serão observáveis somente em crianças, o que conduz à tese da sexualidade infantil, a qual é o cerne do Segundo Ensaio. Dizemos que este caminho é imposto pela estratégia da exposição, porque a correspondência com Fliess atesta à saciedade que Freud já conhecia certas manifestações sexuais da infância desde 1896 (carta 52), e porque a análise de Dora, realizada no outono de 1899, repousa precisamente sobre a hipótese da sexualidade infantil. O trajeto dos *Três Ensaios*, portanto, corresponde a uma apresentação sistemática da teoria sexual, mas não à cronologia das descobertas freudianas. A abertura do livro, que contesta precisamente o dogma da inocência infantil, já é prova disto. Para nossa hipótese de trabalho, este fato é importante por comprovar, uma vez mais, que Freud não esperou aclarar por completo a problemática do inconsciente para se lançar ao estudo da sexualidade, mas que ambos os problemas o absorveram ao mesmo tempo; a este nexo extrínseco, embora não desprezível, juntam-se os laços internos entre as duas vertentes da questão, que temos apontado à medida que surgem na lógica da obra.

O texto inicial do segundo ensaio foi de tal forma alterado nas edições subsequentes, que uma discussão sistemática dos conceitos de Freud em 1905 se toma preferível à apresentação dos temas tal como se encadeiam na sua forma atual. Duas teses centrais estão na base do argumento sobre a sexualidade infantil: o caráter predominantemente autoerótico da vida sexual infantil, e a fragmentação dos impulsos pelas várias zonas erógenas, sendo sua organização atingida apenas na puberdade. Todo o complexo desenvolvimento das organizações libidinais pré-genitais só aparece na terceira edição da obra, como assinalamos atrás. Que relação mantêm entre si estas duas teses centrais? Para esclarecer este ponto, é preciso examinar a atividade sexual infantil a partir dos primeiros meses de vida.

O exemplo escolhido por Freud é o da sucção do polegar.

É claro que o comportamento de uma criança ao sugar o dedo é determinado pela busca de um prazer já experimentado e que neste momento é recordado [...]. Foi a primeira e mais vital atividade da criança, a sucção do seio materno, ou de seus substitutos, que a familiarizou com este prazer[87].

A produção do prazer vincula-se inicialmente ao exercício de uma função biológica fundamental, a alimentação; ela se "apoia" (*sich lehnt an*) nesta função, mas em seguida se torna autônoma e passa a ser procurada independentemente dela. É no momento em que o prazer sentido na sucção do seio ou da mamadeira se desliga do ato de mamar que nasce a função sexual propriamente dita: a boca, sede da primeira experiência de satisfação, constitui-se numa zona erógena, o objeto sexual se fixa no dedo ou em qualquer outra região do corpo atingível pela boca, e a área escolhida invariavelmente pertence ao próprio corpo da criança: a satisfação se torna autoerótica *depois* de desvincular-se do seio. Contudo, do ponto de vista estritamente sexual, esta é a primeira forma de manifestação da pulsão, já que no estágio anterior o prazer sexual não pode ser nitidamente desvinculado do prazer determinado pela satisfação da necessidade de se alimentar. As três características essenciais da sexualidade infantil já estão presentes no ato de sugar o dedo: a dependência de uma função somática, o autoerotismo e o predomínio de uma zona erógena. Esta é definida como "uma parte da pele ou da mucosa na qual os estímulos provocam uma sensação de prazer que possui uma certa qualidade"[88]. O conceito de zona erógena é calcado sobre a noção similar de zona histerógena, e o elemento comum consiste na suscetibilidade destas regiões ao deslocamento da excitação sexual a partir dos genitais, com a óbvia diferença de que na histeria tal deslocamento é causado pela repressão, enquanto na sexualidade infantil a excitação genital é estritamente idêntica à proporcionada por qualquer outra área cutânea.

A zona anal também é sede de excitações constantes, inicialmente vinculadas à função biológica da excreção, e cuja intensidade e frequência Freud atribui às perturbações intestinais do primeiro período da infância. Como na zona oral, o prazer é inicialmente subproduto do exercício de uma função vital, mas logo ganha autonomia, quer pela retenção da massa fecal até que o ato de expeli-la torne necessária uma violenta contração muscular, quer pelas práticas masturbatórias, que com frequência escolhem a região anal como alvo. O mesmo ocorre com a região genital, a princípio conectada com a função urinaria, e que, exatamente em virtude das secreções constantes e da manipulação durante os cerimoniais higiênicos, se torna a sede de excitações intensas, que posteriormente passam a ser buscadas por seu próprio efeito de prazer: a origem da masturbação infantil pode ser localizada nesta característica do corpo humano, que aproxima o aparelho urinário dos órgãos genitais, mesmo que, até o advento da puberdade, estes não atinjam seu pleno desenvolvimento.

87. *Three Essays*, S.E., VII, p. 181.
88. *Three Essays*, S.E., VII, p. 183.

A escandalosa afirmação de Freud, segundo a qual

> a aptidão para todo tipo de irregularidades sexuais está presente de modo inato na disposição (sexual) das crianças [...], que apresentam uma disposição polimorfamente perversa[89],

fundamenta-se na semelhança entre as perversões adultas e as atividades possibilitadas pela existência das zonas erógenas. Além disso, a tendência à exibição do corpo e à crueldade, que só são bloqueadas pelo desenvolvimento tardio da repressão, bem como aos desejos sexuais e hostis, demonstram que a semelhança entre as perversões e a atividade sexual infantil é mais estreita do que se supõe. Mas a repressão não é o único destino das pulsões parciais: a cronologia difásica da sexualidade humana – o fato de que entre os impulsos sexuais infantis e o advento da puberdade se instala o período chamado de latência – sugere outra canalização da atividade erótica da criança. Freud observa que é durante o período de latência que são construídos os diques que posteriormente restringirão o fluxo da pulsão sexual: a vergonha, a repugnância e as exigências dos ideais éticos e estéticos. A implantação desses sentimentos se deve em boa parte à educação, mas "na realidade este desenvolvimento é determinado organicamente e fixado pela hereditariedade, e ocasionalmente pode ocorrer sem qualquer auxílio por parte da educação"[90]. Esta passagem mostra quão distante estava Freud, em 1905, de reconhecer a função estruturante do Complexo de Édipo; por outro lado, o caráter social dos mecanismos de controle da sexualidade é explicitamente admitido, ainda que a título de fator auxiliar. Aqui Freud parece menos ousado que na *Frase de Espírito*, quando, a propósito do dito obsceno, assinalava que a "boa educação" era determinante no desenvolvimento da repressão. De qualquer modo, este não é o único modo de dominar as pulsões parciais, nem mesmo o mais eficaz. A forma mais importante de lidar com elas, do ponto de vista da futura saúde mental do indivíduo, é a sublimação, que consiste no desvio da energia dos impulsos sexuais para outras finalidades, o que lhes permite continuarem atuando de forma mais ou menos desimpedida. A repressão, ao procurar inibir a atuação dos impulsos, nada mais faz do que alimentar seu próprio coveiro. A sublimação é o modo de existência característico da sexualidade durante o período de latência, embora certas porções de libido possam manifestar-se abertamente como atividade sexual no sentido estrito. Nesta primeira versão da teoria, Freud atribui à sublimação o papel determinante na construção das barreiras de repugnância e de vergonha frente aos impulsos parciais, mas a partir de 1915 o caráter de formações reativas destes sentimentos será nitidamente distinguido do resultado da sublimação.

89. *Three Essays*, S.E., VII, p. 191.
90. *Three Essays*, S.E., VII, p. 177.

Podemos agora responder à questão que colocávamos a respeito da relação entre as duas teses fundamentais sobre a sexualidade infantil. A ausência de objeto externo (autoerotismo) e a fragmentação das pulsões parciais (falta de organização sob o primado da genitalidade) são rigorosamente complementares: a sexualidade da criança é autoerótica *porque* as pulsões parciais estão dispersas, e cada qual procura a satisfação independentemente das demais. A complementariedade destes elementos pode ser confirmada pela evolução posterior da teoria: a descoberta das organizações libidinais pré-genitais vai *pari passu* com a introdução do narcisismo e com a concepção diferenciada do Complexo de Édipo, atenuando bastante a rigidez da separação entre a sexualidade infantil e a pubertária, segundo o critério da escolha de objeto. Em outras palavras, o corpo próprio ministra o objeto, mas não enquanto totalidade, e sim enquanto conjunto de zonas erógenas particulares; daí a fragmentação das pulsões parciais ser incapaz de conduzir por si só à escolha do objeto. No momento em que uma das zonas – a genital – assume o controle da sexualidade, seu próprio funcionamento conduz à busca de outro indivíduo para a descarga sexual.

> Com o advento da puberdade, ocorrem mudanças destinadas a conferir à sexualidade infantil sua forma definitiva e normal. A pulsão sexual fora até aqui predominantemente autoerótica; agora, ela encontra um objeto sexual. Sua atividade fora até aqui derivada de diversas pulsões, bem como de zonas erógenas separadas, que, sem atentar umas para as outras, haviam perseguido um determinado tipo de prazer como sua finalidade exclusiva. Agora, contudo, surge uma nova finalidade sexual, e todos os impulsos componentes se combinam para atingi-la, enquanto as zonas erógenas passam a se subordinar ao primado da zona genital[91].

As transformações da puberdade, que fornecem o tema do Terceiro Ensaio, podem ser reduzidas a três: o encontro de um objeto, a emergência da finalidade reprodutiva e a primazia da zona genital. As duas últimas estão em estreita relação, já que a reprodução é a finalidade biológica dos órgãos genitais; mas não é evidente à primeira vista a conexão destes fenômenos com a escolha de objeto. Por outro lado, a maturidade sexual não exclui a busca do prazer, que caracterizara a sexualidade infantil; pelo contrário, as duas coexistem lado a lado, e a busca do prazer chega mesmo a suplantar a reprodução como principal objetivo psicológico da função sexual.

A questão do prazer coloca um problema delicado para a teoria psicanalítica. Desde o *Projeto*, o aumento da tensão fora assimilado ao desprazer, enquanto a produção do prazer envolvia uma diminuição da tensão. Ora, se alguma função pode ser atribuída às zonas erógenas na sexualidade adulta, é evidentemente a de proporcionar um prazer preliminar, o que aliás concorda com a hipótese de que as

91. *Three Essays*, S.E., VII, p. 207.

perversões nada mais são do que a manutenção das pulsões parciais em detrimento da sexualidade genital, quando estas perdem sua função preparatória ou concomitante e passam a substituir o coito como forma regular de obter a satisfação. Como explicar que a excitação das zonas erógenas, que aumenta a intensidade da tensão, possa ser sentida como prazer? Freud sugere que se estabeleça um distinção entre "prazer preliminar" e "prazer final"; o primeiro é o resultado da estimulação apropriada das zonas erógenas, enquanto o segundo consiste na descarga de tensão que acompanha o orgasmo. É peculiar ao prazer preliminar que seu mecanismo de liberação esteja constituído de forma tal, que a única descarga possível para a tensão das zonas parciais consista na penetração genital. Este é o sentido da subordinação das zonas erógenas à primazia dos órgãos genitais: a intervenção do fator biológico representado pela aparição das substâncias sexuais exige que a descarga se faça pela via genital. O prazer preliminar, portanto, é simplesmente a tradução, para o registro da sexualidade adulta, do prazer sexual infantil. O mesmo mecanismo de recuperação pode ser observado na frase de espírito, na qual a técnica de construção proporciona um prazer preliminar de origem infantil – ligado ao jogo com as palavras – enquanto a remoção das inibições internas fornece o prazer equivalente ao principal.

A análise da escolha do objeto centra-se no aspecto biológico desta questão, já que é evidente que, com a maturação biológica, a capacidade de ereção do pênis passa a exigir a penetração vaginal como forma canônica da satisfação sexual. Por esta via, é fácil conectar o encontro do objeto com as duas outras transformações da puberdade: o predomínio da zona genital acarreta a necessidade de um outro indivíduo para completar o ciclo da excitação e da descarga. O que Freud entende por "escolha de objeto", porém, nada tem a ver com o aspecto biológico da satisfação sexual; o processo se passa na dimensão da fantasia e no primeiro esboço do triângulo edipiano[92].

92. É curioso que Freud se tenha servido do termo "escolha" (*Wahl*), que aparece, também, no composto "escolha de neurose" (ver nota 84 do Cap. 1). Evidentemente, não se trata de uma opção voluntária e consciente; mas, como observam Laplanche e Pontalis, "não é indiferente que, numa concepção absolutamente determinista, apareça esta expressão, que sugere ser necessário um ato do sujeito para que os diversos fatores constitucionais e históricos postos em evidência pela psicanálise recebam seu sentido e seu valor motivacional." (*Vocabulaire de La Psychanalyse*, ed. cit., artigo "Choix de la Névrose", p. 63). Parece-nos que o significado deste termo se elucida à luz do conceito de desejo e da produção incessante de novas significações inconscientes por meio da fantasia, que de certa forma introduzem a atividade do sujeito no campo psicanalítico. A inscrição da diferença sensível do prazer na zona erógena e a percepção do objeto gratificador da pulsão também condicionam a "escolha", delimitando os seus horizontes, embora não possam dar conta do motivo pelo qual precisamente este e não aquele objeto é investido pelo desejo; talvez por esta via se torne menos problemática a legitimidade do termo empregado por Freud. Além disso, cabe ao sujeito encontrar os pontos de identidade entre o objeto atual e o primeiro, como se vê pela sequência do texto.

O primeiro objeto sexual da criança é o seio materno; mas, como vimos, no ato de mamar a satisfação sexual ainda não pode ser distinguida da satisfação produzida pela supressão da fome. Com a emergência da sexualidade oral, instala-se o autoerotismo, e somente após a superação do período de latência é que a situação aloerótica volta a predominar. Mas a importância do primeiro objeto permanece para sempre: "a sucção do seio materno converte-se no protótipo de todas as relações de amor. O encontro de um objeto é na verdade o seu reencontro"[93]. Contudo, o autoerotismo infantil não é completo: durante toda a infância, a mãe permanece como fonte de excitações sexuais, na medida em que constantemente acaricia o filho, especialmente nas regiões mais propícias à produção do prazer sexual: a pele e as áreas ligadas à excreção, sujeitas a intensa manipulação durante os rituais higiênicos. Por outro lado, o amor infantil pelos pais não é isento de expressões diretamente sexuais, e nada mais natural do que a escolha recair sobre eles, no momento de sair da fase de latência e encontrar um objeto sexual. Esta escolha, porém, se processa por completo no reino da fantasia, já que durante o período de latência a barreira do incesto foi solidamente implantada pelas exigências da educação social. A tardia maturação dos órgãos sexuais permite a construção destes diques que impedem a manifestação aberta da sexualidade infantil, a qual, ainda que "organicamente determinada", deve muito do seu modo particular de expressão às circunstâncias do meio social. Nesta altura, Freud não tem elementos para precisar a natureza da ação destas circunstâncias, limitando-se a indicações vagas sobre os "preceitos morais" e sobre as "exigências culturais da sociedade". Nenhuma menção é feita do conflito edipiano correspondente à fase fálica, nem das fantasias tecidas ao redor do Complexo de Castração, que, como demonstraremos no Cap. 4, só podem emergir das malhas teóricas da segunda tópica. De momento, o conflito edipiano é localizado na puberdade, e nem sequer recebe este nome:

> Ao mesmo tempo em que estas fantasias claramente incestuosas são superadas e repudiadas, completa-se uma das conquistas mais significativas, mas também mais dolorosas, do período puberal: a emancipação da autoridade dos pais, único processo que permite o surgimento da oposição entre e velha e a nova geração, tão fundamental para o progresso da civilização[94].

O repúdio das fantasias incestuosas é assim atribuído ao processo psicológico mais geral da revolta do adolescente, sem que o mecanismo deste processo possa ser posto à luz. A ideia subjacente a esta hipótese é a de que a sociedade deve, imperativamente, impedir a fixação da libido nos parentes consanguíneos, pois caso contrário os interesses indispensáveis para o estabelecimento de unidades sociais mais amplas seriam bloqueados pelos laços libidinais internos a cada

93. *Three Essays*, S.E., VII, p. 222.
94. *Three Essays*, S.E., VII, p. 227.

família. Este tema, com um considerável refinamento, será o fio condutor da maioria dos escritos freudianos na esfera da antropologia e da sociologia. Mas aqui sua introdução é problemática, porque a superação das fantasias incestuosas aparentemente nada tem a ver com a efetiva vivência dos adolescentes no seu meio social. Como já assinalamos mais de uma vez, introduzir um termo não equivale a produzir um conceito; e a própria concepção da sexualidade infantil como um feixe desorganizado de pulsões parciais impede a colocação do problema edipiano na sua totalidade. Freud se dá conta que o primeiro objeto é sempre incestuoso: mas como a escolha de objeto se passa na puberdade, é necessário que o conflito ocorra nesta época. Posteriormente, a introdução das organizações pré-genitais permitirá uma reformulação completa do problema.

Caso a escolha incestuosa seja eficientemente bloqueada por estes mecanismos ainda obscuros, e cujo fracasso pode ser observado com clareza na análise dos neuróticos, coloca-se o problema final: a seleção de um objeto que escape aos dilemas gêmeos do autoerotismo e do incesto. Neste momento, a questão aparece sob a forma da dicotomia homossexualismo/heterossexualismo. A contingência do objeto, tese essencial à coerência do argumento freudiano – pois se o objeto estivesse predeterminado, toda a laboriosa trajetória da sexualidade infantil não teria sentido algum – encontra aqui sua contrapartida: se o objeto nada mais é do que a pessoa de quem emana a atração, a escolha está determinada pela história pregressa da libido de cada um. A partir da bissexualidade biológica, cujos traços na esfera psíquica Freud encontrava com frequência nos pacientes de sua clínica, a escolha do objeto poderia, em tese, desembocar em qualquer um dos sexos, seja o próprio, seja o oposto. Mas "uma das tarefas implícitas na escolha do objeto é que ela deve encontrar o caminho do sexo contrário"[95]. Esta tarefa não pode ser consequência da maturação biológica: o fato da criança escolher como objeto incestuoso o progenitor do sexo oposto pode contribuir para manter nesta trilha a procura do objeto adequado, mas não é suficiente para impô-la sem questionamento, como se depreende dos casos de inversão. A situação familiar determina em parte a solução do problema: na medida em que a presença do pai impede ao menino a realização da sua fantasia incestuosa e a constante vigilância da mãe sobre o comportamento sexual da menina a caracteriza como objeto de antipatia, a hostilidade frente ao próprio sexo – enquanto corporificado nestas figuras hostis – pode conduzir à escolha heterossexual. O conteúdo edipiano ainda é pensado, como se vê, em termos puramente psicológicos, razão pela qual a linha de argumentação não é muito convincente: como dar conta da diferenciação da escolha objetal em famílias menos repressivas? A conclusão se impõe: em 1905, a teoria sexual não oferece uma explicação aceitável para o problema

95. *Three Essays*, S.E., VII, p. 229.

da escolha de objeto, porque as determinações deste processo ainda não se tornaram explícitas. Será preciso aguardar o advento de uma série de conceitos novos, como o de libido narcísica, organizações pré-genitais da libido e fantasias originárias, para que ele possa ser adequadamente posto e resolvido. Cremos mesmo que esta dificuldade, num ponto tão sensível da argumentação, foi um dos motivos que conduziram Freud às sucessivas reelaborações da teoria nos anos subsequentes, pondo em evidência constelações conceptuais mais complexas, a que nos referiremos nos momentos apropriados.

Mesmo deixando pendente esta questão, contudo, os *Três Ensaios* representam um passo notável na construção do edifício teórico da psicanálise. O estudo das perversões conduziu ao estabelecimento das pulsões parciais e das zonas erógenas, que em seguida encontraram um lugar definitivo sob a égide do conceito de sexualidade infantil; a conexão dos processos psicopatológicos com a progresso normal da sexualidade firmou-se com clareza, estabelecendo laços mais vigorosos entre as duas esferas, de sorte que a diferença entre ambas revelava-se, mais uma vez, como de grau e não de natureza. Este era um resultado já assegurado pela aplicação da teoria do inconsciente aos fatos da vida quotidiano, nos três domínios do sonho, do ato falho e da frase de espírito. Além disso, a problemática da sexualidade remete à do inconsciente, como vimos insistindo. O simples fato da amnésia que recobre o complexo percurso desde as pulsões parciais até a genitalidade já é prova suficiente de que a maior porção do conteúdo do inconsciente é representada pelos concomitantes psíquicos da sexualidade infantil. A escolha de objeto, a unificação das pulsões parciais, a história da emergência, da integração e do abandono das zonas erógenas, a determinação das perversões, o surgimento das barreiras de repugnância e vergonha, são outros tantos capítulos da história de cada um que foram suprimidos da consciência, convertendo a sexualidade no tema proibido por excelência. A sexualidade infantil existe sob o modo da repressão, e seus efeitos irão se manifestar no adolescente e no adulto: eis, em síntese, o conteúdo dos *Três Ensaios*. A repressão surge assim como o cimento que solda entre si as duas faces da moeda, interditando a sexualidade e instituindo o inconsciente; e estas operações não são isoladas entre si, mas cada uma delas é a verdade da outra, como momento necessário da constituição de si mesma. A interdição do sexual – de per si inconsciente – conduz à região do Hades a maior parte das experiências infantis; e o inconsciente é ao mesmo tempo o *modo* no qual as sombras existem, à espera da ressurreição, e o *lugar*, guardado pelo Cérbero repressivo, em que desenvolvem seus movimentos, silenciosos mas nem por isso menos reais. Por fim, a compreensão dos processos neuróticos recebe um reforço considerável da excursão pelos domínios do aparentemente desprovido de sentido, como o sonho, o ato falho, o dito espirituoso e as inocentes manifestações do amor infantil: o conflito defensivo aparece sob uma nova luz, ao se concluir esta sequência de estudos.

9. DE VOLTA AO PAÍS DAS NEUROSES

Não podes consolar uma alma dilacerada
Arrancar da memória a aflição enraizada
Riscar do cérebro as perturbações gravadas nele?
SHAKESPEARE, Macbeth, *Ato V, cena 4.*

Para demonstrar este efeito de rebote das pesquisas que acabamos de analisar sobre a teoria das neuroses, recorreremos agora a quatro textos: o *Fragmento da Análise de um Caso de Histeria*, mais conhecido como o *Caso Dora*, que Freud redigiu em 1900, mas manteve inédito até 1905, e três artigos curtos, escritos sob a mesma óptica que preside à primeira edição dos *Três Ensaios: Minhas Opiniões quanto ao Papel da Sexualidade nas Neuroses*, de 1906; *Fantasias Histéricas e sua Relação com a Bissexualidade*, de 1908; e *Observações Gerais sobre os Ataques Histéricos*, de 1909.

O *Caso Dora é* o primeiro texto de Freud sobre a histeria, após o abandono da teoria da sedução, tão energicamente defendida nos artigos anteriores a 1897. A primazia da etiologia sexual, porém, não é abandonada: no Posfácio ao caso, lemos que

> a sexualidade não intervém simplesmente como um *deus ex machina*, numa única ocasião, em algum ponto da operação dos processos que caracterizam a histeria; ela proporciona a força necessária para cada sintoma individual e para cada manifestação particular de um sintoma. Os sintomas são apenas a atividade sexual do paciente[96].

Para compreender esta fórmula, é preciso recordar o papel determinante das fantasias na arquitetura da histeria e o destino que a repressão lhes reserva. O protótipo da fantasia é fornecido pelos devaneios diurnos dos adolescentes, que geralmente apresentam um caráter erótico; isto justifica a sua repressão, mormente caso se acompanhem dos atos masturbatórios típicos desta etapa da vida. Se a libido não puder se expressar por nenhuma outra via, quer porque a abstinência fecha os canais habituais de descarga, quer porque sua intensidade energética é superior à capacidade de sublimação do indivíduo, a fantasia inconsciente tornará a ser estimulada diante das demandas da vida sexual, encontrando então uma forma mórbida de manifestação através de um sintoma neurótico. No caso específico da histeria, o quadro clínico se apresentará constituído por uma série de conversões. O exemplo da afonia de Dora é característico:

> Tanto quanto posso julgar, todo sintoma histérico envolve a participação de um fator psicológico e de um fator somático. Não pode ocorrer sem

96. *Caso Dora*, S.E., VII, p. 115.

um certo grau de "complacência somática", oferecida por algum processo, normal ou patológico, relacionado com um dos órgãos corporais[97].

A perda da voz da moça estava determinada tanto por uma irritação real da garganta quanto pelo desejo de entregar-se a Herr K.: ela se manifestava somente quando este se ausentava em suas viagens, significando portanto que, se era impossível conversar com o homem que amava, então de nada valia o uso da fala. Mas a própria irritação da garganta estava determinada por um deslocamento da erogeneidade genital, mediante o termo-chave "catarro": este conotava a leucorreia produzida, segundo pensava Dora, pela masturbação clitoridiana. Outra determinação deste sintoma estava na identificação com o pai, que também tinha problemas no aparelho respiratório, devido à tuberculose de que não se curara por completo. Por fim, a fantasia da *fellatio* aludia à identificação com Frau K., a amante do pai, que só podia satisfazê-lo por este meio, dada a impotência sexual do cavalheiro em questão. Eis aí a sobredeterminação comandando um processo histérico: a garganta fora "escolhida" como órgão de choque porque estava ligada a todo o complexo fantasmático de Dora, reunindo numa mesma área corporal as determinações mais disparatadas do seu desejo. Da vagina à garganta a passagem é determinada pelo deslocamento, possibilitado pela equivocidade do termo "catarro"; mas o dedo da repressão não se faz ausente, precisamente na escolha do elemento que vai ser deslocado. Dora quer ser a um só tempo seu pai (para possuir Frau K.) e Frau K. (para ter direito a Herr K.). Como seu pai, sofre da garganta; como Frau K., satisfaz seu amante imaginário por meio da boca. Mas a *fellatio* representa uma caricatura asquerosa da relação sexual: o catarro permite retornar da boca/garganta à vagina, verdadeira sede do prazer. O asco que Dora sente pela penetração vaginal, porém, se transfere para a punição somática na área simbólica: a garganta é castigada pela dor, pelo catarro e pela perda da sua função (de onde a afonia). Todo o sintoma é, pois, governado pelas leis do processo primário; e seria difícil chegar a esta conclusão sem o estudo do sonho e de seus mecanismos de produção. Tampouco a condensação pode ser dispensada: o sintoma de Dora é produzido pela condensação dos impulsos optativos sobre um único pensamento e sobre as ramificações que dele brotam. O mesmo vale para o ataque histérico, como lemos em *Observações Gerais sobre os Ataques Histéricos*:

> Quando submetemos à psicanálise um paciente que apresenta ataques histéricos, logo nos convencemos de que tais ataques nada mais são do que fantasias projetadas sobre a esfera motora [...]. O ataque representa diversas fantasias simultaneamente, por meio dos mesmos gestos, através da "condensação"[98].

97. *Caso Dora*, S.E., VII, p. 40.

98. *Some General Remarks on Hysterical Attacks*, S.E., IV, p. 229.

Isto significa que as fantasias estão submetidas aos mesmos mecanismos primários detectados no sonho, no ato falho e na frase de espírito, e que o capítulo VII da *Interpretação dos Sonhos* considerava peculiares ao sistema inconsciente. Freud nota ainda que a transformação no oposto e a inversão da sequência temporal, observáveis no sonho em virtude da inexistência da temporalidade e da contradição lógica nos domínios do inconsciente, também podem ser percebidos no ataque histérico. Mas aqui eles se devem ao grau de resistência que os conteúdos fantasmáticos expressos por meio dele têm que sobrepujar: ora, a resistência à expressão não é mais do que o reverso da repressão; isto significa, portanto, que as fantasias também podem ser reprimidas. O artigo enumera quatro etapas deste processo: em primeiro lugar, manifesta-se uma gratificação autoerótica, sem conteúdo ideativo; em seguida, uma fantasia é incluída no mecanismo psíquico que acompanha a gratificação; posteriormente, o ato masturbatório é repudiado, mas a fantasia é retida; em quarto lugar, a própria fantasia é reprimida, mas retorna sob a forma do ataque ou do sintoma, seja intacta, seja adaptada a circunstâncias inocentes por obra da repressão. Mais uma vez, o processo primário atua sobre os conteúdos da esfera sexual, agora incidindo sobre a cogitação fantasmática que proporciona ao desejo o seu cenário.

Não é difícil estabelecer a conexão desta série de eventos com o desenvolvimento da sexualidade infantil. No processo que acabamos de descrever, a gratificação autoerótica da primeira fase corresponde à satisfação de uma pulsão parcial ao nível de uma zona erógena, confirmada pela "ausência de conteúdo ideativo"; a fantasia surge na época da adolescência, em meio aos "devaneios" cuja intensidade máxima se verifica nesta etapa; sob a pressão da primazia da zona genital, que inclui em si os elementos superados da fase de latência, e portanto a vergonha e a repugnância que se instalam neste período, o ato masturbatório é abandonado, embora a fantasia possa ser retida. A renúncia à fantasia ocorre simultaneamente com a repressão dos desejos incestuosos, durante a puberdade, porque ela é o significante esvaziado destes desejos. Por fim, desencadeada a neurose, ela retorna sob o disfarce do sintoma ou do ataque, convenientemente deslocada e condensada (o que se deve à ação da repressão), mas trazendo consigo o desejo que ela revela e mascara ao mesmo tempo. A questão de qual é o processo que conduz à unificação das pulsões parciais na genitalidade, deixada em suspenso nos *Três Ensaios* – pois ali Freud hesitava entre a repressão e a sublimação – é agora resolvida em favor da primeira:

> Demonstrei que a "normalidade" é o resultado da repressão de certas pulsões elementares presentes na disposição infantil, acompanhada da subordinação dos constituintes remanescentes à primazia das zonas genitais, a serviço

da função reprodutora. [...] As "neuroses" podem ser reconstituídas como sendo o efeito de uma repressão excessiva das tendências libidinais[99].

A passagem é ambígua: por um lado, parece que as "pulsões elementares" sofrem dois destinos mutuamente exclusivos – a "repressão" e a "subordinação à primazia das zonas genitais"; por outro, a neurose é derivada de uma repressão "excessiva", o que faz supor que haja uma repressão "suficiente" que não engendre perturbações, mas sim a normalidade. É plausível supor que o grau de repressão seja proporcional à intensidade das pulsões sobre as quais se abate, de modo que a observação do parágrafo seguinte, no sentido de que as vivências sexuais dos neuróticos mostram marcados sinais de tendências perversas, pode ser encaixada sem brechas no conjunto da teoria. Com efeito, se as neuroses são o negativo das perversões, é porque as tendências perversas sustentam silenciosamente os sintomas neuróticos; e, se estas tendências continuam a atuar mesmo depois do momento em que normalmente deveriam se submeter à primazia da zona genital, é porque desde o início sua intensidade era superior à normal.

Nessa linha de raciocínio, os fatores constitucionais recebem um peso mais decisivo na etiologia das neuroses do que poderia ser admitido na teoria da sedução, desde que, naturalmente, se entenda por "fatores constitucionais" a disposição sexual infantil e não elementos hereditários ou degenerativos. À força desproporcional das tendências parciais corresponde assim uma repressão "excessiva", que, longe de eliminar o valor patogênico das tendências por ela visadas, simplesmente as mantém no inconsciente. Privadas da sua expressão psíquica e motora, elas continuam no entanto a agir e mesmo a se intensificar, até o momento em que retomam à arena para desencadear o conflito defensivo, cuja solução infeliz é a neurose e portanto o fracasso parcial da repressão. Se sobre tais tendências o indivíduo construir as elaboradas fantasias que veiculam seu desejo, e que a repressão se encarregará de manter inconscientes, o conflito poderá se agravar – dada a presença de mais forças do lado do desejo, e portanto de mais soldados nas fileiras de repressão – e conduzir, na escalada da violência interior, ao ataque histérico. A fórmula mais abrangente sobre a natureza do sintoma histérico alude precisamente a esta transação de forças:

O sintoma surge como um compromisso entre dois afetos ou tendências pulsionais opostos, dos quais um procura expressar um impulso ou componente parcial da constituição sexual, enquanto o outro busca suprimi-lo[100].

O que a repressão reprime, na neurose, não é mais do que a sexualidade infantil, isto é, perversa: eis aqui o complemento psicopato-

99. *My Views on the Role Played by Sexuality on the Neuroses*, S.E., VII, p. 277.
100. *Hysterical Phantasies and their Relation to Bissexuality*, S.E., IX, p. 164.

lógico da conclusão a que chegamos no final da seção anterior. Mas a eficácia do reprimido não se manifesta apenas nos quadros graves do distúrbio neurótico: toda a série das formações de compromisso que estudamos neste capítulo pode ser enquadrada na fórmula citada, de sorte que a neurose surge assim como o último termo de uma cadeia que começa no "inocente" esquecimento de uma palavra... Freud tem toda a razão: a psicanálise encontra as resistências que encontra porque perturba o sono pacífico – ou deveríamos dizer dogmático? – da humanidade "civilizada".

10. AS DUAS VERTENTES

Podemos agora reunir todos os fios da meada. Nossa hipótese de trabalho, no início deste capítulo, era de que a problemática do inconsciente e a problemática da sexualidade formavam um todo indissolúvel, e que o elemento que vinculava uma à outra era representado pelo conceito de repressão. As análises precedentes nos permitiram estabelecer esta vinculação em momentos parcelares da constituição da teoria; procuraremos agora abranger no seu conjunto as duas questões, retomando o trajeto percorrido e mostrando que na verdade elas são uma só.

Havíamos partido do conceito de fantasia, cuja tripla determinação pode ser formulada da seguinte maneira: ela tem por conteúdo algo inconsciente, sexual e reprimido. A existência da cogitação fantasmática obriga Freud a traçar uma geografia do psiquismo capaz de abarcar a dimensão do inconsciente; o conteúdo sexual exige a desvinculação da sexualidade da referência exclusiva aos genitais; e a repressão impõe uma concepção dinâmica da mente, envolvendo impulsos originados de fontes diferentes e cujo entrechoque resulta na série das formações de compromisso.

A análise dos sonhos elucida os mecanismos do processo primário, que vimos em seguida atuar ao longo de toda a cadeia de tais formações: no sintoma neurótico, no próprio sonho, na variedade dos atos falhos e na elaboração da frase de espírito. A diferença qualitativa destes processos mentais frente ao pensamento lógico conduziu ao estabelecimento de uma região específica para a sua atuação: o sistema inconsciente. O fenômeno da elaboração secundária introduziu a região pré-consciente, localizando ali a sede dos processos intelectuais correntes, como a recordação e o raciocínio. O conteúdo psíquico de cada um dos sistemas pôde então ser diferenciado: no pré-consciente, habita toda a massa de ideias de que nos servimos em nossa atividade mental diária, enquanto no inconsciente se alojam os desejos indestrutíveis da infância, em especial os vinculados à esfera sexual. Entre ambos, a barreira da censura passa a ser referida à ação da repressão, que num primeiro momento aparece como a força que impede o acesso dos impulsos e pensamentos inconscientes à esfera da consciência. A tentativa de explicação da repressão, na *Interpretação dos Sonhos*, centra-se sobre a precedência cronológica do processo primário em relação ao secundário: não tendo este último qualquer ascendência sobre os conteúdos implantados no psiquismo antes do seu advento, é incapaz de bloquear o investimento, pela excitação, dos rastros mnêmicos em que consistem tais conteúdos. Quando estes ameaçam atingir a consciência, devido à intensa concentração de energia operada sobre alguns deles pela condensação e pelo deslocamento, a via de defesa que resta ao pré-consciente – ou ao ego, como por vezes é designado este sistema – é a repressão. Contudo, os elementos reprimidos continuam ativos no inconsciente, que agora se caracteriza como aquilo que foi submetido à repressão (Freud não introduziu ainda o conceito de "repressão originária"), e eventualmente encontram uma via de comunicação com a consciência, através dos obstáculos que a deformação repressiva lhes impõe. Eis aí o modo de produção comum ao sintoma, ao sonho, ao ato falho e à frase espirituosa.

Entretanto, a descoberta de que o alvo privilegiado da repressão é a sexualidade – descoberta que se impõe não apenas por causa da clínica, mas também pela análise dos atos sintomáticos e das frases de espírito obscenas – determina uma complexa trajetória, cuja finalidade é elaborar uma teoria sexual que dê conta desta intrigante preferência. Ora, esta teoria, uma vez completada, ilumina retrospectivamente os fenômenos que a exigiram, fazendo-os surgir sob uma nova luz.

Tal teoria, em sua primeira versão, pode ser caracterizada por dois traços: a ampliação do conceito de "sexualidade", tanto em extensão como em compreensão, e a introdução da sexualidade infantil. A inclusão das perversões e seu reconhecimento como continuações da sexualidade infantil conduz ao conceito de zonas erógenas, com a inferência concomitante de que as pulsões parciais que aí se manifestam convergem para o controle da zona genital mediante a maturação da puberdade. Este novo fato implica uma profunda revisão da teoria da repressão: ela passa a ser determinada como a presença do Outro, simbolizado pela família e pela sociedade. Embora ainda abstratas, são estas instâncias as responsáveis pelo surgimento dos sentimentos de vergonha e repugnância e pela assimilação da proibição do incesto, eventos esses cujo resultado é o abandono aparente dos modos de satisfação característicos da sexualidade infantil, isto é, dependentes apenas das pulsões parciais. Estas, por seu lado, não se limitam a erogeneizar o corpo próprio: o ver e o ser visto, o ato de infligir dor a outrem e o prazer sentido com a punição física, reconhecidos em seu desenvolvimento aberrante como perversões quanto à finalidade do ato sexual, já se encontram presentes nas manifestações sexuais da infância.

Sob o impacto da repressão, a vida sexual infantil é relegada para o inconsciente, onde sobrevive por meio das fantasias em que se encarna o desejo, e para as ações preliminares ao coito efetivo. Destas duas formas de existência, a primeira é sem dúvida a mais significativa: vimos aparecer seus efeitos no sonho, nos atos sintomáticos, em certas ações desastradas e sobretudo na frase de espírito obscena, em que ela atinge sua expressão mais refinada, na esfera da linguagem. Do lado da patologia, a vida sexual da criança permanece no sintoma e no ataque histérico, cujas produções, não obstante as deformações impostas pela repressão, conseguem atingir a luz do dia nestes fenômenos mórbidos. A universalidade da fantasia alcança também a memória, fazendo com que as vivências infantis sofram uma extensa elaboração e possam aparecer como "recordações encobridoras", das quais a cena de sedução é talvez a mais conspícua.

Os mecanismos do processo primário operam também sobre as fantasias, sujeitas ao deslocamento, à condensação, à representação pelo oposto, à inversão da sequência temporal e aos demais artifícios descobertos na análise dos sonhos. É precisamente pela mediação da fantasia que o processo primário pode se revelar não apenas como o livre deslizamento da energia, mas também como livre circulação do sentido, como notamos a propósito da afonia de Dora e como se pode ver também pelo estudo das formações obsessivas. Se a fantasia é o campo em que o desejo se diz pelo processo primário, torna-se claro por que ela aparece, implícita ou explicitamente, em toda a série das formações de compromisso: como conteúdo, ela funda o ato falho e a frase de espírito, enquanto como cenário visual se estabelece sua vinculação com o sonho.

A incessante nostalgia pelo prazer infantil, combatida de forma frequentemente ineficaz pela repressão, está na raiz da segunda forma de sobrevivência da sexualidade infantil: os atos preparatórios da cópula. Sob a forma de prazer preliminar, as pulsões parciais encontram aí uma via de expressão, ligando as zonas erógenas ultrapassadas ao prazer atual: a boca, a pele, os olhos funcionam como regiões cuja excitação tem por finalidade aumentar o prazer produzido pela descarga final do orgasmo. Não é surpreendente, pois, que a derrota da repressão na frase de espírito represente uma vitória para as pulsões parciais, no eixo da lascívia como no eixo da crueldade. Freud assimila o dito obsceno a uma tentativa de sedução, deformada pela repressão socialmente determinada; mas não é difícil relacionar o móvel atribuído a este gênero de espírito – ver e tocar o corpo da mulher – às pulsões parciais que têm por sede o olho e a pele erogeneizados. O mesmo se aplica à frase de espírito agressiva, sobrevivente civilizado da crueldade infantil, cuja derivação sexual é neste momento legitimada pelo estudo da perversão sádica. Quanto ao prazer de brincar com as palavras, é lícito assimilá-lo ao jogo do sentido que caracteriza o processo primário, e nesse ponto a hipótese da anterioridade deste processo em relação ao secundário conserva sua validade. Mas também é possível vincular o prazer preliminar proporcionado pela técnica da frase de espírito ao seu equivalente nos gestos introdutórios ao coito; são duas modalidades da vida infantil que não aceitam morrer, e que vêm trazer a contribuição do passado às atividades propriamente adultas, como a conversação em tom sério e o jogo do amor.

A sobrevivência do infantil assume caráter mórbido nas neuroses e nas perversões, efeitos simétricos do fracasso da repressão. No primeiro caso, o excesso de zelo do agente repressor, frequentemente motivado pela intensidade das pulsões parciais, desencadeia o conflito defensivo, cujo resultado pouco feliz se manifesta em seguida pelo advento da perturbação. O adágio de que "os sintomas representam a vida sexual do paciente neurótico" deve ser compreendido à luz da sexualidade infantil, como significando que "os sintomas representam a vida sexual infantil na existência atual do paciente neurótico". O mesmo vale para as perversões, na medida em que elas nada mais são do que o prolongamento exponencial das pulsões parciais, motivado pela negligência do agente repressor, ou pela sua retirada frente ao poder de fogo superior das hostes inimigas. Vencida, por assim dizer, por "W.O.", a repressão não chega a entrar em campo, com o resultado de que as formas de atividade sexual da infância persistem na maturidade, disso resultando o seu caráter perverso.

É a repressão, desta forma, que estabelece a conexão entre as duas vertentes da problemática freudiana, no momento em que esta se constitui sob sua forma propriamente psicanalítica. Do lado da sexualidade, ela é encarregada de manter sob controle os impulsos indestrutíveis derivados da vida infantil, e de conduzir o rebanho rebelde das pulsões parciais ao redil socialmente aceito da primazia genital. Embora Freud admita a possibilidade dessa convergência através de uma maturação restrita ao domínio da biologia, é claramente perceptível o papel determinante das circunstâncias "sociais" neste processo, especialmente se atentarmos para as vicissitudes da escolha de objeto, que deve excluir o incestuoso da gama dos possíveis. Ora, se as fantasias incestuosas são de origem infantil, e se a vida sexual da criança é dominada pela fragmentação da pulsão, não é difícil concluir que, ao menos em parte, as fantasias incestuosas têm como conteúdo elementos vinculados às pulsões parciais. Mesmo que, nesta altura, a sua emergência esteja localizada na época da puberdade, as pulsões ligadas ao olhar e ao exercício da crueldade podem perfeitamente ser tomadas como móveis da fantasia, o que é confirmado pelo caráter comum da hostilidade sádica e da rivalidade frente ao progenitor do mesmo sexo. A repressão e a fantasia mantêm assim relações bem mais complexas e estreitas do que se poderia suspeitar; eis aí uma ponte para o outro lado da problemática, aquele que colocamos sob a égide do inconsciente. O desejo e a fantasia que o circunscreve são o alvo privilegiado da repressão; na medida em que eles formam o conteúdo do inconsciente, podemos dizer que este é instituído pela repressão. Esta, ao furtar à consciência o conteúdo reprimido, obedece ao mesmo princípio que institui o processo secundário, e que logo vai receber o nome de "Princípio da Realidade". Antes da instalação da repressão – o que, repetimos, é possível porque ainda não surgiu o conceito de repressão originária – o indivíduo não tem inconsciente; como este só tem sentido se oposto ao consciente e ao pré-consciente, poderíamos forçar um pouco a metáfora e dizer que, antes da repressão, ele é o inconsciente, mas um inconsciente que ainda não adquiriu consciência de si...[101].

A onipresença da repressão na escala das formações de compromisso, quer pelo mecanismo da deformação onírica, quer pela camisa de força à qual obriga a sexualidade a se acomodar no sintoma neurótico, quer no esquecimento para evitar o desprazer, quer ainda pelo trajeto tortuoso que impõe à frase de espírito, deve-se simplesmente à indestrutibilidade do desejo infantil, que, em cada um destes casos, está à espreita de uma ocasião para se manifestar. É por isso que o termo "formações de compromisso" deve ser tomado ao pé da letra: ele simboliza um acordo por exaustão entre os contendores, de cuja interação resulta a ação visível do homem. Reprimir significa submeter o desejo às normas de convivência que a sociedade impõe ao pequeno animal nascido de um homem e de uma mulher; é por

101. Eis aqui um dos exemplos mais claros da maneira pela qual a teoria freudiana se constitui. Nem primeiro momento, este que estamos examinando, o inconsciente nasce da repressão; no seu sentido descritivo, ele é o modo de existência do reprimido. À medida que novos conceitos vão sendo produzidos, a relação consciente/inconsciente é trabalhada no seu próprio interior, até que em *O Ego e o Id* a consciência surja como diferenciação do id. O momento intermediário desta dialética é o da Metapsicologia, que examinaremos no Cap. 3. É importante, contudo, não confundir processo secundário e repressão, neste drama da formação da consciência: o primeiro é uma necessidade da relação entre o indivíduo e seu mundo, enquanto a segunda contém como determinação essencial um movimento de defesa, e portanto institui entre o psiquismo e ele próprio uma clivagem insuperável. Poder-se-ia perguntar se a repressão é índice de desajuste; cremos que a resposta freudiana a esta questão seria negativa, pois a realidade da repressão não se manifesta apenas na neurose. Mas tampouco devemos superpor racionalidade e repressão; ao contrário, a terapia analítica visa precisamente substituir um conflito neurótico, determinado pela repressão, por um conflito "humano", isto é, capaz de ser colocado em termos racionais, como veremos nos Caps. 3 e 4. A repressão mutila o indivíduo; este é o tema do artigo de 1908, *A Moral Sexual Civilizada e o Nervosismo Moderno*. Por isto, parece-nos errôneo supor que a neurose seja condição da criação artística ou intelectual, como certas interpretações pseudofreudianas poderiam sugerir. Pelo contrário, a repressão inutiliza grande parte da energia criadora, amarrando-a à tarefa de preservar os diques do desejo; é justamente com sua parcela de "saúde" que o indivíduo cria, e não é por acaso que Freud distingue rigorosamente a repressão da sublimação.

esta razão que as duas vertentes convergem afinal para este conceito, que, por um lado é a "pedra angular do edifício psicanalítico", abre por outro o caminho para toda a investigação posterior: "Com a teoria da repressão, estamos não no fim, mas no próprio início de uma teoria psicológica"[102].

102. *Five Lectures on Psychoanalysis*, S.E., XI, p. 26 (2ª Conferência).

Parte II: A MATURIDADE DE UMA TEORIA

3. A Árvore da Psicanálise

Nem por um momento devem os senhores supor que o ponto de vista psicanalítico seja um sistema de ideias especulativo. Pelo contrário, é o resultado da experiência, sendo fundado sobre observações diretas e sobre conclusões inferidas destas observações. Após vinte e cinco anos de pesquisa, posso afiançar-lhes, sem parecer presunçoso, que nossas observações são fruto de um trabalho particularmente difícil, intenso e absorvente.

Conferências de Introdução à Psicanálise, *XVI.*

Porque eu sou do tamanho do que vejo
E não do tamanho da minha altura.

FERNANDO PESSOA, "O Guardador de Rebanhos",
in Poemas de Alberto Caeiro.

1. ELABORAÇÃO OU INOVAÇÃO?

O período que vai da primeira edição dos *Três Ensaios*, em 1905, até *Além do Princípio do Prazer*, publicado em 1920, é aquele em que a produção intelectual de Freud atinge seu apogeu. Ernest Jones enumera cerca de setenta e cinco textos datados desta época, e consagra perto de duzentas páginas de sua biografia de Freud ao estudo destas obras. A variedade e extensão dos interesses de um pesquisador maduro, que amplia sem cessar os domínios da psicanálise, e, ao se debruçar sobre os problemas mais complexos com a mente lúcida e clara, regressa sempre de suas excursões com um material novo ou uma abordagem fascinante, aparece ao estudioso inicialmente como um obstáculo. Como encontrar um caminho condutor, um fio de Ariana, em meio a tamanha diversidade? A opção de Jones consiste em tomar separadamente cada tema e agrupar todos os textos relacionados com ele numa mesma seção: a técnica analítica, as exposições de conjunto, a teoria da libido, as aplicações da psicanálise, e assim sucessivamente. Esta alternativa, compatível com uma biografia pessoal e intelectual, não parece adequada para um leitor filósofo, sequioso de localizar conceitos-chave e redes de problemas entrelaçados. Com efeito, não é a ordem das matérias, mas a ordem das razões, que procuramos por a nu neste trabalho. Não que a psicanálise possa ser concebida como uma cadeia dedutiva à moda cartesiana: Freud insiste a cada passo no caráter de ciência que pretende conferir à sua disciplina, verificando suas hipóteses no plano empírico das observações e no terreno acidentado da clínica. Mas a teoria que subjaz às suas pesquisas é passível de uma outra codificação, que ressalte as grandes linhas orientadoras do seu trabalho, os conceitos basilares que o delimitam, e a malha teórica que vai sendo tecida, com brilho e precisão inigualáveis, ao longo das páginas em que as registrou por escrito. É neste sentido que encaminharemos nossa análise neste capítulo, procurando ressaltar os pontos nodais do seu desenvolvimento teórico.

Jones considera que os "anos da maturidade" – que, desde logo, situa entre 1901 e 1919, enquanto nossa divisão obedece a critérios um pouco diferentes – se caracterizam essencialmente por

> uma elaboração das teorias fundamentais que (Freud) já formulara, mais do que uma exposição de novas descobertas [...] ou uma descrição da sua visão filosófica final. Considerando a totalidade desta produção, são talvez as longas observações de caso, os trabalhos sobre a teoria da sexualidade e a obra acerca do totemismo que nos parecem os mais importantes[1].

A periodização de Jones é essencialmente biográfica: os anos de 1900 a 1920 são os que presenciaram a emergência de Freud do isolamento, a fundação do movimento psicanalítico, a expansão das doutrinas freudianas pelos mapas ao mesmo tempo da Terra e do espírito, a publicação dos textos capitais. Nesta perspectiva, do homem Freud, os trabalhos que destaca cobrem os três campos da sua atividade intelectual e profissional: a clínica, a teoria psicológica, e as "aplicações" às ciências do homem do resultado obtido da primeira pela mediação da segunda, todo o conjunto representando no fundo uma "elaboração das teorias fundamentais que já formulara". Não temos qualquer intenção de criticar o critério daquele que, juntamente com James Strachey, mais contribuiu para o conhecimento da obra freudiana: uma biografia honesta e cuidadosa como a que compôs dá ao investigador moderno um retrato do homem de carne e osso, cujo coração ardente pulsa por trás dos vinte e quatro tomos

1. ERNEST JONES, *La Vie et l'Oeuvre de Sigmund Freud*, ed. cit., volume II, p. 221.

da *Standard Edition*, inscrevendo-o na história de seu tempo e do nosso com o relevo que a personalidade de Freud solicita e exige. Contudo, nossa abordagem é outra. Do ponto de vista conceptual, parece-nos preferível efetuar o corte no momento em que a primeira teoria sexual se completa, já que, como procuramos demonstrar no capítulo anterior, uma solidariedade indissolúvel une os conceitos de sexualidade, inconsciente e repressão, cada um deles remetendo aos outros em diferentes registros nocionais. O *terminus a quo* da terceira fase, portanto, coincide com o ponto final da segunda. Quanto ao *terminus ad quem, é* consenso geral entre os estudiosos do pensamento freudiano datar de 1920 um extenso remanejamento das hipóteses fundamentais da psicanálise, sob o signo da pulsão de morte e da segunda tópica, ou seja, a divisão do aparelho psíquico em Id, Ego e Superego. Esta caracterização, contudo, corre o risco de permanecer exterior ao período que abordaremos em seguida, concebendo-o simplesmente como um intervalo de "elaboração" entre as fases de formulação teórica propriamente ditas, que se situariam então "até" 1905 e "depois" de 1920. Ora, aqui divergimos abertamente de Ernest Jones: como procuraremos demonstrar, a etapa em questão possui uma individualidade específica, que lhe vem da coerência interna dos temas e conceitos produzidos, e não de marcos puramente exteriores, como o seriam o final da fase anterior e o início da subsequente.

Os setenta e tantos títulos constituem uma unidade firmemente articulada em tomo de um conceito fundamental: o conceito de pulsão. Este é o marco central e ao mesmo tempo mais abrangente do pensamento de Freud nestes anos; é em torno da grande oposição entre as pulsões sexuais e as pulsões de autoconservação que giram os temas e questões desta fase. O conceito é novo, não podendo ser reduzido a uma mera "elaboração" de elementos anteriores; ao mesmo tempo, a oposição entre um tipo e outro de pulsão determina um certo número de problemas, em vários registros, cuja análise sistemática ocupa Freud durante todo o período, e cuja conclusão conduz ao abandono da dicotomina sexualidade/autoconservação e à sua substituição pela dupla vida/destruição, ou, nos nomes míticos que se popularizaram, Eros e Thânatos. Quando esta substituição se instala de pleno direito, em *Além do Princípio do Prazer*, estamos já na fase final da evolução teórica de Freud; no entretempo, a oposição entre pulsões sexuais e pulsões de autoconservação constitui o eixo de referência fundamental da investigação psicanalítica. As pulsões de autoconservação são a princípio identificadas com o ego, mas a descoberta do narcisismo impõe uma modificação nas concepções a este respeito. O ego nas suas múltiplas funções, entre as quais a de objeto do amor narcisista, forma assim um campo suficientemente delimitado para o estudo psicanalítico. Por outro lado, a anarquia da sexualidade infantil até a puberdade se vê submetida a uma primeira organização, a organização narcisista: a reinterpretação dos fatos clínicos conduz à elaboração do conceito de organizações sexuais pré-genitais, a primeira delas sendo a narcisista (em termos da cronologia das descobertas), mas logo completada pelas fases sádico-anal e oral. A teoria da sexualidade sofre desta forma um amplo remanejamento, cuja consequência mais importante é a refundição das vicissitudes da escolha de objeto: o incesto e o Édipo passam para o primeiro plano, governando as relações intersubjetivas e estruturando a vida inconsciente da criança. A brutal repressão do desejo incestuoso e sua expulsão para o inconsciente solicitam um reexame dos conceitos de "inconsciente" e "repressão", objeto de um estudo particularmente atento em vários textos de 1915 a 1917. O conflito neurótico recebe uma interpretação em termos da teoria das pulsões, aparecendo agora como o resultado infeliz do combate entre as pulsões do ego e as pulsões sexuais, cada uma delas referida à sua evolução por estágios de organização. O antigo problema da "escolha de neurose" ilumina-se assim por um ângulo completamente novo, acarretando o reexame da teoria das neuroses, aliás solicitado também pela descoberta do narcisismo e pela distinção clinicamente crucial entre "neuroses de transferência" e "neuroses narcisistas". O valor crescente da transferência leva a convertê-la em pedra de toque tanto da nosografia quanto da técnica analítica, suscitando diversos problemas relativos à natureza e à eficácia da terapia.

Estes nos parecem ser os temas dominantes da produção teórica de Freud nesta terceira etapa de sua evolução intelectual. Nosso estudo abordará, portanto, estes sete caminhos, onde as vias capilares se ligam e se religam sem cessar, e cuja trama forma a malha teórica da psicanálise antes do *tournant*[2] de 1920: o conceito de pulsão, as organizações pré-genitais da libido, o conceito de ego, o Complexo de Édipo, a metapsicologia, a teoria das neuroses e o problema da terapia. Sendo a pulsão a raiz de toda a árvore, partiremos dela e iremos subindo pacientemente pelo tronco – a sexualidade e o ego – até chegarmos aos galhos superiores: o Complexo de Édipo e a abordagem metapsicológica dos processos mentais, e à copa clínica de toda a planta, representada pela teoria das neuroses e pela técnica terapêutica que nela se funda.

2. A DUALIDADE DAS PULSÕES

Duas almas, oh! Habitam em meu peito
E cada qual está ávida por abandonar sua irmã.
GOETHE, Fausto, *Prólogo*.

Ao escolher o termo "pulsão" para traduzir o conceito freudiano de *Trieb*, alinhamo-nos com aqueles autores, notadamente da escola

2. O termo *tournant*, empregado por vários comentadores, contém três ideias complementares: a de *guinada*, a de *reviravolta* e a de *giro sobre si mesmo*. Como demonstraremos no capítulo seguinte, a fase final do pensamento freudiano pode ser caracterizada precisamente por estes traços; à falta de um equivalente português, preferimos deixar o termo em francês, para não perder a riqueza das suas conotações.

lacaniana, que acentuam a originalidade desta concepção e a profunda diferença que existe entre ela e a noção de "instinto", termo escolhido por James Strachey na Standard Edition. Freud utiliza a palavra *Instinkt* apenas três ou quatro vezes em toda a sua obra; e para ele, o vocábulo denota um comportamento animal fixado hereditariamente e manifestado de maneira relativamente invariável em todos os indivíduos da espécie em questão. Contudo, a primeira edição dos *Três Ensaios* estabelece conclusivamente que a sexualidade não pode ser concebida nestes moldes: as perversões e o conceito de escolha de objeto, para citar apenas dois aspectos do problema, só são inteligíveis à luz de uma separação nítida entre o impulso e aquilo que o satisfaz, sendo a contingência do objeto e a plasticidade das formas de realização precisamente aquilo que distingue o homem dos outros animais e ao mesmo tempo anula as diferenças de natureza entre o normal e o patológico. É esta ruptura do conceito de instinto que conduz às noções de pulsão parcial e de zonas erógenas, sem as quais, evidentemente, seria impossível compreender o que Freud designa por "sexualidade".

Por outro lado, embora calcado sobre o paradigma do sexual, o conceito de pulsão não se restringe a esta esfera: desde 1905, a noção de "apoio" da sexualidade sobre as grandes funções orgânicas da nutrição e da excreção sugere a existência de pulsões de autoconservação, cujo protótipo é dado pelo fenômeno da fome. Ao contrário dos estudiosos da psicologia animal, Freud não reconhece uma multiplicidade de "instintos", mas uma dualidade de pulsões, seja na primeira versão da teoria, seja naquela que elabora a partir de 1920. Consideramos que o ganho de clareza compensa suficientemente a falta de familiaridade do termo "pulsão", o que, por outro lado, poderá ser evitado quando o uso se encarregar de difundir o seu emprego.

A ideia de distinguir entre as excitações exteriores e as que se originam no próprio organismo humano já aparece no *Projeto* de 1895. As excitações internas, cujo aumento de tensão é sentido como desprazer, devem ser descarregadas segundo o princípio de constância, postulado inicialmente para dar conta do mecanismo do ato reflexo. Os *Três Ensaios* introduzem o termo *Trieb* e a distinção entre fonte, objeto e finalidade da pulsão: recordamos que a fonte da pulsão é somática, que o objeto é variável e que a finalidade é sempre a mesma, ou seja, descarregar o excesso de tensão. As modalidades de satisfação vinculam-se estreitamente às zonas erógenas, e somente após um longo trabalho de síntese é que as pulsões parciais se submetem ao domínio da zona genital, intervindo neste processo fatores psicológicos irredutíveis à pura maturação biológica do indivíduo. Neste longo caminho, pode haver percalços: as inibições e regressões do desenvolvimento libidinal são as causas últimas das perturbações neuróticas e do seu "negativo", as perversões sexuais de todos os tipos.

O passo seguinte na construção da teoria das pulsões é dado num curto artigo de 1910, intitulado *As Perturbações Psicogênicas da Visão segundo a Concepção Psicanalítica*. Estudando o fenômeno da cegueira histérica, Freud invoca a oposição entre "as pulsões postas a serviço da sexualidade e da consecução do prazer sexual, e aquelas outras cuja função é a conservação do indivíduo, ou pulsões do ego"[3]. Polemizando mais uma vez com a escola francesa, afirma que a manutenção de representações separadas do resto da consciência não indica uma incapacidade congênita para a síntese psíquica, mas a presença de um conflito entre duas forças, uma das quais reprimiu as representações em questão, sustentadas pela outra e incompatíveis com a força repressora. O ego é assimilado a um grupo de representações, cuja oposição a certas outras engendra a repressão. Mas é preciso conceber forças atuando sobre as representações:

> dedicamos nossa atenção à significação das pulsões para a vida cogitativa, e descobrimos que cada pulsão procura se impor, avivando as representações adequadas aos seus fins. Estas pulsões nem sempre se mostram compatíveis entre si, e seus interesses respectivos entram muitas vezes em conflito. As antíteses das representações nada mais são do que a expressão das lutas entre as diversas pulsões[4].

O que é novo nestes textos é a atribuição de um suporte pulsional para o ego, que desde 1896 era reconhecido como um dos polos do conflito defensivo, mas que só agora se vê relacionado a um grupo específico de pulsões. A identidade entre as pulsões de autoconservação e as pulsões do ego é explicitamente afirmada, tomando em conta a matriz da fome e a elaborada análise da inibição dos processos alucinatórios pelo ego. Com efeito, a *Interpretação dos Sonhos* traduzia os esquemas neurológicos do *Projeto* para o plano psíquico, e no capítulo VII a experiência de satisfação, calcada sobre o paradigma da amamentação, era localizada no início da série de excitações e reações automáticas que o ego, no interesse da conservação do indivíduo, deveria inibir antes de atingirem o estágio da alucinação. Com a introdução das pulsões sexuais nos *Três Ensaios*, o conflito passava a ser concebido como se processando entre o ego e as pulsões a serviço da sexualidade, pulsões estas parciais e dependentes das zonas erógenas. Ora, o conceito de erogeneidade não envolve qualquer limitação a um órgão ou conjunto de órgãos; qualquer parte do corpo pode ser erogeneizada pelas experiências adequadas. Dito de outro modo, as pulsões sexuais e as pulsões do ego se exercem sobre os mesmos órgãos e tecidos orgânicos; a boca serve tanto para comer como para beijar. As perturbações psicógenas da visão podem ser explicadas mediante a hipótese do conflito pulsional, pois a escoptofilia nada mais é que uma erogeneização do ato de olhar e por conseguinte do aparelho da visão. Quando as exigências desta pulsão parcial chegam a provocar as defesas do ego, o olho se converte no palco da luta

3. *The Psychoanalytical View of Pathogenic Disturbances of Vision*, S.E., XI, p. 214.

4. *The Psychoanalytical View of Pathogenic Disturbances of Vision*, S.E., XI, p. 213.

entre as pulsões: o mesmo ocorre com a mão numa paralisia histérica. O resultado é a inibição do ato de ver, resultando na cegueira histérica: o ego como que abandona o olho à pulsão sexual, a qual por sua vez reforça seu domínio sobre este órgão, criando um círculo vicioso do qual o indivíduo não pode sair. A energia para que o ego opere a repressão lhe é fornecida pelas pulsões de autoconservação, de onde seu outro nome, "pulsões do ego".

A invocação da autoconservação sugere que, se o indivíduo se abandonar aos ditames das pulsões sexuais, sua existência estará em perigo. Como este perigo só pode provir de fontes externas, daquilo que Freud chama nesta época de "realidade", o passo seguinte consiste em investigar mais de perto as relações entre o ego e a realidade: é o que nos mostra o artigo de 1911 sobre *Os Dois Princípios do Funcionamento Psíquico*. Deste texto capital, reteremos no momento o essencial para a compreensão da teoria das pulsões. Freud começa por observar o que o repouso, ao ser perturbado pelas necessidades internas, não é restabelecido pela satisfação alucinatória do processo primário, tornando-se necessária a introdução da representação da realidade para que o indivíduo possa discernir nela os meios eficazes de aplacar a excitação. Mas ao invés de falar em "prova de realidade", como no *Projeto*, o termo usado aqui é o de "princípio de realidade", com o que o reconhecimento do mundo exterior é elevado à categoria de elemento regulador da vida psíquica: dele nascem a consciência, o discernimento, o pensamento e todas as atividades mentais cuja energia de funcionamento é derivada da renúncia provisória à satisfação. A instauração do princípio de realidade leva à dissociação da vida mental: uma parte da atividade psíquica reluta em renunciar ao prazer, e, recusando-se a toda confrontação com o real, permanece submetida exclusivamente ao "princípio do prazer", isto é, à tendência à descarga imediata da excitação, para restaurar o estado de baixa tensão identificado ao prazer.

> A substituição do Princípio do Prazer pelo Princípio de Realidade [...] não se desenvolve de uma vez, nem simultaneamente em todos os pontos do psiquismo. Enquanto as pulsões do ego vão sofrendo esta evolução, separam-se delas as pulsões sexuais[5].

À indiferenciação inicial entre os dois gêneros de pulsões, imbricadas entre si no ato de mamar, vai-se lentamente substituindo a distinção fundamental. É importante notar que Freud não fala de uma pulsão única que se dividiria posteriormente em duas, mas de uma indistinção inicial; a diferença é essencial, pois do ponto de vista lógico, nada impediria a posterior divisão das pulsões em quatro, oito ou qualquer outro número – o que invalidaria o valor heurístico do esquema dualista – e, do ponto de vista genético, a noção de que as pulsões sexuais se apoiam de início sobre as de autoconservação não

5. *Formulations on the Two Principles of Mental Functioning*, S.E., XII, p. 222.

poderia ser formulada. Ora, este "apoio" é necessário para a introdução posterior de problema da escolha de objeto, que por sua vez caracteriza a essência da doutrina das pulsões: é precisamente a contingência do objeto que diferencia a pulsão do instinto. A terminologia de Freud deve ser respeitada, se não quisermos correr o risco de enredar-nos em inextrincáveis confusões conceptuais, ou o perigo, mais grave ainda, de uma leitura "sintomal", que faria depender a inteligibilidade do texto da "incompetência vocabular do seu autor"[6].

Por que são as pulsões do ego as primeiras a cair sob a égide do Princípio de Realidade? Os objetos que satisfazem as necessidades da autopreservação só existem no mundo exterior (o leito materno); portanto, para que a criança não morra de fome, precisa dominar o processo primário e entrar na fase do processo secundário, para empregar os conceitos da *Interpretação dos Sonhos*. Por outro lado, sendo as pulsões sexuais inicialmente autoeróticas, não sofrem ainda a privação do objeto, que é o corpo próprio, e portanto está *ex hypothese* sempre presente. A escolha de objeto, que poderia conduzi-las a um conflito com as imposições da realidade, é adiada, pelo advento do período de latência, para a puberdade – o que, note-se de passagem, implica num desconhecimento completo do mecanismo edipiano – de sorte que

> estes dois fatores, autoerotismo e período de latência, provocam um estacionamento do desenvolvimento psíquico da pulsão sexual, e a retêm por muito tempo ainda sob o domínio do Princípio do Prazer, ao qual, em muitos indivíduos, não conseguirá jamais escapar[7].

As duas pulsões são idênticas quanto à sua natureza, mas sua origem é diferente: o que constitui a especificidade de cada uma delas é a relação com a acessibilidade do objeto, mediada num caso pela realidade exterior e no outro pelo corpo próprio. O Princípio de Realidade aparece, neste texto, como algo imposto do exterior, e que o indivíduo faz seu para evitar o desprazer: um mecanismo semelhante preside à elaboração das formações reativas, que, como veremos numa próxima seção, convertem-se facilmente em traços de caráter.

A gênese da fantasia e da consciência, bem como a relação particularmente íntima que a primeira estabelece com as pulsões sexuais e a segunda com as pulsões do ego, podem ser melhor compreendidas em função da dualidade entre o Princípio do Prazer e o Princípio de Realidade. A satisfação autoerótica é adequada para a atividade fantasmática, cuja população de objetos não passa pelo crivo da realidade e da frustração, enquanto as pulsões do ego, cujos objetos pertencem ao mundo exterior, têm que se sub-

6. A expressão entre aspas foi-nos sugerida por uma frase semelhante, que nos pareceu particularmente feliz, no artigo do Prof. JOSÉ ARTHUR GIANNOTTI, Contra Althusser, *Teoria e Prática*, n. 3, 1967, p. 67.

7. *Formulations on the Two Principles of Mental Functioning*, S.E., XII, p. 222.

meter precocemente à prova de realidade, sob pena de não terem acalmadas suas exigências e manterem por longos períodos de tempo a tensão num nível sentido pela consciência como desprazeroso. Contudo, seria errôneo supor que o Princípio de Realidade represente um adversário à altura para o Princípio do Prazer: ele simplesmente resguarda este último de frustrações desnecessárias, "renunciando a um prazer momentâneo, de consequências inseguras, apenas para alcançar pelo novo caminho um prazer ulterior e seguro"[8]. A tendência fundamental do aparelho psíquico, em que se defrontam as duas pulsões, continua a exercer-se no sentido de realizar o máximo de prazer; só que, sendo o ser humano condenado a uma existência social, a busca do prazer é limitada por normas que transcendem o indivíduo e lhe impõem as restrições derivadas da cultura. Por outro lado, a implantação gradativa do Princípio de Realidade permite pensar numa evolução do ego, similar à da libido, mas antecipada temporalmente em função das características próprias das pulsões de autoconservação; não se deve perder de vista o fato de que também a libido deve cair, ao menos parcialmente, sob o controle do Princípio de Realidade, pois caso contrário a probabilidade de frustração e posterior desenvolvimento de uma neurose aumentaria geometricamente.

Até este momento, portanto, Freud estabeleceu a dualidade constitutiva das pulsões, referiu à realidade o papel determinante na diferenciação progressiva entre elas, e modificou sua concepção original do conflito defensivo, que, de um combate entre sistemas psíquicos – inconsciente de um lado, pré-consciente e consciente do outro – passou a ser encarado como uma oposição dinâmica entre pulsões. O resultado principal desta trajetória foi estabelecer um suporte pulsional para o ego, o qual, como vimos, consiste inicialmente na sua identificação com as pulsões de autoconservação. A natureza comum das pulsões é enfatizada pela definição célebre do Caso Schreber, posteriormente incorporada quase sem alterações aos *Três Ensaios* (na edição de 1915) e ao artigo *As Pulsões e seus Destinos:*

> concebemos a pulsão como um termo situado na fronteira do somático e do psíquico, e consideramos que ela denota o representante mental das forças orgânicas. Além disto, aceitamos a distinção popular entre as pulsões egoístas e uma pulsão sexual; pois tal distinção parece concordar com a concepção biológica de que o indivíduo tem uma dupla orientação, visando por um lado à autopreservação, e por outro à perpetuação da espécie[9].

Esta definição é capital para o tradicional problema das relações entre o corpo e a alma, que, na sua versão psicofísica, tanto preocupara Freud na época do *Projeto*. Aqui é proposta uma solução que escapa dos dilemas da causalidade e do paralelismo: nem o somá-

8. *Formulations on the Two Principles of Mental Functioning*, S.E., XII, p. 223.

9. *Psychoanalytical Notes upon an Autobiographical Account of a Case of Paranoia*, S.E., XII, p. 74 (Designaremos este texto pela sigla *Caso Schreber*).

tico é causa do psíquico, nem a cada conteúdo psíquico corresponde uma alteração do cérebro. Freud está propondo que a pulsão "representa" no plano mental as forças orgânicas. O termo *representação* é ambíguo; devemos eliminar imediatamente qualquer conotação intelectualista, pois a pulsão é completamente inconsciente. A ideia de representação parece-nos aludir aqui à tradução, para uma outra ordem de realidade psíquica, das exigências corporais; mas esta tradução se parece mais a um texto bilíngue, em que o original aparece ao lado da sua versão, pois a pulsão conserva uma face voltada para o somático, ou, na linguagem de Freud, para as "forças orgânicas". Estas são de duas ordens, como se depreende da biologia; a existência de dois tipos de células, as somáticas e as reprodutoras, aponta para duas finalidades no ser vivo: autopreservar-se e reproduzir a espécie. A distinção entre os dois grupos de pulsões é francamente atribuída às constatações biológicas, na *Introdução ao Narcisismo*, em que à biologia se confere um peso quase igual ao da "utilidade" desta diferenciação para a clínica das neuroses[10], bem acima do uso popular da distinção entre a Fome e o Amor.

Do ponto de vista da teoria das pulsões, a introdução do conceito de narcisismo, com a distinção correlativa de uma libido do ego e uma libido objetal, pareceria reduzir a dualidade a um monismo, englobando as pulsões do ego sob a rubrica mais ampla das pulsões sexuais, ou ambas sob algum outro conceito mais abrangente. Na verdade, as coisas são um pouco mais complexas. Sem nos determos neste momento na discussão detalhada do narcisismo, ressaltaremos que, para Freud, não se deve confundir as pulsões do ego com o investimento do ego pelas pulsões sexuais. A formulação de 1910 admite, com efeito, uma certa ambiguidade: "pulsões *do* ego" pode ser lido como pulsões (que emanam) do ego ou como "pulsões (que fazem) do ego (o seu objeto)". A segunda leitura é menos forçada do que parece, se levarmos em conta que no artigo mencionado Freud considera o ego como um "conjunto de representações"[11], passíveis portanto de serem investidas também pela pulsão sexual. O que ocorre

10. *On Narcissism: an Introduction*, S.E., XIV, p. 78.

11. A ideia de que o ego seja um conjunto de "representações" é certamente estranha. Neste momento, Freud ainda não tem uma noção clara da estrutura do ego; o uso deste termo parece reportar-se à época dos *Estudos sobre a Histeria*, quando ao ego era atribuído o poder de expulsar do seu arcabouço as "ideias incompatíveis". Ele poderia ser imaginado então como constituído por ideias ou representações, algumas das quais, incompatibilizadas com as demais por seu investimento erótico, deveriam ser expulsas para o inconsciente. Porém, mesmo neste caso, o ego conteria uma instância censuradora, que não pode ser assimilada a uma "representação". Se entendermos o termo no sentido mencionado acima, para esclarecer a natureza da pulsão, o quadro se complica ainda mais, pois o que é representação (de forças orgânicas no domínio psíquico), é a pulsão e não o ego. Assimilá-los à mesma entidade seria impensável: como poderia o ego ser investido pela pulsão, se já fosse pulsão? Diante destas considerações, e como esta caracterização do ego não torna a aparecer nos textos freudianos, cremos mais acertado imputar o uso de um termo tão problemático quanto o de representação, no contexto do ego, às obscuridades conceptuais com que Freud se defrontava naquele momento.

com a introdução do conceito de narcisismo é simplesmente a elucidação desta ambiguidade: as pulsões do ego continuam a ser as de autopreservação, e sua energia, de origem não sexual, é denominada "interesse"[12]; por outro lado, a pulsões sexuais, em seu caminho do autoerotismo para o amor objetal, se detêm por um momento no corpo do próprio indivíduo, não mais como soma de zonas erógenas parciais, mas como conjunto organizado, como totalidade, cuja tradução psicológica é efetuada pelo conceito de ego. Freud é taxativo a este respeito:

> é impossível supor que uma unidade comparável ao ego possa existir no indivíduo desde o início; o ego tem que ser produzido. Mas as pulsões autoeróticas são primárias; logo, algo deve ser acrescentado ao autoerotismo – uma nova operação mental – para que o narcisismo possa emergir[13].

O conflito pulsional requer dois elementos, necessários e suficientes, para o seu desencadeamento: a psicanálise os vê no ego e na sexualidade. Contudo, convém lembrar que a instância repressora não é jamais representada pelas pulsões de autoconservação, como poderia sugerir uma leitura apressada. A título de exemplo, Laplanche e Pontalis apontam o caso do *Homem dos Lobos*, em que a força que provoca a repressão é procurada na "libido genital" narcisista[14]. A função de autoconservação é o *terreno* em que se desenrola o conflito, mais do que uma das suas fontes dinâmicas. O que a análise do Princípio de Realidade revelou a respeito da fácil submissão das pulsões de autoconservação ao mundo exterior, portanto, não precisa ser reformulado.

O texto mais rico acerca da dualidade das pulsões, no quadro da teoria que estamos examinando, é o artigo de abertura *da Metapsicologia*, redigido em 1915, e que traz o título de *As Pulsões e seus Destinos*. Depois de recapitular o trajeto conceptual da noção de "estímulo" para o conceito de "pulsão", Freud repete a definição do *Caso Schreber* – a pulsão é um conceito limítrofe entre o somático e o psíquico – mas acrescenta um dado metapsicológico: "ao mesmo tempo, a pulsão é uma medida da exigência feita à energia mental em consequência de sua conexão com o corpo"[15]. O elemento novo se refere à qualidade de excitação contínua da pulsão, que deriva de sua conexão com os processos orgânicos, enquanto o estímulo se caracteriza por atingir o organismo do exterior e sempre de maneira discreta. É a este fator da pulsão que Freud denomina o seu "ímpeto", abordando o problema do ponto de vista econômico, isto é, relacionado com as magnitudes de energia que intervêm nos processos psí-

12. *Introductory Lectures on Psychoanalysis*, S.E., XVI, p. 414 (Conferência 26).

13. *On Narcisism: an Introduction*, S.E., XIV, p. 77.

14. LAPLANCHE e PONTALIS, *Vocabulaire de la Psychanalyse*, ed. cit., artigo *Pulsions du Moi*, p. 382.

15. *Instincts and their Vicissitudes*, S.E., XIV, p. 122. A mesma definição aparece na 3. edição dos *Três Ensaios*, S.E., VII, p. 168.

quicos. Os outros três fatores são os mesmos de 1905: a "fonte", isto é, o processo somático do qual emana a necessidade representada psiquicamente pela pulsão; a "finalidade", que consiste na descarga da excitação endossomática; e o "objeto", ou seja, aquilo através do qual a pulsão pode alcançar sua finalidade, ou, dito de outro modo, aquilo que lhe proporciona satisfação. Estes elementos são postulados das pulsões em geral, sem distinguir entre as sexuais e as de autopreservação, de modo que é lícito inferir que se aplicam tanto a estas como àquelas.

O motivo para a diferenciação entre as duas categorias é, como na *Introdução ao Narcisismo*, parcialmente de ordem clínica e parcialmente de ordem biológica. A existência, no núcleo da histeria e da neurose obsessiva, de um conflito entre o ego e a sexualidade, sugeriu a existência de duas forças opostas, cujo embate resulta na formação dos sintomas. A biologia ensina que a função sexual não está no mesmo nível que as demais atividades orgânicas, pois transcende o indivíduo e se dirige para a perpetuação da espécie: a sexualidade pode ser encarada como uma das necessidades do indivíduo, ou este aparecer, do ângulo da espécie, como um mero apêndice somático do seu plasma germinativo. Freud tem o cuidado de assinalar que a classificação das pulsões é apenas uma "construção auxiliar", podendo ser substituída por outra, caso as exigências da investigação apontem em outra direção. Cremos, porém, que esta é uma declaração tática, inserida apenas para resguardar o flanco, pois o texto da *Introdução ao Narcisismo* é de uma violência inusitada a este respeito. Freud redigiu este último artigo com especial veemência, polemizando com Jung acerca do mecanismo das psicoses, ao qual a teoria do narcisismo vem responder; e rebate com irritação mal disfarçada a proposta de Jung de reconhecer apenas uma energia mental, da qual a libido seria uma diferenciação posterior:

> Este problema não tem a mínima importância. Refere-se a problemas tão afastados da nossa observação e tão inúteis para o avanço dos nossos conhecimentos, que negar a tese é tão ocioso como afirmá-la. É possível que esta identidade primordial tenha tanto a ver com nossos interesses analíticos quanto o parentesco primordial das raças humanas tem importância para a prova de parentesco exigida pela Justiça para adjudicar uma herança. Todas estas especulações não conduzem a parte alguma etc.[16]

Realmente, não é difícil perceber que a hipótese da energia mental única, quer se a chame de libido ou de outro nome qualquer, elimina a especificidade do sexual, e com ela o ponto de partida da teoria freudiana do conflito neurótico. Por outro lado, a postulação de numerosas pulsões, tais como a lúdica, a destrutiva ou a social, equivale simplesmente a admitir para cada função humana uma pulsão correspondente, o que não contribui muito para a ampliação dos conhecimentos psicológicos, e recorda a tese de que o sono é provo-

16. *On Narcissism: an Introduction*, S.E., XIV, p. 79.

cado por uma *virtus dormitiva*, ridicularizada por Kant. É por estas razões – a impossibilidade da redução a uma só e a inutilidade da multiplicação das pulsões – que afirmamos anteriormente que duas delas são necessárias e suficientes para dar conta do conflito neurótico e, por conseguinte, também do comportamento normal.

Como os destinos de pulsão examinados no artigo de 1915 se referem exclusivamente às pulsões sexuais, resta-nos mencionar que estas são mais uma vez explicitamente vinculadas, pelo mecanismo do apoio, às pulsões de autoconservação – ao menos na sua origem – e que a escolha de objeto sexual é parcialmente indicada por estas pulsões. Freud refere-se rapidamente ao narcisismo, dizendo que

> algumas das pulsões sexuais permanecem associadas por toda a vida com as pulsões do ego, fornecendo a estas componentes libidinais, que, no caso do funcionamento psíquico normal, facilmente escapam à observação, e só são claramente discerníveis quando se apresenta um distúrbio[17].

A explicação mais clara a respeito das "componentes libidinais do ego" parece-nos ser, de toda forma, a que propusemos atrás: o ego possui suas próprias pulsões, cuja energia é denominada "interesse", e que se alinham sob a rubrica das pulsões de autoconservação; quando ele se converte no objeto sexual de si mesmo, tal fenômeno é designado com o termo de "narcisismo" e se trata de um processo intrinsecamente sexual, como o revela o qualificativo de "libido do ego".

No quadro teórico da dualidade das pulsões, emerge portanto o problema do ego: sua origem, sua estrutura, seu relacionamento com a sexualidade. Estas questões, porém, podem ser atingidas também por outra via: a da organização progressiva da libido. Com efeito, tanto cronológica quanto logicamente, a teoria da libido partiu do exame das pulsões sexuais: e já que o narcisismo faz parte da teoria da libido, como atesta o título da 26ª das *Conferências de Introdução à Psicanálise*, passaremos agora ao exame do desenvolvimento libidinal, para reencontrar o problema do ego no final do percurso.

3. A EVOLUÇÃO DA LIBIDO

> *Falei de coisas imundas? Para mim, não é isto o pior. Não quando a verdade é imunda, mas sim quando é superficial, é que o investigador mergulha de má vontade nas suas águas.*
> *NIETZSCHE, "Da Castidade", in* Assim Falava Zaratustra.

A modificação mais importante sofrida pela teoria da sexualidade, com o advento da nova constelação conceptual que estamos

17. *Instincts and their Vicissitudes*, S.E., XIV, p. 126.

examinando, consiste na introdução do conceito de "organizações pré-genitais da libido". Sabemos que a primeira versão desta teoria caracterizava a sexualidade infantil até a puberdade como autoerótica e anárquica: o objeto sexual era localizado no corpo da criança, e o modo de funcionamento de sua sexualidade era descrito como o jogo das pulsões parciais, emanadas das diferentes zonas erógenas (sua fonte) e tendendo a finalidades específicas, como o olhar, o tocar etc. Contudo, o destino das pulsões parciais não se limitava, mesmo nesta etapa inicial, à convergência sob o primado da zona genital: seu desenvolvimento desimpedido culminava nas perversões, sua repressão exagerada dava origem às diferentes neuroses, e mesmo no caso ideal da sexualidade dita normal, elas sobreviviam como impulsos conducentes a satisfações preliminares, englobadas sob o conceito de pré-prazer. O conceito novo a que nos referimos designa formas de relativa coordenação das pulsões parciais, em que uma zona erógena determinada se destaca como o ponto de convergência, e nas quais se evidenciam tipos diferentes de relação com o objeto. Na elaboração teórica do desenvolvimento psicossexual do indivíduo, a primeira destas organizações a ser reconhecida foi a chamada fase anal, seguindo-se a fase oral e somente em 1923-1924 a fase fálica. Entre a organização oral e a anal, interpôs-se o momento do narcisismo primário, mas a localização precisa desta modalidade da vida sexual variou segundo o contexto da discussão e segundo a evolução dos pontos de vista de Freud. Nesta análise, seguiremos a ordem cronológica da emergência dos conceitos, porque estes se vinculam a problemas específicos e cuja possibilidade de aparição depende da malha teórica em que se inscrevem. Começaremos, portanto, com o exame do erotismo anal.

A ligação misteriosa entre a região anal e a sexualidade interessava a Freud desde a época da correspondência com Fliess. Na carta 75, a zona erógena correspondente ao ânus e a pulsão parcial adstrita a ela eram descritas como o objeto de uma repressão particularmente violenta, originada da educação e dos hábitos de higiene impostos pela cultura através da família. Este tema é retomado em dois artigos curtos de 1908, *Caráter e Erotismo Anal*, e *Teorias Sexuais Infantis*. O ponto de partida do primeiro é clínico: os pacientes dotados das qualidades de minuciosidade, economia e perseverança relatam com frequência surpreendente incidentes infantis ligados ao erotismo anal, que no entanto parece ter desaparecido sem deixar rastros no curso da evolução posterior. A tese de Freud que ele *deixou* tais rastros:

> Supomos que a zona anal perdeu sua significação erótica no curso da evolução, e suspeitamos que a constância daquela tríade de qualidades observável no caráter (dos pacientes) pode ser relacionada com a desaparição do erotismo anal[18].

18. *Character and Anal Erotism*, S.E., IX, p. 170.

A responsabilidade pela transformação do erotismo anal de fonte de prazer em motivo de vergonha é atribuída à educação, que introduz os "anticorpos" do pudor, da repugnância e da moral. Frente à proibição taxativa do gozo anal, certas crianças reagem introjetando a instância repressora, de modo que a proibição já não parece vir de fora, mas de dentro do psiquismo. Neste caso, a "neurose da Hausfrau", cuja vida se centra na limpeza e na escrupulosidade, pode ser interpretada como uma reação contra o erotismo anal, ou, mais precisamente, contra a onipresença do "sujo".

A tenacidade ou obstinação obedece a um mecanismo um pouco diferente: ela representa o protesto infantil contra a violência ao seu prazer, inicialmente de pura teimosia – como se dissesse "não" à interdição – e posteriormente atingindo os graus mais refinados e abrangentes da perseverança. O terceiro traço de caráter – a economia capaz de chegar às raias da avareza – é um tema que atravessa todo este período, e a explicação de Freud neste texto é ainda incipiente: como o folclore e a superstição assimilam o ouro ao estéreo dos infernos, é

> muito possível que a antítese entre o mais valioso objeto que o homem conhece e aquilo que ele mais despreza, a escória que afasta de si, seja o que conduziu a esta identificação do ouro com a imundície[19].

O outro ponto de contato entre a analidade e o sexo é dado pela segunda das ideias infantis sobre a origem dos bebês, e que são examinadas no artigo sobre as *Teorias Sexuais Infantis*. A chegada de um novo irmão é o motivo para que seja despertada a curiosidade sobre este magno problema, que constitui o primeiro exercício intelectual sério da vida do indivíduo. Como à aguda observação da criança não escapa o aumento do volume do ventre materno – e a análise do pequeno Hans o comprova exaustivamente – a teoria da cegonha é encarada com reservas mesmo na idade de quatro anos. Se a criança se forma na barriga da mãe, duas perguntas se seguem logicamente disto: como foi parar lá, e de que forma saiu. A primeira questão é respondida com frequência através de uma teoria alimentar: a mãe ingeriu algo que a faz engravidar, noção que é apoiada pelo ato cotidiano de comer e pela verificação de que a comida vai para a "barriga". Esta comparação e o desconhecimento da função da vagina sugerem a resposta à segunda pergunta: o bebê é expelido pelo ânus, como as fezes. Esta teoria não provoca a repugnância do precoce investigador pela simples razão de que a massa fecal não lhe parece asquerosa: a educação ainda não reprimiu os impulsos coprofílicos

19. *Character and Anal Erotism*, S.E., IX, p. 174. Este texto coloca um problema importante, à margem da questão principal: o das relações entre o tesouro das lendas e da imaginação popular e os conteúdos do inconsciente. Fiéis à nossa orientação neste estudo, porém, não o abordaremos aqui. A questão do papel da educação e dos fatores sociais em geral na repressão será tratada na seção 6 deste capítulo.

do erotismo anal. Freud insiste na vinculação estreita entre a vida sexual infantil e o conteúdo da hipótese cloacal:

> A parte de verdade contida nestas teorias se explica pela derivação dos componentes da pulsão sexual já presentes na criança [...]; são o fruto [...] de uma necessidade da constituição psicossexual, e por esta razão podemos falar de teorias sexuais típicas[20].

A experiência da defecação e o prazer derivado dela apontam nestes dois artigos para a existência de um "erotismo anal", sem que se fale ainda de uma "organização anal"; mas é fácil perceber, na linha desta última citação, que a tese da organização anal só pode reforçar a dedução freudiana. Com efeito, se a criança se encontra sob o domínio da fase anal, não é inconcebível que seus interesses possam convergir no sentido da noção mencionada, que seria então, para empregar uma das fórmulas favoritas de Freud, "apoiada de dois lados": pelo interesse na origem do bebê e pela etapa da organização psicossexual em que está.

É dos dois casos clínicos publicados em 1909 que extraímos o passo seguinte para a elaboração do conceito de organização anal. O pequeno Hans manifesta um extraordinário interesse pelos excrementos, na lógica de sua fobia, à qual retornaremos ainda em outros contextos. Na "Epicrise" do caso, Freud sintetiza o desenvolvimento desta neurose infantil: o afeto pela mãe é bloqueado durante a gravidez e o puerpério, pelas longas ausências determinadas por estas condições. O nascimento da irmã coloca o problema da origem dos bebês; e a hostilidade contra o pai, já aguçada por este ocupar constantemente o leito materno, é agravada pela história da cegonha, à qual o menino não dá crédito algum. Este conjunto de questões e sentimentos contraditórios – pois o pai era também motivo de afeto, e o enigma da "coisinha" da mãe permanecera insolúvel – é devidamente reprimido, mas sua eficácia se manifesta no conflito fóbico. Deste reteremos, no momento, os elementos ligados à analidade: a conexão fezes-crianças permite esconder, sob as fantasias e sonhos de fundo anal, os ciúmes e o ódio contra a irmã; o medo de ser punido por estes desejos rebate sobre a analidade, engendrando o sonho em que o encanador arranca o seu traseiro e o medo de ser banhado na tina grande. O temor de que os cavalos caíssem conta entre suas determinações o complexo inconsciente do parto: os cavalos cairiam "por carregar um grande peso", como a mãe fizera com o feto, e os carros cheios de mercadorias recordam o ventre cheio de fezes[21]. A observação direta de uma criança confirma assim as inferências a que Freud procedera a partir da observação de pacientes adultos, em especial a teoria cloacal característica da infância.

20. *On the Sexual Theories of Children*, S.E., IX, p. 215.

21. *Analysis of a Phobia in a Five-Year-Old Boy*, S.E., X, pp. 88-98 (Este texto será designado pela sigla *O Pequeno Hans*).

A análise do *Homem dos Ratos* proporciona alguns elementos novos na direção da teoria final sobre o erotismo anal. Sua obsessão principal, no sentido de que, se realizasse determinadas ações, os ratos invadiriam o ânus de seu pai e de sua noiva, aponta para esta região como um núcleo privilegiado de fantasias e ideias inconscientes. Podemos classificar os elementos aduzidos por Freud em dois grupos: o das equivalências inconscientes e o do par amor/ódio. O parágrafo G da primeira seção do estudo do caso, intitulado *O Complexo Paterno e a Solução da Ideia dos Ratos*, contém a seguinte afirmação:

> O que o castigo dos ratos excitara mais do que qualquer outra coisa era o *erotismo anal* (do paciente), que desempenhara um papel importante na sua infância e fora mantido em atividade por muitos anos, devido a uma constante irritação causada por lombrigas. Desta forma, os ratos adquiriram a significação de *dinheiro* [...] Sendo o *pênis*, como os ratos, o portador de infecções venéreas, ele podia considerar o rato como um órgão genital masculino [...] E tornou-se impossível eludir a inferência de que em muitas das formas assumidas por seus delírios obsessivos os ratos possuíam um terceiro significado – o de *crianças*[22].

O deslocamento funciona aqui de maneira desenfreada. Inicialmente, observaremos que o rapaz fora acometido de parasitose durante sua infância, e que a inserção dos ratos correspondia à expulsão dos vermes pelo ânus. O significado anal do delírio dos ratos baseava-se assim numa experiência infantil particularmente apta para os propósitos da neurose, pois o desespero pelo incômodo das lombrigas acoplava-se à intensa excitação que o ato de expeli-las induzia na mucosa intestinal. A homofonia entre os termos *Ratten* (ratos) e *Raten* (pagamentos) conduziu à primeira equivalência: tantos ratos, tantos florins; além disto, seu pai fora um *Spielratte* (jogador inveterado, literalmente "rato do jogo"). Temos aqui uma derivação altamente específica para a equivalência dinheiro = fezes, que no artigo de 1908 era atribuída de maneira um tanto enigmática à ação do folclore e à antítese valioso/desprezível. O elemento novo da série é o pênis, introduzido pela sequência ratos-doenças infecciosas sífilis--pênis. A sobredeterminação do sintoma aparece através de uma outra cadeia inconsciente, que vincula o pensamento "tantos ratos, tantos florins" à prostituição e à ocasião de contrair a temida infecção. A descoberta da equivalência entre o falo e as fezes será confirmada subsequentemente em vários textos, tanto teóricos como clínicos, e acrescenta uma credibilidade maior à expressão "erotismo anal", à luz da concepção comum da sexualidade, restrita à esfera genital. Por fim, a relação entre as fezes e as crianças é mediada pelos ratos em duas direções: a mordida que o rapaz dera ao pai numa ocasião em que este o castigara, e a conexão com os vermes (em alemão, é comum chamar as crianças de *Kleine Würmer*, pequenos vermes).

22. *Notes upon a Case of Obsessional Neurosis*, S.E., X, pp. 213-214, (Este texto será designado pela sigla *Homem dos Ratos*).

Além disso, a esterilidade de sua noiva, que fora submetida a uma extração dos ovários, prometia um casamento sem filhos; a penetração dos ratos no seu ânus poderia assim conotar o desejo de que ela pudesse, apesar de tudo, ser fértil e gerar crianças.

Mas a análise do *Homem dos Ratos* põe Freud na pista de um segundo conjunto de problemas, ligado ao destino do amor e do ódio, porque a repressão deste último se encontra na raiz das manifestações obsessivas. A ambivalência dos sentimentos do rapaz em relação ao pai e à sua amada fora resolvida mediante uma exacerbação do componente amoroso, que servia de contrapeso a um ódio igualmente intenso, mantido porém sob repressão. Escreve Freud a este respeito:

> Esta singular constelação da vida erótica parece ter sua condição numa dissociação precoce dos dois elementos antitéticos, ocorrida no período pré-histórico infantil [...] Demonstrou-se que o componente sádico do amor havia atingido, constitucionalmente, uma elevada intensidade, e consequentemente havia sido objeto de uma repressão prematura e demasiado fundamental [...]; os fenômenos neuróticos observados derivavam (parcialmente) [...] do sadismo que continuava atuando no inconsciente, na qualidade de ódio[23].

A expressão "período pré-histórico infantil" se refere aos anos anteriores ao período de latência, encobertos pela amnésia oriunda da repressão. O que nos parece importante neste texto é a possibilidade de vincular, por meio da condição comum da repressão e da data em que ela ocorre, os elementos do sadismo e do erotismo anal, para os quais será preciso encontrar em seguida um solo comum. A ocorrência de ambos entre as condições propícias à eclosão da neurose obsessiva será o fio condutor da análise freudiana. Com efeito, os traços de pertinácia, escrupulosidade e economia apontam para uma possível realização obsessiva, porque facilmente se convertem em compulsões, mesmo nos indivíduos ditos normais; por outro lado, os sintomas da neurose obsessiva nada mais são do que defesa contra uma hostilidade exagerada, da qual o sujeito procura escapar evitando as ocasiões em que seu ódio inconsciente poderia vir à tona. A reunião dos dois aspectos – o erotismo anal, reprimido e substituído pelas formações reativas mencionadas, e o componente sádico, reprimido e parcialmente reposto pelas formações obsessivas – será explicitamente afirmada no artigo de 1913, *A Disposição à Neurose Obsessiva*, em que Freud apresenta pela primeira vez o conceito de organização "sádico-anal".

Deixando de lado os aspectos mais amplos da teoria psicanalítica abordados neste texto, reteremos neste momento o que é dito acerca do tema que nos ocupa.

> Vemos a necessidade de admitir, antes da estruturação definitiva da libido, uma nova etapa, na qual as pulsões parciais aparecem reunidas para a escolha de objeto, mas este é diferente da pessoa própria, *e a primazia das zo-*

23. *Homem dos Ratos*, S.E., X, pp. 239-240.

> *nas genitais* ainda não se acha estabelecida. As pulsões que dominam esta organização pré-genital da vida sexual são antes as erótico-anais e as sádicas[24].

A sintomatologia da neurose obsessiva estabelece esta correlação sem sombra de dúvida, mas o suporte teórico passa pelo exame das noções de "atividade" e "passividade". A antítese masculino/feminino só pode aparecer na fase genital, dada sua evidente conexão com a função reprodutora; em seu lugar, porém, é possível constatar a existência de tendências pulsionais dotadas de finalidades ativas e passivas.

> A atividade é representada pela pulsão parcial de apreensão, à qual damos o nome de sadismo quando a encontramos a serviço da função sexual [...]; a corrente passiva é alimentada pelo erotismo anal[25].

Recordamos que a pulsão jamais é passiva, sendo por definição uma "fração de atividade"; somente sua finalidade pode ser passiva. O que confere à pulsão anal seu caráter passivo é a excitação da mucosa intestinal pela coluna de fezes; o suporte físico da pulsão de apreensão é representado pela musculatura em geral, segundo o texto da edição de 1915 dos *Três Ensaios*[26]. Quanto à pulsão parcial de apreensão, a análise mais completa que Freud lhe dedicou se encontra no artigo de 1915, *As Pulsões e Seus Destinos*, ao qual retornamos neste contexto. Examinando os destinos das pulsões sexuais em geral, Freud se depara com a possibilidade da transformação de uma pulsão na sua inversa, tanto no registro da inversão de finalidade (de ativo para passivo) quanto no da substituição do objeto (retorno sobre o indivíduo), que, aliás, coincidem na maioria dos casos. As pulsões parciais aptas a estas transformações são agrupadas em dois pares antitéticos: sadismo/masoquismo e escoptofilia/exibicionismo. O primeiro destes pares nasce de uma dialética do poder: numa primeira etapa, verifica-se o exercício da violência sobre outra pessoa ou objeto; em segundo lugar, ocorre o abandono deste objeto exterior e sua substituição pelo próprio indivíduo, juntamente com a transformação da finalidade de ativa em passiva; por fim, o masoquismo surge quando a pulsão de finalidade passiva encontra um novo objeto exterior, mas que agora, em virtude da segunda fase, tem que assumir o papel ativo do sujeito[27]. A necessidade da segunda etapa se evidencia precisamente pela sintomatologia da neurose obsessiva, em que a inversão não chega até o estágio masoquista: o paciente transpõe o sadismo para sua própria pessoa – de onde as autorrecriminações caracterizadas desde 1896, no artigo *Novas Observações sobre as Psiconeuroses de Defesa* – mas sem que seja exigida a presença de

24. *The Disposition to Obsessional Neurosis*, S.E., XII, p. 321.
25. *The Disposition to Obsessional Neurosis*, S.E., XII, p. 322.
26. *Three Essays*, S.E., VII, p. 298.
27. *Instincts and their Vicissitudes*, S.E., XIV, pp. 127-128.

um torturador externo. O sadismo coloca um problema adicional à teoria psicanalítica, na medida em que seu objetivo – infligir dor – não faz parte da finalidade primordial de nenhuma pulsão. É esta particularidade que toma conveniente postular a pulsão de apreensão, mencionada no texto de 1913, mas que então se revelava um tanto enigmática.

> A criança sádica não percebe se inflige ou não inflige dor ao objeto (do qual quer se apossar), nem pretende fazê-lo. Mas uma vez ocorrida a transmutação em masoquismo [...], a experiência de sofrer a dor pode ser reintroduzida na situação sádica, resultando na finalidade sádica de *causar a dor*, que será gozada masoquistamente pelo sujeito [...] através da sua identificação com o objeto que sofre[28].

Este texto prefigura certas passagens de *Além do Princípio do Prazer*, especialmente porque o sadismo é aqui encarado como um retomo do masoquismo sobre o objeto; mas nesta altura Freud rejeita a possibilidade de um masoquismo primário. A sequência é definida assim: pulsão de apreensão – inversão da finalidade –introdução da satisfação sexual passiva – síntese final da atividade e da passividade no sadismo plenamente desenvolvido. A pulsão infantil não visa a provocação da dor em outrem; seria mais correto dizer que a dor é causada pela indiferença com que ela manipula seu objeto, sem prestar qualquer atenção à sensibilidade deste. O prazer propriamente sexual só aparece na terceira fase, a masoquista, que pressupõe a ação da fantasia: o ego se coloca na situação primitiva do objeto, enquanto a este é atribuída a função ativa inicial. Da mesma forma, a menção da identificação abre-se sobre o registro fantasmático, já que a fonte do prazer sádico reside na troca de posição (no nível da fantasia, inclusive inconsciente) do sujeito e do objeto. Aqui já se coloca a questão da perversão, enquanto na evolução da sexualidade o elemento sádico é integrado e balanceado pelo erotismo anal.

Todos estes conceitos, cuja gênese é dispersa e se prolonga por vários anos, são empregados a fundo na análise do Homem dos Lobos, cuja história trágica começa com uma fobia, passa pelo estágio de uma neurose obsessiva e desemboca numa perturbação que Freud não especifica, mas que pode ser concebida como tendência à psicose, a partir das indicações fornecidas. Este paciente demonstrava a ambivalência afetiva em grau excepcionalmente elevado, e a fixação na fase sádico-anal era bastante intensa. Esta característica dominava sua relação com o pai: "em seu sadismo, ele mantinha a antiga identificação com o pai; mas no seu masoquismo, escolheu-o como objeto sexual"[29]. O desenvolvimento sexual do menino fora tormentoso; a partir da identificação com o pai, procurara aos três anos de idade "seduzir" sua ama-seca, mas fora repudiado; a tendência passiva que

28. *Instincts and their Vicissitudes*, S.E., XIV, p. 128.

29. *From the History of an Infantile Neurosis*, S.E., XVII, p. 63 (Este texto será designado pela sigla *Homem dos Lobos*).

lhe era própria desde a cena primordial – o coito entre os pais a que assistira, sem nada compreender, com um ano e meio – afirmou-se através da escolha homossexual de objeto e do masoquismo ligado ao pai: procurava enfurecê-lo para que lhe batesse, e desenvolveu outros sintomas, durante a fase da neurose mística, que apontavam na mesma direção (a identificação com o Cristo sofredor castigado pelo pai, para dar um exemplo). Temos aqui um exemplo nítido da indissolubilidade do par sadomasoquista, tal como a descreve o artigo *As Pulsões e seus Destinos*. Uma pulsão parcial de apreensão e subjugação se manifesta na violência contra os animais; a fantasia de que "batem no herdeiro do trono, o Czarevitch" representa a segunda fase, de retorno sobre o indivíduo e transformação da atividade em passividade; a escolha homossexual de objeto incide sobre o pai e o transforma no personagem cruel, cuja violência é gozada como sexual: eis o masoquismo propriamente dito. No caso do Homem dos Lobos, o sadismo não sobreviveu à fase infantil, a não ser de maneira atenuada, na tendência a degradar seus objetos sexuais, escolhidos entre camponeses e mulheres de condição social inferior à sua.

O complemento do sadomasoquismo é dado pela imensa importância patogênica do erotismo anal. É neste relato que Freud desenvolve a série famosa das fezes = presente = criança = pênis = dinheiro, que será retomada em 1917 no artigo *Sobre as Transformações das Pulsões, em Especial do Erotismo Anal*. O paciente sofria de uma paralisia intestinal de fundo histérico, que continuou durante anos a fio e só foi eliminada com a análise completa do seu erotismo anal. A estreita vinculação entre este e o masoquismo é demonstrada pela identificação com a mãe, que sofrerá de disenteria e hemorragias durante a infância do menino; sob a influência da cena primordial, ele chegou à conclusão de que sua mãe adoecera em virtude do que o pai lhe fizera durante a relação sexual. À teoria infantil de que as crianças nascem pelo ânus, devemos acrescentar agora a que imagina o ato sexual como uma relação de violência, em que o homem subjuga a mulher[30]. Esta teoria, que corresponde à pulsão sádica, fora elaborada pelo Homem dos Lobos na sua versão masoquista:

> O órgão pelo qual sua identificação com as mulheres e sua atitude homossexual passiva frente aos homens podiam expressar-se era a zona anal. As perturbações no funcionamento intestinal haviam adquirido a significação de impulsos carinhosos femininos, e retiveram este sentido também durante a doença posterior[31].

As equivalências propostas vinculam-se ao conjunto de fantasias que envolvem a analidade, o parto e a passividade.

Freud começa por estabelecer novamente a identidade fezes = dinheiro, que neste caso passava pela compaixão por um parente

30. *On the Sexual Theories of Children*, S.E., IX, p. 220.
31. *Homem dos Lobos*, S.E., XVII, p. 78.

pobre e pela tentativa de corrupção de um bedel escolar. Mas aqui a associação é puramente exterior: nas duas ocasiões, o menino sentiu uma intensa necessidade de esvaziar o intestino, e numa delas chegou a sujar as calças. A relação interna entre os dois elementos é dada por sua analogia com um terceiro: o presente. As fezes são o primeiro presente da criança ao mundo, uma parte do seu corpo de que ela se separa somente para ofertá-la àqueles a quem ama. Freud se refere algumas vezes, com uma ponta de humor, ao fato de que as crianças pequenas só sujam as pessoas que lhes são caras, sem conceder esta honra a um estranho. O hábito de oferecer dinheiro como presente permite estabelecer esta equivalência sobre um fundo afetivo sólido, bem mais convincente do que a hipótese inicial de 1908, que se referia ao folclore, sem precisar de que maneira a criança entrava na posse do conteúdo lendário. A significação de "presente" permite passar ao termo seguinte da série, o bebê: aqui a determinação é dupla, tanto pelo "oferecimento" de uma criança aos pais, quanto pela forma anal em que é concebido o parto. A vinculação entre a "criança" e "dinheiro" assumiu um papel preponderante na vida do Homem dos Lobos, como se depreende das recordações ligadas à sua irmã. A estimulação da mucosa intestinal pela coluna de fezes fá-la assumir uma função passiva, semelhante à da vagina no decorrer da penetração, de onde o quinto termo da série inconsciente: o pênis. A entrega das fezes torna-se assim um protótipo da castração, de sorte que

> as fezes, o bebê e o pênis formam uma unidade, um conceito inconsciente (*sit venia verbo*) – a saber, o conceito de uma coisa pequena que pode ser separada do corpo[32].

É nesta linha que, do lado da sexualidade feminina, a inveja do pênis se transforma no desejo de possuir um marido, considerado como apêndice necessário do falo, e a partir daí no desejo de ter um filho deste marido. O artigo de 1917 sobre o erotismo anal acentua este ponto, mostrando a importância decisiva de tal transformação para a constituição de uma atitude sexual propriamente feminina; mas contém outros dados importantes, em especial sobre o narcisismo, e retomaremos a ele na próxima seção.

De todos os elementos que reunimos até aqui, podemos concluir alguns pontos básicos, que nos orientarão quanto ao caminho a seguir. O erotismo anal já era um elemento da teoria da sexualidade na versão de 1905; o sadismo aparecia então como uma das perversões, aquela em que o componente agressivo da sexualidade humana subia ao primeiro plano. Os dois elementos não formavam um conjunto, nem poderiam formá-lo, dada a hipótese da anarquia das pulsões infantis, ou, na frase de Freud, sua "perversidade polimorfa". Observações isoladas entre si forneceram os primeiros elementos da tese posterior de uma fase sádico-anal: o terreno comum em que os dois

32. *Homem dos Lobos*, S.E., XVII, p. 84.

aspectos puderam ser vinculados foi oferecido pela clínica da neurose obsessiva. Os traços de caráter de fundo obsessivo, apontados em 1908 como formações reativas contra o erotismo anal, sugeriram que esta pulsão podia ser submetida a transformações inesperadas; a análise das teorias sexuais infantis mostrou uma correlação entre o conteúdo da tese cloacal e o período da vida em que ela aparece, período este dominado pela pulsão anal. Dos delírios obsessivos emergiu, passo a passo, a série completa das equivalências inconscientes, das quais o elemento da castração sobressai com particular evidência. A dissecação da estrutura da neurose obsessiva conduziu à identificação do componente sádico, objeto de uma repressão violenta neste tipo de distúrbio. Em 1915, os três textos que citamos – *As Pulsões e seus Destinos*, os *Três Ensaios* e o *Homem dos Lobos* – operam com o conceito de organização sádico-anal, que, em suas diferentes acepções, aparece na vida fantasmática, na disposição à neurose obsessiva e na ameaça da castração. A introdução do par de opostos atividade/passividade solda intimamente os dois componentes desta organização, atribuindo ao sadismo (mesmo em sua versão assexual) o papel ativo, e ao erotismo anal a função passiva, justificando assim a dupla caracterização desta fase libidinal. A dialética que trabalha a primeira oposição se repete na segunda, de modo que num caso clínico específico é possível seguir as peripécias dos dois elementos (Homem dos Lobos). Por fim, a organização sádico-anal é localizada também na sexualidade feminina, atingindo um grau de universalidade de que não se podia suspeitar no início do percurso.

Em *As Transformações das Pulsões, em especial do Erotismo Anal*, Freud fecha o círculo que conduz da organização sádico-anal ao problema do ego, ao se interrogar sobre os destinos do erotismo anal. Quatro possibilidades estão abertas: a perseveração desimpedida conduz ao sadismo e ao homossexualismo, como sequelas perversas da sexualidade infantil; a sublimação em curiosidade, a partir das interrogações sobre a origem das crianças, pode desembocar na tendência geral à investigação; a repressão leva às formações reativas (transmutação em traços de caráter), ou, no caso de um conflito intenso, à disposição constitucional para uma neurose obsessiva; a integração na corrente maior da sexualidade genital deixa o sadismo e a analidade como possibilidades abertas à satisfação preliminar no coito adulto[33]. Ora, duas destas possibilidades envolvem diretamente o ego (a homossexualidade e o caráter), enquanto as demais, para se instaurarem como dominantes, precisam de certas características da estrutura do ego: uma complacência anormal no caso das perversões, uma severidade moderada para induzir a sublimação e a integração, uma defesa intensa e fracassada na gênese da neurose obsessiva. Para dar conta do esquema final dos destinos desta orga-

33. *On the Transformations of Instincts as Exemplified in Anal Erotism*, S.E., XVII, p. 128 *e passim*.

nização, portanto, a teoria necessita uma ideia clara sobre a gênese e a arquitetura do ego.

Antes de passar ao estudo do ego, porém, abordaremos rapidamente a outra fase libidinal reconhecida por Freud neste período: a organização oral. Assim como no caso da analidade, em 1905 aparece apenas um "erotismo oral": mas, curiosamente, é a ele que se dedica a análise mais cuidadosa, permitindo supor que, das zonas erógenas, era esta a que parecia mais importante a Freud; a evolução que acabamos de traçar, contudo, mostra que o erotismo anal vai assumindo progressivamente um papel de maior destaque, sendo inclusive o primeiro a merecer a designação de "organização". A sucção do polegar é a atividade matriz da sexualidade infantil, e é sobre este paradigma que se efetua o reconhecimento desta função na criança: a pulsão sexual, que inicialmente se satisfazia apoiando-se sobre a nutrição, destaca-se dela e adquire um matiz autoerótico exatamente com o advento do ato de chupar o dedo. Recordamos também que a experiência de satisfação, reconhecida desde *o Projeto*, envolve um objeto oral, de modo que esta primeira fixação do desejo, cujo caráter exemplar é acentuado em vários textos, se opera na zona da boca.

É somente em 1915, na terceira edição dos *Três Ensaios*, que Freud reconhece explicitamente a existência de uma organização oral:

> A primeira das organizações pré-genitais é a oral [...]. Aqui a atividade sexual ainda não se separou da ingestão do alimento, e tampouco se podem diferenciar correntes opostas na atividade. O *objeto* das duas funções é o mesmo; a *finalidade* sexual consiste na incorporação do objeto[34].

Três elementos nos parecem chamar a atenção neste texto: o apoio da pulsão sexual sobre a necessidade orgânica, que constitui a forma primária da sua existência; a ênfase na univocidade da pulsão, que contrasta com o par atividade/passividade, constitutivo da organização seguinte; e o deslocamento do acento da zona erógena para um modo de relação com o objeto, aqui denominado de "incorporação". Este novo ângulo de abordagem da problemática sexual é de extrema importância, e deriva da função cada vez mais ampla atribuída pela teoria psicanalítica à fantasia. A incorporação envolve o prazer de ser penetrado por um objeto exterior, a destruição deste objeto e a assimilação das suas qualidades; são estas duas últimas características, que se exigem reciprocamente, que impedem a diferenciação da atividade e da passividade na fase oral: é por um só e mesmo ato que o indivíduo aniquila o objeto e o conserva dentro de si. A forma de relação com o objeto definida pela incorporação a qualifica como matriz de dois processos que já não pertencem à libido, mas ao ego: a introjeção e a identificação. Desta maneira, mais uma vez a pro-

34. *Three Essays*, S.E., VII, p. 198.

blemática do sexual termina por enviar à questão do ego, que se torna assim o ponto de convergência de duas séries de problemas: a questão do caráter e da repressão, por um lado, e o tema das relações entre o sexual e o propriamente voluntário e consciente, por outro.

4. A TRAMA DO EGO

A noção de "ego" pertence ao vocabulário freudiano desde o início das suas pesquisas. O primeiro conceito propriamente psicanalítico, o de "defesa", já envolve o ego como um dos polos do conflito; a repressão ou defesa patológica é descrita em 1894 como a expulsão da consciência, pelo ego, de ideias incompatíveis com sua organização geral. No *Projeto* de 1895, sua função é essencialmente inibidora; vimos no Capítulo 1 como sua emergência era exigida para controlar o investimento alucinatório característico do processo primário, função essa que, traduzida para o registro propriamente psicológico, aparecia na *Interpretação dos Sonhos* como a marca da censura. É certo que na primeira tópica não figura explicitamente o termo "ego", mas por outro lado é fácil perceber que o sistema pré-consciente, encarregado do controle motor, da operação da linguagem, e da atividade inibidora, herdou as características fundamentais do ego neurônico do *Projeto*. Por outro lado, o ego contribui para a formação do sonho com o desejo de dormir, que é um dos fatores constituintes do processo onírico. Destes primeiros textos de Freud, destaca-se a concepção do ego como uma organização psíquica voltada para o mundo exterior, através da percepção e da motilidade, e com uma superfície de contato com o aparelho mental propriamente dito, na qual se desenvolvem os processos defensivos, patológicos ou normais; porém o conceito não desempenha ainda um papel central na teoria, o que só ocorrerá na década de 1910, com a introdução do dualismo das pulsões sexuais e de autoconservação.

O artigo de 1911, *Formulações sobre os Dois Princípios do Funcionamento Psíquico*, reserva ao ego a função de suporte das pulsões de autoconservação, e apresenta uma distinção de grande importância futura: a que existe entre o "ego de prazer" e o "ego de realidade". Ambos são apenas modalidades de operação das pulsões de autoconservação, segundo estejam sob o signo do Princípio do Prazer ou do Princípio de Realidade:

> assim como o ego submetido ao Princípio do Prazer não pode fazer mais do que *desejar*, trabalhar para a aquisição do prazer e eludir o desprazer, o ego regido pelo Princípio de Realidade não precisa fazer mais do que tender ao útil, e assegurar-se contra todos os danos possíveis[35].

35. *Formulations on the Two Principles of Mental Functioning*, S.E., XII, p. 223.

Contudo, a emergência do ego de realidade supõe um enlace íntimo entre as pulsões de autoconservação e as "exigências da vida", de sorte que o ego de prazer acaba subordinado a elas. Nesta etapa, o ego de realidade é encarregado das funções propriamente conscientes: o discernimento, isto é, o juízo sobre o verdadeiro e o falso, baseado na prova de realidade; o pensamento, que nada mais é do que a ligação das energias que o arco reflexo descarregaria de maneira imediata, ou, dito de outra forma, a atividade de representação das ações específicas vantajosas e seu encadeamento com as imagens verbais; a operação da linguagem, que auxilia o indivíduo na sua comunicação com o meio exterior e na compreensão diferenciada deste meio. A educação estimula a predominância do Princípio de Realidade, introduzindo inclusive modificações no caráter, como vimos a propósito dos traços de perseverança, economia e ordem, que surgem como formações reativas contra o prazer anal. A diferenciação progressiva das pulsões do ego e das pulsões sexuais, que se encontra na raiz do conflito neurótico, sugere que a escolha da neurose não depende apenas da trajetória da libido, mas também da evolução do ego; o artigo sobre *A Disposição à Neurose Obsessiva* afirma mesmo que, no caso desta perturbação, o desenvolvimento do ego pode se antecipar ao da libido, "obrigando a uma escolha de objeto numa etapa em que a função sexual ainda não alcançou sua forma definitiva, dando assim origem a uma fixação na fase anal"[36]. É esta hipótese de um desenvolvimento do ego, juntamente com os problemas colocados pelas psicoses e pelo homossexualismo, que conduz Freud à construção do conceito de *narcisismo*.

Ao procurar estabelecer o mecanismo da paranoia, no *Caso Schreber*, Freud se dá conta da importância da repressão das tendências homossexuais neste tipo de perturbação. Para esclarecer a gênese da homossexualidade, que consiste na escolha de um objeto do mesmo sexo do indivíduo – problema tocado já nos *Três Ensaios* – o raciocínio começa assim:

> Investigações recentes chamaram nossa atenção para uma fase do desenvolvimento da libido; em seu caminho do autoerotismo para o amor objetal, a que denominamos "narcisismo". Sua natureza é a seguinte: surge uma época, no desenvolvimento do indivíduo, na qual ele unifica suas pulsões sexuais (que até então se haviam ocupado com atividades autoeróticas) para alcançar um objeto de amor; e começa por tomar a si mesmo, ao seu próprio corpo, como objeto sexual, só avançando deste para um objeto exterior numa fase subsequente[37].

Sabemos que a primeira fase do desenvolvimento libidinal é representada pela oralidade, em conjunção com a nutrição; em seguida, a organização oral se impõe, com finalidades autoeróticas parciais, como a sucção do polegar ou do grande artelho; é neste momento

36. *The Disposition to Obsessional Neurosis*, S.E., XII, p. 325.
37. *Caso Schreber*, S.E., XII, p. 60.

que se intercala a organização narcisista, que se diferencia da etapa oral pela unificação das pulsões sobre a totalidade "corpo próprio" e do autoerotismo pela unidade do seu objeto, ainda que este esteja dentro do limite corporal. Aproveitamos para dar a série completa do desenvolvimento da libido (tal como se apresenta nesta época): depois da fase narcisista, vem a sádico-anal, em que o objeto é exterior, mas sujeito a pulsões parciais de caráter ativo e passivo; a repressão dos impulsos anais e sádicos conduz à fase de latência e ao que Freud chamará de "corrente carinhosa" da vida erótica, mantendo na sombra a sensualidade e favorecendo as sublimações; por fim, no período da puberdade, reemerge a "corrente sensual", mas agora sob a primazia da zona genital.

Do interesse sensual pelo próprio corpo, o indivíduo se orienta em seguida para um objeto exterior semelhante a ele, ou seja, homossexual; esta etapa pode coincidir com a organização sádico-anal, como vimos no caso do Homem dos Lobos, e será ou não superada pela escolha heterossexual, ainda nesta fase, segundo as condições específicas de estímulo e inibição da vida libidinal. No caso de se impor a escolha heterossexual, as tendências homossexuais se unirão às pulsões do ego, contribuindo com um elemento libidinal para as relações de camaradagem, amizade e outras da série social. Ora, a análise do Dr. Schreber e de outros paranoicos revela que tais pacientes procuram se defender de poderosos impulsos homossexuais, de modo que se pode supor uma intensa fixação nesta etapa do seu desenvolvimento libidinal. Daí a conceber o mecanismo psicótico como uma retração da libido ao ego, ao qual aderira tão fortemente numa etapa infantil, o passo não é grande; e Freud o dá no texto de 1914, *Introdução ao Narcisismo*, que marca um dos pontos de inflexão da problemática do ego na psicanálise.

O que caracterizara as afecções a que Freud chama de "parafrenias", e que modernamente são designadas como psicoses, englobando essencialmente a paranoia e a esquizofrenia, é o fenômeno da perda de interesse pelo mundo exterior, observável em graus variáveis também em indivíduos normais e neuróticos, mas que naqueles quadros clínicos atinge dimensões inusitadas. Em termos teóricos, a perda de interesse no mundo exterior equivale a uma concentração deste interesse sobre a própria pessoa; mas é preciso distinguir neste comportamento a variedade neurótica da psicótica. Nas neuroses, a regressão se interrompe nas fantasias: o indivíduo, inibido em sua relação libidinal com o mundo exterior, realiza o que Jung chama de "introversão da libido", investindo com ela as produções do seu inconsciente, que contudo conservam uma relação por assim dizer oblíqua com o real. Nas psicoses, a regressão vai mais além e atinge o ego, cancelando os investimentos libidinais nos objetos.

> A libido retirada do mundo exterior foi atribuída ao ego, surgindo assim um estado a que podemos dar o nome de *narcisismo*. Mas [...] este representa a intensificação de uma condição preexistente, circunstância que nos leva a

considerar o narcisismo engendrado pelo refluxo das cargas de libido objetal ao ego como um narcisismo secundário, baseado num narcisismo primário encoberto por diversas influências[38].

O narcisismo primário consiste no investimento libidinal primitivo do ego, do qual emanam posteriormente as porções de libido dirigidas aos objetos exteriores. Este conceito, como assinalamos no início deste capítulo, nada tem a ver com o ego na qualidade de correlato das pulsões de autoconservação: a expressão "libido do ego" designa simplesmente o fenômeno da pulsão sexual tomar como objeto o ego, sem prejuízo da vinculação deste último com a preservação do indivíduo. Freud propõe aqui a concepção de um "princípio de constância da energia libidinal", já que as cargas objetais diminuem a quantidade de libido à disposição do ego, até o caso-limite do amor, enquanto o aumento do investimento do ego só pode ser feito mediante a retirada de certas magnitudes de libido objetal, até o caso-limite da esquizofrenia. O ego aparece assim como um suporte constante de energia libidinal, que não se origina nele, mas o toma como estação intermediária do percurso da libido, à maneira de um depósito de água: o líquido não é gerado ali, mas é preciso manter uma reserva constante para distribuí-la pelos canais de irrigação que conduzem aos objetos. Vemos que, além de elaborar o conceito da organização libidinal narcisista, o que Freud faz neste texto é sugerir uma verdadeira estase da libido, uma permanência dela no ego, capaz de realizar fluxos e refluxos em relação ao mundo exterior.

É a análise das psicoses que conduz à compreensão da estrutura do ego, assim como o estudo das neuroses abriu o caminho para a psicologia das tendências pulsionais, porque nelas o ego se comporta como objeto de seu próprio amor. Nos casos normais, a libido envolve o ego e o investe com uma certa magnitude de sua energia; segundo o princípio de constância, quando este investimento atinge um certo nível, torna-se necessário descarregá-lo para evitar a produção do desprazer: é neste momento que o ego envia partes desta libido para os objetos, separando assim a "libido do ego" da "libido objetal". Podem ocorrer incidentes com os investimentos objetais, tanto pelo comportamento do próprio objeto – frieza, rejeição, ciúmes etc. – quanto por conflitos entre as pulsões do ego e o desejo sexual, dos quais a repressão é o mais evidente e desastroso. Por outro lado, às vezes as duas pulsões podem operar no mesmo sentido, como interesse narcisista do ego, como por exemplo frente ao complexo de castração. A repressão esclarece um dos sentidos mais importantes do narcisismo infantil, que não pode ter sido transferido na sua totalidade para a libido objetal:

os impulsos libidinais estão destinados a sofrer repressão se entrarem em conflito com as ideias éticas e culturais do indivíduo [...] Não basta que ele

38. *On Narcissism: an Introduction*, S.E., XIV, p. 75.

tenha apenas um conhecimento intelectual destas ideias; é preciso que as reconheça como um padrão para si mesmo e aceite as exigências que elas fazem à pessoa[39].

Sendo o ego a formação psíquica voltada para a realidade, é na sua estrutura que se deve buscar o efeito destas ideias, que só podem ter-se originado da educação. A parte do ego que realiza esta tarefa é a instância a que Freud denomina "ideal do ego", e sua função é avaliar as realizações do restante do ego por seu parâmetro idealizado. A origem do ideal do ego se prende ao narcisismo infantil: a perfeição que o ego infantil se atribuía, sua autossuficiência e beleza imaginária, é deslocada para o ideal do ego, que o resguarda das críticas do mundo externo. Freud o coloca admiravelmente: "Aquilo que ele projeta adiante de si, como seu ideal, é apenas o substituto para o narcisismo perdido da sua infância – a época em que ele era seu próprio ideal"[40]. Esta diferenciação permite esclarecer melhor a possível ambiguidade do conceito do ego, por um lado objeto da pulsão sexual e por outro correlato da pulsão de autoconservação: distinguindo instâncias na sua estrutura, à semelhança do que se fizera para o conjunto do aparelho psíquico, é possível deixar o ideal do ego como objeto narcisista e o "ego propriamente dito" como o agente da autopreservação, conforme as atividades necessárias para este fim: o pensamento objetivo, o controle motor etc.

É importante distinguir, nesta altura, os processos da *idealização* e da *sublimação*. Freud é explícito: a idealização concerne ao *objeto* da pulsão, a sublimação à sua *finalidade*. A idealização pode ocorrer tanto na esfera da libido do ego (caso do ideal narcisista) quanto na da libido objetal (caso da paixão desenfreada). A sublimação, por sua vez, é uma dessexualização da finalidade pulsional, e representa a principal alternativa à repressão, no sentido de canalizar porções consideráveis da libido para objetivos socialmente mais produtivos. Ela pode ser estimulada pelo ideal, mas permanece independente dele. Na verdade, a função primordial do ideal do ego nada tem a ver com a sublimação: consiste no estabelecimento da consciência moral, que constantemente está observando o ego e verificando sua compatibilidade com os altos padrões originados pelo desvio do narcisismo. Nesta qualidade, a consciência moral pode ser um poderoso fator de repressão, exigindo a renúncia a objetos e desejos de índole sexual, enquanto a sublimação permite ao ego realizar suas potencialidades sem recorrer à repressão. A função repressiva da consciência moral é facilmente perceptível nas autorrecriminações da neurose obsessiva e nos delírios de observação da paranoia, com a importante diferença de que na segunda a consciência como que se destacou da personalidade do indivíduo, criticando-o do exterior, sob a forma de vozes misteriosas: é o caso

39. *On Narcissism: an Introduction*, S.E., XIV, p. 93.
40. *On Narcissism: an Introduction*, S.E., XIV, p. 94.

do Dr. Schreber, por exemplo. A forma paranoica da observação se reveste de um caráter regressivo, pois na infância era realmente outra pessoa que exercia a função crítica, permitindo assim deduzir sua origem:

> pois aquilo que levou a pessoa a formar um ideal do ego, que é guardado pela consciência moral, foi a influência da crítica dos pais (transmitida por meio da voz), e reforçada, à medida que transcorria o tempo, pelos educadores da criança, e por todo o seu ambiente (...), seus companheiros, a opinião pública[41].

A revolta contra estas instâncias censuradoras é um dos elementos determinantes da gênese da paranoia, especialmente porque é a mesma libido homossexual contra a qual luta a repressão que é chamada a investir a consciência moral, caindo assim num "ardil da desrazão". Por outro lado, no sentimento de autorrespeito normal do ego, outra porção da libido narcísica encontra um canal de escoamento, sem ferir o ego com as exigências da moralidade exacerbada. A análise do Dr. Schreber mostra, num caso concreto, como estes diferentes destinos do narcisismo infantil se articulam: o primeiro delírio – ser transformado numa mulher – irritou-o profundamente, fazendo-o sentir-se humilhado; as vozes que lhe falavam o acusavam de coisas repugnantes, e ele se sentia constantemente observado. Com a elaboração do segundo delírio, de natureza religiosa, era o próprio Deus que exigia a sua castração: diante de tão alta vontade, o juiz se curvou e se reconciliou com a ideia, sentindo-se inclusive honrado por ter sido escolhido para matriz de uma nova raça de homens, verdadeiramente "filhos de Deus" e dele próprio.

A análise do narcisismo, que poderíamos chamar de conceito-limite entre a sexualidade e o ego, conduz ainda a um outro tema, de excepcional importância para a problemática que estamos examinando: o da escolha de objeto. Desde 1905, a contingência do objeto frente à pulsão que nele se satisfaz fora um dos eixos de referência da teoria sexual; mas o processo de seleção objetal se reduzia a uma modalidade, a denominada "anaclítica" ou "por apoio". O objeto sexual coincidia com a pessoa que satisfazia as necessidades vitais elementares, sobre as quais se apoiara inicialmente a pulsão sexual: numa palavra, a mãe ou seu substituto. Em 1910, a segunda edição dos *Três Ensaios* mencionava de passagem, numa nota de rodapé, a existência de um tipo narcisista de escolha de objeto, observável nos homossexuais, mas sem se estender sobre a natureza desta opção[42]. É na *Introdução ao Narcisismo* que as vicissitudes da escolha de objeto são seguidas mais de perto, com a distinção entre várias modalidades anaclíticas e narcisistas. Freud considera a descoberta

41. *On Narcissism: an Introduction*, S.E., XIV, p. 96.

42. *Three Essays*, S.E., VII, p. 145.

da escolha narcisista de objeto a razão mais forte para aceitar a hipótese do narcisismo.

Não devemos dividir os seres humanos em dois grupos mutuamente exclusivos, segundo sua escolha de objeto seja anaclítica ou narcisista; assumimos que ambos os tipos de escolha de objeto estão abertos para cada indivíduo, e que ele pode demonstrar sua preferência por um ou por outro[43].

O *Caso Schreber* sugere que a linha da escolha de objeto passa pelas quatro etapas do autoerotismo, do narcisismo, da homossexualidade e da heterossexualidade, sendo portanto possível detectar em todos os seres humanos uma homossexualidade latente. A escolha

43. *On Narcissism: an Introduction*, S.E., XIV, p. 88. Esta dualidade essencial da escolha de objeto recorda a teoria aristotélica da potência e do ato: potencialmente, é possível optar por este ou aquele tipo de escolha objetal, mas a atualização desta potência se faz sempre num só sentido. À primeira vista, esta semelhança pode parecer banal; mas ela suscita um paralelismo surpreendente entre certas afirmações de Aristóteles e alguns problemas da psicanálise. A teoria do ato e da potência tem por finalidade solucionar o problema, crucial na ontologia aristotélica, da natureza do movimento. Com efeito, este é transformação; e como garantir a unidade do que se transforma, sem cair nos dilemas da tese eleata (não há movimento porque cada estado do ser equivale a um outro ser: Sócrates sentado e Sócrates de pé são dois entes diversos), ou da tese heraclitiana (os contrários coexistem; e neste caso, o que fazer do princípio de não contradição?). A questão é a do Mesmo e do Outro, que para Freud se põe incessantemente: basta pensar na repressão, no superego, na transferência, no sintoma, e em tantos outros temas. Para Aristóteles, o Mesmo e o Outro podem coexistir no mesmo ser apenas em potência, mas não em ato: Sócrates sentado pode deitar-se ou levantar-se, mas não os dois ao mesmo tempo. Esta solução, aparentemente não freudiana, deixa de ser problemática se se pensar no que é para Aristóteles o movimento. Pierre Aubenque (*Le Problème de l'Etre chez Aristote*, P.U.F., 1962, p. 450) mostra, ao analisar o livro Theta da *Metafísica*, que o movimento é a infinitude. "O infinito é aquilo que jamais cessa de tornar-se outro, "toi állo kai állo gínesthai" (Theta, 1048). O infinito – aqui no sentido de "inacabado" – está no próprio coração de nossa experiência fundamental". Que melhor definição se poderia pedir do desejo segundo Freud? E a surpresa não termina aí: a análise aristotélica do Primeiro Motor e do movimento das essências sublunares desemboca numa prefiguração... do narcisismo. O conceito fundamental é que o de *mímesis* ou imitação: como as essências sublunares não coincidem imediatamente consigo mesmas, devido à sua materialidade, necessitam do movimento para atingirem sua finalidade. Esta finalidade – coincidência consigo mesmo – é a própria natureza do Primeiro Motor, que por isto mesmo é causa final do mundo sublunar e Ato Puro. Como o Primeiro Motor – isto é, Deus – move o Universo? Na qualidade de objeto de amor (*erómenon*), de algo desejável (*prêktori*), como afirma o livro Lambda *da Metafísica* (1072). A Natureza imita o Primeiro Motor, isto é, realiza num nível mais modesto o que ele é eternamente; e esta imitação, este tender-para, é o movimento. O Primeiro Motor não imita ninguém, a não ser a si próprio: Pensamento de Si Mesmo, ele é ato puro, isto é, Amor Puro de Si Mesmo: em termos freudianos, narcisista. É com este conceito que Dante finaliza a *Divina Comédia:*

"Ma già volgeva il mio disio e'l velle
si come rota crügualmente è mossa
l'amor che move il sole e l'altre stelle".
(*Paraiso*, XXXIII, 143-145)

Freud não põe o narcisismo nos céus, mas o homem. Ambição impossível de ser Deus? Ou promessa de ser enfim perfeito, sendo o Mesmo no Outro? Por esta via, reencontramos a questão da escolha narcisista de objeto; e, encerrado este parêntesis quase metafísico, convidamos o leitor a penetrar nos meandros da paranoia do Dr. Schereber, o qual, narcisista e homossexual, não por acaso quis ter filhos do próprio Deus...

narcisista é mais típica do sexo feminino, sem envolver necessariamente o homossexualismo: a mulher bela gosta de "ser amada", o que satisfaz ao homem, cuja modalidade de seleção objetal é mais frequentemente anaclítica, e que se entrega ao serviço do amor com mais desprendimento. O fato de a mulher ser do mesmo sexo da mãe sem dúvida facilita a opção masculina neste sentido, o que abre uma série de interrogações quanto à problemática edipiana, que procuraremos analisar na seção subsequente. Verifica-se aqui uma espécie de compensação dos narcisismos: o homem, que renunciou a uma parcela do seu, sente-se atraído pela mulher, na qual o narcisismo está em evidência. A mulher narcisista pode amar também, no seu filho, uma parte de si mesma, segundo a série de equivalências inconscientes herdadas do erotismo anal. De maneira geral, a opção narcisista faz com que a pessoa ame: o que ela é (a si mesma); o que ela foi (seu ego infantil); o que ela gostaria de ser (seu ideal do ego); uma parte de si tomada independente (seu filho). O narcisismo dos pais, assim, se satisfaz também por meio do carinho dirigido às crianças, às quais se encaminham todos os elementos que tiveram de ser sacrificados no altar do Princípio de Realidade.

Com estas observações, entramos já no domínio do amor, e recorreremos agora à análise de *As Pulsões e seus Destinos*, que complementa os conceitos elaborados na *Introdução ao Narcisismo*. Freud começa por observar que os nomes de "amor" e "ódio" devem ser reservados para a relação do ego com os objetos totais, sem confundi-la com as pulsões parciais, capazes de satisfazer-se sobre objetos fragmentários. O amor é difícil de integrar na teoria das pulsões, porque admite não uma, mas três antíteses: amar/ser amado, amar/odiar, amar/ser indiferente ao objeto. Para dar conta destas possibilidades, Freud introduz o conceito das "três polaridades" que dominam a vida mental: ego/mundo exterior, prazer/desprazer, atividade/passividade. A dialética destas polaridades esclarece o enigma da origem do amor e do ódio. Num primeiro momento, o ego coincide com o prazer e o mundo externo com o indiferente ou o desprazeroso: é o momento narcisista. Se o amor é a relação do ego com suas fontes de prazer, conforme a caracterização que acabamos de mencionar, segue-se que os membros da polaridade amar/ser amado coincidem na etapa narcisista, ou, dito de outra forma, que o sujeito ama a si mesmo. Esta é, obviamente, a essência da condição narcísica. Com o aumento da estimulação interna, o ego passa a procurar no mundo exterior os meios de satisfação: é o ego de realidade, que já encontramos no artigo de 1911 sobre os *Dois Princípios do Funcionamento Psíquico*. Mas enquanto naquele momento a dupla ego de prazer-ego de realidade se referia apenas às modalidades de funcionamento das pulsões de autoconservação, agora o impacto do narcisismo se faz sentir: para restabelecer a satisfação narcisista, o ego introjeta os objetos gratificantes do mundo exterior e projeta para este último tudo aquilo que, nele próprio, é fonte de desprazer.

> Desta forma, o ego de realidade original [...] se transforma num ego de prazer purificado, que preza a qualidade do prazer acima de tudo. Para este ego de prazer, o mundo exterior é dividido em duas partes: uma agradável, que ele incorporou a si, e outra que lhe é indiferente. De si próprio, ele separou uma parte, que projeta para o mundo exterior e considera hostil[44].

Desta maneira, as congruências "ego = prazer" e "realidade = neutralidade e desprazer" são restabelecidas.

No momento em que o narcisismo primário é "invadido pelo objeto", emerge a terceira antítese do amor: a oposição amor/ódio. O ódio é o modo originário de lidar com os objetos exteriores, que representam uma fonte indesejada de estimulação para o ego narcisista. Mas as pulsões de autoconservação indicam que certos objetos externos são gratificantes e certos outros hostis, de modo que na relação entre o ego e o mundo pode se instalar a série prazer/desprazer, com a consequente emergência das atitudes de atração e repulsão frente ao objeto. A repulsa pode chegar ao ponto da agressividade manifesta, dando origem à dialética do sadismo que discutimos na seção anterior. O uso do termo "amor" não deve ser estendido à relação que o ego mantém com os objetos da pulsão de autopreservação, para a qual a própria língua se serve das expressões "gostar", "achar agradável" etc. O amor se desloca assim para a esfera propriamente sexual, onde, com o advento da primazia da zona genital, passa a designar a relação com o companheiro de quem se espera a reciprocidade afetiva e a parceria na função reprodutora. Por outro lado, o ódio não se restringe à esfera sexual, sendo-lhe indiferente se o objeto causador de desprazer frustra a satisfação sexual ou apenas as necessidades da autoconservação.

> O amor e o ódio [...] não se originam da divisão de nenhum primitivo comum, mas brotam de fontes diferentes e passam cada qual por uma evolução específica, antes que a influência da relação prazer/desprazer os constitua como par de opostos[45].

É pela sua posição diferente em relação ao narcisismo que as origens do amor e do ódio podem ser melhor compreendidas: o amor brota da capacidade do ego de satisfazer-se autoerotica-

44. *Instincts and their Vicissitudes*, S.E., XIV, p. 136. Notemos que esta passagem coloca o narcisismo *antes* da fase oral, definida, como vimos, pela incorporação. A dificuldade é resolvida por LAPLANCHE e PONTALIS mediante duas indicações: o hábito de Freud de utilizar como sinônimos os termos "introjeção" e "incorporação", e uma sutil diferença entre os dois processos. Consideram estes autores, refinando a terminologia um tanto frouxa de Freud, que a incorporação se refere ao "envoltório corporal", enquanto a introjeção denota um processo mais amplo, que ocorre no ego e no interior dos vários aparelhos psíquicos. (*Vocabulaire de la Psychanalyse*, ed. cit., artigo *Introjection*, p. 210). É no texto sobre *O Luto e a Melancolia*, de 1917, que Freud resolverá a ambiguidade vocabular; mas esta passagem indica que a posição do narcisismo no conjunto da teoria não é tão clara quanto o aparentava a análise de 1914.

45. *Instincts and their Vicissitudes*, S.E., XIV, p. 138.

mente, passando em seguida para os objetos incorporados ao ego de prazer. Como a incorporação envolve a destruição do objeto, a forma primitiva do amor é difícil de distinguir da do ódio; esta dificuldade persiste na fase sádico-anal, em que ele se manifesta como pulsão de apreensão e domínio. Somente a unificação das pulsões sexuais sob o primado da zona genital constitui o amor na sua estrutura definitiva, contrapondo-o ao ódio. Este é mais antigo que o amor: deriva do repúdio do ego narcisista a todas as fontes de estimulação provenientes do exterior, sentidas como antagônicas ao prazer. Como expressão da reação de desprazer e de dor, permanece vinculado às pulsões de autoconservação, estendendo-se também às pulsões sexuais, quando estas se encontram sob o domínio daquelas (como ocorre na fase sádico-anal). A dualidade das pulsões engendra assim a oposição do amor e do ódio, que podem ser vistos como a expressão respectivamente da sexualidade e do ego; mas esta caracterização é pobre, se não se levar em conta o papel decisivo do narcisismo na estruturação dos dois sentimentos. A estreita relação entre eles é apreendida pelo conceito de "ambivalência", que terá um papel tão importante no estudo do fenômeno central da relação analítica, a transferência, e no destino das fantasias edipianas.

A problemática do amor é focalizada também no estudo do *Caso Schreber*, que, embora tenha sido redigido em 1911, recebe sua plena inteligibilidade somente depois do estudo do narcisismo e da transformação pulsional do amor e do ódio. Na secção 3 deste texto (*O Mecanismo da Paranoia*), são descritas as quatro possibilidades de transformação da frase homossexual "Eu, um homem, o amo", sujeita à tremenda repressão originada no narcisismo ferido do ego: ela pode ser invertida no verbo, no objeto, no sujeito e no conjunto. A primeira inversão a transforma em "eu o odeio", em seguida projetada para o mundo exterior, no mecanismo típico da paranoia: "ele me odeia". O delírio da perseguição justifica a hostilidade do paranoico frente à pessoa em questão: "eu não o amo; odeio-o, porque ele me odeia e me persegue". A inversão do objeto resulta na erotomania: "não amo a ele; amo a *ela*". A projeção paranoide se encarrega de uma nova inversão: "ela me ama". A perseguição erótica é justificada por este mecanismo: "ela me ama, logo devo procurá-la e amá-la". A terceira inversão, do sujeito, desemboca no delírio de ciúmes: "não sou eu que o amo; é *ela* que o ama". Freud se expressa com sua habitual maestria, reunindo todos os fios de meada do ego numa frase lapidar:

> A mulher ciumenta pensa que seu marido mantém relações com todas as mulheres pelas quais ela própria se sente atraída, em virtude da sua homossexualidade e do seu excessivo narcisismo[46].

46. *Caso Schreber*, S.E., XII, p. 64.

Por fim, a inversão de todo o conjunto resulta na megalomania: "eu não o amo; não amo ninguém; amo apenas a mim mesmo". A megalomania é assim derivada de uma fonte narcisista, e não da maneira criticada por Freud nos manuais de psiquiatria, segundo a qual ela se originaria do delírio de perseguição, mediante a reflexão feita pelo paranoico de que, se ele é perseguido por tanta gente, deve ser um personagem importante. O narcisismo aparece assim, num contexto bem mais amplo, como o ponto de fixação ao qual retomam os distúrbios psicóticos, em suas várias modalidades, distinguindo-os a teoria psicanalítica das neuroses de transferência (histerias e obsessões) com o nome de "neuroses narcisistas".

O passo final na elaboração da teoria do ego, dentro do período 1905-1920, envolve a construção do conceito de "identificação", cuja formulação explícita se encontra no quinto artigo da *Metapsicologia*, intitulado *O Luto e a Melancolia*. Nele convergem os temas do narcisismo e da incorporação, e a partir de então começa a ser introduzida uma nova concepção do ego, que no entanto só se realizará plenamente na fase final da obra de Freud. Os traços comuns entre o luto e a melancolia são uma condição anímica dolorosa, a retirada do interesse do mundo exterior, a perda da capacidade de amar, e uma inibição geral das funções do ego, ao que a melancolia acrescenta um elemento patológico, representado pela diminuição intensa do amor próprio e pelas contínuas recriminações que o indivíduo dirige a si mesmo, como se ele fosse o culpado pela perda da pessoa querida. Ao final do luto, o indivíduo recupera o exercício daquelas atividades a que renunciara durante a absorção exclusiva na recordação do ente falecido. Freud vê neste fenômeno a marca de um "trabalho do luto", uma verdadeira elaboração psíquica do afeto e das lembranças vinculadas ao morto: embora o homem jamais concorde em abandonar de boa vontade uma posição libidinal, a realidade mostra que o ente querido desapareceu definitivamente e não retornará jamais. Cada uma das recordações que enlaçam a libido ao objeto perdido é sucessivamente investida e abandonada, até que todo o conjunto tenha sido trabalhado, lenta mas seguramente, e o ego se liberte do peso da ligação erótica com o morto, podendo investir novamente sua libido em outros objetos.

> A realidade impõe a cada uma das recordações e esperanças [...] o veredicto de que este sujeito já não existe, e o ego, colocado frente ao dilema de compartilhar ou não este destino, decide-se, sob a influência das satisfações narcisistas da vida, a abandonar sua ligação com o objeto destruído[47].

O narcisismo aparece assim a serviço da realidade, numa aliança inusitada; podemos supor que no trabalho do luto a libido narcísica e as pulsões de autoconservação se unem para enfrentar a libido objetal, e que tal trabalho não é mais do que a sucessão de posições

47. *Mourning and Melancholy*, S.E. XIV, p. 255.

ocupadas pelos dois antagonistas, terminando com a libertação do ego e a morte definitiva, por assim dizer, do ente querido.

O paradigma do luto esclarece o quadro clínico da melancolia, na qual o objeto é simplesmente perdido, sem estar necessariamente morto: uma noiva abandonada pelo noivo pode entrar no estado de depressão melancólica. Ademais, como nas demais psiconeuroses, há o trabalho do deslocamento: o indivíduo não sabe dizer precisamente que é que anela, o que foi que perdeu com a fustração imposta pela vida. Este traço patológico associa-se a outro, correspondente a um extraordinário empobrecimento do ego, cujas manifestações são as críticas que dirige a si próprio, as humilhações a que se sujeita, o valor ínfimo que concede à sua própria pessoa. Esta exacerbação da autocrítica remete à disfunção da consciência moral, que já fora reconhecida como uma instância particular no sistema do ego. As duas pistas são aparentemente contraditórias: se o indivíduo perdeu um objeto, por que acusa a si mesmo com tanta veemência? A possibilidade de se tratar de uma simples manifestação de remorso, que atribuiria aos defeitos do caráter a culpa pelo afastamento do ser amado, é afastada pela consideração de que, contrariamente ao indivíduo possuído por remorsos, que procura esconder de todos o ato que agora lhe inspira tanto horror, o melancólico anuncia em altos brados sua própria baixeza, como se encontrasse uma satisfação masoquista em se ver desprezado por outrem. A chave do enigma é proporcionada pela observação de que

> as acusações mais violentas [...] são com frequência muito pouco adequadas à personalidade do paciente, e, ao contrário, podem adaptar-se com pequenas modificações a outra pessoa, a quem o enfermo ama, amou ou deveria amar. [...] As recriminações com que ele se cobre correspondem na realidade a um objeto erótico, e foram revertidas para o ego próprio[48].

O processo em ação neste caso é o da identificação: a libido investida no objeto teve de ser retirada, por alguma ofensa ou desengano causado por ele; mas, ao invés de se deslocar para outro objeto, foi retraída para o ego, que se substituiu ao objeto e passa a dirigir a si mesmo o ódio que deveria votar àquele. A fixação ao objeto fora intensa, mas a resistência da libido objetal não acompanhara tal intensidade ; esta constelação psíquica aponta para uma escolha narcisista de objeto: segundo o mecanismo geral das neuroses, no momento em que uma contrariedade vinda da esfera exterior se impõe à libido, esta regressa ao ponto privilegiado da organização pré-genital, no caso do narcisismo. Por outro lado, o modelo da identificação é a incorporação, modo de relação com o objeto característico da fase oral, que consiste na sua ingestão e destruição simultâneas; daí a inapetência que caracteriza o quadro clínico da melancolia grave. Tudo se passa como se o paciente, tendo "engolido" um grande bolo sexo-nutritivo,

48. *Mourning and Melancholy*, S.E. XIV, p. 248.

se sentisse saciado e se recusasse a comer. Aqui se esclarece também a ambiguidade que assinalamos acima quanto à posição do narcisismo no conjunto da evolução libidinal: Freud precisa que "entre as características da melancolia (contamos) a regressão do investimento objetal à fase oral da libido, pertencente ainda ao narcisismo"[49]. O objeto introjetado nestas condições é submetido a um tratamento destrutivo, quase canibal; como resultado da identificação, o ego igualado ao objeto sofre as mesmas violências, resultando nas acusações e lamentos do melancólico. O narcisismo aparece como um conceito mais amplo, contendo a fase oral; o que não é contraditório, se levarmos em conta a análise do ego de prazer de *As Pulsões e seus Destinos*: com efeito, o ego reage inicialmente aos estímulos exteriores incorporando a si os gratificantes e rejeitando os hostis, ao mesmo tempo em que expulsa de si, pelo mecanismo da projeção, as excitações endógenas causadoras de desprazer. É desta forma que se restabelecem as equações narcísicas ego = prazer e mundo exterior = desprazer.

A identificação remete ainda à ambivalência que caracteriza a vida amorosa, e que consiste na coexistência de impulsos carinhosos e hostis frente ao mesmo objeto. Em estado puro, desvinculada da identificação, a ambivalência pode conduzir, nas circunstâncias da perda de objeto, às autorrecriminações compulsivas em que o indivíduo predisposto à neurose obsessiva se acusa de ter desejado ou provocado a morte do ente querido. No caso da melancolia, o amor pelo objeto se refugia na identificação narcisista, e o ódio cai sobre o objeto substitutivo representado pelo próprio ego. O prazer que o melancólico experimenta nas suas acusações satisfaz as tendências sádicas da estrutura ambivalente, o que conduz à conclusão de que seu investimento erótico "experimenta um duplo destino: uma parte dele retrocede à identificação, e a outra à fase sádica, sob a influência da ambivalência"[50]. A carga sádica é responsável pelas tendências suicidas manifestadas por certos portadores desta condição: o impulso de destruir o objeto só se converte num impulso de autodestruição quando a identificação substitui ao objeto o ego próprio. Esta passagem mostra o quão distante estava Freud, em 1915, de conceber a pulsão de morte, e bastaria por si só para caracterizar a ruptura entre os textos posteriores ao *Além do Princípio do Prazer* e os do período que estamos analisando. A luta entre o amor e o ódio se desenrola no inconsciente, e só depois de o amor ter eludido a repressão mediante o ardil de refugiar-se no ego é que ela acede à consciência, sob a forma dos sintomas melancólicos.

Com a introdução da problemática da identificação, o conceito de ego passa por um profundo remanejamento. Recapitulando rapidamente o percurso que realizamos, podemos verificar que esta é a quarta elaboração teórica do conceito de ego, sendo as três primeiras a que o vinculava às funções inibidoras impostas pela realidade

49. *Mourning and Melancholy*, S.E. XIV, p. 250.

50. *Mourning and Melancholy*, S.E. XIV, p. 251-252.

(nível do *Projeto*), a que lhe atribuía como suporte as pulsões de autoconservação (em 1910-1911), e a que se fundava sobre o conceito do narcisismo (1911-1914). Não seria correto dizer que estas diferentes formulações se contradizem ou que as anteriores são abandonadas em proveito das subsequentes; cremos mais acertado incluir cada uma delas na constelação conceptual específica que permite sua emergência. A primeira se vincula à hipótese quantitativa de 1895-1897, e só recebe seu sentido de conjunto de noções a que está articulada: a mobilidade das excitações neurônicas, o Princípio da Constância, o trauma, a teoria da sedução, a experiência de satisfação, e outras que discutimos no Cap. 1. A ausência do conceito na segunda rede de ideias tampouco é casual: embraiada sobre a tríade da sexualidade, do inconsciente e da repressão, ela dá conta dos fenômenos observados mediante a primeira tópica e o emprego de uma única "energia psíquica", referindo a repressão do sexual ao modelo da censura onírica, função do pré-consciente. O *termo* ego aparece ocasionalmente, mas o *conceito* não é necessário e portanto permanece na sombra. É com a introdução da problemática das pulsões, completamente exterior à malha teórica da segunda constelação de conceitos, que o problema do ego é retomado; inicialmente, ele aparece como o agente das pulsões de autoconservação, para em seguida ganhar maior inteligibilidade com a construção do narcisismo e dos elementos articulados a este conceito: libido do ego, libido objetal, amor, ódio, escolha de objeto narcisista, e assim sucessivamente. O estudo da melancolia mostra os efeitos patogênicos da dissociação da consciência moral, conceito já elaborado na rede do narcisismo, mas ao mesmo tempo conduz à noção de identificação, cuja importância não cessará de crescer no conjunto da teoria. Este fato deve-se a que a identificação, aqui reconhecida apenas como um mecanismo inconsciente ao lado de outros, vai-se progressivamente revelando como o processo essencial da constituição do ego, a ponto de Freud poder afirmar em 1923 que o ego nada mais é do que "um precipitado de identificações abandonadas". O conceito de identificação, com efeito, abre uma brecha no solipsismo da tópica, em que os conteúdos psíquicos são constantemente investidos e desinvestidos, mas sempre no interior do aparelho psíquico fechado sobre si mesmo. Não que a psicanálise tivesse descurado até 1915 a relação com o Outro; afirmar isto seria um absurdo. O que queremos assinalar é que a identificação proporciona um meio de precisar a misteriosa "influência" que a "sociedade" exerce sobre o "indivíduo", frase na qual nenhum dos três termos significa grande coisa. Não é uma das menores realizações da Psicanálise o ter renovado de alto a baixo a problemática do indivíduo e da sociedade, mostrando que os termos não são opostos exteriormente, mas que há uma complexa dialética a funcionar entre eles. O problema envolve, entre outros elementos, o estudo da função estruturante do Complexo de Édipo, na descoberta talvez mais radical da investigação freudiana, e a cujo estudo dedicaremos a próxima seção deste capítulo.

5. HONRARÁS TEU PAI E TUA MÃE

Mas também não chegaste ao ponto em que se descobre o verdadeiro sentido do "permitido" e do "proibido". Estás começando a ter a revelação de uma parte da verdade.
HESSE, Demian.

Foi sua autoanálise que conduziu Freud à descoberta do que posteriormente viria a se chamar "Complexo de Édipo". Na carta 71 a Fliess, de 15.10.1897, ele revela ter descoberto em si mesmo impulsos carinhosos quanto à mãe e hostis em relação ao pai, estes complicados pelo afeto que lhe dedicava. A lenda do Rei Édipo é invocada como modelo mitológico deste conflito, e Freud afirma que a emoção sentida pelos espectadores modernos diante do drama de Sófocles provém do reconhecimento inconsciente de que o que se desenrola no palco já foi vivido por todos em sua própria experiência. A analogia teatral é estendida ao Hamlet de Shakespeare, que não pode se decidir a vingar o assassinato de seu pai porque confusamente se sente culpado do mesmo crime, ainda que apenas no plano imaginário. O que é surpreendente nesta carta é a universalidade que Freud atribui esta constelação de sentimentos: *todos* os espectadores passaram pelo conflito, e de forma geral ele é característico da natureza humana. Como a descoberta do conflito edipiano é contemporânea da descoberta da fantasia e do abandono da teoria da sedução, é possível que a explicação para as condutas neuróticas voltadas para os pais tenha ganho sua dimensão universal ao ser confirmada pela análise de um "normal", isto é, do próprio Freud. A *Interpretação dos Sonhos* reserva uma seção para os problemas da psicologia infantil, sob o modesto título de "Sonhos da Morte de Pessoas Queridas", ao considerar os "Sonhos Típicos" no Cap. 5 ("O Material e a Fonte dos Sonhos"). É nesta passagem que o texto da carta 71 se reproduz quase com as mesmas palavras; nas edições subsequentes (1909 e 1911), a seção é ampliada com dados da análise do pequeno Hans e do artigo sobre as *Teorias Sexuais Infantis*. É para estes textos que nos voltaremos agora, não sem antes lembrar que o tema do Édipo, se aparece praticamente desde os inícios da psicanálise, só recebe uma elaboração definitiva na fase final da obra de Freud, de sorte que os elementos que destacaremos neste capítulo são de ordem fragmentária. Para evitar um estudo puramente descritivo, seguiremos a orientação extraída da análise da identificação: é em torno deste eixo de referência que agruparemos os resultados da leitura, visando ressaltar a articulação que subjaz mesmo aos elementos aparentemente dispersos do do Édipo assinalados entre 1908 e 1920.

Na "Epicrise" da história do pequeno Hans, Freud escreve que o menino "é verdadeiramente um pequeno Édipo, que gostaria de fazer seu pai desaparecer para ficar sozinho com sua mãe e dormir com ela"[51]. O termo "dormir" deve ser tomado aqui em sua acepção literal e não metafórica: a criança anseia pelo contato do corpo da mãe na cama, como quando era levado para adormecer entre seus pais. Este desejo surgira durante as férias de verão, em que as frequentes ausências do pai tornavam possível a sua realização. Com o retorno a Viena, o pai já não podia "ir embora", e o desejo passou a ser no sentido de que ele morresse. A angústia proveniente deste impulso, que conflitava com o afeto e o carinho dedicados a seu pai, se encontra na raiz da fobia dos cavalos que marca o início da neurose infantil. Este elemento, dos vários que compõem o conteúdo do caso, representa o fator edipiano: o cavalo é um substituto do pai, grande como ele, possuidor de uma enorme "coisinha" (pênis) que atrai a atenção do menino, e os cavalos do seu sonho usam óculos e têm bigode como o pai. A interpretação do sentido dos cavalos, comunicada por Freud na única conversa que manteve com o pequeno Hans, tem o efeito de vencer a resistência mais forte do menino à terapia, que era conduzida por seu pai; a partir de então, teve coragem para comunicar os detalhes das suas fantasias e tomar parte independente na análise. É neste momento que intervém os elementos vinculados ao erotismo anal, que mencionamos atrás, e que se vinculam à série fezes = criança, significando portanto os impulsos frente à irmã que acabava de nascer e à mãe da qual proviera este inoportuno acréscimo à família. A sequência das fantasias remete ao complexo materno, até que na última delas, em que o menino brinca com seus filhos e faz com eles todas as ações que adultos fazem com as crianças, aparece claramente o desejo de estar casado com a mãe e ter muitos filhos com ela. O desejo de que o pai morra é substituído pela fantasia de que ele se case com a avó que morava no campo, deixando assim o terreno desimpedido para o menino. Não é difícil ver que o nascimento da irmãzinha desorganizou o mundo afetivo do pequeno, colocando-lhe o problema da origem dos bebês e o conflito emocional com o pai, que ao mesmo tempo lhe contara a mentira da cegonha e impedia seu acesso ao leito da mãe. A repressão da rivalidade com o pai engendra a angústia, que em seguida se enlaça com os cavalos, num mecanismo tipicamente fóbico que teremos ocasião de reencontrar na seção sobre a teoria das neuroses. A vantagem inicial da fobia é evidente: ela permite ao menino não sair de casa e permanecer ao lado da mãe, ou seja, realizar seu desejo mais profundo. Mas em seguida demonstra o fracasso da solução repressiva, e o tratamento analítico tem êxito em restaurar a saúde e o bom humor do pequeno Hans. Deste caso, podemos concluir que, embora o termo "Complexo de Édipo" não figure no texto, o conceito inicial já era empregado clinicamente por Freud. Chamamos de "conceito inicial" a forma dita "simples e positiva" do complexo, em que a criança se sente atraída pelo progenitor do sexo oposto e hostiliza o do mesmo sexo; para uma versão feminina da mesma situação, citamos o *Caso Dora*, no qual a atração

51. *Pequeno Hans*, S.E., X, p. 111.

da jovem pelo pai era uma das correntes mais decisivas da sua vida pulsional. Contudo, Freud não se detém no exame teórico da situação edipiana, chamando a atenção para outros pontos que lhe parecem de maior interesse, especialmente no que tange à inocuidade da psicanálise para o destino dos pacientes, mesmo de tão tenra idade. É menos clara a razão pela qual Freud não deduziu imediatamente a posição cronológica do complexo, preferindo ater-se, ainda nas conferências de 1910, à tese de que o grande conflito da vida infantil ocorre na puberdade, com a separação do já adolescente da autoridade dos pais[52]. É verdade que, tanto neste texto como nas *Teorias Sexuais Infantis*, o relacionamento entre pais e filhos é qualificado de "complexo nuclear das neuroses"; mas será preciso esperar as *Conferências de Introdução à Psicanálise* para uma explicação mais ampla da relação entre a neurose e o Édipo. A título de hipótese provisória, podemos avançar a sugestão de que a inexistência do conceito de identificação torna impossível transferir o momento crucial do Édipo para a proximidade dos cinco anos, já que a questão é abordada somente do ângulo da escolha de objeto, como aliás o é nas edições iniciais dos *Três Ensaios*. Como a teoria psicanalítica ainda não reconhecera as organizações pré-genitais da libido, a escolha de objeto crucial era localizada no momento da subordinação das pulsões parciais à zona genital, o que evidentemente coincide com a puberdade.

A temática edipiana recebe um novo impulso com o artigo de 1910, *Sobre um Tipo Especial de Escolha de Objeto no Homem*. O tipo em questão apresenta quatro características, todas elas passíveis de derivação a partir da fixação na mãe: o objeto escolhido é uma mulher que pertence a outro homem e sobre a qual recaem suspeitas de infidelidade que podem chegar até o limite da prostituição; o indivíduo lhe promete fidelidade eterna, mas logo a troca por outra, a quem repete o mesmo voto, e assim sucessivamente; e surge a obsessão de salvá-la de algum perigo, que a ameaçaria a todo momento. Como vincular estes elementos tão disparatados com a fonte edipiana única? Em primeiro lugar, a rivalidade com outro homem repete a antiga rivalidade com o pai, agora transposta para o homem que legitimamente possui o objeto amoroso. A infidelidade é o atributo da mãe, do ponto de vista do menino, já que ela se entrega ao pai e não a ele. A inconstância e as juras de fidelidade ligam-se de forma complementar: o homem acredita ter encontrado a réplica da figura materna e promete não abandoná-la jamais; contudo, como nenhuma mulher pode igualar os atributos da verdadeira mãe, é preciso renunciar a ele e buscar outra, numa série por definição infinita. Por fim, a tendência a redimir a mulher de perigos terríveis remete ao complexo paterno: a mãe lhe deu a vida, e esta dívida jamais resgatável pesa sobre a fantasia do homem enquadrado neste esquema libidinal. O mesmo conteúdo pode aplicar-se ao pai, significando aqui uma inequívoca rebeldia; é como se o sujeito dissesse consigo

52. *Five Lectures on Psychoanalysis*, S.E., XI, p. 48 (Quarta Conferência).

mesmo: "nada quero dever a meu pai; salvando-o, dar-lhe-ei a vida como ele ma deu, e estaremos quites". Frente à mãe, a fantasia assume o conteúdo de dar-lhe um filho idêntico ao sujeito, resgatando assim o dom inapreciável que recebeu dela. Isto equivale a ser seu próprio pai, identificando-se completamente com ele. Freud nota que "este desejo do sujeito de ser seu próprio pai satisfaz a todos os seus impulsos: os carinhosos, os de gratidão, os sensuais e os rebeldes"[53]. É nele que reside, portanto, a essência da constelação erótica descrita, e podemos, com um pouco de imaginação, derivar dele os demais traços assinalados. A escolha de uma mulher não livre cabe facilmente neste contexto, pois o pai se ligava à mãe por um compromisso declarado; a duração deste compromisso "até que a morte os separe" dá conta das promessas de fidelidade feitas à mulher do momento. A infidelidade significa o exercício de relações sexuais com outro homem, o que à primeira vista parece incongruente com a identificação com o pai; mas é preciso mencionar que este elemento parece quando o menino descobre o mundo da sexualidade adulta, por ouvir dizer ou pelo contato com uma prostituta. É sobre este modelo que chega a compreender a natureza da intimidade entre seus pais, de sorte que o termo médio "manter relações com um homem" estabelece a série complementar da mãe à prostituta. Além disso, o amor pela mãe sofre um rude golpe com os esclarecimentos de ordem sexual, constituindo assim a identificação das duas pessoas uma espécie de vingança contra a mãe "infiel".

Este texto introduz o termo "Complexo de Édipo" e o relaciona explicitamente com a puberdade:

> As revelações sexuais (que situamos nos anos imediatamente anteriores à puberdade) despertam no menino as recordações de suas impressões e desejos infantis mais precoces, reanimando consequentemente determinados impulsos psíquicos. Começa, pois, a desejar a mãe, no sentido descoberto, e a odiar o pai, como um rival que estorva a realização deste desejo. Em nossa terminologia, dizemos que o sujeito fica dominado pelo Complexo de Édipo[54].

É a nova situação emocional que recebe esta designação, não os "desejos infantis mais precoces". Preso ainda à hipótese da anarquia autoerótica da sexualidade infantil, Freud não pode conceber a escolha genital de objeto antes da adolescência, pelas razões que mencionamos acima. Esta mesma concepção orienta a análise da fixação à mãe no artigo de 1912, *Sobre a Tendência Universal à Degradação na Esfera do Amor*, em que a presença da teoria dual das pulsões já se faz sentir. Freud distingue na vida erótica duas "correntes": a carinhosa, que se origina na infância, e a sensual, que coincide com o advento da puberdade. A corrente carinhosa é o resíduo da escolha de objeto infantil, a qual, guiada pelas pulsões de autoconservação, recai invariavelmente sobre a mãe; o afeto dos pais estimula a criança

53. *A Special Type of Object-Choice Made by Men*, S.E., XI, p. 173.
54. *A Special Type of Object-Choice Made by Men*, S.E., XI, p. 171.

nesta direção, fazendo com que as fixações eróticas não sensuais perdurem por toda a infância, desviando consideráveis magnitudes de libido da finalidade propriamente sexual. Este é o mecanismo da sublimação, já assinalado em 1905, na primeira edição dos *Três Ensaios*. A puberdade traz consigo a corrente sensual, que incide a princípio sobre os mesmos objetos da infância;

> mas ao tropeçar com a barreira moral contra o incesto, erigida no intervalo, (a libido) tenderá a transferir-se o quanto antes destes objetos primários para outros, alheios ao círculo familiar do indivíduo, com os quais seja possível uma vida sexual real. Contudo, estes objetos novos são escolhidos conforme o protótipo infantil [...][55].

O conflito edipiano, portanto, instala-se na brecha da adolescência, para ser rapidamente reprimido; mas as fixações infantis "carinhosas" continuam guiando, do inconsciente, a vida erótica do rapaz, ainda que na superfície o desligamento dos objetos infantis tenha se processado sem maiores problemas. Dois fatores, contudo, podem perturbar este desenvolvimento: uma proibição intensa incidindo sobre o novo objeto (por exemplo, por razões sociais), e o grau de atração exercido pelos objetos incestuosos reprimidos. A libido regride então a estas posições infantis, fixando-se nelas; a repressão a obriga a manter-se no inconsciente; sua eficácia, porém, não diminui por tal circunstância. A impotência psíquica pode ser explicada precisamente por este processo: o rapaz não consegue executar o ato sexual de forma correta, pois a mulher que o excita recorda-lhe inconscientemente a mãe ou a irmã proibidas pelo tabu do incesto. O resultado desta articulação é a dissociação das duas correntes, a carinhosa permanecendo ligada aos objetos infantis, e a sensual investindo objetos que nada significam afetivamente: é esta a "degradação" da vida erótica. Freud resume seu raciocínio numa fórmula de rara elegância: "se tais indivíduos amam uma mulher, não a desejam; e se a desejam, não podem amá-la"[56]. O desligamento do amor e da sensualidade facilita a emergência de perversões, envolvendo a necessidade de encontrar um objeto sexual que as aceite, e por isto mesmo se mostre como digno de desprezo e de humilhações.

Assim, vemos como os elementos do Complexo de Édipo vão sendo apresentados de forma esparsa, como que representando produtos marginais da investigação analítica. No caso do pequeno Hans, embora o conflito edipiano domine o quadro clínico, a intenção não era de pô-lo em evidência, mas confirmar as teorias freudianas sobre a sexualidade infantil; no artigo de 1910, obedece-se à linha de definir certos tipos de caráter, sendo a tentativa explicitamente apresentada como uma continuação do trabalho iniciado em 1908 com *Caráter e Erotismo Anal*; no texto que acabamos de mencio-

55. *On the Universal Tendency to Debasement in the Sphere of Love*, S.E., XI, p. 181.

56. *On the Universal Tendency to Debasement in the Sphere of Love*, XI, p. 181.

nar, Freud se detém no estudo da natureza social da repressão, que transforma a degradação da impotência num fenômeno "universal". Restrita ao campo da escolha de objeto, a problemática edipiana não encontra espaço para ampliar-se; os elementos que destacamos até aqui podem ser considerados de valor secundário, na malha teórica da psicanálise, cujos eixos mais ricos estão em posição afastadas do Édipo, como a teoria das pulsões. Com o surgimento dos conceitos de narcisismo e identificação, o Édipo passa para um plano de maior destaque, pois a escolha narcisista de objeto, pelas próprias condições da constelação narcisista, reflete-se sobre o ego, enquanto a identificação, que inicialmente é identificação com os pais, introduz a possibilidade de traçar a gênese do ego, na qual paulatinamente os fatores intersubjetivos e edipianos vão assumindo o papel de molas fundamentais. É no terreno do ego que o Complexo de Édipo assumirá sua significação completa, e por esta razão, estes passos iniciais da vinculação dos dois temas revestem-se de importância particular. Não é por acaso que o estudo da paranoia, no *Caso Schreber*, faz surgir a forma dita "negativa" do complexo, em que o indivíduo ama o progenitor de mesmo sexo e rivaliza com o de sexo oposto. O triângulo edipiano se vê assim deslocado para o centro da problemática da homossexualidade[57].

O que caracteriza o distúrbio do Dr. Schreber é a substituição de um delírio inicial de perseguição por outro de grandeza religiosa. Quem o perseguia era seu médico, o Dr. Flechsig, e a natureza do delírio é indubitavelmente sexual. O Professor Flechsig desejava abusar de seu paciente, tal era o conteúdo do primeiro delírio. Freud resolve este conteúdo na reação a uma fantasia feminina do paranoico, que,

57. Parece estranho colocar o Complexo de Édipo ao lado do homossexualismo, já que no triângulo edipiano o progenitor escolhido como objeto é o do sexo *oposto*. Contudo, esta representação do Édipo é unilateral, pois existe a forma dita "completa" do complexo, em que o desejo e a rivalidade incidem sobre ambos os progenitores. A análise do *Homem dos Lobos*, a que aludiremos logo abaixo, é esclarecedora a este respeito. Tampouco seria verdadeiro supor um trânsito imediato do narcisismo à homossexualidade e do Édipo à heterossexualidade: o narcisismo tem outros destinos, como notamos acima, e o Édipo pode conduzir à escolha homossexual de objeto, caso sua posição seja a chamada "invertida". Cremos, porém, que a escolha de dois mitos gregos para designar os avatares da libido pode ser lida em outra clave: Narciso e Édipo são figuras do "amor infeliz", se nos é permitido parafrasear o conceito hegeliano. O que queremos dizer é que, para Freud o amor se configura no registro do *conflito*, enquanto a representação usual o concebe como graciosa harmonização. Impedida por sua própria natureza de compreender a gênese de suas representações, a ideologia faz com o indivíduo o mesmo que faz com a sociedade: ignora a dimensão dramática e conflituosa da sua constituição, para encobri-la com a parvoíce da univocidade e da harmonia preestabelecida. É como se uma leitura delirante de Leibniz e de Pitágoras presidisse à interpretação do real: da mônada às esferas celestes, a contradição seria expulsa e o idílio instaurado. Neste melhor dos mundos possíveis, o drama da verdade só pode aparecer como aberração, portanto como anormalidade e animalidade. Tais desvios têm remédio: para eles, são recomendadas a doce persuasão ou a violência repressiva. Disto resulta uma estranha concepção da psicanálise como instrumento de adaptação do indivíduo à norma social, e do analista como médico frente a um monstro. Ocorre que o Dr. Jekyll e Mr. Hyde habitam sempre o mesmo peito...

segundo o mecanismo de projeção, era percebida como um ataque vindo do exterior.

A causa excitante da doença, assim, foi uma irrupção de libido homossexual; o objeto desta libido foi desde o início seu médico, Flechsig; e as lutas do paciente contra este impulso libidinal produziram o conflito que deu origem aos fenômenos patológicos[58].

Em seguida, o papel de sedutor é tomado pelo próprio Deus, a quem até então Schreber considerara como seu aliado; mas, ao invés de agravar os sintomas da doença, como seria possível esperar, esta substituição reconcilia o paciente com sua emasculação e acaba com os sofrimentos inerentes a ela. A razão é simples: Schreber não podia aceitar a função de objeto sexual de outro homem; mas proporcionar aos raios divinos a lascívia de que eles necessitavam para existir era uma tarefa grandiosa, "de acordo com a ordem das coisas", e seu ego se sentiu envaidecido pelo fato de a escolha celeste ter recaído sobre sua pessoa. A megalomania reconciliou o ego com a fantasia homossexual, pois do "espírito de Schreber" deveria nascer a nova raça humana. A passagem de Flechsig para Deus é operada segundo um mecanismo característico da paranoia: ambos se decompõem em várias formas, chegando a alma do médico a assumir quarenta aspectos simultâneos; tal decomposição, neste distúrbio, significa a importância da pessoa em questão para o paciente, segundo a tese de Jung acolhida por Freud; de onde a conclusão de que tanto o psiquiatra quanto Deus representavam substitutos para o pai do doente.

Os elementos que conduzem a esta conclusão são os seguintes: o Deus de Schreber é concebido segundo uma mescla de rebeldia e blasfêmia, de um lado, e veneração amorosa, por outro; entre suas características, se conta como de suprema importância a inabilidade para compreender os homens vivos, já que em sua habitação celestial só lida com cadáveres. Ora, o pai do juiz fora um médico eminente (de onde o deslocamento para o Dr. Flechsig), e nada melhor para insultar a memória de um médico que afirmar sua incompetência para lidar com os vivos. É a revolta contra a autoridade paterna que conduz à identificação do pai com Deus, tema este que constituirá a base da análise da religião em *Totem e Tabu* e *O Futuro de uma Ilusão*. A interferência do pai na gratificação sexual do filho, usualmente consubstanciada na ameaça de castração, já desempenhara um papel ponderável na obsessão do Homem dos Ratos; o Dr. Schreber consegue uma espetacular vitória para suas tendências infantis, quando a volúpia de se entregar ao pai passa a ser sancionada pela "ordem das coisas" e ordenada por Deus-Pai em pessoa. Todo seu sistema especulativo, que parodia a metafísica, girava em torno dos "raios" de Deus, cuja vitalidade ele deveria assegurar por um exercí-

58. *Caso Schreber*, S.E., XII, p. 43.

cio ininterrupto de sensualidade. Numa nota de rodapé aposta a esta discussão, Freud afirma que "a 'fantasia feminina' de Schreber é simplesmente uma das formas típicas assumidas pelo complexo nuclear infantil"[59]. Sendo toda fantasia uma reação à frustração imposta pela realidade, cabe perguntar a qual frustração respondia seu desejo de se transformar em mulher. O próprio autor nos dá a resposta: seu casamento não lhe trouxera filhos, e esta era uma grande tristeza para ele. Freud comenta que a fantasia de ter filhos aplainou o caminho para a atitude feminina frente ao pai que o paranoico exibira durante sua primeira infância. O Édipo infantil, embora ainda não explorado e mencionado apenas de passagem, pode assim ser retrospectivamente interpretado como a mola da doença; e a ligação entre os dois é dada pela etapa narcisista e pela escolha narcísica de objeto. A primeira explicação oferecida por Freud do narcisismo ocorre exatamente em meio à discussão da homossexualidade, vinculada à imposição de que o objeto sexual possua genitais idênticos aos da pessoa fixada nesta fase. Na série das escolhas de objeto, assim, a homossexual é a primeira, e, dadas as condições de emergência da sexualidade infantil, o progenitor do mesmo sexo é o primeiro a ser investido com a libido homossexual. O conceito de "escolha narcisista de objeto" fornece uma ponte para o de identificação, em tomo do qual gira a análise do Homem dos Lobos, e que constitui a etapa seguinte na construção da noção de Complexo de Édipo.

As tormentosas relações do Homem dos Lobos com seu pai ocupam largos trechos do relato deste caso, que Freud redigiu em 1915, no auge de sua polêmica com Adler e Jung, mas que devido à guerra só pôde ser publicado em 1918. Com a idade de três anos e meio, o menino sofrerá uma sedução por parte da irmã, um pouco mais velha, que ele recusou como objeto, mas da qual reteve a finalidade passiva que se tornaria subsequentemente a mais marcante de sua constituição sexual. A tentativa de seduzir sua governanta esbarrou com um enérgico repúdio, que culminou com a ameaça de castração: isto o levou a abandonar as práticas onanistas a que se entregava, e fez sua organização sexual recuar da fase genital (fálica, segundo a terminologia posterior), que já atingira, para a fase sádico-anal, a cujo propósito já citamos o caso numa seção anterior. De acordo com a tendência passiva que o caracterizava, esta fase foi vivida parcialmente sob o signo do masoquismo: as fantasias desta época mostram o Czarevitch sendo espancado e alguém recebendo golpes no pênis. A libido, que não pudera investir a governanta devido à recusa desta, retornou ao pai:

> desta forma, o menino pôde renovar sua primeira e mais primitiva escolha de objeto, que, de acordo com o narcisismo da criança pequena, tivera lugar pela vida da identificação[60].

59. *Caso Schreber*, S.E., XII, p. 55, nota 3.
60. *Homem dos Lobos*, S.E., XVII, p. 27.

A consequência mais importante do trauma da sedução – que neste caso fora real e não fantasmática – foi deslocar sua libido, agora passiva, da irmã para a governanta e desta para o pai. Mas estando já na fase sádico-anal, o menino substituiu a identificação com o pai – que resultaria numa sexualidade masculina – pela escolha de objeto, na qual convergiam sua passividade e seu masoquismo atuais e a etapa anterior de seu desenvolvimento libidinal. É neste momento que intervém o sonho dos lobos brancos, cujo sentido último é o de recordar um ato sexual que o menino presenciara entre seus pais, com a idade de um ano e meio. O resultado imediato do sonho foi a instauração da fobia dos lobos, mas a análise revelou quem era substituído pelo lobo: seu pai. O processo pode ser resumido da seguinte maneira: o desejo de ser o objeto sexual do pai foi reprimido e substituído pelo medo a ele, já que a recordação dava uma ideia aterradora do que significava obter dele a satisfação sexual. A condição necessária para isto era nada menos que a castração. A conexão com os lobos estava determinada de varias maneiras: o lobo que vira numa gravura estava em pé, como o pai na cena primitiva; os contos do Chapeuzinho Vermelho e dos Sete Cabritinhos envolviam o lobo como devorador de crianças, e assim sucessivamente. De acordo com o mecanismo geral das neuroses, a representação do pai foi reprimida e a libido converteu-se em angústia, a qual se ligou aos lobos para criar uma fobia.

> A angústia foi um repúdio do desejo de obter satisfação através do pai [...]. A forma tomada por ela – o medo de "ser comido pelos lobos" – era apenas uma transposição regressiva do desejo [...]. A força repressora [...] foi sua libido narcisista genital, que, sob a forma de preocupação pelo destino do seu órgão masculino, estava simplesmente lutando contra uma satisfação que parecia exigir a supressão deste órgão. E foi do seu narcisismo ameaçado que ele derivou a masculinidade com qual se defendeu contra a atitude frente a seu pai[61].

Este texto é fundamental no desenvolvimento da teoria do Complexo de Édipo. O narcisismo inicial conduzira o menino à identificação com o pai, e não mais a uma escolha homossexual de objeto, como se depreendia do *Caso Schreber*. Para compreender esta importante modificação, é preciso levar em conta a análise da incorporação: o narcisismo, que compreende a fase oral (*O Luto e a Melancolia*), absorve os objetos mediante sua ingestão fantasmática (*As Pulsões e seus Destinos*). O objeto propriamente sexual é a mãe, ainda sob o regime de apoio das pulsões sexuais sobre as de autoconservação; a identificação incorpora o pai, preservando a lógica da separação entre a criança e o seu objeto. Dito de outra maneira, porque a criança é o pai (incorporado), sua mãe é o objeto natural (das duas pulsões). Com a emancipação da pulsão sexual, marcada pelo início do autoerotismo, o objeto passa a ser o corpo próprio (primeiro fragmentariamente, depois de forma unificada – que é a

61. *Homem dos Lobos*, S.E., XVII, p. 46.

condição do narcisismo propriamente dito), mas a identificação permanece no ego, conduzindo posteriormente à escolha de objeto heterossexual: o menino escolhe a mãe, a menina o pai, em função da identificação com o progenitor do sexo oposto. Desta maneira, do jogo da identificação e da escolha de objeto, emerge a forma "simples e positiva" do Complexo de Édipo. No caso de perturbações deste desenvolvimento, seja por uma fixação narcísica excepcionalmente forte (caso do Dr. Schreber), seja por fatores supervenientes (caso do Homem dos Lobos), a regressão da libido incide sobre o objeto incorporado; mas, dada a organização mais complexa (fase sádico-anal, neste exemplo específico), a identificação originária da fase oral é substituída pela escolha homossexual de objeto: *escolha de objeto* porque a fase anal já não é autoerótica, *homossexual* em virtude da intensidade do narcisismo. Daí o caráter masoquista da satisfação pretendida (perseguições de Flechsig, espancamento do herdeiro do trono): os acessos de raiva infantis do Homem dos Lobos representavam apenas tentativas de sedução do seu pai.

A intervenção do complexo de castração, surgido com a descoberta da vagina e que contraria as ideias infantis sobre a universalidade da posse do pênis, transforma este desejo em angústia. No caso do pequeno Hans, em que o Complexo de Édipo predominava na forma positiva, é o desejo de matar o pai que é reprimido, suscitando angústia e gerando a fobia animal; o Homem dos Lobos, com sua constituição predominantemente passiva e seu Édipo negativo, desenvolve um pavor do pai, cuja repressão deixa livre o afeto libidinal, sob a forma de angústia apta a "ligar-se" na fobia. Como veremos na seção sobre a teoria das neuroses, a fobia é um meio de projetar para o exterior a fonte da angústia, proporcionando contra a irrupção desta a defesa simples de evitar a percepção do objeto fóbico: o pequeno Hans não quer sair de casa para não ver os cavalos, o Homem dos Lobos nunca abre o livro que contém a gravura do lobo, o agora-fóbico não entra no elevador ou não atravessa a rua, e assim sucessivamente. O mecanismo que transforma a libido em angústia é a repressão, operação do ego; mas a análise que citamos no parágrafo anterior mostra que a libido narcísica pode fornecer a energia para a ação repressiva, quando o Édipo é invertido e a representação a ser reprimida envolve o tema da castração. Foi a oposição deste elemento que impediu o prosseguimento da tendência passiva do Homem dos Lobos frente ao seu pai – caracterizada pelo masoquismo – rumo a uma organização genital dominada pela feminilidade, isto é, de natureza homossexual. O sonho, que reativou a impressão da cena primitiva, não teve como efeito o avanço da finalidade, masoquista – ser espancado pelo pai – para a finalidade homossexual – copular com ele como uma mulher; o garoto acordou num estado de angústia, ao qual a fobia dos lobos correspondeu claramente. A etapa seguinte no tortuoso desenvolvimento do seu Édipo é dominada pela sublimação: tendo sido iniciado na história sagrada, ele se identificou com o Cristo sofredor – identificação favorecida pela circunstância de ter nascido no Natal – e passou a rebelar-se contra Deus, que, como nos delírios do Dr. Schreber, representava seu pai – pela crueldade com que tratava os filhos em geral, tanto o seu, quanto o de Abraão. Este protesto assinalou o começo do declínio da sua tendência masoquista, mas por outro lado deu origem à neurose obsessiva de fundo religioso que o acompanharia dos cinco aos dez anos. Aquilo contra o que a neurose o protegia era o impulso de insultar Deus, blasfemando nos termos mais violentos; a tendência a criticar a divindade brotava da antiga identificação com o pai, pois a figura carinhosa deste não podia ser recoberta pelo Deus terrível da Bíblia. A ambivalência do amor e do ódio frente ao pai encontrou expressão na neurose obsessiva por meio da crítica à religião, que evidentemente repetia o impulso hostil contra o pai, encoberto pela fobia dos lobos. A neurose obsessiva acabou por desaparecer quando o menino encontrou um novo substituto para o pai, na figura de um simpático tutor alemão, absolutamente cético em matéria religiosa.

O caso do *Homem dos Lobos* ilustra a forma chamada "completa" do Complexo de Édipo, pois a identificação e a escolha de objeto coincidentes engendraram uma ambiguidade nas relações do menino com seu pai: de um lado afeto, do outro rivalidade e hostilidade, vividos como temor por causa das circunstâncias particulares do menino. Já tivemos oportunidade de mostrar, ao examinar seu erotismo anal, que a identificação com a mãe ocupava também um lugar de destaque na anatomia da sua personalidade. A escolha de objeto segundo a linha materna é revelada pela célebre "cena com Grusha": Grusha era uma empregada da casa, que o menino vira agachada, esfregando o assoalho, na mesma posição que sua mãe assumira durante o coito na tarde de verão. A tentativa de sedução da moça – que se efetuou por meio do ato de urinar, único a se assemelhar ao que vira seu pai fazendo naquela ocasião – fracassou redondamente; mas a posição das duas mulheres, a mãe e a criada, reteve para ele um valor erótico privilegiado durante toda a vida.

Os textos mais explícitos sobre o Complexo de Édipo, como assinalamos atrás, não o têm de forma alguma como objeto principal: aos que citamos anteriormente, podemos agregar os que acabamos de examinar. O *Caso Schreber* gira em torno da paranoia e dos seus mecanismos específicos de repressão e engendramento dos sintomas; o *Homem dos Lobos* contém praticamente tudo o que Freud havia descoberto até 1915 no campo da clínica e da sexualidade, mas seu acento principal está na plausibilidade da cena primordial e na polêmica com seus adversários. A este traço curioso, cuja significação só pode ser a de que o Édipo não estava de forma alguma no centro da psicanálise, podemos acrescentar um outro: todos os elementos são deduzidos da sexualidade masculina. Freud acreditou, até a construção dos conceitos de fase fálica e de complexo de castração, que o Édipo feminino fosse simétrico ao masculino, simplesmente invertendo o sinal frente ao pai e à mãe. Para concluir este exame da temática edipiana na constelação conceptual da terceira fase, deter-

-nos-emos agora em dois textos em que Freud discute a situação da menina no triângulo intersubjetivo: o artigo de 1919, *Batem numa Criança*, e o ensaio de 1920, *Sobre a Psicogênese de um caso de Homossexualidade Feminina*.

A fantasia de presenciar como uma criança é espancada é atribuída por determinados pacientes à época em que tinham cinco ou seis anos de idade. O intenso prazer que ela então despertava foi substituído pela vergonha, que atua como resistência ao tratamento e impede a comunicação da fantasia até que este atinja uma etapa bem avançada. O vencimento desta resistência pode abrir caminho para o período encoberto pela amnésia infantil, entre os dois e cinco anos, no qual tiveram lugar os desenvolvimentos que culminam com a fantasia de flagelação. A interpretação freudiana reconstitui as etapas reprimidas que desembocam no conteúdo relatado; estas etapas são diferentes segundo o sexo do paciente. No caso das mulheres, há três fases: na primeira, que corresponde a uma época muito precoce, a criança maltratada é sempre diferente da paciente, sendo o mais das vezes um irmão ou irmã menores, e quem bate é um adulto não especificado, que representa o pai. A fantasia pode ser traduzida assim: "o pai bate na criança odiada por mim". A segunda fase é de caráter masoquista: "o pai bate em mim". A terceira, que corresponde ao conteúdo evocado na análise, é semelhante à primeira – o pai bate em outra criança – mas se distingue dela por ser o suporte de um intenso prazer sexual, que culmina numa satisfação masturbatória. A menina se encontra, por ocasião da primeira etapa, sob a influência da ligação erótica com o pai, e o conteúdo da fantasia significa na verdade "meu pai só ama a mim, posto que bate na outra criança".

> A fantasia satisfaz claramente os ciúmes da menina, e depende de forma direta da sua vida erótica; mas também é apoiada com grande energia por seus interesses egoístas. Não podemos considerá-la puramente sexual, nem nos atreveremos a qualificá-la decididamente da sádica (...) Ela constitui a matéria-prima de que as duas coisas sairão no futuro[62].

Isto equivale a dizer que a menina ainda está na época do narcisismo, pois as pulsões de autoconservação e as sexuais atuam na mesma direção; por outro lado, já se encaminha para a etapa sádico-anal, tendo escolhido um objeto libidinal – o pai – e começando a apresentar manifestações de agressividade. A escolha incestuosa de objeto é em seguida reprimida, com o advento de uma nova organização psicossexual. Os conteúdos correspondentes se tornam inconscientes, e surge uma consciência de culpa, de origem desconhecida, mas indiretamente ligada aos desejos incestuosos que permanecem ativos no inconsciente. A consciência de culpa faz a fantasia inverter seu conteúdo: "não, teu pai não gosta de ti, já que te bate".

62. *A Child is being Beaten*, S.E., XVII, p. 187.

Mas a satisfação masoquista derivada do ser castigada é igualmente determinante para a passagem à segunda versão da fantasia:

> o ser espancada constitui a confluência do sentido de culpa com o erotismo. Não é somente o castigo da relação genital proibida, mas também sua satisfação regressiva, e desta última fonte extrai sua excitação libidinal. [...] Mas esta já é a própria essência do masoquismo[63].

A razão pela qual esta segunda etapa da fantasia não é jamais evocada na análise, tendo que ser construída pela interpretação, é a intensidade da repressão que sobre ela se abate. A terceira versão restaura a primeira: "o pai bate na outra criança, e só ama a mim"; mas se a sua forma é sádica, a satisfação derivada dela é masoquista, porque a segunda cláusula, que representa o incesto, é barrada pela repressão. O interesse desta análise reside na conclusão que Freud extrai dela, localizando agora o Complexo de Édipo na época da *primeira* fantasia, isto é, por volta dos dois anos de idade:

> A perversão fica assim relacionada com o amor objetal incestuoso da menina, isto é, com seu Complexo de Édipo; surge pela primeira vez baseada neste complexo, e, quando este desaparece, permanece como a herdeira, muitas vezes única, da sua carga libidinal, e como sustentáculo da consciência de culpa a ele vinculada. Por outro lado, a constituição sexual anormal mostrou sua energia, impondo ao Édipo uma orientação especial, e obrigando-o a subsistir num fenômeno residual pouco comum[64].

Este texto surpreendente merece um exame mais detido. Em primeiro lugar, notamos uma tentativa de ampliar a teoria das perversões, acrescentando à tese dos *Três Ensaios*, segundo a qual elas resultam da intensificação e antecipação de um componente libidinal sobre os outros, uma dimensão extraída da fantasia. Freud sugere no mesmo parágrafo a possibilidade de derivar as perversões em geral do Complexo de Édipo, e sabemos que o homossexualismo admite a relação edipiana como uma das suas raízes. A ideia não é retomada, ao que saibamos, em textos posteriores; mas representa um passo decisivo para a concepção final do Desejo, desligando-o da pura referência biológica em que se sustentava desde os textos de 1895, para incluí-lo na dimensão da fantasia; as perversões, em especial o fetichismo, oferecem uma perspectiva privilegiada nesta direção, já que a satisfação do desejo está sempre vinculada a circunstâncias fantasmáticas peculiares a cada indivíduo, mesmo na sexualidade normal. Em segundo lugar, a data precoce do Complexo de Édipo abre pela primeira vez, de maneira explícita, a possibilidade do seu efeito estruturante sobre a personalidade total, seja no plano pulsional, seja no do ego. Em terceiro lugar, o Édipo "desaparece" e deixa um "herdeiro", que é o suporte da sua carga libidinal e do

63. *A Child is being Beaten*, S.E., XVII, p. 189.
64. *A Child is being Beaten*, S.E., XVII, p. 192.

complexo de culpa a ele vinculado. O que diferencia esta concepção da de *O Ego e o Id* é que não é o superego que vem substituir a ligação edipiana, mas uma fantasia relativamente anormal; é difícil, porém, não ver aqui um elo intermediário na evolução do conceito do Complexo de Édipo, já bem mais próximo do seu significado definitivo. Por fim, o resíduo edipiano provém de uma "orientação especial", imposta ao complexo pela constituição sexual atípica dos pacientes em que Freud se baseia para a análise, e cujo componente precocemente posto em evidência era o sádico. O caráter extraordinário deste resíduo é assinalado pela fantasia do espancamento da criança, o que sugere que, em 1919 Freud pensava que, o resultado normal do Édipo seria desaparecer sem deixar resíduos. Se esta é a interpretação correta do seu pensamento, fica explicado o motivo de, embora contando com tantos elementos quantos foram expostos nas páginas anteriores, a teoria psicanalítica não os ter reunido numa doutrina única. Não cremos que se tratasse de um lapso de Freud, ou da sua preocupação com outros temas; esta seria uma justificativa biográfica, não teórica. A razão nos parece mais simples e mais sutil: o Complexo de Édipo é classificado, desde as *Teorias Sexuais Infantis* de 1908 até o parágrafo final do ensaio de 1919, como o "complexo nuclear das neuroses":

> A sexualidade infantil vencida pela repressão é a força principal que impele à formação dos sintomas; e o elemento principal do seu conteúdo – o Complexo de Édipo – é o complexo nuclear das neuroses[65].

Mesmo reconhecendo no Édipo o conteúdo principal da sexualidade *infantil* – o que já é um longo passo desde a sua localização na puberdade – o enfoque freudiano ainda é essencialmente clínico. Isto significa que os efeitos *a posteriori* do Édipo se manifestam nos neuróticos, tendo os indivíduos normais conseguido dominar sem maiores dificuldades a crise edipiana. Não é por acaso que todos os textos que analisamos nesta seção se referem a pacientes neuróticos; nos ensaios propriamente teóricos, o Complexo de Édipo não representa um elemento do destaque, pela simples razão de que sua universalidade e seu alcance não podiam ser reconhecidos no quadro conceitual a que pertencem os ensaios mencionados. Será preciso esperar pelo *tournant* de 1920, a partir de *Além do Princípio do Prazer*, para que o Édipo ascenda ao primeiro plano da teoria psicanalítica.

Do artigo de 1920, *Sobre a Psicogênese de um Caso de Homossexualidade Feminina*, reteremos o essencial para a problemática edipiana feminina, que, como sustentamos anteriormente, era concebida segundo o paradigma do menino. Trata-se de um caso de homossexualismo que se declarou na puberdade; Freud começa sua exposição dizendo que

65. *A Child is being Beaten*, S.E., XVII, p. 204.

a moça havia passado em sua infância, e sem acidente algum, pelo processo normal do Complexo de Édipo feminino: começou depois a substituir o pai por um irmão menor etc.[66]

Quando tinha dezesseis anos, e se encontrava na época da "revivescência" do Complexo de Édipo – o termo "revivescência" prova que a análise de 1919 fora integrada definitivamente à teoria, e que o Édipo era localizado agora na "infância" – sua mãe engravidou novamente. A decepção sofrida pela jovem com este fato, que encarou inconscientemente como uma traição do pai a ela, provocou seu afastamento dele e inverteu a direção da sua libido. Da posição de objeto que ocupava, o pai foi transladado ao ego da moça, por um processo de identificação, auxiliado pela ambivalência do amor filial, a um tempo carinhoso e hostil. Esta identificação com o pai conduziu à escolha da mãe como objeto sexual; mas, dada a impossibilidade desta relação, bloqueada tanto pela realidade quanto pela repressão do incesto, a mãe foi substituída por um objeto homossexual. A opção homossexual tinha duas vantagens: por um lado, deixava à mãe o campo livre para o amor masculino, e por outro irritava profundamente o pai, servindo portanto como arma de vingança contra ele. A constituição libidinal da moça, porém, era mais complexa; a libido heterossexual, fixada no irmão mais novo, também determinava sua vingança erótica, embora de maneira subordinada. A conjunção destas duas correntes a fez decidir-se pela ligação com uma mulher que recordava a fisionomia deste irmão, e com esta mulher, mais velha do que ela, a rapariga repetia as características da escolha do objeto "especial" descrita por Freud em 1910 no homem: a identificação com a mãe, o amor pela mulher infiel, a tendência a "salvar" a amada de um perigo iminente e o apego a uma pessoa já comprometida. A aparente contradição entre a identificação com o pai e com a mãe é explicada pela duplicidade da disposição libidinal, ao mesmo tempo homo e heterossexual. Mas a introjeção do pai era muito mais forte, como revela a tentativa de suicídio que ela empreendeu quando o pai a descobriu em companhia da mulher proibida: a moça tentou matar-se atirando-se no fosso do bonde. A análise de Freud mostra que a tendência principal da vida psíquica da jovem homossexual era o desejo de vingar-se do pai; como se havia identificado com ele, matar-se era matá-lo, e "cair por causa do pai" significava ter um filho dele. Freud repete aqui, quase com os mesmos termos, uma frase de *O Luto e a Melancolia*.

A psicanálise nos revelou que talvez ninguém encontre a força necessária para matar-se se não matar ao mesmo tempo um objeto com o qual se identificou, voltando assim contra si próprio um desejo de morte orientado para outra pessoa[67].

66. *The Psychogenesis of a Case of Homosexuality in a Woman*, S.E., XVIII, p. 155.

67. *The Psychogenesis of a Case of Homosexuality in a Woman*, S.E., XVIII, p. 162.

Este texto revela que, por trás da identificação com o pai, jazia ainda a escolha de objeto edipiana, pois o desejo de ter um filho com o pai não admite outra origem. Nas mulheres normais, este desejo passa por uma evolução diferente, como mostra o artigo de 1917, *As Transformações das Pulsões, em Especial do Erotismo Anal*. Partindo do complexo de castração, a mulher deseja possuir um pênis; quando não se instala nenhuma perturbação neurótica, o desejo se converte no de possuir um marido, como acessório carnal inseparável do pênis, e posteriormente de ter um filho deste marido, segundo a equivalência pênis = fezes = criança, que analisamos numa seção anterior. Freud vê neste processo uma transformação favorável à feminilidade, envolvendo o tipo de escolha de objeto anaclítico, que coexiste com a forma mais propriamente feminina da escolha de objeto narcisista[68]. O Édipo não intervém aqui, porque em 1917, antes do artigo sobre as fantasias de flagelação, ele ainda se localizava na puberdade.

Retornando ao ensaio sobre a homossexualidade feminina, diremos ainda que o complexo de castração, posteriormente decisivo para a evolução da sexualidade feminina, não desempenha nele papel algum, não sendo sequer citado. Calcado sobre o paradigma do menino, o Complexo de Édipo da mulher lhe é rigorosamente simétrico, colocando o progenitor de sexo oposto desde o início na posição de objeto. Resta-nos anotar que tanto no caso da homossexualidade feminina quanto no da masculina, o fator determinante é a identificação com o *pai:* para o menino, dá-se a regressão a uma identificação primitiva, como mostra o exemplo do Dr. Schreber, e para a menina substitui-se a escolha de objeto pela identificação, como no caso anônimo observado em 1920. Esta conclusão é confirmada pela análise da fantasia de flagelação dos meninos, relatada no artigo *Batem numa Criança:* aqui, a fantasia relembrada conscientemente é a de ser espancado pela mãe, mas a construção analítica infere apenas uma etapa preliminar e não duas. O conteúdo desta etapa é: "sou espancado por meu pai". O caráter masoquista desta fantasia, revelado pela análise do Homem dos Lobos, permite traduzi-la como "sou amado por meu pai". A relação entre as fantasias do menino e da menina, que se poderia esperar que consistisse no fato de a criança castigada ser do sexo oposto, não é verificada; mas em compensação, surge uma outra, a nosso ver bem mais fecunda:

> em ambos os casos, ela se deriva da relação incestuosa com o pai [...] Na menina, a fantasia inconsciente masoquista parte da atitude normal produzida pelo Complexo de Édipo; no menino, da atitude invertida, que torna o pai como objeto erótico[69].

68. *On the Transformations of Instincts as Exemplified in Anal Erotism*, S.E., XVII, p. 129.

69. *A Child is being Beaten*, S.E., XVII, p. 198.

É esta relação que determina, no menino, a ausência do estágio sádico inicial, que na menina corresponde ao desejo do pai: quando este aparece no menino, é sob uma forma masoquista e culpada, no que, seguindo a indicação do caso do Homem dos Lobos, podemos ver a ação repressiva da libido narcísica, que culmina com a repressão da atitude passiva e com a consequente passagem da fase inicial da fantasia para o registro inconsciente.

Havíamos proposto, no início desta seção, centrar a evolução do conceito de Complexo de Édipo sobre o eixo da identificação. Podemos agora, concluído o exame dos textos relevantes, verificar a viabilidade desta proposta. No espaço de doze anos que medeia do "Pequeno Hans" ao artigo sobre o homossexualismo na mulher, foi possível assinalar a crescente importância de que se revestia a problemática edipiana: no contexto da primeira teoria da sexualidade, o termo "Édipo" sequer figurava, enquanto em 1920, a um passo da última inflexão decisiva do pensamento de Freud, o complexo já ocupa uma posição de destaque no conjunto da teoria. Esta evolução é paralela à do conceito de identificação; enquanto este não é construído, a relação da criança com seus pais permanece no nível da escolha de objeto, e não é por acaso que no ensaio sobre o *Tipo Especial de Escolha de Objeto*, Freud fala de uma *fixação* na mãe. O termo "fixação" denota uma aderência particularmente forte da libido a um objeto, e, a partir do momento em que se reconhecem as suas organizações pré-genitais, também a permanência de uma corrente libidinal na fase em questão. A concepção freudiana é perfeitamente coerente: se a mãe permanece na categoria de objeto, e objeto arcaico, investido com uma libido carinhosa (artigo de 1912), o Édipo tem que ser localizado na puberdade, momento decisivo da seleção objetal e do conjunto da organização da libido. A ponte entre esta concepção e a subsequente é dada pelo conceito de narcisismo, introduzido no *Caso Schreber*, e que tem uma face voltada para o ego (libido narcísica) e outra para o objeto (seleção objetal de tipo narcísico). Por esta via, o Complexo de Édipo invertido se desloca para a infância e seus avatares surgem à luz na homossexualidade, enquanto a versão "normal" – positiva – do Édipo permanece na puberdade, o que podemos inferir pela falta de qualquer observação em sentido contrário. Com o *Homem dos Lobos*, redigido ao mesmo tempo que o ensaio sobre o luto, o conceito de identificação é formulado explicitamente, ainda que sob a égide do narcisismo (conforme a análise que efetuamos do conceito de "incorporação"). A circunstância de o Homem dos Lobos apresentar o Édipo completo, com sentimentos ambivalentes frente aos dois progenitores, coloca Freud na pista da sua concepção definitiva; mas será preciso esperar *O Ego e o Id*, em 1923, para que todos os elementos se articulem. Enquanto isto, pudemos mostrar como o emprego do conceito de identificação tornava a análise do Édipo muito mais rica; cremos mesmo que sem este conceito seria impossível a emergência da noção de "forma completa" do Édipo. A discussão das fantasias sádicas, em 1919, desemboca na transposição do momento edipiano para a primeira infância, e a identificação desempenha o papel crucial na gênese da fantasia em cada um dos sexos: presente no menino e ausente na menina, é em torno dela que se pode construir o caminho da sexualidade infantil. Por fim, no texto de 1920, é a identificação tardia com o pai que determina a conduta erótica da jovem anônima, "revivendo" nela a situação edipiana infantil.

Para resumir numa fórmula a relação entre o Complexo de Édipo e a identificação, tal como ela se apresenta na constelação conceptual presente, diremos que é a análise da identificação que fornece a alavanca para o deslocamento do complexo da puberdade para a infância. Esta modificação é crucial, já que, ocorrendo em época tão precoce, o Édipo passa a ter a importância dos elementos infantis, o que, segundo uma frase que citamos anteriormente, equivale a equipará-lo às pedras fundamentais da psicanálise.

A violenta repressão de que é vítima o Complexo de Édipo assinala como etapa seguinte do nosso estudo a avaliação do impacto deste conceito sobre a temática da repressão. Se esta sequência cabe bem na estratégia da nossa exposição, ela não é por isto infiel à trajetória de Freud: sabemos que, em 1915, ele consagra ao que chama de *Metapsicologia* uma série de ensaios, cuja origem, se não deriva diretamente do estudo da temática edipiana, está claramente relacionada com os conceitos de narcisismo e de identificação que reconhecemos serem as etapas intermediárias na circunscrição do Édipo. Assim, embora explicitamente a metapsicologia nada tenha a ver com o complexo, na verdade os dois conjuntos são paralelos, como procuraremos demonstrar agora.

6. REPRESSÃO: DA ABORDAGEM SOCIAL À METAPSICOLÓGICA

Do rio que tudo arrasta se diz que é violento.
Mas ninguém diz violentas
As margens que o comprimem.
BRECHT, Poemas e Canções.

A repressão instaura uma distância interior entre o indivíduo e si próprio, distância que incorpora a dimensão da autoridade no coração mesmo do psiquismo. E não se trata de uma autoridade qualquer: é a Autoridade do Outro que se imprime em cada um de nós, governando com mão de ferro o jogo das pulsões e transformando o pequeno animal que vem ao mundo, fruto de um homem e de uma mulher, num ser propriamente humano. A essência coercitiva da vida social torna a existência dura e difícil, exigindo muitas vezes um preço excessivo pela conquista da aceitação. Freud já tocava nesta fibra sensível da cultura numa página eloquente da *Frase de Espírito e suas Relações com o Inconsciente*:

Estas anedotas são simplesmente epicuristas; elas significam: [...] nada existe melhor que o gozo, e pouco importa a maneira de obtê-lo. Eis algo que parece terrivelmente imoral, e na verdade o é; no fundo, esta fórmula equivale ao *carpe diem* do poeta, que proclama a incerteza da vida e a inutilidade da renúncia em nome da virtude [...]. Cada um de nós tem momentos em que aceita esta filosofia, e reprova à moral suas exigências jamais recompensadas [...]. Posso estar disposto a abrir mão de todas as formas de satisfação reprovadas pela sociedade; mas por acaso estou seguro de que ela me compensará desta renúncia [...] abrindo-me a possibilidade de uma satisfação lícita? O que as frases de espírito sussurram em voz baixa pode ser dito em voz alta: os desejos e as aspirações dos homens têm o direito de se afirmar frente à moral exigente e inflexível [...]; esta moral não seria mais do que o decreto egoísta dos ricos e poderosos, que podem sempre satisfazer todos os seus desejos imediatamente[70].

Não é casual que este manifesto hedonista faça parte de uma obra sobre o humor; recordamos que foi precisamente ao estudar os mecanismos do prazer na frase de espírito que Freud descobriu a essência da repressão. O riso e a moral são velhos inimigos; o que esta constrói pacientemente, tecendo sua tela de proibições e tabus, aquele derruba com a lufada de ar fresco de uma única e irreprimível gargalhada. A moral diz: "eu sou grande e sério, tu me deves respeito e obediência". O riso diz: "és apenas um ser humano, frágil como eu, e às vezes mais. Como agora". A denúncia contida na passagem que citamos é simples e radical: a moral não vale a pena. Os homens pagam um sofrimento elevado demais pela hipocrisia social; a satisfação prometida aos bem-comportados chega sob a forma da neurose e da loucura. O texto candente de *O Mal-Estar na Civilização* é antecipado em mais de vinte anos por esta declaração de guerra à repressão; mas não devemos inferir disto que Freud advogasse o anarquismo ou a libertinagem. Médico da alma, ele sabia – ou acreditava – no poder moderador do intelecto sobre as paixões; sua filosofia, se é que tinha uma, era a de um estoicismo esclarecido.

O primeiro texto a referir-se ao caráter social da repressão, no período que estamos analisando, é o artigo de 1907 sobre *A Moral Sexual Civilizada e o Nervosismo Moderno*. Aqui Freud discute explicitamente o que ficara apenas indicado na passagem citada atrás, e propõe mesmo uma história da repressão, correlativa do desenvolvimento das neuroses. A parte teórica do ensaio começa com estas palavras:

Nossa cultura repousa totalmente sobre a coerção das pulsões. Todos nós renunciamos a uma parte do nosso poder, a uma parcela das tendências vingativas e agressivas da nossa personalidade, e destas contribuições nasceu a propriedade comum civilizada de bens materiais e ideais[71].

As exigências da vida, as sanções religiosas, os regulamentos sociais, são os fatores que no curso da história obrigaram a um

70. *Jokes and their Relation to the Unconscious*, S.E., VIII, p. 109-110.
71. *"Civilized" Sexual Morality and Modem Nervous Illness*, S.E., IX, p. 186.

grau cada vez maior de frustração, em especial das pulsões sexuais. Biologicamente, a sexualidade humana ultrapassou a fase animal da periodicidade: a qualquer momento, o macho e a fêmea podem copular, sem necessidade de esperar pelo cio. A esta intensificação da libido, corresponde um grau proporcionalmente mais elevado de flexibilidade e mobilidade: o homem é o único animal capaz de sublimar, isto é, de orientar sua sexualidade para fins não sexuais. Esta capacidade, contudo, tem limites, que não podem ser violados sob pena de emergir uma perturbação orgânica – a que Freud chama uma "neurose atual" – ou psíquica – o que significa a variedade das psiconeuroses. Sendo a sexualidade infantil predominantemente autoerótica (estamos em 1907) é preciso desviar o interesse da criança do seu corpo para o mundo que a rodeia; daí caber à educação um papel central na repressão dos impulsos perversos que definem a sua vida sexual. Historicamente, a humanidade conheceu três etapas na coerção da sexualidade: a que permitia a satisfação de impulsos perversos, a que limita o sexual à reprodução, e a que configura a reprodução na camisa de força do matrimônio legítimo. O conceito de "perversão" só aparece na segunda fase, sendo tachadas de perversas as modalidades de satisfação sexual que discrepam da norma estabelecida. Com a intervenção do cristianismo, por exemplo, o amor que os gregos consideravam mais refinado – entre um homem e um rapaz – passou a ser proibido; como consequência, uma parte da humanidade, os homossexuais, ficam privados da satisfação libidinal a que aspiram.

> Uma das mais evidentes injustiças sociais é a de que o padrão cultural exija de todas as pessoas o mesmo comportamento sexual, que, fácil de observar para aqueles cuja constituição o permite, impõe a outros os mais graves sacrifícios psíquicos[72].

72. *"Civilized" Sexual Morality and Modem Nervous Illness*, S.E., IX, p. 192. Convencionou-se situar a psicanálise como inimiga figadal do homossexualismo. Nada mais contrário à posição de Freud, como o demonstra o texto que acabamos de citar. O texto dos *Três Ensaios* é de uma clareza meridiana: o homossexualismo é uma perversão, isto é, um prolongamento da sexualidade infantil. Em primeiro lugar, o termo "perversão" não tem qualquer caráter pejorativo, como acentuamos no Cap. 2. Em segundo, é óbvio que o perverso o é em função de padrões culturais; escrevendo na "terceira fase" da repressão cultural da sexualidade, Freud chama as coisas pelo seu nome, e por isto considera o homossexualismo como uma forma não plenamente desenvolvida da vida libidinal, *segundo os padrões da sociedade em que vive o homossexual*. No texto *Sobre a Psicogênese de um Caso de Homossexualidade Feminina*, que analisamos mais acima, Freud ressalta que esta modalidade da vida sexual só é acessível à terapia (e portanto patológica) quando cria problemas para a pessoa que a apresenta; caso contrário, a psicanálise nada tem a ver com ela, quer para curá-la, quer para censurá-la. E não seria de se esperar outra coisa. Se assumisse a posição moralista de verberar a "anormalidade" da escolha homossexual de objeto, Freud não apenas estaria estabelecendo uma fronteira rígida entre o normal e o patológico – o que, isto sim, seria uma aberração –, mas sobretudo estaria recuperando a concepção ideológica da sexualidade, e isto em dois registros diferentes: como domínio do "sujo" e como domínio do harmonioso. A ideologia precisa construir uma representação harmoniosa do desenvolvimento sexual para eludir a existência e a função constitutiva da repressão

Com o advento da terceira etapa, que restringe a satisfação genital à esfera do casamento monogâmico, aumenta consideravelmente o número de indivíduos que sucumbem à "tentação" socialmente estigmatizada, ou, na impossibilidade de fazê-lo, reagem à frustração pela via da satisfação substitutiva, a neurose.

As restrições sociais à satisfação de algo tão essencial para o equilíbrio psíquico como a função sexual – entendida no sentido amplo da psicanálise, que não a limita à zona genital – esbarram num dado psicossomático: a capacidade de sublimação é limitada, segundo a disposição de cada um e segundo as possibilidades viáveis para a canalização da tensão sexual. Além disso, indivíduos que se acomodariam bem à supressão das satisfações perversas sucumbem à neurose quando a oportunidade de conviver sexualmente com outro ser humano se limita ao cônjuge; a situação se agrava no caso da mulher, sobre a qual pesam os tabus da virgindade e da fidelidade conjugal, o medo à gravidez e todas as repugnâncias pessoais que diminuem a satisfação na relação carnal. Quanto aos solteiros, especialmente os adolescentes, a abstinência forçada pode envolver todas as energias do indivíduo na luta contra o impulso sexual, num momento em que o jovem necessita delas para afirmar sua personalidade e conquistar seu direito à participação na vida social. As consequências nefastas da abstinência e da ignorância sobre assuntos sexuais se fazem sentir na vida conjugal posterior, já que, no momento em que se abre por fim a possibilidade do gozo, a coerção já está internalizada até um ponto próximo do patológico. Por fim, a implacável perseguição cultural do coito comum favorece a expansão de perversões, que se definem pela utilização exclusiva das outras zonas erógenas, e do homossexualismo, que não engendra a gravidez; a masturbação, perpetuando as modalidades autoeróticas da vida infantil, traz consigo os riscos inerentes a esta sobrevivência anormal da criança no adulto, além de não representar garantia alguma contra a irrupção de uma neurose.

A caracterização social da repressão que emerge deste artigo não é, certamente, muito profunda; podemos resumi-la dizendo que a cultura restringe de tantas maneiras o exercício da sexualidade, que a parte dela incapaz de ser desviada para a sublimação termina por

na esfera do Desejo, como o faz para a vida social, negando a existência e a função constitutiva do conflito na esfera das relações de produção. É esta representação que permite conceber a homossexualidade como desvio e como símbolo do "antinatural". Ao naturalizar a sexualidade, a representação ideológica impõe ao prazer um bloqueio intransponível, pois o que retira dela é a dimensão da fantasia e da contingência, que o constitui como desejo humano. O que Freud faz é precisamente desconstruir esta representação, mostrando o caminho tormentoso e acidentado do desejo rumo à sua realização. Se há normalidade, é este o seu domínio, e nunca a submissão a uma norma engendrada por uma idealização do Mesmo que nada mais é do que temor do Outro. Freud mostra a cada passo como a dimensão da alteridade tem que ser assimilada à nossa compreensão do ser humano, já que este é o Outro dentro de si e só acede à verdade de si por meio do Outro: repressão e transferência encontram aí seu solo comum. (Cf. notas 43 e 118 a este capítulo).

engendrar, num número de casos desproporcionalmente elevado, a predisposição à neurose, compreendida pelo termo de "nervosismo moderno". O interesse maior do texto nos parece residir na tentativa, à primeira vista tão pouco freudiana, de encontrar uma base social para um fenômeno psíquico, e justamente para aquele definido como a "pedra angular do edifício psicanalítico". A ideia é desenvolvida na parte final de um artigo que já citamos a propósito do Complexo de Édipo; escrito em 1912, e que traz o título de *Sobre uma Degradação Geral da Vida Erótica*. Depois de comentar os resultados aberrantes da fixação exagerada à mãe, Freud passa a analisar o caráter "universal" da degradação amorosa, que consiste em desejar sem amar e amar sem desejar. Devido à coerção que pesa sobre sua vida pulsional, o homem civilizado não se atreve a pedir à sua companheira a satisfação dos seus impulsos perversos; estes, só podendo encontrar expressão no relacionamento com uma prostituta ou uma mulher de condição social inferior, conduzem à degradação do amor, reduzindo à penúria de uma satisfação fisiológica animal obtida às custas de uma mulher que de humano só possui a forma. A versão feminina desta situação é a frigidez, na qual a sensualidade permanece inibida pela intensa proibição que pesa sobre o erotismo de mulher. Freud nota que

> para ser verdadeiramente livre, e com isto verdadeiramente feliz na vida erótica, é preciso ter vencido o respeito pela mulher e o horror à ideia do incesto com a mãe ou a irmã[73].

Esta afirmação escandalosa ganha inteligibilidade se a referirmos ao Complexo de Édipo: ainda que, como mostramos, a relação com a mãe estivesse centrada à época deste artigo sobre a escolha de objeto, o triângulo edipiano pesa com uma força insuspeitada sobre a vida sexual inteira. Reportemo-nos ao plano da fantasia: toda mulher é um substituto da mãe, proibida pela repressão; logo, toda relação é, no impossível desejo do inconsciente, uma relação com a mãe. Ora, o objeto materno é o mais sagrado de todos; mesmo se supusermos, por hipótese, a efetivação do incesto, a relação com a mulher que deu a vida àquele com quem compartilharia o leito não poderia conter componentes perversos. Neste raciocínio artificial, ser-nos-á objetado que, uma vez transposto o limiar da monstruosidade, nada deteria o casal maldito; mas esta objeção desconhece as leis do desejo. A mãe, protótipo de todo objeto futuro, é o centro da vida sexual da *criança* de peito; a fantasia marca a tal ponto o desejo, que seria inconcebível a conspurcação do incesto (se podemos nos valer deste paradoxo) com algum ato que não brotasse do ... "respeito filial". É por esta razão que a proibição do incesto, inscrita a ferro e fogo no desejo humano, determina também a modalidade de

73. *On the Universal Tendency to Debasement in the Sphere of Love*, S.E., XI, p. 186.

relacionamento com a esposa e com todos os objetos sexuais. O inconsciente "não tem vergonha, nem nunca terá"; mas ele se rege por suas leis próprias, que, se nada têm a ver com o Princípio da Realidade, nem por isto são independentes dos ditames do Princípio do Prazer. Sem esta reflexão, não seria possível compreender o que diz Freud no final deste texto:

> na própria natureza da pulsão sexual, existe algo desfavorável à emergência de uma satisfação plena [...]. Em consequência do desdobramento da escolha de objeto e da criação no intervalo da barreira do incesto, o objeto definitivo da pulsão nunca é o primitivo, mas apenas um substituto seu [...]. Em segundo lugar, [...] alguns dos componentes de que nasce a pulsão sexual não podem ser posteriormente acolhidos na sua estrutura final, devendo ser reprimidos ou destinados a finalidades diferentes[74].

A repressão, ao incidir sobre o objeto e sobre a finalidade das pulsões parciais, especialmente as sádicas e as coprofílicas, acaba por atingir a própria pulsão sexual, marcando-a indelevelmente com o selo da cultura. Esta pelo menos, é a posição freudiana em 1912; veremos mais adiante que as considerações da metapsicologia obrigarão a uma revisão desta concepção, ao distinguir entre a pulsão e seus representantes.

Mediante seu enlace com a temática do Édipo, a repressão ganha um alcance maior, e, à medida que o complexo nuclear for se afirmando como o próprio centro da psicanálise, o conceito de repressão receberá novos aportes, tanto na parte clínica quanto na teórica. Submetidas ao regime repressivo, as pulsões sexuais irão se aliar à fantasia, como destaca o texto sobre *Os Dois Princípios do Funcionamento Psíquico*; e, nesta existência à meia-luz, conseguirão furtar-se ao controle do Princípio de Realidade, permanecendo ligadas aos objetos e posições da infância, sem que o tempo tenha êxito em separá-las deles. Por outro lado, sendo a família o ambiente inicial em que a sociedade se apresenta à criança, a eficácia da cultura passa a abranger a constelação edipiana pela via da repressão, de sorte que os dois temas se cruzam e se recruzam ao longo da trajetória de Freud; basta lembrarmos a íntima relação entre o Édipo e a identificação e entre esta e o ego para nos darmos conta da função decisiva da repressão na estruturação do caráter, embora um texto de 1913 – *A Disposição à Neurose Obsessiva* – afirme que os traços do caráter diferenciam-se dos sintomas neuróticos precisamente pela ausência da repressão[75]. Mas, além do fato de que em 1913 o conceito de identificação ainda não fora forjado, o trecho em questão admite outra leitura, como mostraremos oportunamente. Por enquanto, basta-nos destacar o trabalho de elaboração por que passa o conceito de repressão, ainda antes de ser abordado nos três registros da dinâmica, da

74. *On the Universal Tendency to Debasement in the Sphere of Love*, S.E., XI, pp. 188-189.

75. *The Disposition to Obsessional Neurosis*, S.E., XII, p. 323.

tópica e da econômica, na *Metapsicologia* de 1915. O que os artigos metapsicológicos poderiam sugerir, a saber, uma geografia solipsista do psiquismo, fica desde agora afastado, ao destacarmos a raiz social do processo repressivo e sua função estruturante na vida pulsional e consciente do ser humano.

É no *Caso Schereber* que encontramos o passo seguinte na elaboração da teoria da repressão, na seção sobre o "Mecanismo da Paranoia". Embora cronologicamente anterior ao artigo que acabamos de citar, pois foi redigido em 1911, este estudo representa uma etapa ulterior do ponto de vista lógico, já que analisa a repressão em suas fases componentes, descendo a um nível mais específico do que a generalidade do caráter social deste fenômeno. Depois de afirmar que a psicanálise considera a repressão como a origem geral dos fenômenos patológicos, Freud divide o processo em três etapas: a fixação, a expulsão posterior e o retomo do reprimido. A fixação constitui a condição necessária de toda repressão; o conceito alude a uma inibição no desenvolvimento da libido, com a consequente adesão de uma corrente pulsional a uma etapa infantil, que se comporta frente às estruturas psicológicas posteriores como se pertencesse ao sistema inconsciente, ou, o que significa o mesmo, como se tivesse sido reprimida. A segunda fase corresponde à repressão "propriamente dita", e consiste na expulsão

> de derivados psíquicos das pulsões anteriormente deixadas para trás, quando estes são reforçados e chegam a entrar em conflito com o ego, ou de outras tendências psíquicas que por qualquer motivo despertaram uma aversão particularmente forte[76].

Reconhecemos aqui a concepção da repressão que já se afirmara em 1905: trata-se de uma consequência do conflito entre o ego e a sexualidade, que culmina com a expulsão das representações indesejáveis para o inconsciente. Como este estudo se enquadra na constelação conceptual da dualidade das pulsões, Freud faz na linha seguinte uma referência às "pulsões egosintônicas", que podemos compreender como aquelas que se conformam com o interesse do ego, sejam elas de natureza autopreservativa ou narcísica. O que é novo é a referência aos "derivados psíquicos das pulsões", conceito que não é elaborado neste momento, mas que irá constituir um dos eixos do estudo metapsicológico da vida anímica. Por fim, a terceira etapa é a do retorno do reprimido, que em 1896 era característica da neurose obsessiva (*Novas Observações sobre as Neuropsicoses de Defesa*), e agora é estendida a todo o domínio da psicopatologia. Esta irrupção do reprimido se inicia no ponto de fixação estabelecido na primeira fase, e que varia segundo cada caso, tendo importância decisiva para a "escolha da neurose". Para que ocorra o retorno do reprimido, é preciso que tenha se operado uma regressão da libido

76. *Caso Schreber*, S.E., XII, p. 67.

àquele ponto privilegiado, em razão de alguma frustração em relação a um objeto amado: "podemos concluir que o processo de repressão propriamente dito consiste num afastamento da libido de pessoas e coisas anteriormente amadas"[77]. É em virtude da segunda fase que a libido libertada regride ao ponto de fixação determinado pela história da pessoa, reforçando os conteúdos reprimidos àquela altura e forçando a sua entrada na consciência. A oposição do ego imprime uma deformação a eles, de sorte que os sintomas trazem consigo a marca dos dois contendores, constituindo portanto formações de compromisso. Freud adverte, contudo, que não se deve confundir o mecanismo da repressão com o da formação dos sintomas: no caso da paranoia, por exemplo, estes são formados predominantemente através da projeção. A razão desta distinção é clara: o mecanismo de formação dos sintomas envolve a participação do ego de maneira completamente diferente do que na repressão; aqui, ele se limita a manter algo afastado da consciência, enquanto no sintoma há um elemento preciso que o representa, pela via da deformação.

O *Caso Schreber* assinala, como já mostramos, a emergência do conceito do narcisismo, cuja elaboração teórica, por implicar extensas revisões das hipóteses básicas da psicanálise, ocupará a atenção de Freud nos anos entre 1911 e 1914. Problematizando a dualidade das pulsões, o narcisismo obriga a um estudo mais aprofundado desta questão, que é atacada de um ângulo novo com a série de artigos intitulada *Metapsicologia*, e dos quais o primeiro é *As Pulsões e seus Destinos*. Entre os destinos da pulsão sexual, destaca-se a repressão, à qual é dedicado um ensaio especial da série. Freud começa por afirmar a dificuldade teórica de deduzir o conceito de repressão, já que não é da natureza das pulsões produzir o desprazer, enquanto, para que ocorra o fenômeno repressivo, a condição primordial é justamente a necessidade de evitar o desprazer. Notamos que a definição da carta 75 a Fliess acentuava que a essência da repressão consiste em transformar o prazer em desprazer; agora, esta transformação é vista antes como uma *consequência* da repressão do que como a sua *natureza*. Esta consiste simplesmente "na função de rejeitar e manter algo fora da consciência"[78]. Isto implica que aquilo que causa prazer a uma instância psíquica pode ter o resultado oposto em outra; se vincularmos esta conclusão à doutrina do Princípio do Prazer e do Princípio de Realidade, é fácil inferir que aquilo que satisfaz a uma pulsão sexual, sob o domínio do Princípio do Prazer, pode conflitar com as pulsões do ego, controladas pelo Princípio da Realidade. É neste sentido que se deve compreender a alusão de Freud ao estreito relacionamento entre a sexualidade e a repressão, quando exclui a fome, protótipo das pulsões de autoconservação, da alçada deste destino pulsional.

77. *Caso Schreber*, S.E., XII, p. 71.

78. *Repression*, S.E., XIV, p. 147.

O enfoque decisivo da repressão apresenta as três fases do *Caso Schreber*, com a diferença de que a primeira é denominada "repressão originária", e consiste

> na negação da entrada na consciência da representação ideativa da pulsão. Isto é acompanhado por uma *fixação*; o conteúdo ideativo em questão persiste inalterado a partir de então, e a pulsão permanece ligada a ele[79].

Esta nova determinação é fundamental. A pulsão se apresenta ao aparelho psíquico através de uma representação ideativa (*Vorstellungsrepräsentanz*), isto é, um conteúdo fantasmático; é este que sofre a repressão, não a energia pulsional propriamente dita. A fixação altera-se na mesma direção: rigorosamente, ela fixa a pulsão a uma fantasia, ou a um conjunto delas; é porque cada organização libidinal engendra um tipo determinado de fantasias – de incorporação na fase oral, de flagelação na sádico-anal etc. – que, derivadamente, se poderá falar de fixação a um estágio da libido. A fantasia se vê promovida assim a uma posição de extraordinário destaque na teoria psicanalítica, e desta passagem à concepção final das neuroses, que examinaremos na próxima seção, o trânsito é imediato. A este grupo psíquico reprimido no primeiro movimento, vêm em seguida acrescentar-se outros, que ou se originam diretamente dele ("derivados do inconsciente"), ou por alguma razão chegaram a associar-se com ele: esta é a segunda fase da repressão, a "expulsão posterior", em que conteúdos até então conscientes são transferidos para o sistema inconsciente. Duas forças operam neste sentido: a rejeição pelo ego e a atração do inconsciente, num mecanismo já descrito na *Interpretação dos Sonhos*. Submetidos ao controle do processo primário, os conteúdos reprimidos experimentam um desenvolvimento "luxuriante", estabelecendo sem cessar novas conexões e derivados, os quais, se suficientemente afastados do núcleo central, podem eventualmente ganhar o acesso à consciência, como se pode verificar pelas associações na sessão analítica, pelos sintomas psiconeuróticos e pelos fenômenos oníricos.

Introduzindo a abordagem econômica, Freud nota a seguir que

> a repressão exige um constante dispêndio de energia, e, se este for interrompido, comprometer-se-á o êxito da repressão, de modo que será necessária uma nova operação repressiva [...]. Por isto, sua eliminação equivale a uma economia[80].

Um exemplo do que ocorre quando a repressão é levantada pode ser observado no caso da frase de espírito: mediante as técnicas que expusemos, ela consegue realizar a satisfação das tendências reprimidas, essencialmente de natureza sexual e agressiva, no quadro de uma situação socialmente aceitável, transformando assim o que causaria desprazer em motivo de riso e portanto de prazer. Mas o

79. *Repression*, S.E., XIV, p. 148.
80. *Repression*, S.E., XIV, p. 151.

ego também tem os seus ardis: quando uma ideia fundamentalmente ofensiva atinge um certo grau de investimento, o conflito que se segue termina pela sua repressão. Sendo o desfecho do combate de ordem puramente quantitativa, as tendências repressivas podem, ao invés de esperar que a noção indesejável seja investida até se tornar perigosa, evitar que isto aconteça, enfraquecendo as representações desta categoria. Esta concepção se baseia na teoria de que a repressão separa, na ideia sobre a qual se exerce, o conteúdo representativo da carga de afeto. Esta é uma parte do ímpeto da pulsão: é um *quantum* de energia que investe a representação ideacional e lhe confere a força para deslocar-se, condensar-se com outras ideias, tentar o acesso à consciência etc. A repressão pode ser, nesta óptica, concebida como a operação pela qual uma representação cogitativa é separada da sua carga de afeto: o destino da primeira é o Hades inconsciente, enquanto a segunda pode ser simplesmente suprimida, ou manifestam-se como uma emoção, ou converter-se em angústia. Neste último caso, a repressão terá falhado: se seu objetivo é o de evitar o desprazer, é preciso que a carga pulsional que ela forçosamente libera não possa se converter em angústia, que evidentemente é uma intensa fonte de desprazer. A menção da angústia como resultado da transformação da carga de afeto indica que a energia pulsional em questão é a libido, já que, neste momento e até 1926, Freud se aterá à concepção de que a angústia nada mais é do que a libido submetida à repressão[81]. O processo da repressão consiste, assim, em separar uma fantasia da sua energia libidinal, tornando a primeira inconsciente e defrontando-se com o problema de o que fazer com a segunda. A solução ideal seria transferi-la para uma formação substitutiva, mas nem sempre isto é possível; neste caso, a libido liberada se converte em angústia e a repressão perde a guerra, depois de ter vencido uma batalha. O conceito de "formação substitutiva" não deve ser confundido com os de "formação de compromisso" e de "formação reativa": a primeira noção designa o elemento através do qual o desejo passa a se realizar, frequentemente de maneira simbólica (por deslocamento ou associação); o segundo se refere aos sintomas e à série que parte deles (sonhos, atos falhos, frases de espírito etc.); o terceiro indica a predominância do elemento repressor, como no exemplo da tríade de qualidades compulsivas de caráter que reagem contra o erotismo anal[82].

Deixando o estudo do destino da angústia para a próxima seção, seguiremos agora o fio do raciocínio de Freud quanto ao destino do conteúdo ideativo. Ele se torna inconsciente; mas o que significa, a rigor, "tomar-se inconsciente"? O artigo de 1915, *O Inconsciente*,

81. Ver, por exemplo, *Pequeno Hans*, S.E., X, p. 137; *Introductory Lectures on Psychoanalysis*, S.E., XVI, p. 404; etc.

82. LAPLANCHE e PONTALIS, *Vocabulaire de la Psychanalyse*, ed. cit, artigos *Formation de Compromis*, *Formation Réactionnelle* e *Formation Substitutive*, pp. 167-172.

começa por diferenciar o que é inconsciente do que é reprimido: este é parte daquele. É preciso distinguir um sentido descritivo do conceito de "inconsciente" – aquilo que não tem acesso à consciência – e um sentido sistemático – aquilo que pertence ao sistema Ics, dotado das características específicas mencionadas no Cap. VII da *Interpretação dos Sonhos:* isenção de contradição, mobilidade do investimento (processo primário), ausência de temporalidade e substituição da realidade material pela psíquica: "O núcleo do sistema Ics consiste em representantes de pulsão cuja finalidade é descarregar seu investimento: isto é, são impulsos de desejo"[83]. A fonte destes representantes de pulsão é dada pelo reprimido originário; mas o conteúdo do inconsciente não se esgota nelas. Aquilo que foi reprimido posteriormente e as arborescências derivadas do reprimido originário formam a camada envoltória deste núcleo, juntamente com as fantasias originárias de sedução, castração e observação do coito entre os progenitores, que, segundo as *Conferências de Introdução à Psicanálise*, representam a herança filogenética de todo ser humano[84]. Aqui já estamos fora do domínio do reprimido; é preciso ainda acrescentar que largas porções do pré-consciente jamais chegam ao limiar da consciência, em especial as operações defensivas:

> a verdade é que não só o reprimido permanece estranho à consciência, mas isto também ocorre com alguns dos impulsos que dominam o nosso ego, e que portanto fornecem a antítese funcional mais poderosa para o que é reprimido[85].

Pense-se, por exemplo, no narcisismo e na identificação, que determinam a direção evolutiva do ego, e que permanecem inteiramente inconscientes, a menos que se instale uma perturbação grave, como a psicose alucinatória ou a melancolia, que põem a descoberto os processos identificatórios e narcisistas. O percurso do artigo citado pode ser resumido no seguinte: incialmente, o consciente é o mais evidente, e é preciso justificar a introdução do inconsciente; no final, o inconsciente domina a cena, abrangendo todos os processos e representações que mencionamos, e a consciência é relegada ao nível de um "sintoma", cuja produção depende de tantas circunstâncias que o notável é que algum conteúdo *chegue* a tornar-se consciente. O foco da discussão é deslocado: à questão inicial, sobre o que significa "tornar-se inconsciente", substitui-se outra, mais conforme à índole da psicanálise: o que significa "tornar-se consciente"? Freud responde: basicamente, passar pela censura e ser investido pela atenção.

O tema da atenção data do *Projeto*, quando ela figurava como o mecanismo principal da defesa do ego. Já naquele texto, a defesa dispunha de um outro mecanismo, então denominado "investimento lateral", e que consistia essencialmente em carregar um

83. *The Unconscious*, S.E., XIV, p. 186.
84. *Introductory Lectures on Psychoanalysis*, S.E., XVI, p. 371 (Conferência 23).
85. *The Unconscious*, S.E., XIV, p. 192-193.

neurônio do ego adjacente ao percurso da energia que ameaçava rumar para uma impressão dolorosa, capturando esta energia e impedindo o reavivamento gerador de desprazer. Não é de surpreender, pois, que o texto de 1915 recupere esta noção, no contexto da análise econômica da repressão, voltada para o estudo da distribuição das cargas energéticas entre os vários sistemas psíquicos. Referimo-nos ao conceito de "contrainvestimento", que é invocado para explicar o fenômeno da repressão originária. Com efeito, este primeiro tempo do movimento repressivo não pode ser concebido como a separação da libido e da representação ideativa, porque esta por definição não chegou à consciência, e portanto não pode ser expulsa dela. Este método de repressão capaz de operar o primeiro gesto do processo é o contrainvestimento, pelo qual Freud entende "(a carga de) uma ideia substitutiva, suficientemente afastada do reprimido, que assegura o sistema pré-consciente contra a emergência na consciência da ideia reprimida"[86]. Investindo com intensidade suficiente uma representação anódina, mas de alguma forma ligada ao conteúdo reprimido, o ego faz com que esta representação seja constantemente evocada no lugar da outra, perigosa: é o que ocorre, por exemplo, na fobia. O pequeno Hans teme a seu pai; esta representação é reprimida, e no seu lugar surge outra, a do temor aos cavalos. Do pai ao cavalo, o trajeto é curto e sobredeterminado: ambos são grandes, usam "algo na frente dos olhos" (óculos e viseira), têm "uma coisa preta embaixo do nariz" (bigode e beiços) etc. O Homem dos Lobos tem medo do pai; a fobia substitui isto pelo temor aos lobos, novamente segundo um trajeto curto e sobredeterminado: ambos ficam de pé, ambos são ameaçadores, ambos estão ligados à castração etc. Nestes casos, o mecanismo do contrainvestimento associa-se à atração do inconsciente para estabelecer a formação substitutiva correspondente. A semelhança com os temas do *Projeto* consiste em que o ego investe uma representação do seu sistema para impedir a energia de ativar algo gerador de desprazer, enquanto a atenção se volta para a tarefa de impedir a permanência, no campo perceptivo, da coisa contrainvestida: o pequeno Hans desvia a cabeça ao ver um cavalo, o menino russo foge em prantos da gravura do lobo.

Quanto à carga de afeto, a repressão pode suprimi-la, convertê-la em angústia ou transformá-la numa emoção inconsciente. Esta expressão é à primeira vista paradoxal: como pode uma emoção escapar à consciência? Freud precisa que o termo "emoção inconsciente" pode ser entendido, legitimamente, de duas formas diferentes: quando o afeto está ligado a uma ideia diferente daquela a que se vinculava antes da repressão, e quando esta conseguiu inibi-lo de tal forma, que só a análise pode revelar sua existência, ao desfazer o trabalho daquela. A ideia reprimida permanece como uma formação real no inconsciente, funcionando

86. *The Unconscious*, S.E., XIV, p. 181.

como o núcleo de associações variadas e emitindo derivados que eventualmente podem ultrapassar a barreira da censura, enquanto a carga afetiva sobrevive apenas como uma potencialidade impedida de atingir sua plena expressão.

> Toda a diferença se baseia no fato de que as ideias são investimentos, em última análise de traços mnêmicos, enquanto os afetos e emoções correspondem a processos de descarga, cuja expressão final é percebida como um sentimento[87].

A importância desta distinção reside em demonstrar que o sistema consciente controla a afetividade – pelo menos nos casos normais – já que a repressão, privilégio seu, consegue transformar um impulso pulsional numa expressão afetiva. Contudo, este controle é frágil, já que a pulsão pressiona constantemente o ego, e, em virtude de constelações quantitativas, pode levar a melhor na luta contínua que se desenvolve na mente.

A referência a sistemas psíquicos, a forças em combate e à distribuição dos volumes de excitação que intervém nos processos mentais nos conduz ao conceito de "metapsicologia". Freud entende por "metapsicologia" a descrição de um processo psíquico segundo os três registros da topografia, da dinâmica e da econômica, isto é, quando ela abrange o estudo das regiões psíquicas (inconscientes, pré-consciente e consciente), das forças pulsionais e das grandezas energéticas que circunscrevem este processo e o definem como tal. O primeiro registro deriva da tópica da *Interpretação dos Sonhos*; o segundo, da teoria das pulsões desenvolvida entre 1910 e 1915, que confere ao ego e à sexualidade suportes pulsionais diferentes; o terceiro nasce da retomada da problemática energética do *Projeto*, mediada por toda a evolução dos conceitos desde então e pelo abandono de qualquer base anatômica para o aparelho psíquico. A metapsicologia corresponde à tentativa de Freud de unificar as várias linhas de desenvolvimento da sua teoria, e, especificamente, de relacionar a tópica com a teoria das pulsões. Esta tarefa não é certamente facilitada pela introdução do narcisismo e pela análise inicial do ego, que culminam com a distinção entre libido do ego e libido do objeto; esta parece-nos ser a razão pela qual o enfoque econômico se tomou necessário. Com efeito, se o ego ora age sob a influência do "interesse" (energia das pulsões de autoconservação), ora sob o controle da "libido" (energia das pulsões sexuais), toma-se necessário investigar qual o destino das magnitudes de energia envolvidas em cada ato ou processo psíquico, sob pena de confundir os termos do problema e tomar a manifestação energética de uma pulsão pela expressão da outra. Estabelecendo ainda, mediante o conceito fundamental de "representante de pulsão", que a pulsão propriamente dita jamais pode ser objeto de repressão, Freud se outorga os instrumentos para estudar

87. *The Unconscious*, S.E., XIV, p. 178.

o destino dos componentes propriamente energéticos da pulsão: é o que faz a econômica[88].

Podemos, pois, sintetizar o percurso realizado até aqui, e que culmina com a consideração metapsicológica da repressão. Freud parte da descoberta do caráter social da repressão: embora o *mecanismo* deste processo seja interior ao indivíduo, sua *motivação* pertence à cultura, que determina as modalidades de satisfação sexual permissível e ordena a expulsão das demais. Estas modalidades envolvem dois aspectos: o objeto e a forma. Sendo por natureza a mãe a primeira escolha objetal, a repressão incidirá sobre ela, impondo a barreira do incesto; a forma da pulsão sexual infantil, parcial e autoerótica, deverá ser substituída pela subordinação à reprodução e à genitalidade. Dadas as possibilidades de fixação nas organizações pré-genitais e nas fantasias de incorporação e flagelação com elas concatenadas, a educação procurará afastar o indivíduo das zonas erógenas infantis; mas sendo a satisfação genital submetida a numerosas restrições, há sempre o recurso à regressão, quer sob a forma perversa, quer sob a forma neurótica. A repressão propriamente dita consiste na separação da representação e da carga de afeto de uma ideia; a primeira é empurrada para o inconsciente, onde, ao mesmo tempo atraída pelos conteúdos fixados pela repressão originária, viceja incontroladamente e estabelece associações e derivados em grande número; estes podem, eventualmente, recuperar o acesso à consciência. A carga de afeto transforma-se em emoção inconsciente – no sentido precisado acima – ou em angústia. Entre as fases pré-genitais a que a libido pode regressar, conta-se a etapa narcisista, que, por envolver o conceito de libido do ego, problematiza a dualidade das pulsões, tornando o ego um objeto de amor e caracterizando certas porções e operações dele como inconscientes. Daí a necessidade de uma abordagem metapsicológica, a qual, além de abordar os processos anímicos sob os pontos de vista tópico e dinâmico, envolve o estudo do destino das magnitudes de excitação mobilizadas, a que Freud denomina "ponto de vista econômico". A repressão é uma operação inconsciente e realizada com a energia da libido do ego, o que torna particularmente necessário seu estudo em

88. Mas ao mesmo tempo, é possível notar que a psicanálise começa a transbordar dos seus próprios quadros teóricos; a lógica interna das redes conceptuais de que ela se serve acabará por impor uma revisão completa da teoria. Com efeito, como enquadrar a identificação e o Complexo de Édipo numa metapsicologia? Em que região psíquica colocar a fantasia, no novo sentido que este termo vai assumindo? O conceito de *ego*, alimentado de várias direções, espraia-se pelos territórios do pré-consciente e do inconsciente sem levar em conta as barreiras da censura. A identificação, inconsciente por natureza, vai-se revelando como o mecanismo constitutivo do ego; como concebê-la em termos dinâmicos, se na sua raiz não há conflito algum? No mesmo momento em que Freud procura construir uma teoria verdadeiramente abrangente, a própria riqueza do seu sistema conceptual o impede de atingir a meta a que se propõe. O chamado *tournant* de 1920 pode ser melhor compreendido se levarmos em consideração que a metapsicologia não basta para dar conta da complexidade da alma humana, nem da disciplina que se impõe como tarefa a revelação dos seus segredos.

regime de metapsicologia. Por outro lado, sendo ela o mecanismo nuclear de formação de processos patológicos, este estudo só pode ser empreendido no contexto de uma teoria das neuroses, iluminada por sua vez pela evolução do conceito de repressão. É por este motivo que nos voltaremos agora para este aspecto da teoria psicanalítica, que representa seu solo originário e ao qual é preciso referir cada nova aquisição desta disciplina.

7. NOVAS EXCURSÕES PELO PAÍS DAS NEUROSES

Quem não sabe que a visão dos gatos e dos ratos, o esmagamento de um carvão, põem a razão fora dos seus eixos?
PASCAL, Pensamentos, II, *82*.

Entre 1912 e 1915, absorvido o impacto da introdução do narcisismo, Freud formula a versão definitiva da sua teoria das neuroses, à qual acrescentará apenas uma reformulação do conceito de angústia, para adequá-la ao conjunto de transformações resultante do *tournant* de 1920. Utilizaremos, para caracterizar os traços principais desta concepção, alguns artigos do período 1912-1915, a *Metapsicologia* e a Parte III das *Conferências de Introdução à Psicanálise*, redigida em 1916-1917.

Em 1912, no ensaio *Sobre uma Degradação Geral da Vida Erótica*, Freud introduz o conceito de "mecanismo geral das neuroses". A libido, ao passar pelas diferentes fases de sua evolução, pode esbarrar em dois fatores adversos: o grau de proibição frente à escolha de objeto (uma das modalidades da repressão) e a atração exercida pelas fixações infantis. Quando estes fatores se impõem com intensidade suficiente,

> entra em ação o mecanismo geral das neuroses. A libido se afasta da realidade, é acolhida pela fantasia (introversão), intensifica as imagens dos primeiros objetos sexuais e se fixa nelas. Mas o obstáculo oposto ao incesto obriga a libido orientada para estes objetos a permanecer no inconsciente. [...] O progresso da libido [...] passa a dar-se na fantasia, mediante a substituição dos objetos sexuais primitivos por outros, alheios ao sujeito, nas situações imaginativas que conduzem à satisfação onanista. A substituição permite o acesso destas fantasias à consciência, mas não traz mudança alguma aos destinos da libido[89].

Este texto capital estabelece o papel da fantasia nas neuroses em geral: a libido se retrai da realidade por força da frustração, mas ao mesmo tempo se mantém ligada ao mundo exterior – ao contrário do que ocorre nas psicoses; a fantasia serve como elo intermediário entre a pulsão e seus objetos primitivos. A este processo Freud chama,

89. *On the Universal Tendency to Debasement in the Sphere of Love*, S.E., XI, p. 182.

com o termo proposto por Jung, "introversão da libido". É importante não confundir a *introversão*, processo que caracteriza o destino da libido nas neuroses, com a *introjeção*, que se refere à relação do ego com os objetos no quadro da oralidade, relação esta calcada sobre a incorporação e que representa um passo intermediário no processo da identificação. A libido regride às organizações pré-genitais, aderindo portanto aos objetos daquela época, aqui caracterizados como incestuosos: esta concepção se vincula à do Complexo de Édipo, restrito naquele momento ao nível da escolha de objeto. A repressão atua novamente – seu primeiro tempo fora o da interdição no plano da realidade – separando a libido (carga de afeto) da imagem dos objetos incestuosos (representantes da pulsão), com a consequência de que tanto uma quanto os outros se tornam inconscientes: esta é a tradução metapsicológica da expressão "libido inconsciente". Ressaltamos que, em 1912, Freud acreditava que a própria pulsão podia ser reprimida, o que explica o aparente paradoxo da expressão que encontramos no texto. A função da fantasia se torna assim mais clara: ligando a libido e objetos substitutivos, ela torna a pô-la em movimento, num progresso imaginário. Isto significa que, na fantasia, o indivíduo ultrapassa as inibições que vigem na realidade, podendo atingir inclusive a etapa genital; mas o caráter fantasmático deste progresso o condena à satisfação masturbatória. A substituição dos objetos edipianos por outros, não marcados pela repressão, torna possível o acesso da fantasia à consciência, embora na vida real a libido continue atada à fase a que regrediu no momento inicial, impedindo assim o advento de uma sexualidade propriamente adulta. Fixada na infância, a libido navega desgovernada nas águas da perversão, o que explica o caráter perverso da sexualidade neurótica, já assinalado na edição inicial dos *Três Ensaios*.

Este mecanismo é retomado num curto artigo do mesmo ano, intitulado *Sobre os Tipos de Aquisição de Neuroses*. Freud distingue quatro possibilidades, que, longe de serem mutuamente exclusivas, admitem graus variados de complementaridade: a evolução normal da libido pode ser perturbada por fatores de ordem externa, por obstáculos internos, pela coerção do seu desenvolvimento e por modificações na quantidade disponível da libido. O primeiro caso é o que deriva da ampla gama de restrições culturais impostas à satisfação sexual; a libido estancada pode ser sublimada até um certo ponto, relativamente baixo no caso específico de indivíduos predispostos a uma neurose. A porção que não cai sob o processo sublimador é introvertida, segundo o mecanismo geral das neuroses. Segue-se o conflito defensivo, com a consequente produção de sintomas, que representam satisfações substitutivas para as tendências reprimidas. Trata-se de um caso em que a renúncia à satisfação pretendida desorganiza a capacidade de *resistência* do indivíduo. É esta a marca que o diferencia da segunda possibilidade, na qual a transição de uma forma de satisfação a outra é bloqueada pela sua falta de *flexibilidade*. A satisfação seria possível pelos critérios da realidade, mas a pessoa não consegue se adaptar às novas condições. A título de exemplo, podemos citar os problemas conjugais a que Freud se refere em *A Moral Sexual Civilizada e o Nervosismo Moderno*. O terceiro tipo de aquisição de neurose representa uma intensificação do segundo: a libido, irremediavelmente fixada nos objetos infantis, fracassa no esforço de síntese exigido pelo advento da puberdade, o que provoca a reação do ego, o conflito repressivo e a emergência da neurose. Esta é a situação do impotente, tal como ilustra o artigo sobre a degradação erótica. Esquematicamente, podemos dizer que o primeiro tipo se deve à pressão do Princípio de Realidade, enquanto os outros dois revelam a intensidade do Princípio do Prazer. A libido se recusa a abandonar, nestes casos, as posições seguras em que se encontra, temendo o desprazer que brotaria da nova situação. Trata-se de aspectos por assim dizer *qualitativos* da vida libinal, que complementam a quarta via de aquisição das neuroses, caracterizada por um brusco incremento na *quantidade* da libido, por ocasião da puberdade, da menopausa e de outras etapas decisivas da vida sexual. As modalidades de satisfação adequadas ao estágio anterior revelam-se ineficazes para dar conta do diferencial quantitativo do momento, de sorte que a libido intensificada força o caminho regressivo e torna a investir os objetos incestuosos infantis, enquadrando-se assim no "mecanismo geral".

Este artigo nos parece importante por três motivos. Em primeiro lugar, justifica-se a designação de "complexo nuclear das neuroses" atribuído com insistência ao Édipo, ainda que no nível puramente objetal: é o reinvestimento dos objetos incestuosos, ou, o que dá no mesmo, edipianos, que provoca a repressão. Em segundo lugar, a intensidade deste investimento é suficientemente forte para desencadear um conflito de grandes proporções, que culmina na emergência de neurose; a importância do fator quantitativo é demonstrada pela observação de que o resultado do conflito defensivo depende das magnitudes de libido que o ego pode controlar, seja diretamente, seja pela sublimação. O conflito sugere assim a necessidade de um enfoque econômico, posteriormente introduzido na *Metapsicologia*. Além disto, a data do texto – 1912 – assinala sua posição na problemática do ego e da repressão: embora não mencione a palavra "narcisismo", podemos supor que a sombra do *Caso Schreber* já se faça sentir, e esta suspeita é confirmada pela importância que Freud atribui ao fator da irrupção de uma grande magnitude de libido no climatério e na menopausa, ou seja, precisamente o fator que constitui a mola da paranoia do juiz saxão. Ora, não sendo as pulsões de autoconservação as que desencadeiam o conflito defensivo, resta a possibilidade de o agente repressor ser a libido narcísica, o que é novamente confirmado pelo *Caso Schreber*, e demonstra o caminho percorrido por Freud entre a redação dessa história clínica e a *Introdução ao Narcisismo*. À objeção de que o Dr. Schreber era um psicótico e não um neurótico, responderemos que o afastamento da realidade é comum às duas ordens de perturbações, e que, se na psicose a libido retrocede ao ego e não às fantasias incestuosas, este é exatamente o problema que irá conduzir à questão da identificação e à ampliação do conceito de Édipo: Schreber ama seu pai e o odeia, e, se Freud não se deteve na questão da incongruência entre a regressão à escolha de objeto infantil e o surgimento de uma psicose, isto se deve à não existência do conceito de identificação em 1911-1912. É plausível supor que esta incongruência acabasse por se evidenciar, e que exatamente a partir desta evidência se tenha aberto a via para pensar a identificação, conceito que vincula o Édipo ao ego. Freud constrói o conceito de identificação num registro muito próximo do Édipo, o problema da melancolia, que se instala precisamente quando da perda de um "ente querido"; o termo é bastante amplo para conter também a morte dos pais, embora não se restrinja a isto. Por fim, vemos no artigo citado a primeira formulação da crítica freudiana à separação acadêmica entre o "exterior" e o "interior", que consideramos digna de uma transcrição literal:

> a patologia não pôde resolver o problema das causas ocasionais das neuroses enquanto se limitou simplesmente a investigar se estas afecções eram de natureza *endógena* ou *exógena* [...]. A psicanálise nos ensinou a prescindir das estéreis antíteses estabelecidas entre os fatores externos e os internos, entre a história do indivíduo e sua constituição, e nos habilitou a ver a causa da aquisição das neuroses numa determinada situação psíquica, suscetível de ser estabelecida por diversos caminhos[90].

Ao considerar a "disposição" como fruto da dialética entre a constituição libidinal e as experiências infantis, Freud ultrapassa o que chama de "estéreis antíteses", e abre o caminho para uma renovação completa da problemática do sujeito, reforçada pela concepção da repressão como um processo ao mesmo tempo de índole social e endopsíquica.

É deste ponto que arranca a análise seguinte, redigida em 1913 e que traz o título de *A Disposição à Neurose Obsessiva*. Ao discutir a questão da "escolha de neurose", isto é, o motivo pelo qual o indivíduo contrai uma perturbação determinada e não outra, Freud afirma que "a escolha da neurose depende por completo da [...] natureza das disposições [...]. Estas são as inibições do desenvolvimento [...] das funções sexual e do ego"[91]. Ao definir a disposição como a inibição do desenvolvimento, Freud está evidentemente pressupondo as formas que esta inibição pode tomar, que são precisamente as mencionadas na discussão precedente. A inibição do desenvolvimento libidinal requer um ato de repressão conjugado com uma fixação excepcional num dos pontos da trajetória: narcisismo para as parafrenias, fase sádico-anal para a neurose obsessiva, e uma hipótese em aberto para a histeria. Nem o fator "externo" – repressão – nem o "interno" – são suficientes por si sós para engendrar uma

90. *Types of Onset of Neurosis*, S.E., XII, p. 238.

91. *The Disposition to Obsessional Neurosis*, S.E., XII, pp. 317-318.

neurose, pela simples razão de que esta representa um *compromisso entre as duas forças em presença*, o que pressupõe um equilíbrio, ao menos relativo, entre suas intensidades respectivas. Caso uma das duas estivesse em patente desvantagem, o resultado seria uma perversão ou uma solução não repressiva, talvez uma sublimação, mas jamais uma neurose.

Este artigo introduz o conceito de organização sádico-anal, ao qual já nos referimos numa seção anterior. Queremos destacar agora a ênfase que é dada ao papel do ego no conflito, neurótico ou não, entre a sexualidade e a repressão. Freud discute primeiro o problema dos traços de caráter:

> no terreno da formação do ego, encontramos as mesmas energias pulsionais cuja atuação descobrimos nas neuroses [...]. Mas no caráter falta algo peculiar ao mecanismo das neuroses: o fracasso da repressão e o retorno do reprimido. Na formação do caráter, a repressão não intervém, ou alcança completamente sua finalidade de substituir o reprimido por formações reativas[92].

À falta do conceito de identificação, a repressão é encarregada de moldar o ego, como efeito secundário da sua atução sobre as pulsões sexuais. A primeira alternativa (a não intervenção da repressão) é tão pouco conforme ao modo de pensar da psicanálise, que nos inclinamos a deixá-la de lado: este seria o caso de um indivíduo perfeitamente equilibrado, em que as magnitudes adequadas de libido estivessem tão uniformemente distribuídas, que sua sexualidade jamais entraria em conflito com as tendências opostas; o que é, em 1913, no mínimo improvável, e a partir de 1915, com a introdução da repressão originária, positivamente impossível: tal indivíduo não possuiria um inconsciente, o que, do ponto de vista da teoria psicanalítica, é a mais aberrante de todas as hipóteses. Interessa-nos mais a segunda possibilidade: a repressão intervém na trama do ego por meio das formações reativas, no caso a tríade limpeza-ordem-economia, constituída às custas do erotismo anal. O que diferenciaria a repressão neurotogênica da repressão normal, se assim podemos nos exprimir, seria neste caso o seu resultado final: "fracasso com retorno do reprimido" ou êxito. Este seria conseguido pelo mecanismo do contrainvestimento, ou seja, da criação de formações opostas àquelas que devem ser excluídas. Os traços de caráter em questão, ao se articularem com a energia das pulsões anais, imporiam por sua própria presença o esvaziamento destas últimas, representando ao mesmo tempo subprodutos da repressão e garantias da sua vitória. Este mecanismo de formação do caráter não pode ser assimilado à identificação, porque esta pressupõe uma unificação das pulsões autoeróticas sob a égide do narcisismo, que já se desfez quando a pulsão parcial anal faz sua

92. *The Disposition to Obsessional Neurosis*, S.E., XII, p. 323.

aparição na organização sádico-anal. Fica assim aberto o caminho para uma relação entre o ego e as pulsões parciais, irredutível à série edipiana; o que, se torna mais difícil a compreensão da gênese do ego, faz por outro lado mais justiça à complexidade dos fatos. É por isto que Freud conclui esta discussão com a observação, já antecipada na frase final do *Caso Schreber*, de que "para referir a uma trajetória evolutiva a disposição a uma neurose, é preciso levar em conta também a fase de evolução do ego, além da evolução da libido"[93]. Este tema conduz diretamente ao texto da *Introdução ao Narcisismo* que diferencia as psicoses das neuroses, construindo o conceito de "neuroses de transferência":

> a diferença entre as parafrenias e as neuroses de transferência parece-me residir na circunstância de que, nas primeiras, a libido liberada pela frustração não permanece ligada a objetos na fantasia, mas retorna ao ego. A megalomania representa o domínio deste volume de libido, e corresponde à introversão desta rumo aos objetos fantasmáticos verificada nas neuroses de transferência[94].

Detenhamo-nos um momento nestas passagens.

A primeira fala de uma "evolução do ego". O narcisismo é evidentemente uma etapa nesta evolução, e uma etapa essencial, pois é ela que introduz uma primeira organização das pulsões e da mente. O narcisismo representa a coincidência das pulsões sexuais e das pulsões do ego, ou, melhor dito, da energia destas duas pulsões – libido e interesse – sobre o corpo próprio, percebido como unidade e totalidade geradora de prazer. É à tradução psíquica disto que Freud chama o "ego-de-prazer", cuja importante função na gênese do amor e do ódio assinalamos numa seção anterior. A impossibilidade da manutenção deste ego de prazer frente às necessidades da vida conduz a uma nova separação das pulsões: as de autoconservação começam a se curvar ao princípio de realidade, enquanto as sexuais, sob o impacto da frustração, passam à organização sádico-anal e tornam a se fragmentar em correntes ativas e passivas, sustentadas por zonas erógenas diferentes, como a musculatura e a mucosa intestinal. Estas pulsões parciais, contudo, encontram-se articuladas entre si pela dialética da flagelação, o que equivale dizer que é na fantasia que se opera a integração dos impulsos isolados, como demonstrarão, entre outros, os artigos sobre os destinos das pulsões e sobre as fantasias sadomasoquistas do espancamento de crianças. Esta separação das

93. *The Disposition to Obsessional Neurosis*, S.E., XII, p. 324.

94. *On Narcissism: an Introduction*, S.E., XIV, p. 86. A formulação de Freud deixa lugar a uma dúvida: não será o corpo próprio um objeto fantasmático? Nesse caso, a regressão do esquizofrênico à etapa autoerótica se acomodaria mal no esquema das neuroses, já que a sua libido também se deteria num "objeto fantasmático". Parece-nos que Freud entende por "objeto fantasmático" os objetos incestuosos, caso em que a dúvida se dissiparia. Mas o problema do corpo próprio sugerirá a Lacan a introdução da chamada "fase do espelho", como se lê em "Le Stade du Miroir comme Formateur de la Fonction du Je", in *Écrits I*, Paris, Editions du Seuil, 1969, pp. 89-101.

pulsões, entretanto, não é completa, pois o ego permanece como um objeto de amor para a libido e dele partem os investimentos objetais: é a libido do ego que envia seus pseudópodos, como na metáfora da *Introdução ao Narcisismo*.

A evolução do ego poderia ser então caracterizada, a grossos traços, da seguinte maneira: vinculação inicial com as pulsões sexuais, dominando o quadro as pulsões de autoconservação (fase da amamentação); primeira separação das pulsões sexuais, ficando estas com o autoerotismo e o ego com as de autopreservação; nova reunião, convergindo a libido e o interesse (momento do narcisismo primário e do ego de prazer); segunda separação, criando de um lado a organização sádico-anal e do outro um ego fortalecido, apoiado pela libido do ego *e* pelas pulsões de autoconservação. Se nosso raciocínio estiver correto, explica-se a aparente contradição entre as afirmações de Freud sobre a fonte energética da repressão: como temos insistido, a partir dos textos do *Caso Schreber* e do *Homem dos Lobos*, esta é a libido narcísica; mas na Conferência 22 das *Conferências de Introdução à Psicanálise*, encontramos a surpreendente afirmação de que

> as forças das quais procede a proibição [...] são as pulsões não sexuais, as pulsões do ego [...]. O conflito patogênico, portanto, é entre as pulsões sexuais e as pulsões do ego[95].

Logo em seguida, porém, Freud acrescenta:

> Não nos inclinamos, em absoluto, a pensar que os interesses libidinais do homem estão desde o início em oposição aos interesses da autoconservação; ao contrário, o ego é impelido, em cada etapa (da evolução da libido), a tentar permanecer em harmonia com a fase correspondente da organização sexual, e a acomodar-se com ela[96].

Em nossa maneira de ver, a conjugação dos "interesses libidinais" com os "interesses da autoconservação" só pode aludir à libido do ego, marcando o elemento comum aos dois. Nesta linha, as pulsões *do* ego podem ser interpretadas como significando tanto as pulsões que emanam do ego, no sentido da autoconservação, quanto aquelas que provêm dele na qualidade de reservatório da libido, como se depreende da *Introdução ao Narcisismo*. A referência às pulsões "não sexuais" fica assim elucidada: trata-se da energia pulsional vinculada à autoconservação, mas que, dada a constelação conceptual em que se inscreve a discussão, atua em regime de solidariedade com a libido narcísica. Esta é a responsável pela repressão dos desejos e fantasias que envolvem a castração, como no caso do Homem dos Lobos; quando o desejo se volta para objetos que não o corpo próprio, o ramo autopreservativo do ego é suficiente para

95. *Introductory Lectures on Psychoanalysis*, S.E., XVI, p. 350 (Conferência 22).
96. *Introductory Lectures on Psychoanalysis*, S.E., XVI, p. 351 (Conferência 22).

efetuar o movimento repressivo, mas sem entrar em "oposição" com a libido narcísica; simplesmente, esta pode atuar ou não, segundo as circunstâncias.

Esta digressão pela estrutura do ego é essencial para compreender a natureza da repressão e a diferença dos seus efeitos na neurose e na psicose, da qual partimos nas páginas anteriores. Freud afirmava, na passagem que citamos então, que as "parafrenias" se distinguem das "neuroses de transferência" pelo destino da libido reprimida: nestas, ela se vincula aos objetos incestuosos, mediados pela fantasia, enquanto naquelas a regressão libidinal se dá no rumo do ego. A análise de *O Luto e a Melancolia* esclarece o mecanismo desta regressão: o ego identifica-se ao objeto perdido, eludindo a repressão por meio da identificação; se na melancolia são os traços negativos do objeto que são retidos, na megalomania são os traços positivos. A simetria das duas afecções explica por que a melancolia desemboca não raro numa "mania", como se expressa Freud no artigo citado. Esta análise não contradiz a do Caso Schreber, segundo a qual a megalomania brota da negação do conjunto da frase homossexual "eu o amo", que a transforma em "eu não amo ninguém; amo apenas a mim mesmo", mas a complementa: a identificação sendo radicalmente inconsciente e calcada sobre o modelo da incorporação, o objeto já foi introjetado quando o "raciocínio paranoico" tem lugar. Como o objeto a amar foi incorporado, nada há para amar; posso amar a mim mesmo, já que "não amo a ninguém". A "atração do inconsciente" soma-se à repressão, aqui da libido homossexual, satisfazendo assim a condição elementar da formação de um núcleo inconsciente patogênico (*O Inconsciente*). É por este motivo que Freud pode comparar à megalomania a introversão da libido, reunindo-as sob a rubrica comum de "domínio do volume de libido": ambos os processos constituem respostas à frustração da realidade, e ambos canalizam a excitação pulsional para fantasias de origem pré-genital. A diferença, porém, é decisiva para o resultado terapêutico. Se a libido retrocede apenas até as fixações incestuosas, a ligação com o mundo exterior é mantida, ainda que no registro fantasmático, e o paciente é acessível ao tratamento analítico, porque pode transferir – de onde o termo "neuroses de transferência" – o investimento libidinal para a pessoa do analista e pôr em movimento a fase final da terapia. Mas se ela tiver regredido ao ego, o interesse pelo mundo exterior cessa em virtude do incremento do narcisismo, e, na impossibilidade de atingir a vida pulsional do paciente, a terapia analítica não pode ser empregada. Esta, pelo menos, é a posição de Freud embora modernamente outros autores tenham opiniões diversas sobre a natureza desta diferença[97].

É nas neuroses de transferência que o problema da repressão se coloca com mais urgência, dada a convergência da libido do ego

97. LAPLANCHE e PONTALIS, *Vocabulaire de la Psychanalyse*, ed. cit., artigo *Psychose*, pp. 356-358.

e do interesse do ego na operação repressiva. Afirmamos atrás que parece lícito supor que esta convergência exige o aparecimento do ponto de vista econômico, encarregado de estudar o destino das magnitudes de libido envolvidas nos processos mentais, isto é, o jogo complexo dos investimentos, desinvestimentos e contrainvestimentos dos representantes da pulsão. Nossa interpretação da natureza da força repressora obtém confirmação desta passagem de *O Inconsciente:* "Podemos aqui substituir o termo de 'investimento' pelo de 'libido', pois, como sabemos, trata-se do destino das pulsões sexuais"[98]. São as modalidades de repressão que intervêm aqui para diferenciar, no campo das neuroses de transferência, as três formas principais: a histeria de angústia, a histeria de conversão e a neurose obsessiva.

A histeria de angústia se caracteriza por uma repressão em três tempos. Inicialmente, a pessoa se queixa de angústia, sem saber exatamente do que tem medo. Metapsicologicamente, o processo que conduz a esta situação pode ser descrito como repúdio de um impulso erótico inconsciente por parte do pré-consciente, com a resultante separação da representação, mantida no inconsciente, da libido, transformada em angústia. A segunda fase consiste na tentativa de controlar a angústia, mediante a ligação desta com uma ideia substitutiva, capaz de responder a dois critérios: ser suficientemente afastada da representação inicial para escapar à repressão, e estar vinculada com ela através de algum laço associativo. Esta ideia substitutiva funciona como um contrainvestimento pré-consciente: cada vez que a noção reprimida ameaça se manifestar, ela intervém e aparece na consciência em seu lugar. Por outro lado, é precisamente por esta ideia que a angústia passa a se expressar e buscar sua descarga: como uma ma de duas mãos, ela conduz do pré-consciente ao inconsciente e vice-versa, de sorte que a repressão tem que intervir uma terceira vez, agora contra a formação substitutiva que ela própria estabeleceu. Desta vez, são as associações imediatas da formação substitutiva que são fortemente investidas, de modo que a excitação de uma delas dá origem a um "sinal de angústia", que serve como alarme: o investimento se retira de toda a estrutura protetora e evita a irrupção da angústia. As medidas tomadas pelo ego para impedir o surgimento da angústia consistem essencialmente em selecionar uma ideia substitutiva ligada a um objeto do mundo exterior, de tal forma que possam ser desenvolvidas precauções para impedir sua percepção. Estas medidas do ego formam o que se chama uma *fobia*. Exemplificando os três tempos da repressão, podemos recordar os casos do Pequeno Hans e o do Homem dos Lobos, em que o impulso a ser isolado era parte do complexo paterno, o pai é substituído pelo animal em virtude das associações individuais, e a fobia segue seu curso com tentativas de fugir à percepção do animal fóbico.

98. *The Unconscious*, S.E., XIV, pp. 181-182.

Na histeria da conversão, o segundo tempo está ausente, porque a separação da representação e da libido se dá de maneira diferente. A representação é reprimida, e a carga de afeto fornece a energia para uma inervação somática, que representa ao mesmo tempo a formação substitutiva e o sintoma. O papel do contrainvestimento nesta perturbação consiste em selecionar o elemento da ideia reprimida no qual se condensará toda a carga energética, e transferi-la para uma região corporal. A invervação, de natureza excitadora ou inibidora, pode atingir tanto o sistema sensorial quanto o motor (exemplos: cegueira e paralisia histéricas). O sintoma indica e esconde tanto o desejo reprimido quanto o impulso repressor: o catarro da garganta de Dora aparece como uma punição por sua fantasia incestuosa e como a realização simbólica desta mesma fantasia. Tendo sido empregada para constituir a inervação mórbida, a carga libidinal não é transformada em angústia, de modo que aqui, ao contrário da fobia, a repressão consegue seu objetivo primordial: evitar a irrupção de desprazer, ainda que de maneira errática e, em última análise, perniciosa.

A neurose obsessiva envolve uma regressão preliminar à fase sádico-anal, de modo que o impulso a ser cortado é de natureza hostil. No primeiro momento, a repressão tem sucesso, pois a representação proibida é enviada ao inconsciente, e a carga de afeto, mediante um contrainvestimento, se transfere para o ego, fazendo surgir, à guisa de formação substitutiva, um traço de caráter, que Freud denomina "formação reativa". Contudo, a ambivalência do impulso sádico faz com que o reprimido retome precisamente pelo ponto fraco da formação reativa: a ideia rejeitada é substituída por outra, perfeitamente indiferente, mas rumo à qual se desloca a libido incorporada ao ego sob a forma do traço de caráter. Para se defender do impulso hostil, o indivíduo instaura uma série de tabus e rituais, que contêm a dupla determinação do inconsciente e da repressão: é o caso do ritual noturno do Homem dos Ratos, do cerimonial que antecedia o ato de deitar-se no caso da menina citada na Conferência 17[99] da mulher que anula fantasmaticamente a impotência do marido na noite de núpcias, e de tantos outros exemplos esparsos pelos textos. A esterilidade do combate defensivo neste tipo de distúrbio é revelada pelo vaivém do tabu ao ato e do ato ao tabu, como no caso do Homem dos Ratos, ou pela dúvida obsedante que assalta o paciente no Homem dos Lobos[100].

Esta exposição de conjunto permite-nos elucidar dois problemas. A onipresença do conflito edipiano nos quadros neuróticos conduz Freud, como já observamos, a considerar o Édipo como o complexo

99. *The Unconscious*, S.E., XIV, pp. 181-182.

100. *Homem dos Lobos*, S.E., XVII, p. 75. Para esta exposição, servimo-nos basicamente do artigo *Repression* e da seção IV de *The Unconscious*, intitulada "Topography and Dynamics of Repression" (S.E., XIV, pp.146-158 e 180-185).

nuclear das neuroses. Podemos verificar aqui a coerência desta observação com as demais doutrinas vigentes à época da *Metapsicologia*, em que o conceito de identificação apenas se esboçava. Sem entrar nos aspectos propriamente clínicos da questão, que segundo Laplanche e Pontalis são basilares para o diagnóstico e para a estratégia da cura[101], notamos que Dora, a histérica, está profundamente envolvida com seu pai, a quem deseja e odeia por sua ligação com Frau K.; o pequeno Hans, com seu Édipo positivo, reprime a hostilidade contra seu pai e a transforma na fobia dos cavalos, enquanto o Homem dos Lobos, cuja tormentosa relação com o pai já evocamos em outros pontos deste estudo, se defende dos impulsos masoquistas e homossexuais do seu complexo paterno com a criação da fobia do lobo; e que o Homem dos Ratos se vinga da interferência paterna em sua vida amorosa com a cruel punição que imagina, fugindo dela, porém, por seus cerimoniais obsessivos. A esta aplastante onipresença do Pai, contrapõe-se o objeto materno mantido pelo jovem russo em meio a todas as suas perturbações. Concluir desta diferença numérica entre os problemas com o pai e com a mãe que esta é menos importante que aquele no conjunto de Édipo, porém, parece-nos inteiramente errôneo. Em primeiro lugar, dos quatro casos citados, três se referem a pacientes do sexo masculino, em que é de se esperar uma relação conflitiva com o pai; em segundo lugar, no triângulo edipiano, o Pai representa a instância proibidora, impondo ao desejo infantil sua primeira coerção, a qual, segundo a análise da seção anterior, deve ser concebida como o primeiro gesto da repressão. Se as neuroses se originam das perturbações do desenvolvimento libidinal, é coerente atribuir à figura paterna, a primeira e portanto constitutiva da série da Lei, o papel de agente principal do conflito patológico[102]. A segunda questão que surge sob uma luz mais clara, a partir do exame da ação da repressão nas neuroses de transferência, é a da energia que serve o impulso repressor. Como a *Introdução ao Narcisismo* postula um verdadeiro balanço da libido, em que ao incremento da libido objetal corresponde a diminuição da libido do ego, e como *O Inconsciente*

101. LAPLANCHE e PONTALIS, *Vocabulaire de la Psychanalyse*, ed. cit., artigo *Complexe d'Oedipe*, p. 80.

102. O papel decisivo da mãe no Édipo feminino, como instância inibidora depois de ter sido objeto de amor, só será descoberto por Freud em 1925, no artigo *Algumas Consequências Psíquicas da Diferença Sexual Anatômica*; e sua plena significação se patenteará somente em 1931 (*Sobre a Sexualidade Feminina*). Já sugerimos, em momentos anteriores da análise, que a descoberta da assimetria do Édipo nos dois sexos exige os conceitos de castração e fase fálica, inexistentes a essa altura (1914-1915). Isto explica porque é sempre o Pai que aparece como o elemento contra o qual se desencadeia o conflito, nos casos que assinalamos. É importante notar, porém, que mesmo em 1915 o Édipo já surge como uma modalidade do desejo, e é por esta razão que insistimos no papel essencial da mãe; com efeito, se o desejo anela a posse do objeto, o Objeto será sempre a mãe. Que no mesmo movimento que o enuncia ele tenha que ser silenciado pela presença do Pai não invalida o fato de que a mãe é o alvo visado por ele: alvo impossível, mas não menos alvo por não ser imaculado.

afirma explicitamente que a repressão consiste numa retirada da libido dos objetos, parece-nos lícito supor que o caminho desta libido rumo aos objetos fantasmáticos passa pelo ego, sendo portanto a libido narcisista que fornece a carga energética em questão. O que diferencia este processo do que ocorre nas "neuroses narcísicas" ou psicoses é que a libido passa imediatamente para as fantasias, talvez por meio da dialética entre a identificação e a escolha de objeto infantil, enquanto no caso das parafrenias ela permanece no ego e não chega a investir os objetos fantasmáticos. A diferença seria dada pela disposição individual, isto é, pelo ponto de fixação da libido característico de cada indivíduo. Contudo, como já afirmamos, este permanece um problema em aberto, e que caducará com a segunda teoria das pulsões, quando a autoconservação e a sexualidade se unirem sob a designação de Eros.

Passando agora ao segundo grupo de afecções, as chamadas "neuroses narcísicas", defrontamo-nos com os textos em que aparece o problema do narcisismo. No *Caso Schreber*, Freud coloca sua posição em termos claros. A paranoia representa um esforço de vencer a libido homossexual mediante uma retração da sexualidade à etapa do narcisismo: a megalomania característica desta doença mental o demonstra com clareza. Por outro lado, a retração da libido pode ser parcial, mantendo o paranoico um certo interesse no mundo exterior e procurando explicar o que nele se passa mediante os seus delírios. O Dr. Schreber, por exemplo, leva em conta a existência do seu médico, Flechsig, do enfermeiro-chefe, o Dr. Von W., e de numerosas pessoas que no delírio se convertem em outras tantas "almas". Já a esquizofrenia apresenta, em relação à paranoia, duas diferenças que exigem sua manutenção como uma entidade clínica separada: "seu ponto de fixação está localizado de maneira diferente, e o reprimido retorna nela através de outro mecanismo"[103]. Enquanto o paranoico regride ao narcisismo, o esquizofrênico regride ao autoerotismo, cortando seus laços com o mundo de maneira muito mais radical. A dissolução do ego implicada neste movimento – pois o narcisismo, para se implantar, exige "outra operação mental", isto é, a constituição de uma imagem do corpo próprio e de um ego unificado – transparece no termo *schizophrenia*, literalmente "divisão do espírito". Freud insiste, porém, que a diferença mais radical reside no mecanismo da formação de sintomas, que na paranoia é a projeção, enquanto a esquizofrenia emprega a alucinação. O que caracteriza a projeção é a supressão de uma percepção interna e sua substituição por uma percepção externa, convenientemente distorcida. A projeção não se manifesta unicamente na paranoia; entre as neuroses de transferência, a fobia se constitui através deste mecanismo, e, já fora do domínio da psicopatologia, a superstição e o animismo envolvem a projeção de fatores psíquicos para o mundo exterior, como afirma o

103. *Caso Schreber*, S.E., XII, p. 76.

capítulo final da *Psicopatologia da Vida Quotidiana*[104]. Nos delírios de perseguição, a deformação incide sobre a natureza do afeto: o amor endopsíquico é percebido como ódio proveniente do mundo exterior, como mostramos ao analisar as diferentes inversões da frase "eu o amo". A alucinação, por sua vez, tem raízes na experiência de satisfação primordial, envolvendo portanto uma etapa da vida libidinal extremamente arcaica; assim se soldam as duas características que Freud atribui à esquizofrenia: regressão ao autoerotismo e satisfação alucinatória de desejos.

A indicação mais interessante de Freud acerca da esquizofrenia encontra-se na seção final de *O Inconsciente*, e é notável por abordar o problema do ângulo da linguagem. Relatando um caso observado por Victor Tausk, em que a paciente se queixava de que "seus olhos estavam torcidos" – o que queria dizer que seu noivo, um trapaceiro (em alemão, literalmente, um "torcedor de olhos"), lhe havia "torcido os olhos", de maneira que ela agora via o mundo "com outros olhos" – Freud observa que "a relação com o órgão corporal (o olho) havia usurpado o lugar de todo o conteúdo do pensamento. O discurso esquizofrênico apresenta um traço hipocondríaco: ele se tornou um "discurso-de-órgão"[105]. Esta característica, que pode ser reportada também ao autoerotismo, é melhor compreendida mediante a observação de que, na esquizofrenia, as palavras são submetidas ao processo primário, da mesma forma que no sonho. A linguagem é submetida a uma violenta operação de condensação e deslocamento, tornando-se independente das coisas que ela denota. Isto equivale a dizer que o investimento libidinal dos objetos é abandonado, mas o investimento das palavras é retido. A repressão aparece assim sob uma nova luz: ela é pensada agora como a operação pela qual a representação da coisa é separada da representação verbal; como esta se localiza no pré-consciente, o resultado é a manutenção da representação de coisa no inconsciente. A repressão atinge na esquizofrenia o próprio inconsciente, retirando o investimento libidinal dos objetos (o que corresponde às formas primitivas do narcisismo, em que o ego-de-prazer obtém satisfação autoerótica e recusa o mundo exterior como o "indiferente"); a presença dos investimentos verbais revela uma tentativa de recuperar o contato com a realidade, uma busca do regresso para o mundo exterior; caso se aceitasse a interpretação contrária, segundo a qual as alucinações e o discurso esquizofrênico representam o modo de ação da repressão, seria impossível explicar por que se conservam os investimentos das palavras. O discurso esquizofrênico é um *sintoma*, no sentido muito preciso de retorno do reprimido sob a máscara deformadora da repressão. É por isso que Freud insiste em várias oportunidades na distinção entre o mecanismo da repressão e o mecanismo da formação dos sintomas: o sintoma se

104. *Psychopathology of Everyday Life*, S.E., VI, pp. 158-159.
105. *The Unconscious*, S.E., XIV, p. 198.

origina da terceira fase da operação repressiva, que denota o seu fracasso (o retorno do reprimido) e combina os desígnios da pulsão e do ego; a repressão é uma operação unicamente do ego, e, nos casos em que é bem-sucedida, impede a formação do sintoma por um dos seus ardis.

O estudo da paranoia e da esquizofrenia, que Freud engloba sob a denominação comum de "parafrenias", conduz à psicologia do ego, dado o papel essencial representado nestas afecções pela libido narcísica. O conceito de "neuroses narcísicas" alude a esta circunstância; mas posteriormente, em 1924, Freud se vê na necessidade de constituir um grupo à parte, as "psicoses", para a paranoia e a esquizofrenia, separando-as daquela que na época da *Metapsicologia* formava o terceiro elemento da série narcísica: a melancolia. Contudo, como no período que estamos examinando as três perturbações aparecem agrupadas sob a mesma rubrica, procuraremos agora qual a articulação interna das duas primeiras com a melancolia. Esta é dada pelo destino da libido: nos três casos, ela retrocede ao ego. Não estamos incorrendo numa definição circular, ao dizer que nas neuroses narcísicas o traço comum consiste no retorno da libido ao ego, porque em cada uma delas o processo é diferente, atingindo o mesmo objetivo por formas diversas. Na paranoia, a libido homossexual reprimida é retraída ao ego, enquanto o conteúdo fantasmático é projetado para o exterior; na esquizofrenia, o autoerotismo se restabelece e o discurso procura escapar à repressão, formando com as palavras a matéria das alucinações; na melancolia, o mecanismo em ação é a identificação, o que pressupõe uma escolha de objeto de natureza heterossexual, realizada num primeiro momento, mas posteriormente frustrada, sendo o quadro clínico caracterizado pela ambivalência e pela dissociação da instância crítica, que se volta contra o resto do ego identificado com o objeto. Além disto, a melancolia se caracteriza por um *trabalho*, findo o qual pode eventualmente surgir uma mania de grandeza, como se o ego, uma vez suficientemente punido por incorporar os traços negativos do objeto, pudesse agora ser recompensado com o gozo das suas peculiaridades positivas. De qualquer forma, é possível estabelecer um paralelo, ainda que exterior, entre as três neuroses narcísicas e as três neuroses de transferência: a paranoia se aproxima da fobia pelo mecanismo da projeção; a esquizofrenia tem traços em comum com a histeria, como a importância do corpo e a alucinação regressiva; a melancolia, com sua carga de autorrecriminações e a ambivalência que a caracteriza, apresenta algumas das manifestações típicas da neurose obsessiva. Estas aproximações são de valor limitado, porém, já que as diferenças são muito mais importantes, tanto pela violência da repressão, como pelo destino respectivo da libido e das representações tomadas inconscientes, além de serem os pontos de fixação inteiramente diferentes: nas neuroses de transferência eles se encontram nas organizações pré-genitais voltadas para o objeto, e nas várias psicoses os momentos fixados pertencem à esfera do narcisismo. A melancolia resiste à inclusão neste esquema, pela natureza do seu mecanismo de geração; não é por acaso que do seu estudo emerge o conceito de identificação, destinado a renovar de alto a baixo a teoria do ego, e com ela boa parte da doutrina psicanalítica.

Para finalizar esta visão de conjunto da teoria freudiana das neuroses, tal como se apresentava no momento das *Conferências de Introdução à Psicanálise* – a exposição sistemática que integra o essencial da renovação dos seus conceitos basilares, efetuada no terceiro período da sua evolução – abordaremos brevemente o problema da angústia. Sendo os sintomas neuróticos reações à irrupção da angústia – como no caso da fobia e da neurose obsessiva – cabe perguntar de onde se origina esta sensação e que fenômenos são recobertos pelo conceito correspondente. Freud dedica a Conferência 25 das *Conferências de Introdução à Psicanálise* a estes problemas, começando por distinguir entre uma angústia objetiva, não neurótica, e um tipo propriamente neurótico. A angústia objetiva consiste num "estado de alerta" frente ao perigo, que tem por função prevenir a surpresa mediante um aumento no nível de tensão geral do indivíduo. Neste texto, Freud acolhe a tese de Otto Rank, segundo a qual o protótipo dos estados de angústia objetivo é dado pelo trauma do nascimento –

> uma experiência que envolve a mesma concatenação de sensações dolorosas, descargas de excitação e inervações corporais [...] reproduzida posteriormente naquilo que conhecemos como o terror ou a condição da angústia[106].

A natureza fisiológica deste estado é comprovada pela sua causa: trata-se da consequência da interrupção do fluxo de sangue da mãe para o feto (respiração interna), que tem de ser rapidamente substituído pela inspiração de ar. O termo *angústia* deriva de uma raiz latina que significa "estreito", como que acentuando a falta de ar que caracteriza esta condição. Contudo, uma análise mais fina mostrará que mesmo a angústia objetiva não deriva das pulsões de autopreservação, como se poderia inferir desta passagem.

A angústia neurótica aparece como uma sensação difusa e flutuante de temor, pronta a ligar-se a qualquer objeto exterior ou pensamento para se justificar; ou então como a reação exagerada frente a coisas e situações comuns, como no caso das fobias; ou ainda sob a forma de ataques súbitos e violentos, à maneira do ataque histérico. Freud procura encontrar o termo comum entre estas modalidades no emprego da libido, repetindo o que afirmara vinte anos antes no artigo de 1896 "Sobre a Justificação de Separar da Neurastenia um Quadro de Sintomas como *Neurose de Angústia*": a libido intensificada e não descarregada pode conduzir à neurose de angústia,

106. *Introductory Lectures on Psychoanalysis*, S.E., XVI, p. 396 (Conferência 25).

por exemplo naqueles homens cujo regime sexual normal é o *coitus interruptus*. O fator decisivo para a emergência da perturbação é de ordem quantitativa: depende da magnitude da libido estancada e da capacidade de sublimação do ego. Reconhecemos aqui o quarto tipo de desencadeamento de neurose apontado no artigo de 1912, que citamos mais atrás. Como a perturbação é de origem tóxica, ou pelo menos assim o acreditava Freud, a instauração de uma prática sexual satisfatória conduz à sua extinção. Já nas psiconeuroses, a origem da angústia não é uma substância sexual, mas um *afeto* de qualquer natureza, cuja representação foi cortada dele pela repressão. O afeto pode ter sido de natureza libidinal, agressiva ou outra qualquer: o resultado da repressão é invariavelmente sua transformação em angústia. Como vimos nas páginas anteriores, a tarefa fundamental da repressão é impedir o desenvolvimento da angústia, o que é feito mediante sua conversão em inervação somática (caso da histeria) ou em sintomas substitutivos (caso das obsessões). O agente repressor é o ego, que trata as exigências da libido como um perigo do qual deve se defender; a condição necessária da angústia, isto é, a existência de uma ameaça, é preenchida assim de maneira satisfatória.

Há uma aparente incongruência na atribuição da origem da angústia ao mesmo tempo à defesa do ego e à libido da qual ele busca se proteger. A análise da angústia infantil sugere que a contradição não é real: a criança se torna angustiada quando, ao invés de a mãe entrar no seu campo perceptivo, ela se defronta com um estranho. A angústia representa uma forma de descarregar a libido frustrada, que substitui um objeto exterior àquele de quem ela realmente sente falta. Aquilo que aparece como medo do objeto externo não é angústia objetiva, mas angústia neurótica. Por outro lado, a própria defesa do ego brota da sua libido narcísica; Freud insiste, no parágrafo final da Conferência 26 (*O Narcisismo*), que é preciso diferenciar o *ato da fuga* da *sensação de medo*;

> atribuímos o componente afetivo da angústia à libido do ego, e a ação empreendida às pulsões de autoconservação [...] Não fugimos *porque* sentimos medo; sentimos medo *e* fugimos, como reação ao impulso comum atiçado pela percepção do perigo[107].

Cremos que esta passagem é decisiva para demonstrar a correção da interpretação que sustentamos quanto à natureza da energia a serviço da repressão. Com efeito, se a repressão transforma a libido em angústia, e se a libido narcísica fornece o "componente afetivo" da angústia, o processo pode ser reportado ao balanço da libido objetal e da libido do ego, de sorte que esta fornece a força motriz do movimento repressivo. Mas a cooperação das pulsões de autoconservação com a libido do ego torna difícil caracterizar com precisão a parcela

107. *Introductory Lectures on Psychoanalysis*, S.E., XVI, p. 430 (Conferência 26).

de cada qual nos atos do ego, a não ser nos casos em que elas se dissociam e a libido do ego se torna muito proeminente, como no caso das parafrenias.

A angústia aparece assim como o ponto nodal em que vêm convergir todas as linhas teóricas que analisamos nas seções anteriores: a dualidade das pulsões, a problemática do ego, a natureza da repressão e as fantasias edipianas, as quais, como vimos, se encontram no centro dos conflitos neuróticos e por conseguinte na gênese da angústia. A psicanálise é antes de tudo uma teoria das neuroses; mas é também uma prática da sua cura. A angústia torna os homens infelizes; a terapia, como dizia Freud em 1895, ao concluir os *Estudos sobre a Histeria*, tem por função "transformar a miséria neurótica em infelicidade comum"[108], ou, em outras palavras, desfazer o trabalho da neurose e remover tanto quanto possível as fontes geradoras da angústia.

8. OS ARDIS DA DESRAZÃO E OS PRINCÍPIOS DA TERAPIA

Se o caminho que apontei parece muito árduo, todavia pode ser encontrado. E certamente deve ser árduo aquilo que raramente se encontra. Mas tudo o que é precioso, é tão difícil quanto raro.
SPINOZA, Ética, *V, 42, Escólio.*

Ao examinar agora o mecanismo da cura e seus suportes teóricos, não pretendemos nos pronunciar sobre o seu valor ou sobre sua eficácia. Dois motivos nos levam a penetrar neste terreno acidentado. Em primeiro lugar, a tradição filosófica não rejeita a questão da técnica, mas a interroga segundo sua índole específica; Platão, Aristóteles, Marx, Heidegger, Habermas, para só citar alguns pensadores, não recuaram frente a este problema, cada qual abordando-o, de frente, em determinado momento das suas reflexões. Em segundo lugar, a psicanálise é antes de mais nada uma *prática*, de sorte que estaria gravemente mutilado um estudo sobre Freud que não tratasse deste aspecto primordial. O que se vai ler em seguida é um tratamento da questão da terapia que, pensamos nós, enquadra-se no propósito e no estilo de nosso trabalho: limitar-nos-emos a percorrer os textos em busca das articulações conceptuais e da determinação recíproca de um tema por outros, pondo em relevo a teia rigorosa do pensamento freudiano. Centraremos nossa leitura em dois conceitos basilares da terapia analítica: o de *resistência* e o de *transferência*, e procuraremos mostrar de que maneira eles se vinculam ao restante do instrumental cognitivo de Freud.

O conceito de resistência é dos mais antigos na obra freudiana. Já o encontramos em 1895, nos *Estudos sobre a Histeria*: a repre-

108. *The Psychotherapy of Hysteria*, S.E., II, p. 305.

sentação do reprimido como um conjunto de camadas concêntricas em torno do núcleo patogênico desemboca na concepção de que o acesso a cada camada esbarra num grau de maior resistência. Esta consiste na produção, pelo paciente, de comportamentos que entravam o progresso da terapia, e que vão desde o exercício indevido da crítica sobre as associações até a falta de pontualidade no comparecimento à sessão. A origem da resistência deve ser buscada na repulsa da pessoa a tomar conhecimento daquilo que reprimiu. O mesmo fenômeno se manifesta na interpretação dos sonhos e na elucidação dos atos falhos: o indivíduo não produz as associações imprescindíveis à realização da tarefa, ou, se as produz, recusa-se a reconhecer a validade da interpretação. Na terapia, a comunicação de uma interpretação correta é regularmente acompanhada de uma enérgica negação do paciente, mas não é incomum que logo em seguida surja uma associação ou um ato sintomático que a confirme. Freud expôs em numerosas ocasiões o percurso que o levou a compreender a natureza da resistência; seja por exemplo esta passagem das *Cinco Conferências sobre a Psicanálise*, de 1909:

> as mesmas forças que na situação presente se opunham à emergência das ideias esquecidas na consciência deviam ser, elas próprias, a causa do esquecimento, tendo expulso da consciência as experiências patogênicas. Denominei a este processo hipotético "repressão", e considerei que ele era comprovado pela inegável existência das resistências[109].

A resistência, assim, é a manifestação da repressão, e as lacunas do discurso indicam os pontos em que esta se exerceu com mais violência.

Quando Freud chega a uma compreensão mais completa do mecanismo das neuroses, em 1912, a explicação do fenômeno da resistência recebe uma ampliação correspondente. Recordamos que a neurose pressupõe uma introversão da libido, isto é, sua regressão às imagens infantis por meio da fantasia. Quando o trabalho analítico se aproxima de um grupo psíquico fortemente investido desta maneira, ocorre um combate: todas as forças que motivaram a regressão passam a opor-se, na qualidade de resistências, à expulsão da libido das suas fortalezas; por outro lado, a energia sexual não se mostra disposta a abandonar as posições infantis em troca de um retorno à realidade, que se afigura difícil e sem certeza de satisfação. Em outras palavras, o doente se recusa a renunciar ao "benefício primário" que obtém da neurose: como esta se desencadeia para evitar ao paciente o desprazer do conflito psíquico, e representa um ganho em termos econômicos, a "fuga para a doença" se revela uma solução mais satisfatória que a manutenção indefinida do conflito, pelo menos à primeira vista. Além disto, o fato de estar doente proporciona ao indivíduo mais atenção por parte da família e certos privilégios

109. *Five Lectures on Psychoanalysis*, S.E., XI, pp. 23-25 (2ª Conferência).

que de outra forma lhe seriam negados; Freud chama ao primeiro aspecto o "elemento interno do benefício primário", e ao segundo o "elemento externo do benefício primário"[110]. É conveniente distinguir os dois elementos do benefício primário e o uso do sintoma para finalidade diferentes daquelas que lhe deram origem na vida mental do paciente, como na metáfora do pedreiro aleijado que ganha mais mendigando do que se se restabelecesse e retornasse à sua profissão[111]: a este tipo de ganho através da neurose, Freud chama "benefício secundário". Na mesma página das *Conferências de Introdução à Psicanálise* em que ocorre este exemplo, Freud observa que tudo aquilo que, no decorrer do tratamento, contribui para aumentar a vantagem obtida através da doença, reforça as resistências e se converte num obstáculo à cura.

A Conferência 19, que traz o título de *Resistência e Repressão*, vincula mais uma vez os dois processos e enumera as modalidades principais da resistência: a desobediência à regra fundamental, seja pela cessação do fluxo de associações, seja pela profusão de absurdos que jorra quando a resistência age às claras; a oposição intelectual, que frequentemente toma a forma de sede de conhecimentos sobre as doutrinas psicanalíticas, de modo que a sessão é gasta na discussão de tópicos afastados da problemática pessoal do paciente; e a forma mais elaborada de todas, que é a transferência. A estes fatores próprios da relação analítica, é preciso acrescentar os elementos exteriores, como a opinião desfavorável sobre a psicanálise de amigos e parentes, as doenças orgânicas que o afastam do divã, e assim por diante.

Contando com estes poderosos adversários, mas levando sobre eles a vantagem de conhecer a sua natureza, a terapia analítica muda fundamentalmente de sentido. Vimos no Capítulo 1 a que transformações foi submetido o primitivo método catártico; mas a "técnica de concentração" ainda operava sobre os sintomas. Com a descoberta das fantasias e a introdução da livre-associação, a finalidade do tratamento deixa de ser, primordialmente, a remoção dos sintomas, para passar a consistir no vencimento das resistências que os sustentam. Já em 1904, no artigo anônimo que publicou com o título de *O Método Terapêutico de Freud* no livro sobre os fenômenos obsessivos de seu amigo Loewenfeld, Freud expunha em três fórmulas equivalentes a tarefa da psicanálise clínica:

> a tarefa do tratamento é remover as amnésias [...] Ou a fórmula pode ser expressada nestes termos: todas as repressões têm que ser desfeitas. Outra formulação vai mais além: a tarefa consiste em tornar o inconsciente acessível à consciência, o que é feito pela superação das resistências[112].

110. *Caso Dora*, S.E., VII, p. 43, nota 1.
111. *Introductory Lectures on Psychoanalysis*, S.E., XVI, p. 384 (Conferência 24).
112. *Freud's Psychoanalytical Procedure*, S.E., VII, p. 253.

É fácil perceber uma gradação crescente de intensidade nas três versões da fórmula. Remover as amnésias equivale a preencher os brancos da memória do paciente através das interpretações e construções, feitas pelo analista com base naquilo que ele comunica. Mas esta forma de conceber o trabalho analítico abre o flanco à tentação de considerar que a simples comunicação de uma conclusão conduz ao desaparecimento do sintoma, o que é incompatível com a complexa relação de forças que o sustenta. Em *Recordação, Repetição e Elaboração,* escrito em 1914, encontramos a seguinte advertência:

> A revelação da resistência não traz como consequência imediata a sua desaparição. Deve-se deixar ao paciente o tempo de aprofundar-se nela, que até então lhe era desconhecida; o tempo de *elaborá-la* e dominá-la [...] Só ao terminar este trabalho chegamos a descobrir, em colaboração com o analisado, os impulsos pulsionais reprimidos que alimentavam a resistência[113].

Como a resistência é alimentada pela repressão, a segunda fórmula prescreve que é preciso "desfazê-la"; ora, isto só pode ser feito pelo próprio analisado, mediante um trabalho por vezes doloroso, mas sobre cuja necessidade Freud jamais deixou de insistir. A interpretação se limita a fornecer ao doente a "ideia consciente do que ele vai encontrar", como se lê em *As Perspectivas Futuras da Terapia Psicanalítica* (1910); mas cabe a ele assimilá-la e dar o passo final para a conscienciação do material reprimido, que resulta na cura. A terceira fórmula é a que será retida nos textos posteriores, porque abrange as duas faces do tratamento: a análise das resistências e o seu efeito, a tomada de consciência que contém a mola da recuperação. Podemos citar, a título de exemplo, duas passagens muito

113. *Remembering, Repeating and Working-Through*, S.E., XII, p. 155. Não é casual que a *elaboração* esteja aqui tão próxima do verbo *desfazer*. O trabalho analítico, como já notamos no Cap. 2, admite uma comparação com conceito hegeliano do trabalho, no sentido de negação da negação. A repressão nega o desejo; a resistência aparece como a face visível da repressão. A terapia nega a resistência, isto é, a repressão; mas não se deve ver aí a exterioridade do analista ao analisando como o motor desta segunda negação. O conceito de *elaboração* (*Durcharbeitung*) mostra que é o próprio analisando quem desfaz a repressão, mediante um processo de desnovelamento que poderíamos aproximar do trabalho do luto. Da mesma forma, o trabalho da interpretação desfaz o trabalho do sonho; este desfazer não é um "aniquilar", mas um "mostrar em sua verdade". Nesta dupla negação, não se deve conceber o primeiro termo como positivo e o segundo como negativo, como o faz uma representação usual da tríade tese-antítese-síntese. O primeiro termo – a repressão – já é negativo; o segundo é o desdobramento da contradição que o põe como negativo (no caso, a contradição entre o desejo e a proibição), de sorte que a negação é interna e não proveniente do exterior. Contudo, Freud recusaria o termo *síntese:* não é por acaso que sua disciplina se chama *psicanálise*... Contraposta à análise, a noção de síntese traria como corolário a ideia de uma reunião harmoniosa dos destroços produzidos pelo martelo da análise. Ora, nada há de mais antifreudiano do que a noção de um sujeito harmonioso a ser construído *depois* da análise. É no mesmo movimento que o sujeito desfaz suas repressões – até onde isto for possível – e compreende a verdade do seu desejo: insaciável, originário – e por isto mesmo humano.

semelhantes, que se encontram no *Pequeno Hans* e na Conferência 27 das *Conferências de Introdução à Psicanálise*:

> O que pretendemos inicialmente não é obter um resultado terapêutico, mas colocar o doente em condições de apreender conscientemente seus impulsos de desejo inconscientes. Para isto, baseamo-nos em suas manifestações, e, com ajuda de nossa arte de interpretação, colocamos frente à sua consciência, expresso em forma verbal, o complexo inconsciente. A analogia entre aquilo que o paciente ouve e aquilo que procura, e que apesar de todos os obstáculos luta por abrir caminho através das resistências, lhe torna possível encontrar o inconsciente[114].

O texto de 1916 é ainda mais explícito:

> A solução do conflito neurótico só é possível quando os dois contendores se confrontam no mesmo terreno, isto é, no pré-consciente; realizar isto é o único objetivo da terapia [...] O que torna efetivo o trabalho analítico é a transformação dos pensamentos inconscientes em conscientes [...] Ao estender a consciência ao inconsciente, as repressões são levantadas, as condições da formação de sintomas abolidas, e o conflito patogênico substituído por um conflito normal, a ser resolvido de uma maneira ou de outra. Nada mais fazemos do que tornar possível aos nossos pacientes que esta única modificação mental ocorra neles[115].

A insuficiência do puro conhecimento intelectual para a solução do conflito patogênico, de raiz essencialmente emocional, é demonstrada pelo estudo do fenômeno, central para a concepção da terapia psicanalítica, a que Freud deu o nome de "transferência". Como a resistência, este é um dos conceitos mais antigos do arsenal freudiano; mas, ao contrário desta, cujos traços capitais estavam reconhecidos já à época dos *Estudos sobre a Histeria*, a complexidade e o alcance terapêutico da reação transferencial só vão sendo descobertos pouco a pouco, ganhando profundidade com o reconhecimento do papel central do Édipo no desencadeamento das neuroses e em geral na estruturação de personalidade humana. Na *Psicoterapia da Histeria*, ela surge como um dos principais obstáculos à cura, já que os elementos afetivos são transferidos para a pessoa do médico no momento em que conteúdos particularmente importantes ameaçam vir à tona. A transferência se alinha assim entre as formas coleantes da resistência. No *Caso Dora*, em que a falha na interpretação da transferência é explicitamente reconhecida como a razão da precoce interrupção do tratamento, Freud considera as "transferências" (no plural) como

> novas edições ou fac-símiles dos impulsos despertados e tornados conscientes durante o progresso da análise [...] Toda uma série de experiências

114. *Pequeno Hans*, S.E., X, pp. 120-121.
115. *Introductory Lectures on Psychoanalysis*, S.E., XVI, p. 27 (Conferência 16).

psicológicas é revivida, não como pertencentes ao passado, e sim como referindo-se à pessoa atual do médico[116].

Mas não é relevante o objeto desta transferência, na medida em que ela constitui um traço característico de toda relação médica, sendo que a psicanálise apenas a traz à tona, "como tantos outros fenômenos ocultos da vida psíquica". Ao mesmo tempo, porém, Freud começa a dar-se conta da função terapêutica da transferência, desde que o analista saiba servir-se dela, o que é sem dúvida a parte mais difícil da técnica.

É no artigo de 1912, *A Dinâmica da Transferência*, que se encontra a formulação clássica da natureza do fenômeno e da importância teórica e prática de que ele se reveste. A energia que sustenta este novo sintoma é a libido estancada pelo conflito neurótico e que investiu os objetos fantasmáticos infantis; de onde a vinculação da transferência ao complexo de Édipo e a inclusão da pessoa do médico nas "séries psíquicas" formadas pela pessoa, e que correspondem aos modelos privilegiados da sua satisfação libidinal: as imagens do complexo paterno são particularmente aptas para este deslizamento da carga libidinal. Freud liga em seguida a transferência à resistência, mostrando como esta se serve daquela para impedir a emergência do reprimido: se existe algo no complexo inconsciente que se presta à projeção sobre o médico, esta associação é estabelecida, porém surge como uma resistência, por exemplo detendo o fluxo de associações. A etapa seguinte é a distinção de dois tipos de transferência: a carinhosa, que pode provir do afeto consciente sentido em relação ao terapeuta, ou então dos complexos reprimidos; e a hostil, que atualiza as rivalidades infantis. Não é causal esta dupla determinação da transferência, positiva e negativa: ela repete a ambivalência edipiana, que devemos supor intensa. A transferência se converte na arma favorita da resistência a partir do momento em que o paciente se convence que a simples deformação das suas ideias não impede que o terapeuta descubra o seu verdadeiro sentido; isto conduz a uma situação em que todos os conflitos passam a ser combatidos no terreno da transferência. Mas a utilidade da transferência para os propósitos da resistência se limita aos componentes hostis e derivados do erotismo inconscientes; quando ela é isolada e analisada, o outro elemento da transferência positiva, representado pelo respeito e afeição que o paciente vota ao analista, passa a atuar no sentido de reforçar a eficácia terapêutica. As reações transferenciais permitem apreciar algumas características dos processos mentais inconscientes, com a inestimável vantagem de que estes surgem sob o olhar vigilante do analista e dão-lhe assim a oportunidade de acompanhar passo a passo a formação de um sintoma. A luta entre o intelecto e a paixão se desenrola quase toda no terreno acidentado da transferência; mas, observa Freud,

116. *Caso Dora*, S.E., VII, p. 116.

(embora) a superação dos fenômenos da transferência seja difícil para o psicanalista, não se deve esquecer que são precisamente eles que nos prestam o inestimável serviço de tornar atuais e manifestos os impulsos eróticos ocultos e esquecidos; pois, afinal de contas, ninguém pode ser vencido *in absentia* ou *in effigie*[117].

Os dois elementos essenciais deste artigo nos parecem ser a vinculação da transferência com o Édipo e o caráter controlável dos fenômenos a ela ligados, o qual permite a interpretação imediata e a consequente chamada de atenção sobre os impulsos reprimidos, atualizados na sessão analítica, o que por sua vez torna possível a conscientização do inconsciente. Este é o sentido da alusão ao combate *in absentia*, que aparece também no texto das *Conferências à Psicanálise* que citamos mais atrás. Num curto artigo de 1914, intitulado *Recordação, Repetição e Elaboração*, Freud chamará a reunião dos elementos reprimidos no terreno da transferência de "neurose de transferência", termo que não deve ser confundido com seu homônimo, mencionado na seção anterior, e que serve como gênero comum da histeria, da neurose obsessiva e da fobia:

substituímos a neurose vulgar por uma neurose de transferência [...] O novo estado acolhe todos os traços da enfermidade anterior, mas constitui uma perturbação artificial, acessível de todos os lados à nossa intervenção[118].

Este caráter repetitivo da transferência, que em *Além do Princípio do Prazer* constituirá um forte argumento para postular a compulsão de repetição, é aqui encarado ainda como um obstáculo: o paciente repete aquilo que não quer ou não pode recordar. O material reprimido se reproduz sob a forma do ato, como se vê no Caso Dora, em que a moça, identificando Freud com Herr K., se comporta com ele

117. *The Dynamics of Transference*, S.E., XII, p. 108.

118. *Remembering, Repeating and Working-Through*, S.E., XII, p. 154. Segundo LAPLANCHE e PONTAILS, (*Vocabulaire de la Psychanalyse*), ed. cit., artigo *Névrose de Transferi*, pp. 280-281) foi Jung o primeiro a denominar "neuroses de transferência" o conjunto formado pela histeria de angústia, pela histeria de conversão e pela neurose obsessiva. O termo indica a possibilidade de tais afecções serem solucionadas pela terapia analítica, contrapondo-se às neuroses narcísicas, "menos acessíveis a um tratamento cuja mola é a transferência". No seu sentido restrito, a neurose de transferência artificialmente produzida durante a terapia significa que "todos os comportamentos patológicos do paciente vêm se recentrar na sua relação com o analista [...] e na situação analítica". Ao mesmo tempo que se articulam assim as duas acepções, ligeiramente matizadas, do termo "neuroses de transferência", é interessante notar que a questão alude a um dos problemas centrais da psicanálise: a questão da alteridade. O paciente acede à sua verdade mediante o Outro, isto é, o analista; e não apenas porque é este quem verbaliza o sentido do desejo daquele, mas principalmente porque sobre sua figura recaem os Outros que moldaram tal desejo; os pais, os educadores, os objetos de amor etc. O analista assume assim o papel de Proteu, transformando-se a cada momento no que ele não é, e por isso mesmo sendo o que é. A psicanálise é assim uma *deseducação*, uma *desfeitura*, mas que só realiza por meio da reeducação, da repetição, da reunião: sendo o Mesmo e o Outro, o passado no e pelo presente, o analista pode responder à demanda do analisando, que é um desejo de verdade, por uma análise desta demanda, que é a Verdade do Desejo.

como a jovem governanta de Herr K. se comportara com o seu patrão: dá-lhe quinze dias de aviso prévio e abandona seu posto, no caso o tratamento. A recordação e a repetição aparecem como polos complementares: quanto mais o paciente repete, menos recorda, e o terapeuta é advertido para que não deixe escapar a necessidade de verbalizar o reprimido. A repetição, na medida do possível, deve ser limitada ao terreno da transferência, em que pode prestar bons serviços à cura; mas não deve ser deixada à solta, pois neste caso o paciente não poderá vencer as barreiras da resistência que o condenam a repetir sem compreender o que faz. Neste ponto, retomamos a Conferência 27 das *Conferências de Introdução à Psicanálise*, que engloba a transferência no conjunto da estratégia terapêutica. Freud mostra que a transferência, convenientemente analisada, permite trazer à tona o material reprimido, o que abre a possibilidade de um novo confronto entre o ego e a libido; mas desta vez, guiado pelo analista e fortalecido pela compreensão dos seus processos anímicos, o paciente está em condições de substituir a repressão por uma solução mais justa do conflito, seja no sentido de aceitar impulsos anteriormente reprimidos, seja no de sublimá-los ou controlá-los de maneira mais eficaz. Por outro lado, trazendo a libido de volta da fantasia para a realidade, a transferência fortalece a pulsão sexual, permitindo-lhes vencer as inibições que a condenavam à prisão perpétua do infantilismo e da imaturidade. É justamente a impossibilidade de estabelecer a relação transferencial que torna a terapia analítica não recomendável para os casos de neurose narcísica, em que todo ou quase todo o interesse no mundo exterior é sacrificado à regressão narcisista da libido ao grande ímã do ego[119].

Esta linha de raciocínio é continuada na lição final das *Conferências*, que traz o título de *A Terapia Analítica*. Aqui a transferência é reconhecida como o suporte da eficácia – e do fracasso – da hipnose; Freud recapitula os passos que conduziram ao perfil definitivo do método analítico, mostrando que o corte decisivo residiu no abandono da sugestão direta, fosse ela de natureza hipnótica ou catártica, em prol da livre-associação, que tornou possível o isolamento da transferência e a sua conversão na arma decisiva da estratégia terapêutica. Em termos da teoria da libido, o neurótico se caracteriza por sua incapacidade de gozo e de realização, já que a aderência da sua sexualidade a objetos fantasmáticos prelude o primeiro e o dispêndio psíquico necessário para manter as repressões o inabilita para a segunda; ao oferecer-se o médico à ambivalência afetiva do paciente, não em virtude de sua decisão pessoal, mas pela própria natureza do tratamento, a libido e a re-

119. LAPLANCHE e PONTALIS observam (*Vocabulaire de la Psychanalyse*, ed. cit., artigo *Névrose de Transferi*, p. 280) que "atualmente, admite-se que a ausência aparente de transferência é, com muita frequência, um dos aspectos da forma de transferir – que pode ser muito intensa – característica dos psicóticos". Não sendo nossa finalidade discutir os aspectos clínicos da questão, assinalaremos apenas que Freud pensa de outra forma

sistência passam a concentrar-se em sua pessoa, privando assim os sintomas da sua carga energética e conduzindo à sua desaparição. Enfrentando-se no mesmo domínio, o da consciência possível, o ego e a libido acabam por conciliar-se, "restaurando a unidade na mente do indivíduo"[120].

É a restauração da individualidade própria, pois, da capacidade de gozo e de desempenho, que a terapia analítica oferece ao neurótico. Conhecendo-se a si próprio, dispondo de instrumentos melhores do que a repressão cega para controlar racionalmente seus impulsos, a pessoa emerge do tratamento reeducada e capaz, muitas vezes pela primeira vez, de ser feliz. Felicidade estoica, talvez, sem arroubos de paixão avassaladora; mas felicidade enraizada no real, protegida contra as investidas dos demônios interiores, e por isto mais verdadeira. A sucessão ininterrupta de metáforas militares nesta conferência – "enfrentar-se", "luta", "combate", "terreno", "fortaleza", "defesa", "capital inimiga", "conquistar e aprisionar a libido", para citar algumas das mais marcantes – dá o que pensar: a terapia é uma guerra sem tréguas, mas ela apenas reproduz a guerra interior das pulsões, do ego e da libido, do Édipo e de suas modalidades, da repressão e do inconsciente, que cada ser humano trava na sua alma sem se aperceber disto. A psicanálise traz este combate surdo para a luz do dia, e ao fazer isto perturba a paz da humanidade.

> É possível servir-se mal da análise de várias maneiras [...] Mas não há remédio algum à prova de um mau emprego: se uma faca não cortar, também não poderá servir ao cirurgião[121].

Nem por isto deixa ela de ser uma alavanca da razão, movida, é certo, pela força afetiva da transferência, porém a serviço do deus Logos, cuja voz sussurrante terminará por impor-se a uma nova geração de homens, cujo perfil indistinto já se pode adivinhar em meio às brumas do futuro.

9. AS RAÍZES E OS FRUTOS

Ao iniciar este capítulo, comparávamos a psicanálise, no momento em que a estudamos, a uma árvore cujas raízes eram representadas pelo conceito de pulsão, sendo o tronco os conceitos de ego e de organização da libido, e os ramos superiores o Complexo de Édipo e a repressão, dos quais brotavam, à guisa de frutos, a teoria das neuroses e a concepção da cura. A metáfora não é de Freud, que prefere referir-se à sua disciplina como um "edifício", dotado

120. *Introductory Lectures on Psychoanalysis*, S.E., XVI, p. 454 (Conferência 28).

121. *Introductory Lectures on Psychoanalysis*, S.E., XVI, pp. 462-463 (Conferência 28).

de alicerces, estruturas e janelas para o mundo exterior. Ambas as comparações têm em comum a ênfase na articulação dos elementos conceptuais, ressaltando o caráter sistemático de que se reveste a obra freudiana. Num esforço de síntese, procuraremos agora mostrar o jogo de relações que cremos correto estabelecer entre os sete temas que acabamos de abordar, e que consideramos por um lado irredutíveis à problemática bastante mais simples dos períodos anteriores, e por outro suficientemente entrelaçados para formarem uma malha cerrada e característica. Nosso método será o de perseguir as vinculações no interior de três subperíodos, iniciando-se o primeiro com a conceptualização das pulsões, o segundo com introdução do narcisismo e o terceiro com a emergência da metapsicologia. Tal procedimento não é incompatível com a desqualificação da cronologia que operamos na primeira seção deste capítulo; falamos aqui, para retomar a expressão de Victor Goldschmidt, de um "tempo lógico" e não de um "tempo histórico", meramente biográfico.

O primeiro momento cobre, esquematicamente, os anos de 1907 a 1911. Freud estabelece a dualidade das pulsões de autoconservação e da sexualidade, atribuindo às primeiras a função de suporte pulsional do ego. A introdução do Princípio de Realidade, como desvio e concessão do Princípio do Prazer às exigências da vida, solda intimamente as pulsões de autoconservação, e com elas o ego, ao mundo exterior; quanto às pulsões de natureza sexual, tendo seu objeto no próprio corpo, podem permitir-se ainda o luxo de conviverem com a fantasia e mostrar-se recalcitrantes às imposições da realidade exterior. Prova desta relativa autonomia é a extravagância com que estabelecem séries de equivalências inconscientes, como as que apontamos a propósito do erotismo anal. A repressão aparece como a forma pela qual o ego se defende deste incômodo vizinho, com tanto mais violência quanto mais se apercebe da incompatibilidade entre as solicitações da sexualidade e as exigências da cultura. Esta, positivamente, impõe a coerção do desejo sexual, seja na clave das modalidades de satisfação – por exemplo, proibindo a manifestação do erotismo anal – seja na das escolhas de objeto, negando a posse da mãe ao Pequeno Hans. A luta crítica entre a pulsão sexual e o ego se desenrola no momento da puberdade, quando a perversidade polimorfa da sexualidade infantil deve ser abandonada e substituída pela primazia da zona genital. O Complexo de Édipo, cujo conceito faz sua aparição explícita em 1910, é vivido com intensidade máxima nesta época, e do seu desenlace depende a saúde ou a neurose. Freud se limita a chamar a atenção para as consequências desastrosas da fixação no objeto materno, que vão da inconstância no amor à impotência mais completa. A teoria das neuroses se renova com a concepção dinâmica que a vê como resultado da oposição entre as pulsões do ego e da sexualidade, mas sem que esta oposição seja elaborada em detalhe. A terapia continua sendo concebida segundo o modelo exposto pela primeira vez em 1904: cabe ao analista lutar contra as resistências, desfazer as repressões e vencer o ardil da transferência, concebida como a arma mais perigosa da resistência, mas que talvez lhe sirva como instrumento de sua tarefa, embora não se possa distinguir claramente de que maneira isto ocorrerá.

O segundo momento se caracteriza pela considerável complexidade que introduz no esquema anterior. A temática do ego nos parece ser o foco central para o qual convergem as pesquisas teóricas neste momento, ainda que por vias extremamente tortuosas. O conceito de narcisismo, introduzido em 1911 com o *Caso Schreber*, repercute imediatamente sobre a teoria das pulsões, obrigando a modificar a dualidade anterior sem contudo comprometê-la: o ego é agora o agente das pulsões de autoconservação, ao mesmo tempo que objeto privilegiado da pulsão sexual. A libido passa a ter duas faces: como libido do ego, envia seus pseudópodos para os objetos, convertendo-se em libido objetal, para retirar-se deles quando a realidade assim o exige. A problemática da escolha de objeto passa para o primeiro plano, estando aberta a possibilidade de uma precoce escolha homossexual, conforme ao ego narcisista que procura por um momento obter um objeto que repita a si mesmo. É nesta rubrica que cai o Complexo de Édipo, pois, dado o "apoio" das pulsões sexuais sobre as de autoconservação, cabe aos pais a função de objetos primários da criança. A cultura, porém, faz sentir seu peso, proibindo a escolha incestuosa: a repressão originária, vista do lado da fixação, cumpre esta tarefa, estabelecendo no inconsciente as imagens parentais. A ligação com os progenitores será de caráter carinhoso, porque a repressão proíbe a sensualidade infantil por meio dos seus "anticorpos"; ao mesmo tempo que limita a escolha de objeto, ela se abate sobre as pulsões parciais, exorcizando o erotismo anal e substituindo-o pelos traços de caráter contrários a ele, impedindo a pulsão de apreensão de se transformar em sadismo, e de maneira geral excluindo do campo da consciência tudo o que não for "conforme ao ego". Mas ela tem que se medir com um adversário à altura: a partir de 1913, estabelecido o conceito de organização sádico-anal, torna-se patente que a libido infantil persiste nos derivados psíquicos mantidos em regime de repressão, podendo, caso a fixação nesta fase seja suficientemente forte, dispor o indivíduo a uma neurose obsessiva, como reação à intensidade tanto dos impulsos hostis de origem sádica quanto da própria repressão.

A teoria das neuroses sofre importantes modificações com o reconhecimento das organizações pré-genitais narcisista e sádico-anal. O chamado "mecanismo geral das neuroses" é descrito em 1912, e compreende sete etapas: a frustração imposta de diversas maneiras à satisfação libidinal, a introversão da libido, o investimento desta nos objetos incestuosos infantis, a repressão deste investimento, a formação de fantasias substitutivas ou diretamente ligadas ao reprimido, o conflito originado pelo ímpeto com que elas procuram aceder à consciência e pela intensidade com que o ego se defende deste perigo, e a formação dos sintomas, segundo as modalidades próprias de cada neurose. Caso a fixação na fase narcisista seja a predominante, a partir da frustração o caminho da libido é diferente: retrocede ao ego e o investe de forma excessiva, reduzindo abruptamente o *quantum* de libido objetal e provocando o desinteresse pelo mundo exterior característico das parafrenias. Uma escolha de objeto narcisista pode facilitar este percurso, pois o retrocesso da libido ao ego será mais rápido e completo do que no caso da escolha anaclítica. Contudo, o investimento excessivo do ego com a energia sexual pode atiçar o interesse da repressão, a serviço de autoconservação: do narcisismo inicial, surgirão neste caso o ideal do ego e a consciência moral, encarnações respectivamente da perfeição infantil e da crítica com que tamanha presunção foi recebida pelos pais e pelos representantes da Civilização. Mesmo esta estrutura normal do ego, atingida após um longo percurso de uniões e separações da pulsão sexual e da pulsão autopreservativa, pode sucumbir à frustração, dissociando-se a consciência moral do restante do ego e dirigindo-lhe recriminações, justificadas no caso da neurose obsessiva pelas travessuras da libido sádico-anal.

À ampliação da teoria das neuroses corresponde um alargamento na concepção da terapia. As resistências passam a ser consideradas como expressões ao mesmo tempo da libido encastelada nas posições infantis e do ego que se beneficia, primária e secundariamente, das "vantagens da neurose". Esta é atribuída aos percalços que inibem a evolução tanto do ego quanto da libido, sendo necessário, para compreendê-la, estabelecer a sequência das causas em ambos os registros. A infantilidade do sujeito o conduz à repetição, forma hábil de escapar à rememoração exigida pela natureza do tratamento. A repetição culmina na transferência, através da qual o analista é incluído nas séries psíquicas que imobilizam na fantasia a libido reprimida. Utilizando a transferência positiva para combater a negativa, o psicanalista traz o ego e a libido para o mesmo terreno, o terreno do pré-consciente, e substitui a neurose inicial por outra, construída artificialmente no campo da transferência. O conflito é revivido e recebe uma solução mais racional, sob o olhar vigilante do terapeuta, que se serve do amor que lhe é dirigido do diva para colocar o paciente em condições de abandoná-lo definitivamente.

A complexidade crescente da teoria psicanalítica impõe a necessidade de esclarecer seus princípios fundamentais, o que é feito com decisão ao redor do ano de 1915. A série de artigos da *Metapsicologia* se destina a esta finalidade; mas ao mesmo tempo, a análise do ego produz o conceito novo de identificação, que acaba por transbordar do quadro teórico em que nasceu. O conceito de pulsão é reconhecido como o mais fundamental do arcabouço analítico, na fronteira entre o corpo e a alma; e os destinos da pulsão passam à categoria de fatores heurísticos para todo o campo de fenômenos coberto pela psicanálise. As distintas etapas da organização libidinal, agora ampliadas com a introdução da fase oral, revelam-se como o resultado das transformações da pulsão sexual, que ora retoma sobre o indivíduo, ora inverte sua finalidade, ora muda de objeto. A incorporação, o sadismo, o masoquismo, o amor e o ódio, o prazer e o desprazer, recebem uma interpretação neste registro, que ademais envolve a concepção da pulsão como um *quantum* constante de energia (a carga de afeto) ligada a representações privilegiadas (os representantes ideativos da pulsão). A própria repressão é vista como um destino pulsional, particularmente complexo e decisivo para a emergência da neurose. O ego se constrói na polaridade do amor e do ódio, e sua evolução é referida ao prazer e desprazer engendrados pela dialética do interior e do exterior. A incorporação, modo de relação com o objeto característica da fase oral, fornece o modelo para pensar a identificação, que inicialmente não é mais do que um mecanismo neurótico específico da melancolia, mas que nos anos seguintes passa progressivamente ao primeiro plano da teoria. É no *Homem dos Lobos* que a identificação é reportada pela primeira vez ao Complexo de Édipo, engendrando na sua dialética com a escolha objetal as formas sucessivas da estruturação da libido. O Édipo completo aparece com clareza, mas a tendência a considerar suas manifestações como exclusivas da neurose – a ponto de ser ele denominado "complexo nuclear das neuroses" – impede Freud de se aperceber da significação universal tanto do complexo quanto da identificação. A repressão da escolha incestuosa de objeto, imposta pelo meio social, conduz por um lado à "normalidade" e por outro à neurose, variando a modalidade desta segundo a índole do mecanismo repressivo.

A primeira contribuição deste terceiro momento à teoria das neuroses é a elaborada análise da repressão e das suas consequências em cada forma do distúrbio. O primeiro movimento da repressão separa a carga de afeto da representação ideativa, fixando a esta pulsão de maneira indelével. Estabelecido o corte produtor do inconsciente, a representação doravante fixada neste sistema floresce e se submete ao processo primário que o caracteriza, terminando por acumular energia suficiente, através das etapas iniciais do mecanismo geral das neuroses, para impor ao ego uma prova de força. A repressão, abeberando-se nas fontes da libido narcísica, recusa a admissão à consciência da representação proibida, reenviando-a ao inconsciente; mas a energia libidinal deixada livre por esta dissociação se converte em angústia e gera desprazer. A tarefa seguinte da repressão, pois, é eliminar a angústia, seja projetando-a para o objeto fóbico, seja somatizando a carga de afeto, seja contrainvestindo as formações psíquicas opostas às representações excluídas e estabelecendo as cerimônias obsessivas. A formação dos sintomas se dá por este mecanismo, originando os quadros clínicos característicos das neuroses de transferência. No caso das neuroses narcísicas, em que a ameaça é mais direta, devido à natureza homossexual ou agressiva do impulso libidinal, a regressão imposta pela repressão atinge as formas mais arcaicas da organização libidinal, engendrando os sintomas da paranoia e da esquizofrenia. Neste último caso, a repressão atinge o próprio investimento objetal inconsciente, resultando num alheamento mais rigoroso da realidade exterior e nas tentativas de recuperação testemunhadas pelo discurso esquizofrênico. A diferença entre o modo de engendramento das neuroses de transferência e das parafrenias é decisiva para o esforço terapêutico, que, voltado para o manejo da transferência, se vê impotente para curar os psicóticos. A concepção do tratamento recebe o toque final em 1917, quando o terapeuta aparece ao mesmo tempo como aquele que reforça o ego pela comunicação das interpretações e aquele que, oferecendo-se à libido transformada, a arranca do infantilismo de parceria que a elaboração psíquica que realiza o analisado.

Os três "pontos de vista" da metapsicologia se reportam aos três momentos, cronologicamente situados em épocas diversas, em que a psicanálise procurou se estruturar como um sistema: o topográfico vincula-se à primeira tópica (1900), o dinâmico à teoria das pulsões (1910) e o econômico à concepção do narcisismo (1911-1914). A dupla atribuição ao ego de um *interesse* oriundo das pulsões de autoconservação e de uma *libido* proveniente da sexualidade coloca o problema mais espinhoso deste período, o da natureza e do volume da energia repressora. Freud oscila entre a concepção original de que ela provém das pulsões do ego e a outra, mais difícil, porém mais pertinente e mais fiel aos fatos, que a atribui ao jogo do narcisismo e da autoconservação, variando o grau de importância de cada componente com o caso específico a elucidar. A dificuldade em resolver esta questão decisiva constitui provavelmente um dos fatores que o levaram a rever a teoria das pulsões, como veremos no próximo capítulo. Por outro lado, a construção do conceito de identificação é responsável por uma brecha na teoria, já que não parece possível dar a ela uma explicação metapsicológica: não envolvendo conflito algum, pelo menos na sua constituição, ela pode ser objeto de repressão (como no Homem dos Lobos) ou pode por si própria engendrar uma neurose grave, a melancolia, que a rigor não é uma neurose de transferência nem uma psicose. Ao lado da dificuldade em integrar a identificação na rede conceptual desta época, o reconhecimento do caráter infantil do Complexo de Édipo em 1919-1920 e da relação entre este e a identificação, se de início pode ser vinculado ao enfoque clínico que o considera apenas como o "complexo nuclear das neuroses", conduzirá em seguida a uma ampla reformulação da teoria analítica, já que seu deslocamento para a infância coloca o problema do seu destino, e a vinculação com a identificação impede confiná-lo à região da escolha de objeto, em que estivera incrustado desde sua aparição explícita em 1910.

A lógica interna da malha conceptual da psicanálise, como se pode ver por esta visão de conjunto, é de extremo rigor. Os cortes horizontais que propomos para a leitura das suas articulações não deixam margem a dúvidas: nada há que não esteja em seu lugar, e, apesar do horror de Freud à filosofia, é preciso reconhecer à sua construção intelectual um traço que usualmente é reservado às doutrinas filosóficas, a saber, a sistematicidade (embora, para rebater a tese de que a filosofia deva ser sistema – Aristóteles, São Tomás, Descartes, Kant, Hegel... – estejam as grandes filosofias a quem repugna o espírito de geometria – Platão, Pascal, Kierkegaard, Nietzsche...). A não ser os dois elementos que segundo nossa interpretação ainda não se encaixam no conjunto – a questão da identificação e a localização precisa do Complexo de Édipo – e que, nas mãos de um pensador menos rigoroso, poderiam talvez receber uma mão de óleo lubrificante e passar a girar melhor no conjunto da engrenagem, nada faria um leitor desprevenido esperar, a partir de 1920, uma reforma tão extensa do edifício laboriosamente construído nas três décadas precedentes; mormente se refletisse que o arquiteto era um homem de sessenta e quatro anos, arruinado pela guerra e repudiado pela ciência acadêmica, tão lerda em compreender o alcance da revolução psicanalítica quanto expedita em cobrir de injúrias o seu iniciador. E contudo, chegado ao outono de sua vida, o jardineiro Freud decide empreender uma experiência decisiva com a árvore que plantara na primavera: o enxerto de uma muda nova, brotada de um ramo lateral e que até então recebera apenas algumas gotas de atenção. Iniciado sem alarde em *Além do Princípio do Prazer*, o experimento iria modificar de alto a baixo o aspecto da psicanálise, acarretando transformações profundas nos seus elementos essenciais. É por esta razão que preferimos a imagem da árvore à do edifício: sendo um organismo vivo, ela reflete melhor o caráter de constante renovação que é preciso reconhecer à obra de Freud, que, cultivador amoroso, jamais descurou de regar a psicanálise com as águas vivas da sua dedicação.

4. Sob o Signo de Thânatos

Se o que resultar de nossa discussão tiver uma aparência de "profundidade", ou se assemelhar ao misticismo, sabemos ao menos que estamos livres da acusação de ter buscado tais resultados. Procuramos apenas os sóbrios resultados da investigação, ou de reflexões baseadas nela; e a única qualidade que esperamos de nossas conclusões é a certeza.

Além do Princípio do Prazer

Em todo homem, é claro, habita um demônio oculto: o demônio da cólera, o demônio do prazer voluptuoso frente aos gritos da vitima torturada, o demônio da luxaria sem peias.

DOSTOIÉVSKI, Os Irmãos Karamázov.

1. O TEMA DA VIOLÊNCIA

Os vinte últimos anos da vida intelectual de Freud se distinguem dos períodos precedentes por diversas razões. Em primeiro lugar, sentindo que a psicanálise já não dependia exclusivamente dele, tendo-se convertido numa disciplina autônoma e dotada de um sistema institucional próprio – o chamado "movimento psicanalítico" – pôde ele dedicar-se a temas que o fascinavam desde a juventude, dando livre curso à sua tendência especulativa. Em segundo lugar, e como primeiro fruto da "especulação", a "pulsão de morte" faz sua entrada na rede conceptual da obra freudiana, surpreendendo a tal ponto os demais psicanalistas, que a maioria deles recebeu com reservas a nova tese, a qual mesmo hoje é fonte de numerosos debates e se oferece à contestação de diversas correntes. Em terceiro lugar, o fenômeno da agressividade, em suas várias modalidades, passa a ocupar uma posição de destaque no conjunto da teoria, obrigando Freud a rever certos conceitos e a introduzir outros novos. Por fim, a civilização e suas mazelas atraem cada vez mais seu interesse, dando origem a obras de cunho antropológico e sociológico, concebidas a partir dos pressupostos fundamentais da psicanálise, tais como *Psicologia Coletiva e Análise do Ego*, *O Futuro de uma Ilusão*, *O Mal-Estar na Cultura* e *Moisés e o Monoteísmo*. A estas facetas relativamente novas do pensamento freudiano, deve-se acrescentar a profunda revisão da teoria das neuroses, com a promoção dos conceitos de castração e de angústia ao primeiro plano, o que acarreta uma nova visão do papel do Édipo e uma aguda reflexão sobre os limites da terapia analítica. Estes temas e suas ramificações justificam o corte que propomos fazer em 1920, data da publicação de *Além do Princípio do Prazer*, abrindo assim um período que se estende até 1939, quando da morte de Freud. Este capítulo, portanto, examinará o conjunto de problemas que caracterizam este período, o qual consideraremos como a quarta etapa da elaboração do pensamento freudiano.

Estabelecer o corte em 1920 equivale a reconhecer a pulsão de morte como o elemento privilegiado da malha conceptual que vamos analisar. Por que não, poder-se-ia perguntar, estabelecer a linha divisória em outro ponto qualquer? Por exemplo, em 1924 – momento em que o Édipo é finalmente integrado no tecido do ego e recebe sua posição definitiva na cronologia da sexualidade –, ou em 1926 – quando a teoria da angústia é metodicamente revisada – ou ainda em 1923 – data do nascimento da segunda tópica? Nossa leitura não é certamente ingênua; nem poderia o hábito, comum entre os comentadores, de considerar 1920 como o momento do *tournant* (para empregar o termo de Laplanche e Pontalis) dar conta do seu princípio. A pulsão de morte é um elemento tão radicalmente novo, e transtorna a rede da psicanálise de maneira tão profunda, que cremos necessário tomá-la como ponto de partida de uma fase diferente. Nova, certamente; mas nova em relação a quê? Nova em relação à teoria das pulsões, a "mitologia" da psicanálise, nova em relação à concepção da moléstia neurótica e da eficácia da terapia; nova, sobretudo, em relação à concepção do homem que subjaz à clínica e à teoria que a sustenta. Com este conceito, Freud adquire o direito – que talvez não valha grande coisa – a um lugar na galeria dos "Grandes Pensadores"; com ele, a psicanálise vem contestar a Filosofia no seu terreno tradicional, o da antropologia; com ele, a dimensão especulativa se introduz numa disciplina que se quisera até então científica, sem jamais inquirir o que significa solicitar à Academia este estatuto. A questão – "é a psicanálise uma ciência?" – passa a exigir, para que uma resposta tenha sentido, uma investigação prévia – "que deve ser a ciência, para que possa conviver com a psicanálise?" A violência, dado irredutível, é o que se oferece doravante ao olhar do psicanalista e do filósofo que segue suas pegadas, nos recessos mais profundos da alma humana. Violência do desejo que se perpetua na repetição, violência do Pai que se instala no superego, violência da castração que bloqueia o amor, violência da cultura que internaliza o terror, violência do conflito defensivo que incapacita o neurótico; violência, enfim, do próprio discurso do paciente, do verbo do analista, da realidade que impõe seu tributo e liquida as ilusões. A guerra e as metáforas militares – luta, assédio, sentinela, inimigo, defesa, cerco – se tomam o referencial para pensar o homem, folha solta na tempestade das suas paixões e dos obstáculos que os outros homens se veem forçados a erguer contra a besta desenfreada que se agita por trás da sua máscara civilizada. É neste registro que as ideias da quarta fase devem ser incluídas, para que a articulação que as vincula possa ser posta a descoberto, e para que não se confunda o que é radicalmente novo com um simples prolongamento do anterior. Por outro lado, é verdade que a questão da violência já encontrava implicitamente, e por vezes às claras, no pensamento de Freud, como procuramos mostrar nos capítulos anteriores. O que é novo é a sua tematização constante, e, mais do que isto, a posição central que ele passa a ocupar na problemática da psicanálise. Esta promoção da violência faz o conjunto da teoria surgir sob uma luz, ou, para dizê-lo melhor, sob a sombra de Thânatos, a que trabalha silenciosamente, e no entanto faz ouvir sua voz no clamor da História.

2. REPETIR, MORRER, UNIR

Eu sou o silêncio dos mistérios ocultos, e sou o conhecimento daqueles que conhecem.
Bhagavad Gita, *X, 36.*

Desde o *Projeto* de 1895, Freud concebia o funcionamento da mente como regulado por uma tendência a eliminar as tensões, ou pelo menos reduzi-las ao nível mínimo necessário para a sobrevivência do organismo. Psicologicamente, o incremento da tensão origina uma sensação de desprazer, resultando sua descarga na sensação oposta, de alívio ou de prazer. Dada a constante estimulação do aparelho psíquico, quer pela percepção, quer pelo metabolismo corporal, a tendência à busca do prazer esbarra em frustrações constantes, entre as quais aquelas originadas pelo impulso de satisfação das pulsões sexuais, que conduzem à repressão. Nesta perspectiva, o fenômeno repressivo aparece como uma tentativa de evitar o desprazer, ou pelo menos substituir o desprazer imposto pela realidade pela renúncia no nível interno. Que esta técnica do ego conduza à neurose, quando as forças pulsionais atingem determinada intensidade, não invalida a constatação mencionada; e, como vimos no capítulo anterior, a psicanálise se encarrega de recolocar o conflito em atividade, visando auxiliar o ego a encontrar uma solução mais satisfatória em termos do balanço prazer/desprazer. Fundamentando assim o funcionamento normal e os transtornos patológicos do psiquismo, orientando a terapia e servindo como guia para a compreensão dos processos anímicos, o Princípio do Prazer toma a posição de regulador indisputado dos fenômenos em questão no campo psicanalítico. O Princípio de Realidade, que à primeira vista parecia opor-se a esta inclinação incoercível, revela-se sob análise um mero desvio seu, uma concessão ao mundo exterior para dele obter um prazer futuro e garantido. Contudo, a observação de alguns fatos, tanto na esfera da normalidade quanto na da patologia, impõe uma revisão radical da teoria: o Princípio do Prazer se verá desalojado do posto de comando, ou, mais corretamente, ele só o galgará depois de verificados certos fenômenos lógica e cronologicamente anteriores à sua supremacia. Tais fatos caem sob a rubrica da repetição: os neuróticos sonham com os acidentes que originaram seus traumas, uma criança reproduz simbolicamente as ausências da mãe; e sobretudo a experiência da transferência obriga a repensar a questão do prazer.

Pois a repetição não causaria problemas se se referisse apenas a sucessos agradáveis. A criança que insiste na fidelidade a um conto que ouviu e protesta contra qualquer alteração, por pequena que seja, ou o adulto que recorda momentos felizes da sua infância, estão agindo de acordo com o Princípio do Prazer. Mas como explicar os fenômenos da neurose traumática, ou a reprodução de situações essencialmente conflitivas na relação transferencial? Tais acontecimentos não engendram prazer, e no entanto, os homens se obstinam em recriá-los com requintes de precisão. O reprimido esforça-se por se expressar, apesar do desprazer experimentado a cada nova repressão, e daquele que adviria da realização desimpedida das exigências pulsionais. Na terapia, a resistência é inconsciente, mas não pode ser concebida como se originando na pulsão: esta visa a expressão à luz do dia, jamais a frustração. Quem resiste é o ego, proibindo a emergência do que lhe causa desprazer; ora, se o paciente repete apesar das resistências, a repetição se encontra evidentemente numa posição oposta à do Princípio do Prazer. Mais precisamente, ele repete *por causa* das resistências: elas bloqueiam o acesso à linguagem, e portanto à consciência, do material reprimido. Dada esta relação entre a resistência e a repetição, Freud conclui que

> a compulsão de repetição deve ser atribuída ao elemento reprimido no inconsciente [...] A resistência do ego serve ao princípio do prazer: ele procura evitar o desprazer que seria provocado pela emergência do material reprimido[1].

Estranha situação: o ego, polo organizado do psiquismo, curva-se ao Princípio do Prazer, o qual define o processo primário que ele está encarregado de inibir! A repetição aparece sob a forma de uma compulsão, isto é, uma necessidade premente e cega a realizar o de-

1. *Beyond the Pleasure Principle*, S.E., XVIII, p. 20.

sejo; obviamente, o ego não compactua com esta tendência. Mas, ao bloquear a rememoração em nome do Princípio do Prazer, ele não deixa outra saída ao reprimido senão repetir-se indefinidamente; a escuta do analista, porém, identifica na repetição o que está sendo repetido, de sorte que o ego fracassa em seus propósitos e aumenta o desprazer à custa de procurar impedir sua eclosão. Neste mundo de espelhos, um único fio condutor proporciona uma indicação: o que o indivíduo repete "é um fragmento de sua vida sexual infantil, portanto do Complexo de Édipo e de seus derivados"[2].

O conteúdo repetido é marcado com o desprazer mais profundo e intenso: a situação edipiana sucumbiu aos golpes da realidade, cujo veredicto inapelável decretou a perda da afeição exclusiva dos pais ao nascer um novo irmão, a humilhação de fracassar no amor e no desejo, a perplexidade frente ao enigma da procriação e ao sentido das exigências da educação, da disciplina e da autoridade. É precisamente este rol de desgraças que o neurótico repete na situação transferencial, o que impede supor que a repetição vise a reprodução de um momento feliz para os desígnios pulsionais. Este fato é de importância capital: poder-se-ia conceber que o ego reprime o que é desagradável para ele, mas prazeroso do ponto de vista da pulsão; isto seria perfeitamente explicável à luz do Princípio do Prazer, como o foi no seu momento a questão dos sonhos de angústia. O desprazer seria então tópico, isto é, restrito a uma das instâncias psíquicas, e serviria ao propósito mais geral de evitar um desprazer por assim dizer global. Ora, não é este o conteúdo da repetição: o que se repete é o doloroso, totalmente à margem das considerações do Princípio do Prazer; isto explica por que o ego tem de se arvorar em guardião do prazer, função que não lhe é própria. Por outro lado, contra a repetição não há defesa, já que o ego torna necessária, por sua própria estratégia, a expressão do reprimido por esta via. Daí o caráter compulsivo da repetição, e, por conseguinte, sua apresentação como "algo mais primitivo, mais elementar, mais pulsional, do que o princípio do prazer que é deslocado por ela"[3]. A repetição está, na verdade, "mais aquém" do Princípio do Prazer.

Contudo, a colocação em evidência da compulsão de repetição introduz o problema de saber a que finalidade ela obedece. Freud retoma neste contexto a uma distinção da época dos *Estudos sobre a Histeria*; Breuer sugerira, naquela ocasião, a hipótese de dois estados da energia psíquica: "livre" e "ligada". Supondo-se uma vesícula de substância orgânica constantemente bombardeada pelos estímulos provenientes do mundo exterior, cabe inferir que a camada superfi-

2. *Beyond the Pleasure Principle*, S.E., XVIII, p. 18. O Complexo de Édipo é aqui implicitamente promovido a categoria central da sexualidade infantil, o que é no mínimo surpreendente. Retomaremos o problema na seção 4 deste capítulo.

3. *Beyond the Pleasure Principle*, S.E., XVIII, p. 23.

cial desta vesícula se desenvolva sob a forma de um escudo protetor, capaz de absorver a massa de excitações perceptivas e transmiti-las de forma atenuada ao interior do organismo; esta é uma exigência da necessidade de sobreviver, pois caso contrário a vesícula pereceria sob o impacto da estimulação exterior. No entanto, uma quantidade de estímulos suficientemente forte para romper essa barreira aparadora – o que Freud chama um "trauma" – teria como efeito a irrupção no interior da vesícula de uma massa incontrolada de excitação, ou, em outros termos, de energia em estado "livre". A tarefa imediata, neste caso, seria dominar o excesso de energia introduzido desta maneira, o que equivale a "ligá-la" aos demais focos energéticos existentes, para poder expeli-la controladamente e obter o alívio da tensão acumulada. Neste sentido, para que o Princípio do Prazer possa entrar em atividade, faz-se necessária a dominação prévia deste volume de excitação; o organismo obtém o controle exigido mediante a repetição. Transpondo esta situação hipotética para o caso das neuroses traumáticas, Freud conclui que os sonhos dos indivíduos traumatizados que têm por conteúdo a reprodução da vivência traumatizante

> servem a um outro propósito, que deve ser efetivado antes que o Princípio do Prazer possa começar a agir. Tais sonhos são tentativas de restaurar o controle dos estímulos mediante o desenvolvimento de angústia, cuja ausência causou a neurose traumática Desta forma, eles nos permitem visualizar uma função do aparelho psíquico que, sem contradizer o Princípio do Prazer, é contudo independente dele, e parece ser de origem anteanterior ao objetivo de atingir o prazer e evitar desprazer[4].

Repetir é procurar ganhar o controle da situação, e também preparar o indivíduo para resistir melhor a traumas futuros, dotando-o na capacidade de desenvolver angústia e desta forma estar prevenido quando eles ocorrerem. Anotando a nova concepção da angústia que se insinua nesta passagem e reservando-a para uma discussão posterior, podemos perceber que a repetição envolve uma nova concepção da temporalidade, já que o presente, o passado e o futuro deixam de estar em relação linear e passam a reproduzir-se um no outro como um jogo de espelhos. Freud refere-se rapidamente, em outro trecho do texto que estamos analisando, à concepção kantiana da temporalidade, mas sem explicar com clareza a sua divergência com ela[5].

4. *Beyond the Pleasure Principle*, S.E., XVIII, p. 32.

5. Freud diz o seguinte: "A doutrina kantiana segundo a qual o espaço e o tempo são formas necessárias do pensamento pode ser atualmente questionada à luz de certos conhecimentos obtidos por intermédio da psicanálise. Descobrimos, pela experiência, que os processos mentais inconscientes são em si mesmos *atemporais*. Isto quer dizer, de início, que eles não estão dispostos cronologicamente; o tempo nada altera neles, e a ideia do tempo não lhes pode ser aplicada. [...] Nosso conceito abstrato do tempo parece ser derivado inteiramente do funcionamento do sistema percepção-consciência, correspondendo a uma autoconsciência da maneira pela qual ele opera. [...] Sei que estas afirmações soam muito obscuras, mas é preciso que eu me limite a estas poucas indicações". (*Beyond the Pleasure Principle*, S.E., XVIII, p. 30). Nas *Novas Conferências de Introdução à Psicanálise*, lemos que "no id, não há qualquer alteração nos processos

Podemos suspeitar que a antiga ideia do caráter intemporal dos processos inconscientes passa a ser suscetível de uma outra significação: além de não estarem arranjados cronologicamente e serem inalteráveis pelo passar do tempo, os elementos do inconsciente podem ser concebidos como dotados de uma temporalidade própria, que se expressa na repetição. E a repetição não deve ser concebida como a recusa da temporalidade, pois caso contrário sua relação constitutiva com a pulsão de morte se torna ininteligível, como mostraremos mais abaixo. De momento, basta-nos assentar que a repetição, por ser repetição da dor, é independente do Princípio do Prazer, ainda que indiretamente contribua para a instalação da supremacia deste último. É por esta razão que Freud não privilegia os fenômenos de repetição que visam dominar a excitação, transformando-a de livre em ligada: não é difícil perceber que tal operação, ainda que prévia à instauração da tendência à descarga, é na verdade o seu primeiro tempo. A prova que o satisfaz por completo é a da situação transferencial, em que a repetição é, com todas as letras, *antagônica* ao Princípio do Prazer, e, por isto mesmo, mais elementar e mais propriamente pulsional.

Esta referência às pulsões é a princípio enigmática. Por que a repetição seria mais "pulsional" que o prazer, que no fundo não é mais que o alívio resultante da descarga exigida pela pulsão? Na conceituação da pulsão como uma fração de atividade, nada há que se refira à repetição: as pulsões se definem por sua zona de origem, por sua finalidade, por seu objeto e por sua intensidade, como lemos em *As Pulsões e seus Destinos*. Contudo, o que caracteriza a pulsão e a diferencia do instinto é, como vimos no capítulo anterior, sua independência frente ao objeto que a satisfaz; nos termos da discussão de Breuer, a pulsão é uma fração de energia, mas de energia livre. O processo primário representa a circulação desta energia, enquanto o objetivo do processo secundário é exatamente ligá-la e canalizá-la para objetos e finalidades consentâneas com o ego. A repressão tem por efeito indesejado o abandono da carga efetiva – ou pulsional – do elemento reprimido às mãos do processo primário, o que significa que a domesticação característica do processo secundário jamais o atinge. Quando um paciente repete na transferência os momentos dolorosos do seu passado, esta ação é uma prova de que aquilo que se repete não foi "ligado", isto é, não foi subsumido no ego, e portanto

mentais que possa ser atribuída à ação do tempo. Isto é algo muito notável, e aguarda uma consideração adequada em termos filosóficos". (S.E., XXII, p. 74 – 31ª Conferência). É a este desafio aos filósofos que procuramos responder, com as considerações sobre a repetição que percorrem este capítulo. Remetemos o leitor à seção 3 deste capítulo, onde são analisados os textos sobre a "Negação" e sobre o "Bloco Maravilhoso", e na qual retomamos a problemática da temporalidade freudiana. Freud sugere que a abertura e o fechamento do sistema perceptivo fornecem o modelo para a imagem habitual do tempo, como sucessão orientada de instantes. Frente a esta imagem, o desvelamento da percepção como reencontro, isto é, sua determinação pelo desejo – mostra que a repetição fundamenta não apenas o ciclo da pulsão, mas também a atribuição de sentido ao chamado "mundo".

escapa ao processo secundário. Dito de outra forma, a repetição é o regime normal da pulsão em estado livre, pois é contraditório supor que a tal repetição se siga a absorção no ego: as resistências se encarregam de impedi-lo. É desta forma que o quebra-cabeças pode ser ordenado: na neurose traumática, em que não houve repressão, a excitação tem que ser dominada pela repetição, que portanto atua a serviço do Princípio do Prazer; mas nas neuroses de transferência, cuja precondição é a repressão, o que se repete é a própria pulsão, impedida de se manifestar de outra forma pela barreira repressiva. A conclusão se impõe por si mesma:

> uma pulsão é uma tendência inata na matéria orgânica, que a impele à restauração de uma condição anterior, que precisou ser abandonada sob a influência de forças perturbadoras; uma espécie de elasticidade orgânica, ou, para expressá-lo de outra forma, a manifestação da inércia na vida orgânica[6].

Este texto é fundamental para compreender o caminho que conduz à pulsão de morte. Numerosos autores consideram que esta etapa do raciocínio de Freud não é legítima; Ernest Jones afirma que, segundo Liechtenstein, a tendência a repetir e a tendência a restabelecer um estado anterior, longe de significar a mesma coisa, são diametralmente opostas. Diz ele:

> A compulsão de repetição tem por efeito não modificar coisa alguma, repetindo-se a mesma coisa indefinidamente. Restabelecer um estado de coisas anterior, contudo, constitui um movimento, um movimento de natureza regressiva, que modifica um estado de coisas atual por outro que pertence a um período precedente no tempo. Isto implica uma aceitação da noção de tempo, enquanto, como mostrou Liechtenstein de maneira interessante, a compulsão de repetição implica antes uma recusa do tempo ou da modificação, e talvez possua precisamente esta significação[7].

O problema central aqui é evidentemente o conceito da temporalidade. Liechtenstein toma o termo "anterior" como significado "precedente no tempo", e "repetição" como reiteração indefinida do mesmo. Ora, nesta perspectiva não tem sentido assimilar a repetição ao retorno à anterioridade, já que, *ex hypothese*, o passado e o presente são distintos, e a repetição refaz o traçado do mesmo. Parece-nos que esta concepção peca por ver na repetição um dado psicológico, enquanto em nossa maneira de ver Freud a utiliza como um princípio transcendental[8]. A repetição é, muito precisamente, a condição de possibilidade da pulsão, aquilo sem o que ela não poderia se reproduzir uma vez extinto o seu ímpeto inicial, por

6. *Beyond the Pleasure Principle*, S.E., XVIII, p. 36.

7. ERNEST JONES, *La Vie et l'Oeuvre de Sigmund Freud*, ed. cit., tomo III, p. 310.

8. Apesar da aversão de Freud pelo kantismo, o termo *transcendental* está sendo empregado por nós em sua acepção kantiana, isto é, como condição *a priori* de possibilidade e de limites de um fenômeno.

descarga ou por outra via qualquer, por exemplo a sublimação. O constante apelo de Freud à biologia, no *Além do Princípio do Prazer*, sugere um esforço para ultrapassar o meramente psicológico, e talvez mesmo a dimensão inicial do metapsicológico, tal como se apresentava nos artigos de 1915. Não se trata, assim, de uma contradição entre duas teses que se colocariam no mesmo plano, e sim da fundação transcendental de um fenômeno por um princípio. A questão da temporalidade sofre um deslocamento decisivo: o que é abolido, com a problemática da repetição, é a questão da *origem*. Freud descobre que a origem, concebida como *causa ante*, *é* um falso problema, e é a clínica que lhe fornece a pista mais importante para o desvendamento da dimensão repetitiva. A teoria da sedução fora abandonada, em seu momento, porque não permitia a conclusão das análises; mas o significado pleno deste abandono só aparece agora. Nada mais falso do que supor um tempo linear, que fosse da cena "originária" até o diva onde se profere o discurso lacunar do paciente. Ao contrário, estas lacunas descobrem sempre a abertura para outra cena, para outro momento; a análise é interminável não porque nunca toque o seu fim, mas porque jamais se atinge o começo. Defeito? Não: nova concepção da temporalidade. É a abolição do começo, e portanto do "meio" e do "fim", que Freud designa com o nome de repetição.

Contudo, não basta circunscrever a sessão analítica como o domínio de uma temporalidade peculiar; é preciso pensar o seu sentido. Freud afirma várias vezes que no inconsciente não existe o tempo, como aliás é evidente quando se analisa um sonho. O inconsciente contém o Desejo, e é este que se repete, porque submetido à interdição da Lei. Mas não há *primeiro* o Desejo e *depois* a sua repetição; o desejo *é* repetição, como a experiência *é* reencontro; a repetição é o modo no qual o desejo existe e insiste. Ao narrar um fragmento do seu passado, o analisando o presentifica, isto é, o recria para e com o analista; da mesma forma, o ato falho denominado *sintomático* elimina a distância cronológica entre o *antes* e o *depois*. É a linguagem, como abertura para o possível, que cria aqui a ilusão desta distância, ao colocar o que ocorre aqui e agora na roupagem do pretérito perfeito, como se se tratasse de algo já concluído. "Concludere": fechar com; "encerrar": fechar em. A significação de apor um fim cola-se aqui a imagens espaciais: trancar, proteger. A repetição é também resistência, e Freud mostrará em *Inibição, Sintoma e Angústia* que quem resiste por meio da repetição é o id, isto é, o polo pulsional do psiquismo. A situação analítica comprova assim o funcionamento da repetição como condição de possibilidade da pulsão: que é a transferência senão a dissolução do passado e do presente num gesto de amor? Não é por acaso que a situação transferencial proporciona a Freud o exemplo mais nítido da tendência à repetição, como mostraremos em seguida.

Temporalidade *sui generis*, dissemos: a repetição não é reiteração do Mesmo, porque a identidade e a alteridade já não mantêm suas significações habituais depois de Freud; a dialética da identificação as imbrica uma na outra. Abolida a linearidade do tempo, a repetição já não se opõe ao movimento, como pensa Liechtenstein; ela é o ato de pô-lo e repô-lo, portanto princípio transcendental. Nada tem a ver com a consciência nem com a descontinuidade da cronologia; é este estatuto de *princípio* que, em nossa maneira de ver, legitima o passo seguinte daquilo que Freud denomina a sua "especulação".

Este passo é a refutação de uma objeção nascida da própria psicanálise.

> Estamos habituados a ver na pulsão o fator que pressiona rumo à mudança e ao desenvolvimento, e agora nos vemos na contingência de reconhecer nela o oposto disso, isto é, a expressão da natureza conservadora dos seres vivos[9].

O modelo da pulsão fora até aqui o da sexualidade, e é difícil atribuir a outro que não Freud a paternidade deste "costume". Contudo, a descoberta de um princípio transcendental altera radicalmente o modelo: doravante, a tendência ao desenvolvimento aparecerá como um derivado da repetição. O lamarckismo de Freud encontra neste contexto seu ponto de apoio mais forte: as modificações impostas pela necessidade de adaptação ao meio são absorvidas e transmitidas pela hereditariedade à espécie, de modo que a variedade frente ao passado surge como a reprodução das aquisições realizadas neste passado, e portanto testemunham o poder conservador da vida. A regressão, forma exterior da repetição, acaba por conduzir o ser vivo à condição inorgânica de que partiu, ou seja, a morte repete o estado anterior ao nascimento. Daí a inferir a pulsão de morte como inerente a toda matéria viva não é mais que um passo, e Freud o dá mediante a consideração de que, se todo organismo morre necessariamente por causas internas, a morte deve ser uma possibilidade inscrita na própria trama da existência, de forma que o clamor da vida se dirige inexoravelmente para a paz dos cemitérios.

Esta tendência não pode ser outra coisa que uma pulsão, pois no nível da consciência e da racionalidade ela é incapaz de ser explicada. Ora, na primeira teoria das pulsões, opunham-se as de autopreservação e as sexuais, isto é, forças que aparentemente não podem ser reduzidas a uma cega caminhada para a morte. Como conciliar as duas propostas, atendo-se à premissa da dualidade pulsional? Esta, verdadeiro pilar de toda a antropologia freudiana, não pode ser abandonada, sob pena de retirar ao conflito constituinte do homem seu suporte mais essencial. Por outro lado, se a dualidade é necessária, ela é também suficiente: um conflito exige pelo menos e não mais do que dois personagens centrais, ainda que outros menos importantes possam se aliar a um ou outro, ou mesmo trocar de lado ao sabor das circunstâncias. Freud se encontra, portanto, frente à necessidade

9. *Beyond the Pleasure Principle*, S.E., XVIII, p. 36.

de subsumir uma das duas pulsões anteriores à tendência regressiva; e são as pulsões de autoconservação que sofrerão as consequências desta exigência.

> O postulado das pulsões de autopreservação que atribuímos a todo ser vivo contrasta de maneira notável com a suposição de que toda a vida pulsional serve à finalidade de produzir a morte. A significação teórica das pulsões de autoconservação, poder e autoafirmação se reduz a zero, vista sob este prisma; elas são pulsões parciais que visam assegurar o caminho específico de cada organismo para a morte, e manter à distância as possibilidades de retorno à vida inorgânica exteriores às imanentes nela mesmo [...] O organismo está decidido a morrer somente de sua própria maneira[10].

É a teleologia que se instala no seio da Natureza; a morte, finalidade última de toda vida, dirige retrospectivamente o curso de cada existência. Por outro lado, a diferença fundamental entre cada espécie e outra reside na maneira pela qual esta finalidade é buscada, segundo a complexidade própria de cada forma tomada pela Vida neste circuito do inorgânico ao inorgânico. O organismo resiste a todo ataque que tenha por consequência afastá-lo deste desígnio, apressando o retomo à matéria bruta; este auxílio não é bem-vindo, e a defesa contra ele é o que aparece no campo do fenômeno como a luta pela preservação da existência própria. A morte não surge apenas, neste raciocínio, como a finalidade da vida; ela é também o seu sentido e a sua verdade.

Tal redução do alcance teórico das pulsões de autoconservação, mediante a descoberta do seu fundamento, não pode deixar intacta a concepção anterior da sua antagonista, a pulsão sexual. Também ela passa a ser vista como a manifestação fenomênica de um princípio mais profundo; e é a consideração do problema da reprodução, em seu registro biológico, que fornece a chave para a nova teoria. Do corpo do indivíduo destinado a morrer, destacam-se as células germinativas no momento da cópula; ao se unirem a outras, provenientes de um ser do sexo oposto, dão origem a um novo indivíduo, que repetirá o ciclo: produzirá novas células germinativas, que abandonarão o soma para engendrarem mais um ser, e assim indefinidamente. Do ponto de vista transcendental, a ligação se opõe à repetição, na medida em que adia o término da existência e assegura ao ser vivo uma imortalidade potencial. Sob o nome de Eros, a tendência à ligação formará doravante o solo para a emergência das pulsões sexuais; mas Freud toma a precaução de anotar que elas são tão conservadoras quanto as de morte, já que reproduzem condições anteriores (a dicotomia entre soma e germe), e, num sentido mais amplo, preservam a própria vida por um lapso de tempo potencialmente infinito. Dada esta tendência à repetição – aqui tomada no seu sentido fenomênico, não transcendental – as pulsões agora chamadas de vida não são responsáveis pelo desenvolvimento da espécie, devendo este ser cre-

10. *Beyond the Pleasure Principle*, S.E., XVIII, p. 39.

ditado a forças exteriores que pressionam no sentido da adaptação; e só se incorporam os resultados desta adaptação ao equipamento vital da espécie após longas "experiências" da Natureza. Uma vez integrados, porém, eles são transmitidos por herança genética aos novos espécimes, que assim nada mais fazem do que repetir o processo vivido por seus ancestrais

Esta tese pressupõe que desde o início da vida sobre a Terra se tenham defrontado as pulsões de morte e de vida, mesmo nos organismos mais simples de todos, os unicelulares. Contudo, a reprodução desses organismos não pode se fazer por ligação com outra célula germinativa, já que nelas é a mesma e única célula que realiza todas as funções vitais. Depois de examinar as hipóteses então vigentes na Biologia acerca da "imortalidade" dos protozoários, Freud conclui que o exame empírico da questão é irrelevante para estabelecer ou falsificar o princípio que propõe, pois, como em outros casos, tendências opostas poderiam estar camufladas sob a indiferenciação do organismo unicelular, só surgindo com plena evidência em seres vivos mais organizados, cujas funções se houvessem dispersado por vários sistemas e órgãos. O caráter transcendental da pulsão de morte fica assim confirmado, uma vez que nenhum sistema específico tem a seu cargo a efetivação desta finalidade pulsional: trata-se do *fundamento* dos outros fenômenos, não de mais um entre eles. Eis aí por que a investigação empírica é incompetente para pronunciar-se sobre o problema, devendo silenciar perante a voz da "especulação". Não obstante, se a pulsão de morte deve poder afirmar-se como conceito, é preciso que dê provas do seu valor heurístico, servindo como princípio para interpretar ao menos uma parte dos fenômenos que caem sob o olhar da psicanálise. E por esta razão que Freud se vê na contingência de buscar um exemplo – não uma confirmação – da atividade da pulsão de morte. O primeiro esforço para encontrá-lo já foi realizado: as pulsões de autoconservação passam a ser encaradas como a maneira própria de morrer que caracteriza cada espécie viva. Contudo, a concepção do narcisismo põe em xeque esta leitura da autopreservação: eis aí um fenômeno de natureza claramente sexual, e que no entanto atua na esfera do ego, anteriormente visto como aquilo que é sustentado pelas pulsões de autoconservação. Se Eros é aquele que liga, a mútua adesão das células somáticas pode ser vista como uma de suas manifestações, de sorte que a libido narcisista passa a ser derivada da soma das quantidades de libido contidas na totalidade das células corporais: pois o ego é sempre e em primeiro lugar um ego corporal, construído para conduzir às modificações da realidade exterior essenciais para a satisfação das necessidades básicas do organismo, como Freud não cessou de pensar desde o *Projeto*.

E alhures que ele vai buscar o exemplo de que precisa. Em *As Pulsões e seus Destinos*, já se tomara patente a dificuldade de derivar o ódio das pulsões sexuais. A solução proposta naquele artigo consistia em atribuir sua gênese a um jogo da sexualidade e da autopreservação, com nítida preponderância deste segundo elemento: o ódio seria a reação do ego aos estímulos provenientes do exterior, significando a repugnância ao aumento das tensões. Por outro lado, a existência da agressividade em geral era reconhecida, em vários registros, desde as primeiras observações de Freud: basta pensar na transferência negativa, nas resistências à terapia, na fascinante análise do dito espirituoso hostil, e sobretudo na relação edipiana. Mas no *Pequeno Hans* é explicitamente negada a independência das tendências agressivas, sendo estas consideradas como uma coloração especial tanto de uma quanto de outra das pulsões primordiais[11]. Tendo reduzido ambas as expressões de Eros, porém, Freud se vê perante a contradição de coexistirem no mesmo campo pulsional a tendência à ligação e a tendência à separação, que é o sentido da destruição, alvo final da agressividade. Esta passa a ser, assim, da alçada da pulsão de morte, mediante o conceito já antigo da transformação do objeto pulsional.

> O sadismo é uma pulsão de morte afastada do ego graças à ação da libido narcísica, de forma a se tornar manifesta somente em relação ao objeto. Ela entra então a serviço da função sexual: na fase oral, a posse amorosa ainda é a mesma coisa que a aniquilação do objeto; posteriormente, o impulso sádico se separa; e por fim, na fase da primazia genital, ele assume a função de dominar o objeto, na medida exigida para a consecução do ato sexual e da propagação. Podemos mesmo dizer que o sadismo expulso do ego agiu como um guia para os componentes libidinais da pulsão sexual: estes passam a pressionar na direção do objeto. Quando o sadismo original não passa por esta fusão, instala-se na vida erótica a ambivalência bem conhecida do amor e do ódio[12].

Esta passagem introduz um conceito central na doutrina da pulsão de morte: o de "fusão" pulsional. A perdurar a completa autonomia das pulsões, como explicar a pobreza das manifestações de uma delas? Além disto, ambas se enfrentam agora no mesmo campo, o da totalidade dos fenômenos e da transcendentalidade dos princípios, enquanto na teoria anterior o sexual provinha essencialmente do inconsciente e a autopreservação basicamente do ego; acrescente-se que à voracidade de Eros nada escapa, sequer a pulsão de morte, e ter-se-ão as razões que motivam a introdução do novo conceito. Sua primeira aplicação é ao sadismo, que participa com bastante evidência da sexualidade e da agressividade. Freud já produzira o conceito do retomo de uma pulsão sobre o sujeito; o mecanismo pelo qual explicará a agressividade é a contrapartida daquele. Se uma pulsão pode *retomar* ao sujeito, é porque foi dele *desviada*; o narcisismo fornece prova suficiente da possibilidade desta operação. Aplicando-a à pulsão de morte, Freud deduz que parte dela pode ser desviada do sujeito para abater-se sobre o objeto; mas este desvio tem de se produzir por intermédio de Eros, cuja natureza consiste precisamente

11. *O Pequeno Hans*, S.E., X, p. 140.
12. *Beyond the Pleasure Principle*, S.E., XVIII, p. 54.

neste voltar-se para o exterior em busca da união. A aliança entre as duas pulsões se subordina ao predomínio de uma delas, dependendo essencialmente das proporções em presença da fusão. É assim que o sadismo passa a ser visto como o desvio do masoquismo para o exterior, "a serviço de Eros": em cada uma das fases libidinais, é possível perceber o componente da pulsão de morte assim inibida quanto ao seu objeto. A fusão que resulta no sadismo age como um "guia" para as pulsões sexuais, orientando-as para o exterior, o que significa que a libido narcísica se vê arrastada, pela própria operação que desencadeou, no rumo da libido objetal. Esta interação das pulsões não deve ser, no entanto, concebida como uma simples convergência sobre o mesmo objeto; em *O Ego e o Id*, a ambivalência – que corresponde à noção de convergência – é definida como uma "fusão não completada"[13]. É preciso que se verifique uma harmonização das finalidades pulsionais para que se possa falar em fusão: no exemplo do sadismo, o gozo do objeto e sua posse agressiva coincidem, e é por este motivo que se pode falar em fusão pulsional.

Por outro lado, a contrapartida da fusão é dada pela defusão, que consiste na separação das pulsões anteriormente combinadas: neste caso, o predomínio é da pulsão de morte, que consegue liberar-se do jugo de Eros para realizar sua finalidade específica. A agressividade dirigida ao exterior – o que se chama comumente de ódio – tem sua gênese neste duplo movimento de fusão e defusão, o que impede considerá-la como um elemento irredutível. Isto explica por que Freud não deduziu a pulsão de morte da agressividade e sim da repetição. Além disso, a repetição pode ser elevada, como vimos, à categoria de fundamento, enquanto a agressividade não comporta este movimento. A série que obedece à lógica interna da teoria é a que vai da repetição à regressão, desta à pulsão de morte e daí à agressividade, implicando qualquer modificação da ordem constitutiva num beco sem saída para a continuidade do raciocínio. Com efeito, a pulsão sexual pode ser "conservadora" porque repete; mas como concebê-la como tal sob a égide da agressividade? E a regressão depende, para ser possível, da repetição, sendo sua forma exterior, como procuramos demonstrar; mas é bastante óbvio que ela não pode derivar da agressividade, nem produzi-la diretamente. Por fim, a pulsão de morte, se fosse fundada sobre a agressividade, teria pela frente a formidável tarefa de inverter a finalidade da ação agressiva, fazendo-a recair sobre o sujeito; mas neste caso as pulsões de autoconservação levantariam a tal transformação uma barreira intransponível, com a consequente exigência de que a morte fosse sempre imposta do *exterior*. Freud não é nem quer ser Spinoza; o caminho do seu raciocínio não pode ser diferente, sob pena de os fenômenos já não fazerem sentido se submetidos às Categorias analíticas.

13. *The Ego and the Id*, S.E., XIX, p. 42.

O problema da fusão e da defusão das pulsões é encarado de frente no importante artigo de 1924, *O Problema Econômico do Masoquismo*, no qual se elucida também uma ambiguidade na concepção do Princípio do Prazer tal como a expõe a seção final de *Além do Princípio do Prazer*. Aqui se afirmava que o Princípio do Prazer, concebido como a tendência à equalização das tensões, é uma das razões mais ponderáveis para aceitar a hipótese das pulsões de morte; o que apresenta o Princípio do Prazer como um seu aliado. Neste sentido, a ligação da energia psíquica, que vimos ser indispensável para o advento do Princípio do Prazer, representaria apenas um primeiro passo na longa tarefa de morrer, velada por ele na medida em que controla o nível da estimulação e procura consistentemente reduzi-la a zero, ou seja, à morte. Eros estaria assim desde o início a serviço de Thânatos, e a "luta dos titãs" não seria mais que uma ilusão. Este equívoco na conceptualização do Princípio do Prazer – como tendência ora a reduzir a zero o nível de estimulação, ora a mantê-lo no mais baixo limite possível (o que evidentemente não é o mesmo) – data do *Projeto* de 1895, e é reafirmado na abertura de *Além do Princípio do Prazer*. O texto de 1924 começa por eliminar a equivocidade, distinguindo um "Princípio do Nirvana" referente ao primeiro aspecto e um "Princípio do Prazer" referente ao segundo. Enquanto o Princípio do Nirvana é uma expressão da pulsão de morte, o Princípio do Prazer o é da libido, que mediante sua introdução "conquistou, desta forma hipotética, um lugar ao lado da pulsão de morte na regulação dos processos da vida"[14]. Observemos que a função destes princípios é de natureza *reguladora*, não podendo ser concebidos como tendências que exigem sua satisfação a qualquer preço. Também é importante notar que a hegemonia da pulsão de morte aparece nesta passagem como *anterior* à de vida, o mesmo valendo para o princípio que a "expressa". Mas as pulsões de vida impõem às de morte uma modificação, cujo resultado é precisamente a emergência do Princípio do Prazer: em vez de reduzir a zero a tensão de origem, tanto interna quanto externa, torna-se preciso apenas mantê-la num determinado nível. A gênese do Princípio do Prazer é aqui diferente da que se apresentava em *Além do Princípio do Prazer*: não se trata de uma tendência que surge depois da ligação da energia proveniente de um trauma, mas de uma modificação imposta por uma pulsão à hegemonia da outra sobre o psiquismo. A razão disto é precisamente a constituição, entre um texto e outro, de uma nova doutrina das pulsões.

Ora, dado o predomínio do Princípio do Prazer, o fenômeno do masoquismo passa a ser positivamente enigmático. Se a finalidade imediata dos processos anímicos é a busca do prazer e a fuga do desprazer, como dar conta de um movimento pulsional cuja finalidade é o sofrimento? Ou, dito de outra forma, como explicar que, numa mo-

14. *The Economic Problem of Masochism*, S.E., XIX, p. 160.

dalidade de fusão pulsional, a pulsão de morte leve a melhor, quando a regra é que a ligação se processe a serviço de Eros? Freud começa por distinguir três modalidades no fenômeno masoquista: o masoquismo "feminino", o "erógeno" e o "moral". O primeiro consiste na produção de situações ou fantasias em que o sujeito é flagelado, humilhado ou maltratado, assumindo o papel de uma criança desobediente; ou então sofre passivamente o coito, é castrado ou dá à luz, identificando--se com uma mulher. O termo "feminino" não denota o masoquismo característico da mulher, mas uma posição especial do desejo masculino. A raiz deste tipo de masoquismo pode ser encontrada na segunda forma, a chamada "erógena". Duas possibilidades se oferecem para a gênese do masoquismo erógeno: por um lado, é possível supor que a excitação sexual, ao ser produzida como efeito secundário de quase todos os processos biológicos, e que surge ao ultrapassarem estes um certo limiar, pode se originar também da dor; ao desaparecer com o correr do tempo, esta excitação sexual de origem dolorosa engendraria a construção psíquica posterior do masoquismo erógeno, em que o sujeito procurasse repetir as situações primordiais desta ordem. Mas esta explicação não relaciona o masoquismo com sua contrapartida, o sadismo; a nova teoria das pulsões sugere uma outra via. Dado o confronto e a fusão das pulsões, a libido desvia para o exterior uma fração das pulsões de morte, neutralizando o seu efeito destruidor do sujeito. O órgão que efetua esta inversão é a musculatura, que figura assim como suporte da pulsão parcial de apreensão ou domínio, característica da etapa sádico-anal, e que, mediante um novo aporte de Eros, se converte no sadismo.

> Outra parte das pulsões de morte [...] sobrevive no organismo, e ali permanece fixada libidinalmente, com o auxílio da coexcitação sexual mencionada. Nela vemos o masoquismo erógeno primitivo [...] Assim, pois, este masoquismo seria um testemunho e uma sobrevivência daquela etapa em que se formou a amálgama entre a pulsão de morte e Eros, acontecimento de importância primordial para a vida[15].

O masoquismo erógeno é portanto uma prova da fusão das pulsões, aparecendo no nível do desejo marcado pelas condições de passividade que definem o masoquismo feminino. É comum ver no masoquismo uma prova da atividade *direta* da pulsão de morte, que aí encontraria seu campo de eficácia privilegiado. Nada nos parece mais estranho à concepção freudiana da pulsão de morte, porém, do que a ideia de que ela possa se expressar diretamente em algum fenômeno acessível à observação. Não sendo de ordem empírica, mas transcendental, o princípio da pulsão de morte jamais pode ser dado à experiência; de onde a necessidade imperiosa do conceito de fusão e defusão das pulsões, sem o que a mudez de Thânatos permaneceria para sempre ocultando sua tarefa subterrânea. É esta mesma exigência que aparece na discussão do masoquismo moral, que se origina

15. *The Economic Problem of Masochism*, S.E., XIX, pp. 163-164.

a partir da intervenção do superego; por esta razão, deixaremos sua análise para uma seção subsequente. Quanto ao masoquismo primitivo, é fácil perceber suas pegadas nas diferentes etapas da evolução da vida sexual infantil: na fase oral, o medo de ser devorado pelo pai; na fase sádico-anal, o desejo de ser maltratado; na fase fálica, o conteúdo das fantasias de castração; e na vida genital adulta, as situações caracteristicamente feniminas de ser penetrada e de dar à luz uma criança em meio às dores do parto.

A pulsão de morte aparece assim colorida pela sexualidade, mediante os mecanismos de fusão que operam sobre o campo pulsional desde o início da vida do indivíduo. Mas assim como são apenas partes dela que se deixam dominar por Eros, continuando o restante seu trabalho de destruição que culmina na morte, também para Eros vale o princípio de que a fusão alcança apenas uma fração do conjunto das pulsões de vida. A parcela restante, fiel ao princípio da ligação, busca compor unidades cada vez mais amplas, partindo do agregado celular e chegando até a dimensão social. Em *Psicologia Coletiva e Análise do Ego*, de 1921, Freud põe à prova seu novo conceito, tentando elucidar a gênese e a natureza dos laços que mantêm unido um grupo permanente. A partir da observação de que os elementos exteriores ao grupo – seja ele étnico, religioso ou social – são invariavelmente objeto de uma profunda hostilidade, mais ou menos camuflada segundo as circunstâncias, e que pode ser reportada ao narcisismo, Freud conclui que a ausência de intolerância no interior do grupo só admite uma origem:

(existe) um laço libidinal com outras pessoas. O amor de si próprio só conhece uma barreira – o amor pelos outros, o amor pelos objetos. [...] Se nos grupos o amor narcisista está sujeito a limitações que não se verificam fora deles, eis aí uma prova convincente de que a essência da formação de um grupo consiste num novo tipo de laço libidinal entre os seus membros[16].

Deixando momentaneamente de lado a questão da identificação com o líder, que fundamenta o laço libidinal, queremos chamar a atenção para a natureza deste liame, que evidentemente não é diretamente sexual. Trata-se de um caso de inibição parcial da sexualidade, ou, para usar a expressão freudiana, de "amor carinhoso" por oposição ao "amor sensual". Esta origem do vínculo de coesão intragrupal permite a Freud rejeitar a hipótese de um "instinto de rebanho" que, segundo um autor citado no capítulo IX do livro, seria o prolongamento natural da multicelularidade dos organismos vivos. A irredutibilidade do instinto gregário é recusada em dois planos: não deixando espaço para o líder, apaga o mecanismo essencial da identificação, sem o qual não há grupo possível; e do ponto de vista da teoria das pulsões, ignora que a origem da tendência à aglutinação em unidades cada vez maiores se vincula à própria natureza de Eros.

16. *Group Psychology and Analysis of the Ego*, S.E., XVIII, p. 103.

A gênese sexual do comportamento gregário é deduzida da atitude infantil frente a um "membro do rebanho" que não seja a própria mãe: esta reação é de fuga, não de atração. A criança nada sabe do rebanho; é individualista e exige a atenção total da mãe. Os inícios de uma atitude mais sociável só se manifestam quando aparecem concorrentes por este amor exclusivo, sob a forma de irmãos e posteriormente de companheiros de escola: não podendo afirmar em voz alta sua pretensão à exclusividade sem despertar a hostilidade do ser amado, a criança se resigna à situação e se identifica às demais, o que se expressa sob a aparência de um sentimento comunitário. Este se revela assim uma formação reativa contra os ciúmes, muito mais naturais na criança do que o instinto de rebanho.

A conclusão a extrair desta rápida incursão pela psicologia coletiva é que a ligação que define Eros tem seu modelo na sexualidade, se vista pelo prisma puramente psicológico; mas, do ângulo da teoria das pulsões tomada como conjunto transcendental de princípios, a vinculação, quer de ordem sexual, carinhosa ou grupal, se reduz a diferentes maneiras de expressão do mesmo movimento de inclusão e assimilação que é o próprio cerne do Eros. É por esta razão que Eros se deixa perceber com muito mais facilidade do que Thânatos: é da sua natureza buscar a luz e a exteriorização, enquanto pertencem à pulsão de morte o silêncio e a faina laboriosa de separar o que a vida uniu. Somente quando em regime de fusão com as pulsões de vida é que se pode perceber o seu trabalho, sob as espécies do sadismo e do masoquismo; a defusão que engendra a agressividade nua traz em si as marcas da exterioridade impostas à pulsão de morte pela condição anterior.

A revisão imposta à teoria das pulsões é, como vemos, radical. Onde antes se defrontavam uma sexualidade de base orgânica e sediada no inconsciente, e uma perseveração na existência também de base orgânica mas localizada no ego, surgem agora dois princípios transcendentais, a Repetição e a Ligação, fundando respectivamente as pulsões de morte e as pulsões de vida. A postulação destes princípios obedece apenas longinquamente a considerações de origem empírica, mas sua aceitação, ainda hesitante em *Além do Princípio do Prazer*, não será mais discutida a partir das obras seguintes. A fundação da Psicanálise sobre eles impõe uma revisão ampla do esquema teórico mobilizado para dar conta dos fenômenos clínicos, verificando-se o seu impacto sobre a metapsicologia, sobre a teoria sexual, sobre a concepção da neurose e por fim sobre a própria compreensão dos limites colocados à eficácia da terapia. Haverá, certamente, um laço entre os novos conceitos e aqueles produzidos nos trinta anos anteriores; mas cada uma das facetas do edifício psicanalítico será objeto de uma nova análise, visando integrá-la ao horizonte mais amplo que se divisa a partir da introdução da pulsão de morte. É assim que a tópica herdada da *Interpretação dos Sonhos*, que servia de parâmetro para pensar todo o campo freudiano, passará por uma revisão completa, cujos traços principais procuraremos compreender agora.

3. A GEOGRAFIA DA MENTE: SEGUNDA EDIÇÃO

O princípio subjacente à organização da primeira tópica é a divisão dos processos psíquicos em conscientes e inconscientes. Estes, por sua vez, são classificados em duas categorias: aqueles momentaneamente inconscientes, mas capazes de aceder à consciência em determinadas condições – incluídos sob a rubrica de "pré-conscientes" – e aqueles radicalmente incapazes de conscienciação, barrados pela repressão no conflito defensivo – e que recebem o nome de "propriamente inconscientes". A esta caracterização descritiva, acrescenta-se com a *Metapsicologia* de 1915 o ponto de vista sistemático, segundo o qual a Consciência, o Pré-Consciente e o Inconsciente são sistemas diferenciados por modalidades específicas de funcionamento, sendo a fronteira principal estabelecida entre os dois primeiros e o terceiro mediante a censura. O inconsciente inclui assim, à margem de alguns conteúdos filogenéticos transmitidos pela hereditariedade, o mundo do reprimido, com suas redes de equivalências e suas ramificações eflorescentes. Quanto à sua gênese, o inconsciente é instituído pela repressão, quer originária, quer secundária; e o conflito defensivo é descrito em termos de uma oposição entre as pulsões do ego e as pulsões sexuais. A partir da introdução do narcisismo, contudo, isto se toma cada vez mais problemático: as pulsões do ego, como demonstramos no capítulo anterior, passam a conter um componente libidinal irredutível à autoconservação. No nível propriamente psicológico, o conceito de "representante da pulsão" era encarregado de dar conta do conteúdo inconsciente, como inscrição do pulsional no psíquico e como polo reprimido da atividade anímica. Contudo, já na abertura do artigo *O Inconsciente*, Freud advertia que o inconsciente abrange o reprimido, mas não se esgota nele, sem contudo precisar a natureza deste excesso de um conceito sobre o outro. Poder-se-ia admitir que ele consistisse nessas aquisições filogenéticas, que transparecem por exemplo na série dos símbolos oníricos; mas a questão permanecia em aberto, pois, como vimos no Cap. 2, o símbolo contém em si uma determinação deformadora, razão pela qual, muito precisamente, é preciso interpretá-lo.

Duas ordens de considerações sugerirão a Freud uma revisão na estrutura do aparelho mental. A primeira é de ordem clínica: as resistências à terapia são inconscientes, o sentimento de culpa exacerbado na melancolia também o é; a outra, de ordem teórica, consiste na redução do valor heurístico do conceito de pulsões do ego, absorvido pelas pulsões de vida no quadro do remanejamento da teoria que se inicia em 1920. O fato clínico evidente das resistências não admite contestação: elas provêm do ego e servem ao propósito de manter as repressões; por outro lado, não podem ser pré-conscientes, já que é preciso um imenso esforço terapêutico para torná-las conscientes. A teoria se defronta assim com o escândalo de um terceiro tipo de inconsciente, que pertence ao ego e não é reprimido, mas repressor:

a insuficiência da terminologia começa a transtornar o progresso da investigação. Nas palavras de Freud,

> a propriedade de ser inconsciente começa a perder sua significação para nós. Torna-se uma qualidade que admite muitas implicações, de modo que já não podemos, como esperávamos, fazer dela a base para conclusões indisputáveis e de longo alcance[17].

Daí a proposta de reconsiderar a geografia da mente, não mais em função da propriedade de ser ou não inconsciente, mas segundo o critério do desejo. Nesta ordem de ideias, a reelaboração da teoria das pulsões fornece uma pista: ambas atuam na mesma instância, que pode ser definida como o polo pulsional do psiquismo, opondo-se ao seu polo organizado, que Freud já chamava de "ego" desde 1910. Este polo pulsional receberá o nome *Es*, pronome neutro que define a natureza indeterminada da pulsão em estado puro, e que em português é vertido pelo termo latino *Id*. O conflito defensivo, desta maneira, deixa de se efetivar entre o consciente e o inconsciente, como nos textos da primeira fase, ou mesmo entre duas pulsões essencialmente diferentes, como no período de 1910 a 1914; doravante, ele será marcado pela oposição polo pulsional-polo organizado, ainda que o primeiro caso seja sem dúvida o mais frequente e o mais importante.

Para elucidar a nova posição dos sistemas da primeira tópica, Freud parte de uma análise dos fenômenos da percepção. A consciência, definida como a superfície do aparelho psíquico, é a sede das percepções, tanto das provenientes do exterior quanto das que se originam nos processos corporais e nas camadas inferiores da mente. Esta concepção da consciência data do *Projeto*, e Freud jamais a abandonou. Ora, na medida em que a consciência é a sede das funções perceptivas, e portanto origem das ações que visam modificar a realidade exterior na qual se origina a maior parte das percepções, ela está intimamente ligada com a motilidade, isto é, com o controle da musculatura e de seus movimentos. Tal vinculação implica necessariamente um certo grau de organização, imposto pela necessidade de sobreviver e de não dilapidar as escassas energias do organismo frente a um mundo hostil. Consequentemente, consciência e acesso à motilidade pertencem ao ego, que assim se define de saída como a parte do psiquismo voltada para o exterior e dotada por isto mesmo de uma coerência própria. Mas a consciência é também um fenômeno transitório, que ilumina momentaneamente os processos mentais pré-conscientes, mediante determinadas distribuições de energia psíquica. O que caracteriza o sistema pré-consciente, desde o artigo *O Inconsciente*, é sua vinculação explícita com a linguagem, ou, nos termos de Freud, com as "imagens verbais".

> Como pode algo tornar-se pré-consciente? A resposta é: entrando em conexão com as imagens verbais que lhe correspondem. Estas imagens ver-

17. *The Ego and the Id*, S.E., XIX, p. 18.

bais são resíduos mnêmicos; foram uma vez percepções [...] Somente algo que foi anteriormente uma percepção consciente pode tornar-se consciente[18].

A ligação entre um conteúdo e as palavras que o especificam é o que constitui o pensamento. Na medida em que o pensamento é para Freud um movimento organizado, que medeia entre a percepção e a ação, o antigo sistema pré-consciente também cai sob a égide do ego. É por esta razão que a tarefa da terapia consiste em proporcionar os elos pré-conscientes, ou verbais, aos conteúdos reprimidos do inconsciente, devendo portanto desenvolver-se no elemento da linguagem. Quanto aos sentimentos ou percepções internas, esta etapa não pode ser incluída, já que o critério para distingui-los em conscientes e inconscientes não é da ordem da palavra, mas de intensidade: somente ao atingirem um certo limiar – o do prazer ou desprazer, segundo o caso – é que acedem à consciência.

O ego tem por núcleo o sistema perceptivo e abrange o sistema pré-consciente limítrofe aos traços mnêmicos de ordem verbal. Por outro lado, parte dele é inconsciente, e mergulha na instância inferior, o Id, do qual é simplesmente o invólucro exterior, na extensão ocupada pelo aparelho perceptivo. O corte entre o ego e o id é dado pelas resistências que mantêm a repressão, mas estas ocupam apenas uma parte da fronteira: o reprimido pode se comunicar com o ego pelo outro setor, imune à repressão, e a prova desta comunicação é dada pela série das formações de compromisso, que começam com o ato falho, passam pelo sonho e atingem um nível patológico no sintoma neurótico. Do ponto de vista genético, o id é mais antigo do que o ego:

é fácil ver que o ego é aquela parte do id que se modificou pela influência direta do mundo exterior, atuando através da percepção e da consciência [...] Além disso, o ego tem por tarefa fazer as tendências do id curvarem-se à influência do mundo exterior, procurando substituir o Princípio do Prazer, que reina soberano no Id, pelo Princípio de Realidade. [...] O ego representa aquilo que denominamos "razão" ou "sanidade", em contraste com o id, que contém as paixões[19].

O caráter mediador do ego é nesta passagem seu traço essencial. Originando-se do id, formando seu invólucro organizado, o ego passa a ser o ponto de convergência de duas pressões opostas: o id exige dele que encontre meios de satisfazer suas tendências, enquanto a realidade exterior lhe impõe o controle das paixões do id. Esta relação de subordinação do ego introduz um elemento de violência no aparelho mental, já que se trata de dominar ou ser dominado; e o ego recorrerá a artifícios diplomáticos para triunfar em seu combate com o id, como veremos adiante. Por outro lado, se o ego é uma parte do id, é evidente que as energias de que dispõe provêm do reservatório pulsional do id, de sorte que o controle das pulsões é feito com a própria carga ener-

18. *The Ego and the Id*, S.E., XIX, p. 20.
19. *The Ego and the Id*, S.E., XIX, p. 25.

gética que elas proporcionam. Não é difícil, nesta ordem de ideias, perceber por que a repressão se dá no registro inconsciente: ela é um fenômeno que exige, para se constituir, uma divisão da energia pulsional, e o retorno de uma parte dela contra a outra. Mas o ego tem que encontrar uma forma de conviver, ainda que intelectualmente, com o conteúdo reprimido, pois caso contrário o processo de pensamento se tornaria impossível: o fluxo se interromperia no momento em que atingisse as barreiras instituídas pela repressão.

E num fascinante artigo de 1925, intitulado *A Negação*, que Freud aborda este problema. Antes de analisar o que é dito neste texto, porém, observemos que o problema só pode surgir da rede teórica instituída pela segunda tópica, pois a fronteira que separa o ego do id é muito mais fluida do que a interposta entre o consciente e o inconsciente, nos sistemas *da Interpretação dos Sonhos*. Se o processo intelectual próprio de ego e os investimentos afetivos do id já não se excluem mutuamente, a questão de como lidar com um reprimido que ameaça constantemente reaparecer pela porta dos fundos tem que ser encarada de uma forma mais sutil. Esta é a função da negação (*Verneinung*): negar significa incluir na consciência sob o modo da rejeição, anulando a impossibilidade de representar o reprimido. O paradigma deste procedimento é o momento da sessão analítica em que o paciente reage à comunicação de uma interpretação recusando que ela seja verdadeira. Ao mesmo tempo, porém, a negação corresponde a uma aceitação parcial, limitada à *representação* do conteúdo reprimido; a repressão, que atua no registro afetivo, não é eliminada por isto. A forma judicativa da negação equivale à afirmação "isto é algo que eu gostaria de reprimir". Diz Freud:

> A condensação é o substituto intelectual da repressão [...]; por meio do símbolo verbal da negação, o pensamento se liberta das restrições impostas pela repressão, e se enriquece com elementos de que não pode prescindir para o seu funcionamento[20].

Eis aqui a primeira faceta da dialética da negação, vista numa perspectiva freudiana: o juízo *substitui* a repressão e *liberta* o pensamento. É no mesmo movimento que ocorrem as duas coisas: quando o Mesmo (conteúdo) se exprime no Outro (traje), há uma subversão das categorias e um efeito que não poderia ser produzido por uma identidade e uma alteridade fechadas sobre si próprias.

Freud se interroga em seguida acerca das funções do juízo. Uma delas é a atribuição: reconhecer ou negar uma qualidade a um objeto. A função atributiva, no entanto, não nasce simplesmente do intelecto: provém do registro do prazer. Na linguagem da oralidade, o único sujeito é o ego do prazer, e todas as qualidades se determinam em relação a ele, reduzindo-se essencialmente a duas: "bom" e "mau". Vimos, ao analisar o artigo de 1915 *As Pulsões e seus Destinos*, que

20. *Negation*, S.E., XIX, p. 236.

para o ego de prazer o bom coincide consigo e o mau é idêntico ao mundo exterior; mas como o passo seguinte do ego de prazer é reconhecer a existência de coisas boas no mundo e introjetá-las, a separação radical entre "dentro" e "fora" ainda não pode aparecer. Ela só vai se instalar com o ego-de-realidade, para o qual é imprescindível a correspondência entre uma imagem subjetiva e seu correlato na esfera real. A verificação desta correspondência é o que Freud denomina a "prova de realidade", e fundamenta a segunda função do juízo: a verificação (existe A, tal que...). O que é importante nesta vinculação do juízo à prova de realidade é que esta mudou, sutilmente, de sentido; de simples índice de existência de um objeto exterior capaz de satisfazer necessidades elementares, como no *Projeto*, ela passa agora a ter outra significação:

> A primeira e mais imediata função da prova de realidade não é encontrar na percepção real um objeto correspondente ao imaginado, mas *tornar a encontrá-lo*, certificar-se de que ele ainda existe [...]. Descobrimos, como condição do desenvolvimento da prova de realidade, a perda de objetos que uma vez proporcionaram satisfação real[21].

A percepção deixa de ser um mero contato sensorial com o mundo exterior, para se tornar tingida pelo desejo: a gênese pulsional do ego é assim afirmada com todas as letras, pois a percepção é o seu núcleo, como afirma *O Ego e o Id*. A cisão dentro-fora, que no primeiro momento era posta e abolida pelo ego de prazer, já não pode ser eludida, pois não é possível um "dentro" sem um "fora". A segunda faceta da dialética aparece agora: é a oposição subjetivo/objetivo. O ato intelectual, que aparecera anteriormente como *substituição* (da repressão) se determina então como *constituição*: o pensamento, mediante sua faculdade de representação, pode fazer surgir uma imagem a que nada corresponda no exterior; esta imagem, "subjetiva", opõe-se à exterioridade "objetiva"; como é o pensamento que introduz a cisão, seu papel constitutivo é claro. Freud não afirma, porém, que o pensamento produz a realidade exterior (o que condenaria o ser humano a um solipsismo que a psicanálise destrói de uma vez por todas); ele produz apenas a cisão sujeito/objeto. Por outro lado, esta constituição do subjetivo/objetivo supera a partilha feita no nível da percepção (dentro/fora), ao mesmo tempo em que substitui a percepção como critério de existência do real. Substituição e constituição, portanto, aparecem como dois momentos ligados entre si pelo seu *sentido*, que é o reencontro, portanto a repetição.

Freud introduz então a terceira função do pensamento: a de mediar entre o desejo e a ação. Esta mediação é obra do juízo, e assenta nas duas modalidades lógicas da afirmação e da negação. A afirmação pertence a Eros, porque une; a negação traz o signo de Thânatos,

21. *Negation*, S.E., XIX, pp. 237-238.

porque expulsa. O dinamismo pulsional, portanto, engendra a função intelectual, o que equivale a dizer, mais uma vez, a radicalidade dos laços que unem o ego ao id: a percepção moldada pelo desejo é o núcleo do ego, que por sua vez a sobrepuja por meio do pensamento; mas neste o combate de Eros e Thânatos volta a se afirmar. Contudo, é a negação que permite ao juízo emancipar o pensamento da repressão e do Princípio do Prazer. Entre ambos, como entre a percepção e a ação, instala-se o ato de *conceber*, isto é, instala-se o pensamento como fruto da divisão representada e eliminada pela representificação da ausência. Como todos estes processos se passam no ego, o id desconhece a negação, enquanto o ego só pode aceder a ele por meio da linguagem, forma conceptual que ao mesmo tempo funda a terapia e instaura a racionalidade.

O pensamento é caracterizado neste texto como investimento de imagens verbais, o que impõe a conclusão de que é do id, reservatório geral das pulsões, que emana a energia necessária para pensar. Em *Nota sobre o Bloco Mágico*, escrito também em 1925, encontramos a noção de que é do interior do organismo que se enviam as cargas ao sistema perceptivo, cargas estas que podem ser retiradas no momento seguinte. Enquanto dura o investimento, a percepção transmite as imagens acompanhadas pela sensação da consciência, a qual se apaga com a sua retirada. Esta insensibilidade periódica do aparelho receptor dos estímulos constitui, segundo Freud, a origem da ideia do tempo.

A afirmativa é no mínimo enigmática. Pareceria que a origem da ideia de tempo, a experiência que a constitui, devesse ser exatamente o oposto, isto é, o fluxo da vida interior, em contraste com o tempo descontínuo marcado pelo relógio, formado de instantes discretos. O que Freud sustenta é que a descontinuidade é um efeito do funcionamento interno do psiquismo, consistindo na inervação e na suspensão rítmicas da abertura para o mundo na esfera da percepção. Esta ideia parece menos surpreendente, porém, se levarmos em conta o caráter repetitivo do processo de perceber: perceber é reencontrar, o que supõe o corte representado pela perda. O enigma da temporalidade freudiana, centrado no conceito de repetição, vem se esclarecer por esta via por assim dizer oblíqua. Vimos na seção 1 que a temporalidade não é, para Freud, linear, já que o inconsciente desconhece a sucessão; ela tampouco é constituinte, porque o inconsciente deseja sempre o Mesmo. Nem positivista nem hegeliana, a temporalidade freudiana é repetição. Mas o que é a repetição? O texto que citamos sugere que a repetição seja *reflexão:* a cisão entre o dentro e o fora, entre o antes e o depois (a abertura rítmica do aparelho perceptivo) possibilita que o Mesmo se exprima graças ao Outro, realizando-se como identidade *na* e *pela* diferença. É este o fio condutor da meada: tendo que cumprir-se através do que é Outro, o desejo do Mesmo instaura a temporalidade *sui generis* do processo; o reencontro sempre buscado é impossível, de onde a repetição pôr e repor o movimento do desejo, muito embora a noção de *sequência* seja abandonada. A determinação recíproca da identidade e da alteridade leva desta maneira o desejo à realização provisória, por meio de um "esquema da fantasia", se nos é permitido parafrasear Kant. A incorporação sempre renovada do Outro remete à origem do juízo, como momento final de um processo que se inicia na dinâmica de Eros e de Thânatos, tal como se afirma em *A Negação*. O ato de negar aparece assim determinado em toda a sua extensão: é, na verdade, negação da negação, pois, na medida em que o id o desconhece, o que é negado é tanto o desejo (pela repressão) quanto a repressão (pelo juízo).

Há, portanto, laços mais profundos do que à primeira vista poderiam ser descobertos entre o Ego e o Id. Mesmo nas funções que lhe são próprias, como a consciência e o pensamento lógico, o ego traz em si um substrato pulsional, o que esclarece a afirmação de que ele controla o id com "forças emprestadas". Por outro lado, o elemento inconsciente do ego não se reduz à formação de resistências; operações intelectuais de extraordinária complexidade também podem se processar no modo inconsciente, o que perde seu caráter misterioso se o referimos à comunicação entre as duas instâncias do ego e do id. O próprio traço da organização coerente, que define o ego, é atribuído ao Eros, o que por si só bastaria para pôr em evidência sua gênese pulsional. O problema do narcisismo recebe assim uma solução mais satisfatória do que a proposta nos textos da terceira fase: a libido narcísica não envolve mais um mistério, sendo apenas a parcela de Eros que investe o ego e proporciona o fundamento da sua unidade e coesão. Por outro lado, a sublimação, que inibe a pulsão quanto à sua finalidade diretamente sexual, pode ser concebida como um retorno da libido objetal ao ego, o que implica o abandono do objeto e portanto um certo grau de dessexualização. Mas, em contrapartida, a dessexualização serve também aos propósitos da pulsão de morte, no balanço pulsional da fusão e da defusão das pulsões. A unidade do ego, reduzida à sua origem pulsional, é assim um efeito de Eros, não só no sentido de ser um caso particular da ligação em geral, mas também através do narcisismo que a suporta. Mas não é difícil perceber que a promoção da ligação ao plano constitutivo do ego representa um saldo de desprazer para o id: a libido produz perturbações no processo vital, que, sentidas como incremento da tensão, conduzem a uma reação do polo pulsional. Guiado pelo Princípio do Prazer, o id procura desfazer-se desta tensão acumulada; a descarga é assim introduzida como um retorno à quietude, o que, na linguagem da nova teoria das pulsões, significa uma vitória das pulsões de morte; para impedir a livre circulação desta energia letal, uma nova qualidade de libido é introduzida, renovando-se o ciclo inúmeras vezes, até a expulsão definitiva de Eros e a morte do organismo.

Até este momento, portanto, a gênese do ego foi estabelecida mediante os conceitos de "sistema perceptivo" e de "diferenciação do id". Procuramos mostrar o vínculo profundo que une estas duas facetas, concluindo pela hipótese de que todo o movimento se inscreve na lógica das pulsões. Este fundamento comum às duas vertentes da gênese do ego é a repetição, que por um lado confere à percepção seu caráter de reencontro, e por outro mantém as funções do ego com as energias pulsionais emprestadas do id, da coesão que remonta a Eros até o pensamento que serve ao Desejo. Mas uma das funções do ego é a de representar perante o id as exigências da realidade exterior; o seu caráter fundamentalmente pulsional não pode dar conta deste papel. O que Freud realizou até aqui, na verdade, foi a desqualificação da realidade exterior como um conjunto de coisas submetidas apenas à percepção; não é outro o sentido da elaborada análise cujos momentos elementares acabamos de ressaltar. O que torna a realidade exterior irredutível à dialética pulsional é outro fator: ela consiste essencialmente num tecido de relações intersubjetivas. É por esta razão que o mecanismo constitutivo do ego tem que ser procurado em outra parte, para que o conceito de um mediador entre a pulsão e o que lhe é externo possa assumir seu significado completo: este mecanismo será a identificação, que vimos ser na terceira etapa um elemento difícil de integrar no quadro teórico então proposto.

A identificação revela seu alcance pela primeira vez no estudo de 1915 sobre *O Luto e a Melancolia*. Sua essência consistia então na incorporação no ego de um objeto perdido, ou seja, na substituição de um investimento objetal por uma assimilação ao ego de traços, parciais ou totais, do objeto perdido.

> Mas então [...] não apreciamos toda a significação deste processo, nem percebemos quão comum e quão típico ele é. Desde aquela época, chegamos a compreender que este tipo de substituição tem um papel importante na determinação da forma tomada pelo ego, e que contribui materialmente para construir o que se chama o seu *caráter*[22].

De mecanismo com efeitos patológicos, portanto, a identificação se transforma no molde do ego; ora, isto só pode suceder se ela se processar na primeira infância, quando o ego é suficientemente plástico para absorver as determinações emanadas da realidade exterior em sua própria estrutura. A identificação é, com efeito, "a expressão mais precoce de um laço emocional com outra pessoa"[23]. Inicialmente, na fase oral, ela não se distingue do investimento objetal; sob a égide da incorporação, esquema basilar desta etapa, ser o objeto é o mesmo que ter o objeto, já que ambas as coisas implicam sua absorção pelo ego. Posteriormente, a libido objetal se destaca da libido narcísica, tendo início o investimento propriamente dito dos objetos proveniente do id (já que o ego não quer renunciar à sua quota de Eros, que, como vimos, lhe é essencial sob vários aspectos). Quando o objeto é perdido, a reação narcisista faz refluir a carga

22. *The Ego and the Id*, S.E., XIX, p. 28.

23. *Group Psychology and Analysis of the Ego*, S.E., XVIII, p. 105.

libidinal projetada sobre ele para o ego; mas ao mesmo tempo, o próprio objeto é atraído, produzindo-se uma modificação na estrutura do ego para acomodar o novo elemento. É evidente que a identificação, assim concebida, representa uma regressão à modalidade de relação com o mundo prevalecente na fase oral; mas não é tão simples compreender a conclusão de Freud, no sentido de que "talvez esta identificação seja a única condição sob a qual o id se disponha a renunciar a seus objetos"[24].

É necessário introduzir aqui o conceito de repetição, pois a identificação toma possível a não perda do objeto, o que permite ao id se comportar como se ele não lhe tivesse sido arrebatado, "abolindo" desta forma o passado. Esta faceta pulsional define o id e o opõe ao ego: ele é, como lemos nas *Novas Conferências de Introdução à Psicanálise*,

> um caos, um caldeirão de excitações em ebulição [...]. Suas pulsões estão repletas de energia, mas ele não possui organização ou vontade unificada; apenas está dotado de uma compulsão a obter satisfação para as necessidades pulsionais, de acordo com o Princípio do Prazer [...]. Investimentos pulsionais que buscam descarregar-se – tal é, em nossa maneira de ver, tudo o que o id contém[25].

Ora, se o id consiste essencialmente num feixe de pulsões, e se o princípio de pulsão é a repetição, não é impossível concluir que a identificação preserva o objeto para o id, transformando-o numa aquisição do ego, que passa assim a ser para aquele um objeto de amor. A natureza da identificação se revela portanto como um artifício das pulsões; mas, diferentemente dos mecanismos perceptivos, ela não é diretamente dedutível do jogo pulsional, na medida em que exige um objeto *exterior* de natureza diferente do mobilizado pela percepção. A percepção permanente ainda no nível do investimento objetal: ela é apenas investimento com atenção, por mais complexos que sejam os mecanismos geradores desta atenção; e por isto mesmo se faz acompanhar do índice da consciência. A identificação implica uma regressão[26], sendo portanto uma inversão da tendência pulsional erótica; mas, na medida em que preserva o objeto por meio de sua

24. *The Ego and the Id*, S.E., XIX, p. 29.

25. *New Introductory Lectures on Psychoanalysis*, S.E., XXII, pp. 73-74 (31ª Conferência).

26. *Regressão* à oralidade, cujo esquema é a incorporação. O termo não está sendo empregado em sentido cronológico, pois neste caso o caráter repetitivo da identificação não poderia ser explicado. Nesta quarta parte de sua obra, e mais especificamente a partir de *Inibição, Sintoma e Angústia*, de 1926, Freud reconhece à regressão um papel mais importante do que nas etapas precedentes, despindo-a de seu significado aparentemente cronológico e inserindo-a na rede conceptual da nova teoria das pulsões. Ela passa a ser vista como um sinal da defusão pulsional (S.E., XX, pp. 114-115), o que se coaduna com o regime básico da pulsão, isto é, a repetição. A razão deste destaque maior do conceito de regressão pode ser vista também na nova abordagem do problema da temporalidade, pois, uma vez abolida a questão da origem como *causa ante*, os fenômenos regressivos

operação específica, também está a serviço de Eros. Simetricamente, consistindo numa garantia para a repetição, ela se põe do lado de Thânatos. Confluem assim para a identificação as duas tendências fundamentais do psiquismo, razão pela qual parece legítimo supor que só mediante sua ação renuncia o id aos seus objetos: a renúncia é apenas aparente, já que, no nível do id, equivalem-se a presença do objeto no mundo exterior ou no ego. Pudemos mostrar, a propósito da natureza de reencontro da percepção, o fator determinante desta indiferença, que é o reencontro do objeto perdido.

Sendo o mecanismo da identificação dotado deste grau de universalidade, não é de surpreender que Freud conclua que "o caráter do ego é um precipitado de investimentos objetais abandonados; ele contém um registro das escolhas de objeto passadas"[27]. Sou quem amei; sou o que fiz de meus modelos, sou quem incorporei na voracidade absoluta de conter em mim o mundo. O ego de prazer vai assim se transformando no ego de realidade, não apenas porque a realidade bloqueia o acesso ao prazer, tal como é exigido pelas pulsões cegas do id, mas principalmente porque o exterior vai-se convertendo em interior pela própria necessidade de perpetuar o prazer. Quando o ego se oferece ao id como objeto de amor, essa submissão aparente é enganosa: ao ser investido com libido, ele se fortalece e passa a usar desta "força emprestada" para controlar as paixões do id, mediante a repressão, a sublimação ou mesmo uma nova identificação. É neste sentido que se pode pensar a transformação da libido objetal em libido narcisista como uma dessexualização parcial, consequentemente como uma sublimação de pleno direito, ou pelo menos o seu primeiro tempo necessário, com os efeitos que analisamos mais atrás. Por outro lado, se a identificação aparece assim como um mecanismo de constituição do ego, ela pode se revelar também como um motor para a sua dissociação, no caso patológico em que múltiplas identificações sejam isoladas umas das outras por resistências poderosas. Freud sugere, neste contexto, que o fenômeno da múltipla personalidade pode ser reduzido a um rodízio de identificações conflitantes, cada qual dominando a seu tempo a consciência.

Mas se a identificação é a forma mais antiga do relacionamento afetivo, os primeiros objetos a serem incorporados por esta via não podem ser outros senão os pais. A promoção da identificação à categoria de processo estruturador por excelência da personalidade vai desembocar assim numa reflexão sobre o Édipo e sobre seu complemento necessário, a castração, reflexão cujos passos introduzem a violência no próprio coração da intersubjetividade.

deixam de contrapor-se ao caráter atemporal dos processos inconscientes, para aparecerem como determinados pelo princípio transcendental da repetição.

27. *The Ego and the Id*, S.E., XIX, p. 29.

4. A PRIMAZIA DO FALO

A alma cativa e obcecada
Enrola-se infinitamente numa espiral de desejo.
CARLOS DRUMOND DE ANDRADE, Bolero de Ravel, in Sentimento do Mundo.

Vimos no capítulo anterior quão tortuosa é a história do conceito de Complexo de Édipo na evolução do pensamento de Freud. Nos textos que consideramos como pertencentes à terceira fase, ela culmina com a sua posição na primeira infância, no artigo de 1920, *Sobre a Gênese de um Caso de Homossexualidade Feminina*; esta localização, contudo, era afirmada ainda de maneira hesitante, parecendo restringir-se sua validade apenas aos casos em que as fantasias de flagelação "herdaram" os conteúdos edipianos. A partir de então, Freud não modificará mais sua tese quanto à *data* do Édipo; mas o alcance e o destino deste complexo só vão atingir sua formulação definitiva na quarta fase. Esta se caracteriza ainda por estudar a fundo a relação do Édipo com a castração, por introduzir o conceito novo de "fase fálica" e pela desvinculação definitiva da sexualidade feminina do modelo aceito até então, cujos traços eram essencialmente simétricos aos da evolução sexual do menino.

A gênese do Complexo de Édipo é deduzida segundo o modelo masculino, e generalizada para o conjunto dos seres humanos, incluindo as mulheres, mediante o artifício do *mutatis mutandis*: basta inverter o sexo do progenitor, no caso da menina, e a mesma estrutura poderá ser observada. O primeiro tempo desta gênese é a identificação com o pai: o menino quer ser como ele, crescer e passar a ocupar o seu lugar. Pouco depois, dá-se a primeira escolha de objeto: segundo a modalidade do "apoio" – o menino toma como objeto quem o alimenta, isto é, a mãe. As duas tendências podem subsistir durante um certo tempo lado a lado, sem interferência; mas, dada a compulsão à unificação da vida mental, por obra das pulsões de vida, ambas acabam por convergir. Desta confluência nasce o Complexo de Édipo normal.

> O menino percebe que o pai perturba seu acesso à mãe. A identificação com o pai assume então um matiz de hostilidade, e se torna idêntica ao desejo de substituí-lo também no que se refere à mãe. Na verdade, a identificação é ambivalente desde o princípio: pode transformar-se tanto numa expressão de carinho quanto no desejo de que alguém desapareça[28].

O elemento essencial nesta passagem é o caráter ambivalente da identificação, para o qual já chamamos a atenção. Com efeito, ela contém uma determinação proveniente do Eros – a ligação com o outro – e uma das pulsões de morte – a repetição, pela qual preserva o objeto incorporado. Além disso, construindo-se sobre a

28. *Group Psychology and Analysis of the Ego*, S.E., XVIII, p. 105.

base da incorporação, em que a condição para conservar o objeto é ingeri-lo e portanto destruí-lo como tal, a identificação envolve no seu próprio conceito a possibilidade de manifestar-se como carinho ou como hostilidade. No primeiro momento, prevalece o lado positivo: o pai serve como modelo e como objeto de admiração. Mas, como no caso do Pequeno Hans, o laço pode transformar-se numa armadilha: o pai possui a mãe, logo atrapalha o desejo infantil. Os dois elementos da identificação põem-se assim à mostra, na sua determinação recíproca: é por querer ser o pai e realizar todas as suas funções, inclusive a de gozar da prerrogativa de privar com a mãe, que o menino o transmuta de modelo em rival. O resultado do processo não é, contudo, a eliminação do afeto pelo pai, mas um conflito atroz, em que as duas faces da identificação, pelo próprio laço interno que as une, se opõem mutuamente sem possibilidade de síntese. É por esta oscilação do amor ao ódio e vice-versa que Freud caracteriza a ambivalência como um caso de fusão incompleta das pulsões. Sob a pressão da realidade, o Édipo tem que ser abandonado, pelo menos na superfície; mas no id as suas sequelas continuam a sobreviver, quer sob a forma de uma escolha objetal do pai (primeiro momento do homossexualismo), quer sob a égide de uma identificação reforçada com o pai (de onde o germe da masculinidade), quer enfim sob as espécies de uma identificação com a mãe (que, como contrapartida da escolha de objeto feita sobre o pai, está na origem da atitude homossexual)[29]. Como a evolução do complexo é simétrica nos dois sexos, o resultado do conflito edipiano na menina pode consistir numa identificação com a mãe, o que, diz, Freud, moldará o caráter da menina segundo a estampa da feminilidade.

O Édipo aparece assim como o estruturador do caráter, o que equivale a dizer que, por meio da identificação – que o origina e que se segue a ele – impõe ao ego um destino peculiar. Mas a primeira fratura na simetria da evolução nos dois sexos já aparece em *O Ego e o Id*, embora Freud não lhe dê maior atenção. Com efeito, a identificação no menino não corresponde ao conceito de "retenção de um objeto perdido", pois, como acabamos de ver, a tomada do pai como modelo e como objeto do desejo são mutuamente exclusivas. É na menina que isto vai acontecer, pelo menos com mais frequência: forçada a abandonar o pai como objeto, ela pode se identificar com ele, reforçando os traços masculinos do seu caráter; mas o processo não conduz necessariamente à homossexualidade, como no caso do menino, porque a série de equivalências detectada em 1917 (*Transformações das Pulsões, em especial do Erostismo Anal*) oferece a possibilidade de substituir o desejo de ser o homem – ou seja, ter o falo – pelo de possuir um homem – ou seja, ter o falo. É certo que esta posse do falo, na mulher heterossexual, é apenas temporária, durante o coito; mas a equivalência pênis = criança

29. *The Ego and the Id*, S.E., XIX, p. 32-33.

engendra um jogo de substituições, ao cabo do qual a identificação com o pai se converte no desejo de ter um filho. Portanto, a feminilidade mantém com a identificação, e com o Complexo de Édipo a ela vinculado, uma relação diferente do que a que se estabelece no caso da masculinidade.

É a preocupação com a bissexualidade constitucional que, em nossa maneira de ver, impede Freud de extrair nesse momento todas as consequências da descrição que acaba de fazer.

> Em ambos os sexos, é a força relativa das disposições sexuais masculinas ou femininas que determina se o resultado do Complexo de Édipo será uma identificação com o pai ou com a mãe [...]. O resultado geral da fase sexual governada pelo Complexo de Édipo pode ser considerado, portanto, como a formação de um precipitado no ego, consistindo na combinação, em graus variáveis, da identificação com o pai e com a mãe[30].

A bissexualidade se relaciona com a situação edipiana de duas maneiras: por um lado, a *constituição* pode ser concebida segundo uma fórmula em que as tendências masculinas e femininas se equilibram, ou uma delas prevalece; por outro lado, a forma dita completa do Complexo de Édipo – identificação e escolha de objeto incidindo sobre ambos os progenitores –, depende da existência de inclinações bissexuais em grau acentuado, com o resultado de que tanto o pai como a mãe são investidos de carinho e de repúdio, vigorando a ambivalência nas duas relações. Freud sugere a formulação de uma série de quatro combinações, segundo a predominância de cada uma das quatro correntes libidinais: nos extremos se localizariam a forma simples positiva do Édipo e a invertida negativa, enquanto os termos intermediários apresentariam a forma completa, com um ou outro elemento preponderando[31]. Dada esta concepção, cujo princípio é a modalidade de relação com os pais, não é de admirar que a diferença apontada acima entre o menino e a menina fosse considerada irrelevante. A estrutura geral posta em evidência tem aos olhos de Freud uma importância muito maior, a ponto de, no artigo *Psicanálise* de 1922, escrever o seguinte:

> O conteúdo da primeira síntese das tendências sexuais, [...] chamado "Complexo de Édipo", reveste-se em todos os seres humanos da máxima importância para a estruturação definitiva da vida erótica. Comprovou-se, como fato característico, que o homem normal aprende a dominar o Complexo de Édipo, enquanto o neurótico permanece envolvido com ele[32].

O caráter de "complexo nuclear das neuroses", aqui reafirmado, conduz Freud a incluir o Édipo, no parágrafo 21 deste artigo, en-

30. *The Ego and the Id*, S.E., XIX, p. 34.
31. *The Ego and the Id*, S.E., XIX, pp. 33-34.
32. *Psychoanalysis*, S.E., XVIII, pp. 245-246.

tre os conceitos fundamentais da psicanálise; o que, se aqui aparece pela primeira vez, já não é de surpreender, em função da sua estreita vinculação com a identificação (e por esta via com o ego) e com a escolha de objeto (portanto com o id e com a pulsão). No conceito de Complexo de Édipo vêm assim convergir os temas primordiais do pensamento freudiano.

A primeira consequência desta promoção do Édipo é uma reavaliação do desenvolvimento sexual infantil, já que, se sua localização deve ser confirmada na primeira infância, toma-se patente a existência de uma etapa diferenciada por um desejo coerente e muito semelhante ao da vida sexual posterior. A tese de que a vida sexual infantil se caracteriza por uma falha na síntese dos impulsos parciais sob o primado da genitalidade, sustentada ainda na 5ª edição dos *Três Ensaios* (1922), já não pode ser mantida, à luz do conteúdo edipiano definitivamente estabelecido. Em *A Organização Genital Infantil*, escrito em 1923, Freud corrige suas formulações anteriores, afirmando que a afinidade entre a sexualidade infantil e a adulta vai muito além da simples escolha de objeto; o interesse pelos órgãos genitais adquire no momento edipiano uma intensidade quase igual à do início da adolescência. Mas ainda não se pode falar de primazia genital:

> o caráter diferencial da *organização genital infantil* consiste em que o sujeito admite apenas um órgão genital, o masculino, para os dois sexos. Não existe, pois, uma primazia genital, mas somente uma primazia do falo[33].

Daí o nome de "fase fálica" para designar este momento, em que o menino, vivamente interessado por seu pênis, passa a investigar tudo o que se relacione com ele. Descobre assim a inexistência deste órgão na menina; incrédulo, rejeita a visão da vagina, consolando-se com a ideia de que quando a menina crescer também ela desenvolverá um pênis (como, por exemplo, o fez o Pequeno Hans). Mas pouco a pouco o sentido da ausência do pênis é percebido: concomitantemente à ameaça de castração feita pela mãe ou pela babá, como castigo prometido à prematura masturbação infantil, a visão da menina passa a significar a possibilidade da mutilação. A vagina é a prova da castração; é assim que o menino compreende o que lhe transmitem os seus olhos, no momento furtivo em que nem todos os seres humanos são feitos à sua imagem e semelhança. A percepção se converte em motivo de temor: a castração passa a ser uma possibilidade efetiva, e o medo de perder seu órgão mais importante se instala no menino. Com ele se instala também a percepção ainda confusa de uma outra relação possível entre os adultos e as crianças, a relação da violência e da dominação, que subverte completamente a realidade psíquica infantil. É por esta razão que a descoberta da vagina não é generali-

33. *The Infantile Genital Organization*, S.E., XIX, p. 142.

zada de imediato; sendo a castração um castigo, somente as crianças desobedientes é que são submetidas a tal mutilação. As mulheres "boas" possuem pênis; sobretudo a mãe não pode ser concebida sem este atributo essencial da condição humana. As teorias sexuais infantis acerca da origem dos bebês não têm lugar para o parto; como vimos, a criança é segundo elas expelida pelo ânus. Daí que a antítese essencial não seja a do masculino e do feminino, já que a mulher não é imaginada segundo um esquema corporal que lhe seja próprio; a oposição só pode ser colocada em termos do fálico e do castrado. É somente com o advento da puberdade que, segundo Freud, a polaridade sexual chega a coincidir com o masculino e o feminino, já que, como sabemos, na fase oral tal polaridade não é percebida e na fase sádico-anal ela é idêntica à da atividade e da passividade.

O tema da castração não é novo para Freud; basta recordar a análise do Pequeno Hans (1909) e o mito do parricídio de *Totem e Tabu* (1912), bem como a função importantíssima que se lhe atribui no caso do Homem dos Lobos (1914). O que é novo é a centralidade da castração, que lhe advém da articulação com o Complexo de Édipo, para a estruturação da vida sexual humana. A partir de 1923, ela se converte paulatinamente num dos eixos da teoria psicanalítica, a ponto de Freud procurar estabelecê-la como o nódulo dos fenômenos neuróticos na obra de 1926, *Inibição, Sintoma e Angústia*, reencontrando-a na gênese de mecanismos de defesa do ego (*Fetichismo*, 1927), e mesmo no domínio das fantasias originárias, ao lado da sedução e da observação do coito parental. Cabe, pois, investigar de que maneira a castração é promovida a seu posto privilegiado no quadro teórico elaborado por Freud nos anos vinte.

Um fio condutor nos é proposto pelos próprios textos: a relação da castração com o Édipo. A tese freudiana é de que o Complexo de Édipo sucumbe à ameaça de castração, seguindo-se à fase fálica, em que ele atingia sua intensidade máxima, um período marcado pelo desinteresse frente à sexualidade e pelo relativo adormecimento das pulsões eróticas: o período de latência. É no artigo de 1924, *A Dissolução do Complexo de Édipo*, que esta tese é formulada pela primeira vez. Retomando o que expusera no texto sobre a organização genital infantil, observa ele que a masturbação, causa imediata da ameaça de castração, corresponde à descarga das excitações geradas pelo Édipo, com sua dupla abertura para a satisfação: a ativa – em que o menino se identifica ao pai desejando a mãe, conforme o modelo masculino – e a passiva, em que, tendo escolhido o pai como objeto sexual, a mãe se torna "supérflua". Ora, a descoberta da vagina liquida ambas as possibilidades de satisfação,

> porque elas acarretam a perda do pênis: a masculina como castigo, a feminina como premissa. Se a satisfação amorosa baseada no Complexo de Édipo tiver como preço a perda do pênis, surgirá um conflito entre o interesse narci-

sista por esta parte do corpo e o investimento libidinal dos objetos parentais. Neste conflito, vence normalmente o primeiro poder, e o menino se afasta do Complexo de Édipo[34].

Entre a descoberta do órgão feminino e a passagem ao período de latência, portanto, introduz-se uma elaboração subjetiva que implica o ego. O menino não pode saber ainda no que consiste uma relação sexual, mas não lhe é difícil perceber que o pênis desempenha nela algum tipo de função. O pênis, porém, não é somente uma parte do corpo; como elemento diferencial entre si e os outros, ele possui o valor simbólico de definir o sujeito; em outras palavras, um valor narcisista que o converte em Falo. O conflito aparece numa primeira leitura como similar ao que desencadeia a neurose, mobilizando-se de um lado o narcisismo do ego e do outro as pulsões do id; mas sabemos que o narcisismo não é menos pulsional que o investimento objetal, sendo Eros o seu fundamento comum. O conflito é na verdade entre dois outros antagonistas: o Desejo e a Autoridade. Não é por acaso que Freud fala aqui em "poder"; a identificação secundária com o pai, que definirá o menino em sua condição de masculinidade, exige a superação da crise edipiana[35]. A castração, em sua dupla significação de ameaça e fantasia, vem portanto consolidar a presença do Outro no sujeito; é somente por intermédio dela que o Complexo de Édipo se verá suceder pelo superego, como demonstraremos na seção subsequente. De qualquer forma, a dessexualização imposta à libido pela ameaça de castração conduz à inibição de uma parte das tendências eróticas infantis e à sublimação do restante em afeto carinhoso, dando início assim ao período de latência. É interessante observar, neste contexto, que a castração é uma forma da agressividade, e que esta, como vimos, se origina na pulsão de morte. A defusão pulsional induzida pela ameaça de castração libera assim uma parte da pulsão de morte, segundo os princípios do equilíbrio pulsional; isto resulta em parte num comportamento mais "masculino" por parte do menino – dado o estereótipo do macho como o portador da agressividade – e em parte no retorno de uma fração de Thânatos sobre o sujeito, que, como veremos, será aproveitada pela instância do superego para

34. *The Dissolution of the Oedipus Complex*, S.E., XIX, p. 176.

35. LAPLANCHE e PONTALIS observam a este respeito: "O complexo de castração deve ser referido à ordem cultural, em que o direito a uma certa utilização é sempre correlativo a uma proibição". (*Vocabulaire de la Psychanalyse*, ed. cit., artigo *Complexe de Castration*, p. 78). A questão aflorada aqui é a das relações entre natureza e cultura. Como de hábito, o tratamento freudiano do problema subverte as significações habituais. Não há uma *Natureza* à qual viria se sobrepor a *Cultura*, pela simples razão de que o corpo é desde o início a coincidência de duas determinações: massa celular e objeto de amor. O pênis não pode ser visto como simples órgão reprodutor ou gerador de prazer: prova-o a cadeia simbólica que o toma como ponto de partida para as equivalências inconscientes (crianças, fezes e dinheiro). É na ordem simbólica que reside o sentido do complexo de castração, como o de Complexo de Édipo.

finalidades punitivas. Por outro lado, o Eros dessexualizado conduz à formação de grupos relativamente estáveis, de composição predominantemente unissexual, também característicos da idade pós-edipiana: as chamadas "turmas".)

Estabelecida a relação entre o Édipo e a castração da maneira que acabamos de verificar, duas linhas de pensamento se abrem à investigação. Em primeiro lugar, o destino do Édipo é marcado com o estigma da brutalidade: Freud fala de "dissolução", não de "repressão". Com efeito, a repressão simplesmente transferiria os conteúdos edipianos para o registro inconsciente, arriscando-se o indivíduo a um retorno deles em etapas posteriores; ora, a proibição taxativa do incesto, regra constituinte da sociedade humana (como lemos em *Totem e Tabu*), não pode ser contestada sequer em hipótese. A repressão ineficaz é substituída pela *dissolução*, isto é, uma destruição completa, que culmina com a desaparição do complexo e sua substituição pelo superego. Caso a dissolução não se verifique, realizando o ego apenas uma repressão, o Édipo – ou o que sobrar dele – permanecerá de alguma forma no Id, exercendo ali seus "efeitos patogênicos". Esta análise sugere a Freud que a fronteira entre o normal e o patológico, "nunca determinável com precisão", passe precisamente pelo final do Édipo e por sua relação com a castração: o indivíduo normal dissolveria seu Édipo, enquanto aquele destinado à neurose simplesmente o reprimiria. Confirma-se assim a tese de que o Complexo de Édipo é o núcleo da neurose, mas verifica-se também um deslocamento do foco da questão: ao invés de uma oposição entre subsistência e repressão, a psicanálise descobre a alternativa dissolução/repressão. Mas a nova perspectiva não deixa de criar problemas: se o Complexo de Édipo deixa como legatário o superego, segue-se que o superego do neurótico não está inteiramente solidificado, o que à primeira vista parece contraditório com a teoria da gênese da neurose.

Reservando o exame deste problema para uma seção posterior, verificamos que a segunda linha de raciocínio aberta pelo exame do complexo de castração impõe uma revisão completa das hipóteses sobre a sexualidade feminina. A simetria com a evolução do menino não pode mais ser sustentada, pela simples razão de que para a mulher a castração não é uma ameaça, mas uma realidade[36]. No artigo

36. Uma representação comum da obra de Freud pretende ser a psicanálise uma glorificação da masculinidade em detrimento da "inferioridade" feminina. Nada mais estranho ao pensamento freudiano; não é na anatomia que se desenrola o drama da castração. A "ameaça" e a "realidade" a que aludimos no texto não devem induzir o leitor a tomar como *causa* do complexo de castração aquilo que é apenas a *ocasião* para a sua emergência. A anatomia é o Destino, mas não a tragédia. A experiência da diferença sexual anatômica já o mostra, pois não é a vagina, como elemento diferencial positivo, que impressiona a criança, mas a *ausência de um signo*. Estamos, nunca é demais repeti-lo, no domínio simbólico, em que o Falo coincide com a Fala, jamais com a falha. O simbólico concerne à constituição do sujeito, independentemente do sexo empírico ser o masculino ou o feminino. Como a repetição e o Édipo, a castração é da ordem do

que estamos comentando, Freud inicia o caminho que o conduzirá a essa revisão; mas ela apenas se anuncia, sem ser plenamente desenvolvida. A menina vive seu Édipo na mesma época que o menino, isto é, na fase fálica; mas a descoberta de castração a leva rumo a outra direção. O clítoris é percebido como um pênis pequeno, de onde o desejo de que ele venha a crescer; a oposição fálico/castrado mobiliza o passo seguinte, que consiste em supor a castração como um desastre que vitima apenas algumas pessoas, mulheres ou não, e que as mulheres maiores possuem um pênis. A fase edipiana se instala com o desejo de ter um filho com o pai, segundo a equivalência pênis = criança = presente.

> Temos a impressão de que o Complexo de Édipo é em seguida lentamente abandonado, porque este desejo não chega a cumprir-se nunca. Os dois desejos, o de possuir um pênis e o de ter um filho, perduram, intensamente carregados, no inconsciente, ajudando a preparar a criatura feminina para seu ulterior papel sexual Mas, em geral, temos que confessar que nosso conhecimento destes processos evolutivos na menina é bastante insatisfatório e incompleto[37].

Este é um dos raros momentos, na obra de Freud, em que nos é proporcionada a oportunidade de assistir à gênese completa de um problema. As três frases que acabamos de citar ligam o Édipo a um tipo de origem do superego feminino e à determinação do caráter – portanto a uma função do ego –, além de indicar a natureza da questão: trata-se de estabelecer os elos da cadeia sexual da mulher, subitamente embaralhados pela introdução da castração. A consequência imediata da emergência deste problema é impor ao conceito de Complexo de Édipo uma torção característica desta quarta fase: o seu conteúdo empírico, por importante que seja, deixa de constituir a determinação fundamental, e o Édipo recebe uma dimensão transcendental. No nível da empiria, o Édipo é gerado de maneiras diferentes em cada sexo; seria possível conceber que Freud optasse por considerar os fenômenos suficientemente afastados para ver neles duas modalidades, irredutíveis uma à outra, de desenvolvimento sexual. A posição diferente da castração justificaria este passo, pois não seria contraditório colocar o processo masculino na dependência de uma *ameaça* e o feminino na esteira de um *fato*, atribuindo mesmo denominações diferentes a cada um deles. Mas Freud não se deixa iludir: empiricamente, as coisas se passam de maneira diferente, como ficará cada vez mais claro à medida que a investigação se processar; a raiz da questão, contudo, não é da alçada da empiria. O Complexo de Édipo é a condição de *constituição* do sujeito humano, para além da simples relação afetiva com os pais, e portanto deve ser pensado num outro nível; a recusa da denominação

transcendental, dos princípios fundadores, nada tendo a ver com a vivência psicológica ou com a empiria genital.

37. *The Dissolution of the Oedipus Complex*, S.E., XIX, p. 179.

de "Complexo de Electra" para o Édipo feminino encontra nesta ordem de ideias sua plena significação. A rede de relações que tem o nome de Complexo de Édipo não é passível de uma leitura que se esgote no psicológico; assemelha-se mais a uma categoria vazia, que será preenchida deste ou daquele modo segundo o caso específico da criança. Não importa que o Édipo feminino não seja "dissolvido", mas "lentamente abandonado", ou que o desejo que o fez nascer perdure sob a forma da feminilidade, mediante um jogo de identificações radicalmente diferente daquele que dá origem à masculinidade; a natureza estruturante do complexo não se altera por isso, e a mulher é produzida como tal pela sua ação tanto quanto o homem. É somente enfatizando o caráter constituinte, portanto transcendental, que Freud atribui ao Édipo, que é possível enfeixar a pluralidade das suas manifestações num todo coerente, e, a nosso ver, radicalmente irredutível ao nível psicológico.

Estas considerações não visam diminuir o abismo que separa as modalidades do complexo no sexo masculino e no feminino. Pelo contrário, a análise freudiana acentuará cada vez mais claramente as diferenças entre elas; mas, não confundindo os níveis, afirmará a sua unidade sob este outro ponto de vista. Em *Algumas Consequências Psíquicas da Diferença Sexual Anatômica*, escrito em 1925, a diferença encontra por fim o seu ponto de origem: o que Freud denomina a "pré-história" do Complexo de Édipo. A questão básica é tão clara, que surpreende o fato de não ter sido "vista" mais cedo: tanto a menina como o menino são amamentados pela mãe; como se explica que a menina, tendo feito sua primeira escolha de objeto na mãe – em virtude da forma anaclítica – venha posteriormente a mudar de objeto sexual, transferindo-o para o pai? O menino não passa por esta dificuldade: seu primeiro e eterno objeto é a mãe. Ao dizermos ser surpreendente que esta constatação quase acaciana tenha deixado de ser feita por mais de trinta anos, não queremos dizer que ela fosse uma obviedade natural; ela só é possível quando a rede teórica se articula de outra maneira. Enquanto o Édipo não se localizava na primeira infância e sim em outros momentos do desenvolvimento sexual, nada levaria a colocar o problema de uma mudança de objeto; esta se imporia quase por si mesma, no transcurso da maturação psicobiológica da menina. Com a promoção da identificação ao primeiro plano da teoria, somada à descoberta da modalidade narcisista da escolha de objeto, a visualização do problema se tornava positivamente impossível, já que, no caso da identificação, o progenitor do mesmo sexo tomava a dianteira, enquanto na escolha de objeto narcisista estava dada a possibilidade de "amar o que falta ao sujeito", portanto do investimento libidinal da figura paterna. É somente com a colocação precisa do problema da castração que se torna possível pensar uma sexualidade feminina não simétrica da masculina, porque o que aqui é uma possibilidade é lá um fato consumado; e com a percepção desta assimetria, o tema da escolha de objeto passa a se por de forma problemática. Não é de admirar, portanto, que o fio da análise freudiana seja dado pela castração.

A menina não descobre a vagina; descobre o pênis, e o resultado desta descoberta é o surgimento da "inveja fálica". Ao contrário do menino, que nega o que seus olhos lhe dizem, a menina aceita imediatamente a inexistência em si do órgão fálico; notemos que Freud abandona aqui a ideia, avançada no texto de 1924, de uma esperança de que o clitóris se desenvolva com o tempo. Tal fenômeno, designado com o nome de *recusa*[38], seria o protótipo de uma atitude psicótica; a maioria das meninas não segue esta via, mas aceita o fato e suas consequências: nasce assim o "complexo de masculinidade", que ao se ver frustrado desemboca no sentimento da inveja fálica, reforçando os ciúmes do irmão privilegiado. Neste momento, retomando a brilhante análise das fantasias sádicas de *Batem numa Criança*, Freud sugere que o menino espancado-acariciado nestas construções, datadas da fase fálica, poderia significar o clítoris, fonte de prazer e de vergonha para a menina.

> Uma terceira consequência da inveja fálica parece consistir no estremecimento dos laços carinhosos com a mãe [...]. A falta do pênis é quase sempre atribuída à mãe da menina, que a pôs no mundo tão insuficientemente dotada. O desenvolvimento histórico deste processo é habitualmente o seguinte: pouco depois de ter descoberto a falha dos seus genitais, a menina passa a demonstrar ciúmes contra outra criança, com o pretexto de que a mãe gostaria mais dela que da própria menina, com o que encontra um pretexto para o afrouxamento da vinculação afetiva com a mãe[39].

A mudança de objeto da menina é referida aqui à descoberta da castração e a uma primeira hipótese sobre a sua razão de ser: tratar-se-ia de uma deliberação voluntária da mãe, a qual faria nascer alguns dos seus filhos dotados do pênis e outros não. Esta ideia só tem sentido se a vinculamos à teoria sexual infantil segundo a qual a mãe possui o pênis, não sendo a ausência deste uma característica universal do sexo feminino. A frustração e a raiva pela mutilação infligida a si transferem-se para a mãe, como a causadora de uma grande decepção; paralelamente, o pai, que como semelhante ao menino deve ter um pênis, mas que principalmente nada tem a ver com a formação dos bebês, converte-se no objeto sexual da menina. É o narcisismo ferido que motiva a troca objetal; e dele provém igualmente a segunda grande crise da sexualidade feminina: a substituição do clítoris pela vagina como órgão especificamente genital. A ideia de Freud é a seguinte: o clítoris não pode concorrer com o pênis, na qualidade de órgão visível e capaz de proporcionar prazer intenso através da estimulação manual. A constatação clínica de que a masturbação é

38. O termo empregado por Freud é *Verleugnung*. (Cf. nota 64 a este capítulo.)

39. *Some Psychical Consequences of the Anatomical Distinction of the Sexes*, S.E., XIX, p. 254.

mais repugnante para a mulher do que para o homem encontra aqui o seu fundamento: a inveja fálica interferiria com o prazer obtido com a masturbação clitoridiana, tornando-a desagradável e impondo à menina a necessidade de abandoná-la. Com ela se vai também uma parcela importante da masculinidade, de sorte que a feminilidade pode se desenvolver mais desimpedidamente. A recusa da satisfação derivada do clítoris faz o interesse sexual se deslocar para a vagina, o que, ao lado da escolha do pai como objeto, significa simplesmente o desejo de possuir um pênis; mas já não como atributo permanente, e sim como sinônimo de um filho. A mãe, que interfere com o desejo da menina, converte-se em motivo de ciúmes, mas ao mesmo tempo se preserva o carinho da fase anterior. A forma fenomenal do Édipo feminino está constituída: atração pelo pai, ambivalência frente à mãe; nisto ela é simétrica à do menino, podendo ambas serem expressas pela fórmula "atração pelo progenitor de sexo oposto/ambivalência quanto ao progenitor do mesmo sexo". Mas a forma fenomenal é resultado, não condição; é assim que o Édipo se confirma em seu duplo papel de rede emocional psicológica e de fator estruturante da personalidade, no nível transcendental.

A simetria desaparece novamente se considerarmos a relação do Édipo com a castração. É evidente, pelo que Freud acabou de estabelecer, que o complexo feminino é possibilitado e iniciado pelo complexo de castração, enquanto o masculino é aniquilado por ele[40]. A razão disto é simples: o complexo de castração tem um conteúdo determinado, que é a inibição da masculinidade; no menino, através da identificação com o pai, a masculinidade conduzira ao desejo da mãe (fase edipiana), e seu cerceamento pelo complexo de castração introduz o período de latência; na menina, a castração também restringe a masculinidade, mas ao fazer isto abre o caminho para a feminilidade e para o investimento libidinal do pai, portanto para o Complexo de Édipo. A hostilidade concomitante quanto à mãe não exclui a possibilidade de uma identificação, pois esta comporta perfeitamente um matiz de ódio, como mostramos mais atrás. Disto se segue que o Complexo de Édipo feminino não passa por uma destruição, como o do menino, já que o trauma da castração opera antes e não depois do seu advento. Ele pode ser abandonado lentamente, ser vítima de uma repressão ou perdurar por longo tempo na vida psíquica da mulher; em todos os casos, a feminilidade parece depender precisamente desta modalidade específica de absorção dos efeitos edipianos, confirmando o caráter estruturante do sujeito que lhe atribui a psicanálise.

A última elaboração do tema da sexualidade da mulher encontra-se no artigo de 1931, *Sobre a Sexualidade Feminina*, no qual

40. *Some Psychical Consequences of the Anatomical Distinction of the Sexes*, S.E., XIX, p. 256.

Freud procura dar conta de um problema até então pouco explorado: o da natureza da relação da menina com sua mãe. O momento temporal decisivo para a determinação desta relação é o que precede a eclosão do Complexo de Édipo; mas Freud recusa a denominação de "pré-edipiana" para esta fase, argumentando que nela a menina está sob o domínio de um complexo negativo, isto é, afeiçoa-se ao progenitor do mesmo sexo e hostiliza o do sexo oposto. Por outro lado, a ligação com a mãe é particularmente intensa, de modo que a substituição da mãe pelo pai envolve apenas o objeto, sem acrescentar nada à estrutura e à intensidade dos sentimentos em jogo. A prova deste apego é dada pelos casos em que ele permanece intacto na vida adulta, sem que se processe a reorientação do desejo para o homem. A questão é, pois, descobrir de que maneira a percepção da castração opera sobre a menina, de modo tal que a ligação com a mãe seja continuada ou substituída, e também vincular a troca de objeto à mudança do foco do órgão genital, que do clítoris passa para a vagina. Freud começa por este ponto: a mulher apresenta uma bissexualidade muito mais acentuada que o homem, que se manifesta na divisão de sua vida sexual em duas fases: uma, masculina, dominada pelo clítoris e pelo amor à mãe; outra, feminina, determinada pela vagina e pela ligação com o pai. O texto de 1925 que analisamos há pouco estabelecia a passagem de uma à outra no momento da descoberta da castração e da emergência da inveja fálica; mas aqui Freud se dá conta de que estes fenômenos podem ter outros resultados. O trauma de se perceber castrada pode dar origem a um afastamento completo da sexualidade; a uma reafirmação peremptória da masculinidade, com a produção de fantasias correspondentes e mesmo uma escolha de objeto homossexual; ou, no caso mais feliz, à formação do Édipo feminino e à consequente aceitação da condição de mulher. Mas a prolongada e intensa ligação com a mãe, muito mais importante que no caso do homem, não pode deixar de ter efeitos sobre o comportamento posterior da mulher; Freud assinala que em certos casos de infelicidade conjugal a mulher simplesmente repete com o marido os conflitos que teve com a mãe. Estes conflitos pressupõem um processo de desprendimento da mãe sensivelmente mais complexo que no homem. Entre os fatores que desencadeiam este processo, e que são arrolados sem muita preocupação sistematizante, assinalaremos o já conhecido – acusação à mãe de ter feito a filha como mulher – mas não em detrimento dos outros, que se referem à demanda de amor: a mãe não a amamentou suficientemente, teve outros filhos e a obrigou a compartilhar o amor materno, estimulou sua atividade sexual através da higienização da região genital e depois a proibiu. A ideia de não ter recebido suficiente leite é estranha à primeira vista, mas encerra talvez a determinação mais poderosa do desejo:

> Parece que nossos filhos ficaram para sempre insatisfeitos, como se nunca tivessem sido suficientemente amamentados. Contudo, não estou seguro de que,

ao analisar crianças que tivessem sido amamentadas por tanto tempo quanto as dos povos primitivos, não encontraríamos uma queixa idêntica: tamanha é a cobiça da libido infantil[41].

Não é o tempo ou a quantidade que podem satisfazer o desejo: este é radicalmente impossível de ser preenchido, pela sua natureza pulsional e repetitiva. A insatisfação é a condição específica do homem, condenado, em sua miséria e em sua grandeza, a pedir sempre mais e a esbarrar com a frustração da realidade. É por esta razão que a ambivalência é a regra do amor infantil: se a mãe é aquela que dá, é também aquela que recusa, de onde o misto de desejo e de hostilidade que compõe a relação com ela.

Esta situação, porém, vale também para o menino, não podendo portanto ser a fonte determinante do distanciamento da mãe verificado na crise edipiana da menina. A castração intervém como fator decisivo, iniciando o processo de inversão objetal; o menino pode resolver sua ambivalência quanto à mãe transferindo a hostilidade para o pai, o que é possibilitado pela constelação do desejo no seu caso específico. A percepção de sua inferioridade anatômica, porém, impede à menina seguir por este caminho; além disso, a natureza das gratificações sexuais que ela espera da mãe são diferentes do que as apresentadas pelo filho varão. A criança em geral tende a repetir ativamente o que vivenciou de maneira passiva, como tentativa de dominar o mundo exterior a que se acha submetida: este é, como vimos a propósito da pulsão de morte, o sentido dos jogos infantis que envolvem um conteúdo agressivo. O menino segue a série completa destas repetições, culminando com o desejo de fazer à mãe o que esta lhe fez, ou seja, convertê-la em objeto e dar-lhe um filho. A menina prefere brincar com bonecas; a identificação com a mãe já aparece aqui, posto que o brinquedo põe em evidência a face ativa da feminilidade, o que significa a maternidade e as ações a ela vinculadas. Segundo a fase da organização libidinal correspondente, a menina apresenta fantasias de incorporação pela mãe (medo de ser devorada por ela), atitudes de extrema agressividade (na fase sádico-anal) e fantasias de sedução pela mãe, o que se relaciona com a higienização da região genital e desta forma com a produção de excitações prazenteiras Daí à masturbação clitoridiana e à sua supressão, pela ação combinada da proibição materna e da inveja fálica, o caminho é claro; o que nos parece fundamental é que o abandono do clítoris como fonte de prazer e o abandono da mãe como objeto sexual podem ser assim vinculados. Com efeito, a proibição vem da mãe, o que acentua o seu caráter malvado; se pensarmos o Complexo de Édipo como relação triangular entre a criança, a figura do Objeto do desejo e a figura da Autoridade, passa a ser concebível que a mãe e o pai troquem de posição pela negativa daquela em aceder à demanda da menina – jamais formulada como tal na consciência, o que

41. *Female Sexuality*, S.E., XXI, p. 234.

é óbvio – e pelo fato de o pai ser o elemento restante do triângulo. A escolha de objeto se substitui por uma identificação, abrindo o caminho para o Complexo de Édipo normal da menina, não sem receber tal identificação a coloração hostil que a caracteriza, e que pode ser percebida no desprezo que a menina vota a si mesma, ou, em outras palavras, no seu sentimento de inferioridade pela ausência do pênis. A mãe é culpada de ter gerado defeituosa, mas por outro lado, ela é este defeito; o que solda as duas características da atitude da menina é a identificação, cuja ligação com a hostilidade se vincula à sua raiz na repetição e portanto na pulsão de morte. O objeto materno é preservado no ego: a menina é a mãe e por isto pode aspirar ao pai. Mas a mãe é má; logo, a menina é má. A maldade, ativa numa e passiva na outra, reside na relação com a castração: isto fundamenta o sentimento de inferioridade no registro do ego e de hostilidade no registro da libido. O desprendimento da mãe se completa assim por uma idealização do pai, com o advento de uma postura menos ativa e mais passiva.

O mistério do Édipo se desfaz, desta forma, ao serem reconhecidas as tortuosas vias pelos quais ele se instala em cada um dos dois sexos. No menino, o jogo da identificação e da escolha objetal o faz surgir, para ser dissolvido em seguida pela castração imaginada; na menina, a castração introduz o Édipo e embaralha as identificações e escolhas de objeto, invertendo estas e fazendo surgir aquelas, ao que se deve acrescentar o fator da mudança do foco da genitalidade por ela induzida. Ao mesmo tempo, ao lado das suas facetas psicológicas, o Édipo surge como um momento decisivo para a constituição do sujeito, na medida em que funciona como princípio transcendental independentemente dos conteúdos empíricos válidos para o homem e para a mulher. Se com isto é promovido a uma posição central no campo teórico da psicanálise, um novo problema se abre: dissolvido no menino, absorvido na menina, qual é o destino geral do Complexo de Édipo? Como se incorporam os elementos do desejo e da autoridade que ele mobiliza? A resposta de Freud é inequívoca: o Complexo de Édipo sobrevive no superego.

5. A SENTINELA INIMIGA

"Estou limitado ao Norte pelos meus sentidos, ao Sul pelo medo
A Leste pelo apóstolo São Paulo, a Oeste pela minha educação."
MURILO MENDES, "Mapa", in Poemas.

A relação genética entre o Complexo de Édipo e o superego não é de forma alguma evidente, e para estabelecê-la será preciso um longo percurso. Por outro lado, convergem para o conceito de superego vários temas, aos quais Freud dedicara estudos parciais em diversos momentos de sua evolução intelectual. As três funções atribuídas a esta instância do aparelho psíquico – "a auto-observação, a consciência moral e a manutenção dos ideais"[42] – foram primeiramente observadas em outros contextos, e somente na revisão da tópica proposta em *O Ego e o Id* a agência encarregada de desempenhá-las é unificada sob a rubrica do superego. A noção de um "ideal do ego" data da *Introdução ao Narcisismo*; como vimos no capítulo anterior, sua origem é narcísica. O amor de si característico da etapa narcisista consiste em que o sujeito não distingue a realidade do seu ego do modelo grandioso pelo qual se concebe: ele é a soma de todas as perfeições sintetizadas no ego-de-prazer. A crítica dos pais e dos educadores se encarrega de apontar as verdadeiras dimensões e capacidades do ego, o qual, para se consolar da humilhação imposta por esta lição de modéstia, elabora para si um ideal, como horizonte a atingir nos limites do possível. Tal ideal não é mais do que a projeção do narcisismo perdido da infância, consistindo portanto numa formação de origem libidinal. Ao mesmo tempo, a distância entre as realizações efetivas do ego e a perfeição do modelo se toma perceptível, de sorte que a formação do ideal do ego se faz acompanhar da criação de uma instância observadora, que critica o ego a partir dos elevados padrões derivados do modelo. Esta instância observadora, que perpetua a crítica originalmente oriunda do mundo exterior, é o que Freud chama então de "consciência moral". A diferença entre esta concepção e as teorias filosóficas correntes a respeito da origem da moralidade reside no caráter *inconsciente* da ação da instância crítica, que somente em raros momentos aflora à superfície do aparelho mental e mediante este aflorar se faz consciente. O caráter inconsciente aparece com clareza no estudo sobre *O Luto e a Melancolia*, no qual Freud estabelece a possibilidade de uma divisão no ego, tal que uma parte dele se converte no algoz da outra, engendrando um sentimento de culpa inconsciente, cuja ação se manifesta nos sintomas da melancolia. É certo que esta divisão é possibilitada pela identificação com o objeto perdido, sendo as recriminações que uma parte do ego dirige contra a outra na verdade endereçadas a este objeto; mas isto não invalida a existência da agência crítica, cuja severidade pode atingir um grau extremamente forte. Os delírios de observação fornecem outra prova da divisão do ego em duas partes; mas também no registro da normalidade é possível distinguir os seus traços, como no exemplo da censura dos sonhos.

Destes temas relativamente desconexos, é possível extrair algumas conclusões. Em primeiro lugar, o ego contém estruturas funcionais diferente: uma é representada pela série consciência-pensamento-ação e se dirige para a realidade exterior enquanto objeto

42. *New Introductory Lectures on Psychoanalysis*, S.E., XXII, p. 66 (31ª Conferência).

da percepção ou de transformação; outra visa o campo intersubjetivo e trabalha com modelos, normas e valores: é o ideal do ego; outra ainda é de natureza reflexiva, controlando o desempenho do ego em função das normas que este se atribui, e nela Freud vê a consciência moral, com sua função específica de auto-observação. Em segundo lugar, a origem do ideal do ego, e portanto indiretamente da consciência moral, é de natureza libidinal, estando o narcisismo encarregado de patrociná-la. Em terceiro lugar, a transição do ideal do ego para a consciência moral é mediada pela crítica exterior, observando-se um processo de interiorização das instâncias parentais que pode ser referido à identificação: o autocontrole substitui com vantagens, em termos do equilíbrio prazer-desprazer, a censura humilhante do Outro. Em quarto lugar, há um funcionamento normal e um funcionamento patológico das duas instâncias normativas: a exacerbação da crítica conduz à melancolia, a supressão da distância entre o ego e o seu ideal à megalomania. É deste quadro teórico que arranca a construção do conceito do superego na quarta fase do pensamento de Freud.

Em *Psicologia Coletiva e Análise do Ego*, é o ideal do ego que toma o papel de objeto privilegiado de estudo. Investigando a natureza do laço que vincula entre si os membros de um grupo permanente, Freud conclui que ele consiste numa identificação comum com o líder, essencialmente redutível a um impulso libidinal sublimado. O passo seguinte é o estudo da condição do "estar apaixonado"; comparando a identificação, já analisada, com o fenômeno da superestimação do objeto amoroso – denominada "idealização" – Freud sugere que a diferença essencial entre os dois processos consiste simplesmente em que no primeiro o objeto é posto no lugar do ego, enquanto no segundo ele substitui o ideal do ego[43]. A escolha de objeto se processa aqui segundo o modelo narcisista, em que se ama aquele que se parece conosco ou que desejaríamos ser; em ambos os casos, é mobilizado o ideal do ego, aqui como a projeção presente do narcisismo infantil, ali como perseveração relativamente límpida do mesmo estado. O líder é, portanto, aquele que foi colocado no lugar do ideal do ego dos membros do grupo, seguindo-se daí uma identificação recíproca no nível dos respectivos egos. Esta situação é ilustrada com clareza pelo exemplo da hipnose, relação que se define pela total subjugação de uma pessoa por outra: isto só é possível porque o hipnotizador é introduzido no lugar do ideal do ego do hipnotizado, resultando esta operação nos fenômenos característicos do comportamento sob hipnose. Incidentalmente, podemos observar que esta gênese da relação hipnótica – ainda que, como Freud observa, ela não resolva todos os problemas da hipnose – finaliza uma preocupação que datava do início da psicanálise: a de saber por que os tratamentos hipnóticos não curavam a neurose. Se tomarmos em conta a mecânica da terapia, tal como a abordamos no capítulo pre-

43. *Group Psychology and Analysis of the Ego*, S.E., XVIII, p. 114.

cedente, torna-se óbvio o motivo do fracasso da hipnose: ao invés de mobilizar o ego do paciente e assim recolocar em ação o conflito patogênico, ela o esmaga pela força do ideal do ego, sem permitir o surgimento das resistências, cuja análise permite descobrir as repressões e portanto iniciar o caminho da cura.

Desta análise do ideal do ego emergem duas possibilidades: ou a sua relação com o ego é benigna, ou a distância entre ambos dá origem a perturbações de várias naturezas. O primeiro caso se verifica na formação dos grupos e na hipnose, em que o ego aquiesce às mutações do ideal do ego e o segue na rota por ele indicada; por outro lado, é muito mais frequente o caso inverso, em que o ideal do ego, sendo inatingível por esta ou aquela razão, se torna um espinho na carne do ego, fornecendo à consciência moral toda sorte de pretextos para criticá-lo e humilhá-lo. É neste sentido de "ideia reguladora" do ego – mas uma ideia reguladora perversa e vingativa, que cobra a cada instante a estrita obediência a si – que o ideal do ego vem formar uma das funções do superego.

Ao introduzir o termo "superego" na terceira seção de *O Ego e o Id*, Freud procura encontrar a origem desta instância na identificação com o pai e com a mãe; o tema aparece no contexto da discussão do Complexo de Édipo e da identificação. Como vimos na seção anterior, o resultado geral do período edipiano consiste na formação de um "precipitado" no ego, que inclui em proporções variáveis a combinação das identificações com os dois progenitores. A esta conclusão, Freud acrescenta uma observação importante: "Esta modificação do ego conserva sua posição especial, contrastando com os demais constituintes do ego sob a forma de um ideal do ego ou superego"[44]. Esta frase é de certo modo surpreendente, pois parece opor-se à gênese narcisista do ideal do ego. Contudo, a contradição não é real: o Complexo de Édipo, ao qual se reportam as identificações em questão, também possui um aspecto narcisista, pelo qual o sujeito superestima suas capacidades e pretende colocar-se no lugar de seus pais. Por outro lado, a função crítica do superego, anteriormente ligada de maneira um tanto frouxa à "distância" entre o ideal do ego e o ego, que seria percebida em função da interiorização em parte enigmática da crítica parental, recebe agora uma determinação muito mais precisa: o superego não é apenas um "depósito" das escolhas objetais do id, mas também, e principalmente, uma reação enérgica contra elas:

> sua relação com o ego não se esgota no preceito "deves ser como teu pai"; compreende também a proibição "não deves ser como teu pai", isto é, não podes fazer tudo o que ele faz; muitas coisas são prerrogativas somente dele[45].

44. *The Ego and the Id*, S.E., XIX, p. 34.
45. *The Ego and the Id*, S.E., XIX, p. 34.

Em. outras palavras, a identificação com o pai é levada à sua conclusão lógica: se ele representa a Autoridade, "ser como ele" inclui a interiorização da autoridade. É por esta razão que o superego é visto como o "herdeiro" do Complexo de Édipo: ao introjetar a proibição do incesto, ele continua a identificação edipiana, mas com o sinal invertido. Por outro lado, o modelo paterno continuará servindo como norma para a evolução do ego; e na distância entre a exigência de ser e a imposição de não ser, o superego se instala como função crítica e como função interditora, vigiando o ego para que este não se desvie do caminho prescrito pela identificação que o constitui. Ao mesmo tempo, por sua ligação intrínseca com o Édipo, o superego mergulha no id, superando e conservando as primeiras vicissitudes da vida libidinal; mas, como o id é também a sede da pulsão de morte, devemos esperar encontrar na ação do superego elementos que se originam nela. No texto que estamos comentando, Freud não desenvolve esta possibilidade, preocupando-se com mostrar que do superego derivam os elementos superiores da vida ética: o impulso para a formação da consciência religiosa – na medidade em que substitui a nostalgia do Pai –; o germe da consciência moral – fruto da tensão entre o ego e os severos padrões do superego –; o princípio da interiorização das normas sociais, e portanto da humanização do pequeno animal engendrado pelo homem e pela mulher. O superego se estabelece assim como o veículo do que existe de mais elevado no ser humano; mas ao mesmo tempo, dada sua derivação do Édipo e portanto do id, ele permanece em grande medida inconsciente, agindo à sombra do anonimato proporcionado por sua origem pulsional. É importante assinalar que a dupla determinação do superego – como reação ao Complexo de Édipo e como fruto da incorporação da crítica parental – é redutível a uma só: o jogo das identificações e, por trás dele, a fusão e defusão das pulsões. A agressividade do superego, a violência e a brutalidade com que exerce sua tarefa de guarda pretoriana do desejo não admitem outra explicação no quadro da segunda teoria das pulsões: ele é uma das formas pelas quais Thânatos mostra seu poder, embora mediada pelas tortuosas veredas de Eros.

A crueldade do superego é atestada por diversos fenômenos observáveis na clínica. A chamada "reação terapêutica negativa" –o fato de o paciente agravar sua neurose no decorrer do tratamento, ao invés de cooperar com o terapeuta – mostra que o sofrimento é desejado mais intensamente que a cura; Freud reporta este quadro clínico à existência de um sentimento inconsciente de culpa, como se a miséria neurótica tivesse o caráter de expiação por crimes medonhos, e a sua extirpação acarretasse punições ainda mais terríveis. O sentimento inconsciente de culpa provém da severidade com que o superego trata o ego, acusando-o em suma de concordar com os impulsos assassinos e libidinosos do id; isto reforça a tese anterior de que há um contato estreito entre as duas instâncias, sem a mediação do ego: pois as tendências contra as quais o superego brande sua férula disciplinadora jamais fizeram parte do ego. Um dos fatores para diferenciar a neurose obsessiva da melancolia reside precisamente na reação do ego a esta censura:

> em certas formas de neurose obsessiva, [...] o ego se rebela contra tal imputação de culpa e busca o apoio do analista para repudiá-la; [...] na melancolia [...] o ego admite a culpa e se submete à punição[46].

A razão disto é dada pela identificação operante na melancolia e ausente da neurose obsessiva: por seu intermédio, o ego incorpora o objeto que despertou a cólera do superego, e portanto, por assim dizer, reconhece a justeza do castigo. Ora, a fúria com que o superego flagela o ego na melancolia recorda o comportamento do sádico frente ao seu objeto. O sadismo, como sabemos, é o resultado da erotização da pulsão de morte; na melancolia, tudo se passa como se

> o componente destrutivo tivesse se entrincheirado no superego e se voltado contra o ego. O que agora domina o superego é, por assim dizer, uma pura cultura das pulsões de morte, e na verdade muitas vezes consegue levar o ego à morte, se este não se protege do tirano a tempo, por uma corrida rumo à mania[47].

A transição do sadismo para a agressividade contra si próprio envolve uma defusão das pulsões, pois nos é dito que ela equivale a uma "pura" cultura das pulsões de morte. A mola desta defusão deve ser buscada na identificação com o pai, que, como toda identificação, traz consigo uma dessexualização do objeto, e portanto uma liberação da fração correspondente da pulsão de morte, já que Eros não mais exerce seu poder sobre os elementos destrutivos presentes na relação objetal. A defusão, cuja consequência reside sempre num incremento da agressividade, faz Thânatos retornar ao seu leito original, ou seja, o próprio indivíduo.

Este problema é tratado mais amplamente no artigo de 1924, *O Problema Econômico do Masoquismo*. Das três formas de masoquismo distinguidas então – a feminina, a erógena e a moral – esta última se relaciona diretamente com o superego. O masoquismo moral é o desejo de sofrer por sofrer, tal como o ilustra a reação terapêutica negativa, sem que este sofrimento provenha dos golpes do objeto sexual. O adjetivo "moral" indica a fonte desta tendência: é a crítica impiedosa do superego, na qualidade de consciência moral, que por sua vez reflete a tensão existente entre o ego e o superego. Este absorveu, segundo o texto que mencionamos, as funções do ideal do ego, o que permite uma flexibilidade maior do instrumental de análise. Freud joga aqui com a ideia de que a identificação implica uma dessexualização, ao menos quanto à finalidade direta da pulsão: é ao introjetar as imagos parentais que o sujeito vence

46. *The Ego and the Id*, S.E., XIX, p. 51.
47. *The Ego and the Id*, S.E., XIX, p. 53.

seu Complexo de Édipo, mas ao mesmo tempo incorpora o rigor do castigo paterno. À objeção de que a severidade do superego é com frequência muito superior à efetivamente exercida pelos pais, é simples responder que a defusão pulsional resultante do processo intensifica o aspecto destrutivo, dada a predominância da pulsão de morte assim estabelecida. Estas raízes do superego no id – ligadas tanto a Eros quanto a Thânatos – dão conta do seu comportamento frequentemente irracional; por outro lado, na medida em que os pais continuam a existir como figuras da realidade exterior, mesmo depois de completado o processo de constituição do superego, este continua vinculado a eles, surgindo assim como o representante da Realidade frente ao mundo interno do sujeito. Tal representação tem um sentido preciso: é a sentinela que os detentores das normas sociais colocam em cada um dos indivíduos, para guardá-los de dentro e controlá-los em suas veleidades de rebelião. Este é o sentido do progressivo apagamento da importância dos pais na determinação do superego, suplantada posteriormente pelos professores, autoridades e heróis admirados, cuja influência colabora para plasmar o ideal do ego segundo modalidades pessoais. Não se veja nisso uma negação da antiga raiz narcisista do ideal do ego; se tais imagens são incorporadas, enquanto outras são rejeitadas, é porque o amor de si se transferiu para elas; ou melhor, mediante a identificação com traços parciais provenientes delas, o ego absorveu-as em si. O superego se vê assim constituído por dois eixos diferentes: de um lado, o narcisismo, e de outro a negação de si implícita na absorção da crítica social. Contradição? Não cremos; o mecanismo da identificação opera dialeticamente, sintetizando e ultrapassando as sínteses provisórias no seu próprio dinamismo. Nisto revela sua gênese na fase oral, em que a incorporação do objeto passa necessariamente pela sua destruição. O artifício pelo qual a identificação supera a contradição entre um narcisismo teimoso e uma crítica implacável reside simplesmente em permitir àquele deglutir a crítica, assimilando-a a se e passando a integrá-la no cerne do sujeito.

Esta "genealogia da moral" permite compreender as determinações do masoquismo moral. No caso do sadismo do superego, é a consciência que serve de veículo às críticas; no masoquismo moral, o próprio ego se satisfaz com a humilhação, mas sem que este prazer chegue à consciência, em virtude das repressões incidentes sobre a sexualidade. Freud insiste no caráter sexual desta variedade do masoquismo, que só recebe o nome de "moral" em virtude do fato de o torturador ser a consciência moral; mas o substantivo pesa aqui mais que o adjetivo, e o prazer de suportar a dor não pode ser excluído.

A moral e a consciência moral nasceram pela superação e pela dessexualização do Complexo de Édipo; o masoquismo moral sexualiza novamente a moral, reanima o Complexo de Édipo e provoca uma regressão daquela a este. Tudo isto não beneficia nem a moral nem o indivíduo. O masoquismo moral cria a tentação de cometer atos "pecaminosos", que depois serão castigados com as recriminações da consciência sádica (como em tantos personagens da literatura russa) ou através da punição imposta pelo grande poder parental do Destino[48].

Em síntese, o masoquismo moral pode ser visto como uma tentativa desvairada do ego de desfazer a defusão pulsional, ligando novamente o Eros e a pulsão de morte; mas ao invés de predominar a libido, vence a tendência à autodestruição, dada a constelação pulsional específica do indivíduo. Este resultado se aproxima da neurose, de sorte que não é surpreendente encontrá-lo em formações patológicas de tipo obsessivo ou melancólico.

Freud conclui este artigo com uma observação que conduz diretamente ao tema de *O Mal-Estar na Cultura*: a consciência moral se torna tanto mais rígida quanto mais o sujeito reprime sua agressividade contra os outros. Isto seria inexplicável, se a origem da consciência moral não estivesse no mundo exterior, sendo suas exigências primeiramente impostas de fora e só posteriormente assumidas pelo sujeito como próprias. O sentimento inconsciente de culpa que resulta desta absorção não se restringe aos neuróticos, dado que a moralidade é uma exigência universal; ele se encontra na alma de todos os homens, por obra e graça da civilização que deveria torná-los mais felizes. De onde surge e por que triunfa a infelicidade, que parece ser um elemento tão essencial da condição humana?

Em *O Nervosismo Moderno e a Moral Sexual Civilizada*, de 1907, Freud propunha uma resposta: a civilização corta de tal maneira a expressão das tendências sexuais, que elas, uma vez reprimidas, voltam-se contra o sujeito sob a forma de angústia, originando o excesso de libido acumulada por causa das restrições sociais e a frequência das neuroses na sociedade moderna. Esta resposta é agora insuficiente: a agressividade não pode ser filiada à libido, no quadro da segunda teoria das pulsões, dispondo de uma origem independente e tão pulsional quanto Eros. Este, na sua grande tarefa de ligação, dá origem aos grupos humanos; mas logo entra em conflito com seu produto, pois o amor entre duas pessoas se opõe ao amor pelo grupo; a exclusividade na posse do ser amado e o desejo de permanecer todo o tempo ao seu lado fazem surgir ao mesmo tempo a recusa e o ódio aos demais, vistos agora como aqueles que cobiçariam o objeto do amor e, por suas exigências, afastariam um do outro os amantes. A sublimação se impõe; pela própria necessidade de sobrevivência, é preciso trabalhar e trabalhar em conjunto. A cultura impõe uma primeira frustração às pulsões, quando visa o Eros e restringe seus objetos e suas finalidades: o tabu e a sublimação se aliam, proibindo a

48. *The Economic Problem of Masochism*, S.E., XIX, p. 169. A referência à literatura russa remete ao estudo sobre *Dostoiévski e o Parricídio*, em que Freud discute os avatares do masoquismo que habita tanto o autor quanto as atormentadas personagens de *Os Irmãos Karamázov*.

livre manifestação da sexualidade. O fenômeno se agrava, segundo *O Mal-Estar na Cultura*, pelo dado biológico da abolição da periodicidade sexual pela evolução do antropoide rumo aos primeiros hominídeos, já que o caudal de excitações, brotando num fluxo constante, se convertera numa ameaça à sobrevivência da espécie e devia portanto ser reprimido com muito mais energia. O preceito de amar ao próximo envolve uma dessexualização do amor, no que podemos ver um eco das consequências da identificação recíproca que, para Freud, funda a existência dos grupos sociais.

Mas o preceito não ternina aí: ele exige amar o próximo "como a si mesmo". Eis uma exigência que esbarra no caráter irredutível da agressividade, dirigida para o exterior para não acarretar a morte do sujeito. Nesta exteriorização da pulsão de morte, há um componente erótico implicado: mesmo a mais cega fúria destrutiva, de que parece ausente toda motivação libidinal, proporciona ao ego a satisfação narcisista da comprovação dos sonhos de onipotência acalentados na sua época mais arcaica. A agressividade, atenuada mais amplamente pela doçura do Eros, deve oferecer ao indivíduo os meios de satisfazer suas necessidades vitais e dominar a realidade exterior na medida para tanto. Ora, na realidade exterior figuram também os outros homens: daí a agressividade frente a eles ser um fato determinado pela constituição pulsional do ser humano.

> O homem não é uma criatura terna e necessitada de amor, que só ousaria se defender se fosse provocada; mas ao contrário, um ser entre cujas disposições pulsionais se deve incluir também uma forte dose de agressividade. Por conseguinte, o próximo não é para ele apenas um possível colaborador e objeto sexual, mas também um motivo para satisfazer sua agressividade, para explorar sua capacidade de trabalho sem retribuí-la, para aproveitar-se dele sexualmente sem seu consentimento, para apoderar-se dos seus bens, para humilhá-lo, ocasionar-lhe sofrimentos, martirizá-lo e matá-lo[49].

Esta impressionante descrição da besta humana talvez seja a passagem mais característica deste quarto período da obra freudiana, se estivermos certos em nossa hipótese de vê-la dominada essencialmente pelo tema da violência. A intersubjetividade aparece determinada não só pela libido, mas principalmente pelo ódio e pelo conflito, inscritos na dinâmica da relação interpessoal como condições da sua própria possibilidade. A cultura não pode tolerar este grau de violência, sob pena de se desintegrar; Eros recorre então a um artifício para impedir sua eclosão. Mediante a estruturação do superego, a agressividade se dirige contra o próprio sujeito, e como consciência moral apresenta frente a ele a mesma dureza que o ego exibiria frente aos outros. Os valores morais não são produzidos por uma faculdade discriminadora do ego, que só distingue os objetos em termos do balanço prazer-desprazer, mas pela autoridade do mundo exterior.

49. *Civilization and its Discontents*, S.E., XXI, p. 111.

Por que o ego se submete aos *ukases* desta autoridade? A resposta é simples: eles lhe são veiculados pelas pessoas a quem mais ama – os pais – e o ego teme perder este amor, perda esta que se traduziria por indiferença ou por uma punição direta.

O primeiro momento da consciência moral é assim o medo de ser *descoberto* pelo outro se for praticado um ato reprovável; mas ainda não se divisa o superego.

> Só se produz uma mutação decisiva quando a autoridade é internalizada, ao se estabelecer um superego. Com isto, os fenômenos da consciência moral são elevados a um novo nível, e a rigor só agora temos o direito de falar de consciência moral e de sentimento de culpa. Nesta fase, deixam de ter sentido o medo de ser descoberto e a diferença entre querer fazer o mal, pois nada pode ser ocultado do superego, nem sequer os pensamentos[50].

Esta internalização da autoridade equivale à identificação com a instância parental, com as proibições e interdições dela provenientes. Com isto, está dada a possibilidade do sentimento de culpa, já que, enquanto a proibição se originava no exterior, o sujeito podia sentir-se vítima inocente do arbítrio; mas quando ela é ditada por um imperativo categórico que nasce da consciência moral, a escusa da ignorância ou da negligência não mais pode ser invocada. Daí o caráter onisciente do superego, ao qual se acrescenta a intemporalidade dos processos inconscientes: o ego contra o qual ele se volta em sua sanha justiceira será para sempre o ego do Complexo de Édipo, ego libidinoso e assassino, sem vergonha e pudor, que deseja a promiscuidade e a morte. Não basta a renúncia à satisfação das pulsões; o superego exige a supressão da própria pulsão, o que é impossível: o sentimento de culpa por desejar o impossível se instala necessariamente. Freud diz que o indivíduo trocou uma ameaça exterior ocasional por uma "desgraça interior permanente": a tensão do sentimento de culpa[51].

50. *Civilization and its Discontents*, S.E., XXI, p. 125.

51. *Civilization and its Discontents*, S.E., XXI, p. 128. O antikantismo de Freud transparece aqui com muito maior clareza do que na crítica ao conceito do tempo como forma *a priori* da sensibilidade. O alvo visado é o cerne da doutrina kantiana, isto é, a questão da moralidade. O Imperativo Categórico não nasce da autonomia de uma vontade que dá a si mesma o princípio das suas máximas, e sim da internalização, pela violência, das normas sociais que proíbem o incesto. ("O Imperativo Categórico de Kant é o herdeiro direto do Complexo de Édipo", lemos em *O Problema Econômico do Masoquismo*, S.E., XIX, p. 167). Daí que, ao invés de ser o respeito pela lei moral o móvel das ações do homem livre, o sentimento invocado seja o de culpa. A análise kantiana é invertida: não é o sentimento que funda a obediência à lei, mas o terror da lei que inspira o sentimento. Todavia, é preciso notar que, a partir da introdução do narcisismo e da identificação, a questão do Mesmo e do Outro (*auto*nomia, *hetero*nomia) muda inteiramente de sentido: uma dialética complexa os inclui no movimento do Desejo, como vimos mostrando. Kant recusa, com razão, que o Desejo possa dar fundamento a uma moral. Freud está de acordo, mas por motivos opostos. O Desejo não tem vergonha, nem nunca terá. A moral? Esta tem uma genealogia: é respeitável e despeitada.

Nesta gênese do superego, porém, há uma contradição aparente: por um lado ele é derivado da incorporação da autoridade exterior, enquanto por outro se filia à agressividade inata do ser humano. A dificuldade é resolvida pela referência ao Complexo de Édipo: a primeira parcela de agressividade provém da vingança contra os pais, que restringem as possibilidades de satisfação pulsional. A cada parcela da agressividade a que o sujeito renuncia sob a pressão da realidade, corresponde um incremento da severidade do superego, que a incorpora. Isto explica o aparente paradoxo de serem justamente os indivíduos menos agressivos que desenvolvem os superegos mais exigentes:

> a relação entre o ego e o superego é o retorno, deformado pelo desejo, de antigas relações entre o ego antes indiviso e um objeto exterior [...]. A diferença fundamental reside, porém, em que a primitiva severidade do superego não é o ódio que o objeto nos fez sentir ou a que lhe atribuímos, mas corresponde antes à nossa própria agressão contra o objeto[52].

A tendência universal à repetição se manifesta aqui mais uma vez, eliminando a possibilidade de que o sentimento de culpa possa derivar do remorso. Freud observa que o remorso pressupõe uma consciência moral frente à qual ele se constitui, não podendo portanto ser a condição dela. O próprio remorso se vincula ao Complexo de Édipo: é consequência da atitude ambivalente frente ao Pai, de amor e de ódio, e cuja resolução se liga à identificação do superego.

A referência ao Édipo suscita um outro problema: se este complexo sucumbiu à ameaça de castração, como ligar esta ao superego? Desde logo, o problema se refere apenas ao menino, já que na menina a relação entre os complexos de Édipo e de castração é inversa. Se a castração é sobretudo um insulto ao narcisismo, cabe supor que o superego tem como função última preservar o ego desta mutilação, o que parece se chocar com a função ressaltada até aqui, e cujas formas patológicas podem atingir um grau impressionante de violência. Na verdade, o jogo de espelhos é complexo, mas não confuso. Por um lado, a cultura – obra de Eros – introjeta a agressividade, criando a agência repressora por excelência: Eros sublimado se volta assim contra Eros diretamente sexual. Por outro lado, o superego, instância crítica e moldada segundo a autoridade exterior, aparece como o protetor do narcisismo, isto é, de Eros. Para não invocar um malabarismo das pulsões, cuja fusão e defusão é sempre difícil de perseguir, parece-nos mais fecundo distinguir entre os planos em que ocorrem os diversos processos. A interiorização da agressividade é o preço a pagar por ser a cultura obra de seres constituídos por uma dualidade de pulsões, irredutíveis uma à outra: Eros se serve aqui da pulsão de morte, mecanismo cuja contrapartida no sujeito é dada pela subjugação da agressividade aos ditames do amor, no caso, do amor de

52. *Civilization and its Discontents*, S.E., XXI, pp. 129-130.

si. O superego inclui, nos textos finais de Freud, o que se chamava anteriormente de ideal do ego, também habitado pela determinação contraditória de ser um sedimento do narcisismo infantil e uma incorporação de modelos exteriores. Por outro lado, a importância do sentimento de culpa não deve ser diminuída: entre o ego e o seu protetor, há uma tensão permanente, pois no psiquismo a estátua jamais corresponde aos desígnios do seu Pigmalião. O superego critica o ego, com a violência que já ressaltamos, precisamente por esta diferença, que proporciona à consciência moral o seu pretexto e ao ego os dissabores de se ver constantemente sob o olhar de um Outro que está em si. Este Outro é o Pai despersonalizado, cuja ameaça de castração perdura no âmago do sujeito por intermédio da identificação.

Se o superego perpetua no menino o temor à castração, e se esta é o cerne do processo que conduz do Édipo ao superego, a ela se reduzindo em última análise as vagas "influências do mundo exterior" – pois a castração é o castigo do incesto, realizado ou desejado, e a civilização se constrói sobre os alicerces do tabu do incesto – se tudo isto é correto, então o conceito do superego feminino apresenta uma dificuldade particular. Com efeito, para a mulher a castração não é uma ameaça, mas um fato consumado; o trânsito do Édipo ao superego tem portanto de ser realizado de outra maneira. Freud é consequente com suas premissas:

> Embora vacile em expressá-la, se me impõe a noção de que o nível do ético normal é diferente no homem e na mulher. O superego nunca chega nela a ser tão inexorável, tão impessoal, tão independente de suas origens afetivas como exigimos que seja no homem. Certos traços caracterológicos que os críticos de todos os tempos têm atirado ao rosto da mulher – que tem um sentido da justiça inferior ao do homem, que é mais rebelde frente às grandes necessidades da vida, que em seus juízos é mais propensa a deixar-se guiar pelos sentimentos de afeto e de hostilidade – todos eles poderiam ser explicados pela diferente formação do superego que acabamos de inferir[53].

A relação do superego com o Édipo é mantida: à medida que este sucumbe, aquele vai sendo engendrado. Mas a impossibilidade física da castração no sexo feminino o coloca sob uma nova luz: como o Édipo feminino sobrevive no id através da rede de equivalências inconscientes que parte do pênis, o superego feminino também tem raízes no id, correspondentes à série das equações mencionadas. Desta óptica, ele surge como o guardião da feminilidade, preservando o desejo do pênis e bloqueando o investimento dos elementos masculinos presentes no desejo, que equivaleria a uma reanimação do Complexo de Édipo em sua versão primitiva, de identificação com

53. *Some Psychical Consequences of the Anatomical Distinctions of the Sexes*, S.E., XIX, pp. 257-258. Talvez seja esta a mais caluniada das observações sobre a sexualidade feminina jamais escrita por Freud. Mas, como aqui se opera no plano do transcendental e não no da empiria, os "traços caracterológicos" são o que menos importa. A questão será retomada na seção 7 deste capítulo.

o pai e desejo da mãe, ou de sua forma explícita, de desejo do pai e identificação ambivalente com a mãe. A ambiguidade do termo "elementos masculinos" não deve confundir a análise: ser um homem é uma posição do desejo edipiano (= possuir o pênis), mas também o é o desejo de copular com o pai (= possuir o pênis). Assim, reencontramos na mulher a função de proteção narcisista do superego, evidentemente adequada às vicissitudes do desejo feminino, e que já não deve surpreender o leitor de Freud.

Contudo, a função do superego permanece essencialmente a de auto-observação e de crítica contundente. O objeto desta atividade é sempre o ego, o que sugere a debilidade da posição desta instância: ele deve se defender do superego, mas também do id e da realidade exterior. Na frase de *O Ego e o Id, o* ego deve obediência a três senhores irreconciliáveis. Da sua habilidade em solucionar as tensões geradas por tais conflitos depende a normalidade psíquica do sujeito; mas, como veremos agora, ela não se verifica sem penosas concessões e sem profundas cicatrizes. A violência será introduzida no âmbito interno do sujeito: a guerra das instâncias psíquicas conduz-nos à angústia e aos mecanismos de defesa do ego. Também neste aspecto da teoria psicanalítica o advento da pulsão de morte e do tema da violência faz sentir os seus efeitos: a irredutibilidade das pulsões agressivas tem de ser levada a sério, se se quiser compreender todo o alcance da revolução iniciada em 1920.

6. A ANGÚSTIA E AS DEFESAS DO EGO

Não posso senão estar triste; e tão pesadamente triste
Que, embora ao pensar não pense nenhum pensamento,
Isto me faz, com o pesado nada, desfalecer e sucumbir.
SHAKESPEARE, King Richard II, *Ato III, Cena 1.*

O ego oscila sem cessar entre momentos de grandeza e momentos de miséria. De simples camada exterior do id, passa a ser, em virtude de sua relação constitutiva com a percepção e portanto com a realidade exterior, o organizador dos processos psíquicos e o guardião da sua correspondência com a realidade. Sede da consciência e do pensamento, cabe-lhe controlar as pulsões ao invés de obedecê-las; nesta tarefa, que leva a cabo com energias cedidas pelo id, é auxiliado pelo superego e pelas indicações que provêm do mundo exterior. Por outro lado, o id permanece, para ele, como um domínio estranho, fonte de desejos e imposições que o chocam e o assustam; o superego, preservador da autoridade paterna e das normas sociais, o acua constantemente sob o peso da moralidade; a realidade exterior só se submete em parte ao seu comando, permanecendo essencialmente como ameaça à sua integridade e como origem de inumeráveis frustrações. É por estas razões que a posição do ego é extremamente vulnerável, e sua missão só pode ser cumprida por meio de acordos provisórios com cada um dos seus três amos, acordos esses que é preciso constantemente trair para aplacar os inimigos não contemplados em suas disposições. Frente aos desejos do id, é necessário oferecer racionalizações, que demonstrem a convergência de tais desejos com a realidade e com a consciência moral; frente aos *ukases* do superego, é preciso transigir aqui para não ceder acolá, evitando os escolhos gêmeos do cinismo e da ortodoxia; frente as exigências da realidade, é prudente contemporizar, acatando algumas e ignorando outras, para não ferir as suscetibilidades de ninguém. Esse pessedismo matreiro do ego nasce da sua impotência, no jogo cruel do poder: não dispondo de outras forças que aquelas que lhe são cedidas com reserva de domínio pelos três adversários, tem de que basear sua estratégia na divisão do inimigo, atirando uma frente contra a outra, sem jamais poder vencer abertamente suas batalhas. As metáforas da guerra e da política que Freud emprega para caracterizar o ego não são meros recursos de estilo: o que está em jogo é o Poder, com sua carga de violência e do gozo, e a natureza mesma do ego está em ser o objeto visado pelas pulsões, pela moralidade e pelas ameaças externas. O "oportunismo sicofanta" do ego é apenas a outra face da sua diplomacia astuta, imposta pela rede de dependências que o constitui e em meio às quais ele se move. O id lhe exige que aceda e invente meios de satisfazer seus desejos; o superego, que se comporte como um ente moral, sem jamais especificar com clareza os princípios deste comportamento; a realidade exterior, que descubra o seu enigma, sob pena de ser destruído por ela.

O resultado desta tripla exigência é com frequência o surgimento de angústia no ego.

> O ego é a verdadeira sede de angústia. Ameaçado por perigos originados de três direções, ele desenvolve o reflexo de fuga, retirando o investimento da percepção ameaçadora ou dos igualmente temidos processos do id, e descarregando-o como angústia[54].

Esta aparece assim como o resultado de uma operação de defesa, como uma "descarga" de excitação. Mas se torna difícil compreender como uma descarga pode ser sentida como desprazer, segundo os princípios da regulação psíquica em termos do nível de tensão. Desde logo, tal descarga é mediada por um processo defensivo, cujo protótipo é a repressão; mas a primeira teoria da angústia, sustentada desde a época da correspondência com Fliess, não comporta esta explicação. Freud sustentara sempre que a angústia consistia essencialmente na transformação automática da energia pulsional acumulada pelo bloqueio imposto à sua exteriorização, o que concordava com a hipótese do Princípio do Prazer: se a energia se acumula, a tensão

54. *The Ego and the Id*, S.E., XIX, p. 57.

aumenta e se sente desprazer. Ora, não é isto o que se afirma na conclusão de *O Ego e o Id*. Aí lemos que o ego é a *sede* da angústia, o que exclui qualquer transformação automática da energia pulsional, que por definição só poderia se produzir no id. Ela passa a ser vista como uma reação do ego, e como uma reação muito determinada: é a resposta a um *perigo*. A fragilidade do ego é acentuada pelos termos que Freud emprega: "temido", "ameaçador", "fuga"; é ela, em última análise, a responsável pela eclosão da angústia. Ora, se esta consideração faz ruir a primeira teoria da angústia e a desvincula da sexualidade como sua determinação exclusiva, por outro lado coloca o problema de saber qual a sua gênese e a que funções ela serve. Esta é a questão central do ensaio de 1926 intitulado *Inibição, Sintoma e Angústia*, em que, ao lado de uma ampla revisão da teoria das neuroses, Freud procura estabelecer uma solução definitiva para o enigma da angústia, do qual dera nos anos anteriores, nos termos do Cap. 2 desta obra, apenas uma "descrição fenomenológica", e não uma "exposição metapsicológica"[55].

O primeiro passo desta "exposição" consiste numa reavaliação da repressão. Esta significa basicamente a inibição de uma descarga pulsional originada no id; mas sendo um fenômeno que tem lugar a partir do ego, isto implica atribuir a este um poderio sobre a dinâmica pulsional que exige uma explicação, à luz da melancólica afirmação da sua fraqueza que encerra *O Ego e o Id*. O núcleo do ego é a consciência, e esta percebe tanto os estímulos do mundo exterior quanto aqueles provenientes do id; em função do Princípio do Prazer, trata de orientar todos os processos anímicos em direção à satisfação geradora de prazer. É este que serve ao ego para controlar os desenvolvimentos pulsionais do id: mediante um *sinal de desprazer* emitido pelo ego, o Princípio de Prazer inibe imediatamente o processo que, segundo as indicações daquele, poderia povoar o desprazer. A origem da energia para emitir o sinal de desprazer é fácil de encontrar: é simplesmente o investimento pré-consciente da representação que acaba de ser reprimida que será utilizado para gerá-lo. Ao desprazer assim determinado, dá Freud o nome de *angústia*. A primeira modificação da teoria anterior acaba de se operar: a angústia já não é o resultado de uma transformação automática da qualidade da excitação (em função do nível de tensão), mas o resultado de um processo repressivo, ou, melhor dito, sua outra face. O imediatismo desapareceu, mas sobra o principal, a ideia de que a angústia é *concomitante* ou *consequente* à repressão. É esta a ideia que vai ser sistematicamente demolida na sequência do texto.

A repressão parte do ego e não do superego, como seria possível supor. O superego pode ordená-la, exigi-la, punir o ego por não realizá-la; mas o ato repressivo exige um deslocamento econômico pre-

55. *Inhibitions, Symptoms and Anxiety*, S.E., XX, p. 93.

ciso e só o ego pode realizá-lo, porque apenas ele é uma organização estruturada, embora dependa de forças emprestadas para cumprir sua tarefa. Além disso, as repressões originárias, sem as quais faltaria às secundárias uma "tração do inconsciente", como se afirma no artigo *A Repressão*, são efetuadas muito antes do surgimento do superego. Em terceiro lugar, a repressão inibe o acesso à consciência e à motilidade, que são funções do ego; logo, é lícito atribuir a este a sua paternidade. Por fim, o próprio sintoma se vê bloquear o caminho para a ação, o que confirma a força da repressão. O ego aparece assim sob uma luz bem diferente da que propunha *O Ego e o Id*; mas, diz Freud, não há contradição alguma na afirmação simultânea da sua força e da sua fraqueza.

> A contradição aparente [...] procede de que consideramos demasiado inflexíveis as abstrações e só observamos um aspecto de cada vez, dos vários que existem numa complicada totalidade [...]. Quando confrontamos em nosso pensamento a parte (o ego) com a totalidade, ou quando surge realmente uma discórdia entre elas, se nos evidencia a debilidade do ego. Ao contrário, quando ele permanece enlaçado ao id, sem distinguir-se dele, mostra uma intensa energia. Sucede o mesmo em relação ao superego[56].

É simples compreender por que: o ego não dispõe de fonte energética própria, mas opera com forças alheias; quando o suprimento é garantido por uma aliança, ele é forte; mas quando cessa a transferência de tropas, ele se enfraquece. Na repressão, o ego se alia ao superego contra o id; daí a sua força e a eficácia da repressão, pelo menos da de tipo secundário; por outro lado, se reprimir é exilar, não deixa de ser verdade que o impulso reprimido goza do "privilégio de extraterritorialidade", desenvolvendo-se e ramificando-se inteiramente fora do controle do ego. A repressão é portanto uma demonstração de força, mas também uma confissão de impotência. O sintoma progride e cresce, obrigando o ego a uma opção: ou se acomoda a ele, aceitando-o como um fato consumado, ou se rebela e procura reprimi-lo com violência ainda maior. Não é fácil decidir por qual caminho optar: por um lado, o ego é uma organização coerente e não aprecia a existência de elementos irredutíveis junto a si; além disso, sua diplomacia lhe aconselha familiarizar-se com o sintoma e acolhê-lo em sua estrutura, do que advêm os benefícios chamados primário e secundário da doença. Por outro lado, a esta tendência pacifista do ego pode opor-se o sintoma, que na qualidade de substituto de impulsos reprimidos deseja apenas ver a luz do dia, e portanto continua a exigir a satisfação negada àqueles impulsos; daí a necessidade de renovar o conflito defensivo e para tanto tornar a dar o sinal de desprazer. É este o desprazer vivido como angústia. Esta análise oferece uma ponte entre a primeira e a segunda teoria da angústia: vê-se claramente que esta *precede* a segunda repressão, ainda que se siga à primeira. Ao analisar os motivos desta ambiguidade, Freud

56. *Inhibitions, Symptoms and Anxiety*, S.E., XX, p. 97.

acaba por desfazê-la, concluindo pela precedência da angústia à repressão em todos os casos. Vejamos agora os momentos constitutivos desta inversão, que Freud sumariza no capítulo VIII do estudo que estamos comentando.

O problema pode ser formulado da seguinte maneira: como é possível que um *deslocamento* de energia como o que tem lugar na repressão produza desprazer, que por definição só pode ser resultado de um *aumento* da carga energética?

> A isto respondemos que tal sequência causal não necessita de nenhuma explicação, pois a angústia que surge na repressão não é criada do nada, mas reproduzida como estado afetivo, segundo uma imagem mnêmica anterior [...]. Os estados afetivos se acham incorporados à vida anímica como precipitados de acontecimentos traumáticos primitivos, e são revividos como símbolos mnêmicos em situações análogas a estes antiquíssimos acontecimentos[57].

É a repetição que funda o processo do desenvolvimento da angústia, a partir das similaridades percebidas entre determinada situação e seu modelo primordial. Mas esta explicação exige precisar o que está sendo repetido, isto é, pôr em evidência a situação arquetípica de todos os estados de angústia. A sensação psicológica da angústia oferece uma pista para a descoberta desta matriz: ela se faz acompanhar de um aumento da excitação, que cria o desprazer e estimula os processos de descarga. Mas esta síntese "fisiológica" das manifestações da angústia exige um princípio, ou, como diz Freud, um fator "histórico", que enlace estreitamente entre si as sensações e as inervações desta condição psíquica: tal fator seria o princípio da angústia, tanto na acepção cronológica de ser sua primeira manifestação, quanto no sentido transcendental de representar as condições de possibilidade de sua eclosão posterior. Este fator parece ser o trauma do nascimento[58]. Este foi o primeiro momento de perigo na vida do indivíduo, e a reação a ele, perfeitamente adequada, foi a de acelerar

57. *Inhibitions, Symptoms and Anxiety*, S.E., XX, p. 93. As referências à temporalidade – "reproduzida", "imagem mnêmica anterior", "símbolos mnêmicos", "antiquíssimos acontecimentos" – reintroduzem, neste contexto, a questão da memória. Freud já se defrontara com o problema no *Projeto* de 1895, na carta 58 a Fliess, no capítulo VII da *Interpretação dos Sonhos*, e em outros momentos de sua investigação. O uso do termo "precipitação" fornece uma pista para pensar sua posição na segunda tópica: como o mesmo conceito é empregado para designar o ego (precipitado de identificações abandonadas), parece-nos lícito supor que a memória seja função do ego, mesmo porque no id ela não teria cabimento, dado o caráter intemporal dos processos inconscientes. Contudo, podemos falar de uma memória do id, se entendermos por esta expressão uma agência submetida à repetição e à fantasia. Ao recordar, o paciente pode estar apresentando como epifania do passado algo que é produzido naquele momento, isto é, fantasiado no interior da transferência. As recordações podem ser encobridoras, como afirma a *Psicopatologia da Vida Quotidiana*; elas encobrem a peculiar temporalidade instaurada pela repetição. *Repetire:* sofrer de novo. Por que não "sofrer o novo"?

58. *Inhibitions, Symptoms and Anxiety*, S.E., XX, p. 133.

os batimentos cardíacos e precipitar o funcionamento dos pulmões, fenômenos fisiológicos que não cessarão de acompanhar as manifestações da angústia. Contudo, há que qualificar essa afirmativa a partir de duas observações: em primeiro lugar, os ataques de angústia posteriores não são adequados às situações em que emergem, e em segundo a angústia é uma sensação psicológica, que não pode ser atribuída levianamente ao feto no momento do parto. Isto equivale a dizer que o trauma do nascimento não é a primeira manifestação da angústia, mas o seu paradigma, o que elimina a ambiguidade da sua conceituação como *repetição* de uma sensação primordial. Por outro lado, é na infância que se devem buscar os primeiros fenômenos verdadeiramente caracterizáveis como angustiosos. A criança apresenta angústia quando percebe a falta da mãe e encontra em seu lugar outra pessoa, a quem não ama e por quem não anela. O amor do bebê pela mãe se reduz ao fato de que ela o alimenta, e portanto afasta o perigo que brotaria da insatisfação de uma necessidade em tudo análoga ao momento do nascimento, dado o incremento das tensões comum às duas situações de perigo. Este pode agora ser definido: o perigo é "a perturbação econômica pelo crescimento das magnitudes de estímulo que exigem uma descarga"[59].

Esta experiência constitui um momento fundamental na gênese da angústia. A percepção de um objeto exterior capaz de aplacar a necessidade faz o conteúdo do perigo deslocar-se do puro aumento da tensão para a condição que o determina, isto é, a perda do objeto. Quando a criança se dá conta da sua falta, a angústia se antecipa ao perigo possível de a mãe não estar presente no momento em que a tensão aumentar até níveis intoleráveis: é assim que se constitui o "sinal de angústia", pedra de toque da nova teoria. Esta angústia, ao contrário da neurótica, é adequada à situação – pois a mãe pode não estar à disposição no instante em que for necessária – e obriga portanto a introduzir uma diferenciação na definição proposta: haverá uma angústia inadequada, como resposta a uma dada situação sentida como perigosa, e uma adequada, cuja função é prevenir sua aparição. É importante notar que a angústia aparece como premonição ou como resposta a um perigo muito preciso: o da separação. Não se reduz às suas manifestações biológicas, mas envolve uma relação com a fantasia e com o desejo, sendo portanto especificamente humana. A mesma determinação poderá ser encontrada na forma seguinte da eclosão de angústia, vinculada à fase fálica; aqui o medo é o de ser castrado, ligado ao valor narcisista que o menino atribui ao seu pênis.

> Este alto valor [...] pode ser atribuído ao fato de que a posse deste órgão constitui a garantia de uma nova reunião com a mãe (com o substituto da mãe) no ato do coito. O ser despojado deste membro equivale a uma nova

59. *Inhibitions, Symptoms and Anxiety*, S.E., XX, p. 137.

separação da mãe, e significa, portando ser abandonado de novo, totalmente inerme, a uma tensão da necessidade pulsional[60].

A castração e o complexo que se estrutura ao seu redor conferem portanto à angústia um teor específico, que não pode ser dissociado do Complexo de Édipo. Mesmo na menina, a percepção de se ver castrada evolve a noção de uma possível reunião, de sorte que é possível imaginar a recuperação do pênis por intermédio do pai e posteriormente do marido. Castração, angústia e Édipo passam assim a formar uma totalidade complexa; e se os complexos funcionam no id, a reação do ego a eles – a angústia – já não aparece como tão misteriosa.

Com a despersonalização da instância parental acarretada pela emergência do superego, o perigo da castração assume uma feição mais vaga, transformando-se numa espécie de medo à censura. Como vimos, o superego é a agência encarregada de efetuá-la, de modo que a angústia do ego frente ao superego pode ser traduzida como temor à sua cólera, ao castigo que este lhe pode impor, e que em última análise é o da perda do amor dos pais introjetados pela identificação. Esta terceira metamorfose da angústia vem confirmar a tese de que ela é a sensação que o ego sente frente ao perigo da separação, quer ele provenha da realidade exterior (no caso da mãe), quer do superego, quer do próprio id, cujos processos pulsionais inteiramente desvairados podem resultar na perda do amor do Outro, se levados à prática por um ego complacente. É uma consequência imediata do caráter repetitivo da angústia que cada condição adequada para sua eclosão numa fase não seja abolida pela intervenção das subsequentes, apesar de que em cada momento da evolução do indivíduo uma determinada situação seja privilegiada como o fator ocasional do seu desencadeamento. Por outro lado, a ideia de "perda do objeto" inclui a castração, de forma que, no caso da mulher, o fato de a castração se centrar não na ameaça de corte do pênis, mas no fato dele não existir – e de ser objeto de uma inveja fálica que constitui a estampa da feminilidade – não invalida a análise da sexualidade feminina, nem torna impossível a eclosão da angústia em metade da humanidade.

Estas considerações permitem repensar as relações entre a angústia e a formação dos sintomas, isto é, entre a angústia e a repressão que se encontra na base daquela formação. Se a angústia é uma reação do ego à situação de perigo, é possível conceber que este possa provir de duas direções: da realidade exterior ou das pulsões que trabalham no id. No primeiro caso, ela é o aspecto subjetivo do perigo, e deve ser seguida por uma ação adequada para afastá-lo – fuga, ataque, ou outra; Freud a denomina "angústia frente a um perigo real". No segundo, o perigo é desconhecido – inconsciente – mas a reação é

60. *Inhibitions, Symptoms and Anxiety*, S.E., XX, p. 139.

a mesma, o que está justificado pelo fato de ser o id um território exterior ao ego, pelo seu desamparo frente a uma situação em que os adversários são mais fortes; mas o ego pode aprender a servir-se dela, no caso das ameaças pulsionais, precisamente para impedir que o processo desencadeado no id atinja o seu clímax. A função do "sinal de angústia" é exatamente esta: mobilizar o Princípio do Prazer para inibir o investimento dos desejos ameaçadores. O ego pode realizar esta tarefa por meio de suas raízes inconscientes, que funcionam como uma espécie de serviço de espionagem agregado à embaixada de uma potência nos domínios de outra; o sinal de angústia desencadeia então a repressão, mediante a qual o impulso no id é cortado no nascedouro e desviado para outros caminhos. A repressão não mata o impulso; ela é antes uma pena de prisão perpétua, oferecendo portanto o risco de uma conspiração entre os detentos e de uma revolta no interior da penitenciária. A tensão se torna insuportável, porém, e as forças repressoras são obrigadas a ceder em certos pontos, obtendo os impulsos encarcerados uma liberdade vigiada sob a forma dos sintomas.

> Preferimos dizer que os sintomas são criados para livrar o ego das situações penosas. Se a formação dos sintomas for impedida, surgirá realmente o perigo [...]. Podemos dizer também, como complemento, que o desenvolvimento da angústia inicia a formação dos sintomas e constitui inclusive uma premissa necessária de tal formação. Pois se o ego não despertasse, por meio do desenvolvimento da angústia, a instância prazer-desprazer, não conseguiria deter o processo ameaçador iniciado no id[61].

Isto significa que o ego se serve da angústia como uma "vacina", segundo diz Freud em outro ponto do texto, e precisa manter um controle sobre a sua intensidade: se ela extravasar certos limites, causará desprazer análogo ao que deveria impedir, de sorte que o processo defensivo fracassará. Vemos que a sequência causal foi completamente subvertida: ao invés de a repressão bloquear a libido e esta, por seu incremento, passar a ser sentida como angústia, é o sinal de angústia que inicia o processo da repressão, o qual sem dúvida represa a libido; mas esta já não é pensada como uma grandeza de ordem biológica, e sim como uma energia capaz de investir fantasias por meio da regressão, iniciando a série de operações que vimos no capítulo anterior dar origem à neurose. Esta inversão só pode ser pensada à luz da segunda tópica, pois na primeira a barreira da censura impedia qualquer contato entre o ego e o inconsciente.

A angústia aparece assim como uma reação defensiva do ego, frente a um perigo possível. Ora, a possibilidade de um perigo só pode ser estabelecida mediante uma analogia com outra situação, anterior, em que ele efetivamente se manifestou: é o que Freud chama uma situação "traumática". O ego, que a experimentou na própria carne,

61. *Inhibitions, Symptoms and Anxiety*, S.E., XX, p. 144.

reconhece as similaridades pertinentes e desenvolve a expectativa, cuja função é evitar o pior ou pelo menos estar preparado quando este aparecer. A repetição de experiências e impressões penosas tem esta finalidade precípua, como notamos a respeito dos sonhos característicos da neurose traumática e das atividades infantis que reproduzem situações desagradáveis. A expectativa é o que confere à angústia seu caráter de imprecisão de indeterminação: sentimos angústia sem saber exatamente o que tememos. No caso da angústia frente a um perigo exterior, esta indeterminação é relativamente justificada; mas no caso do sinal de angústia que desencadeia a repressão, o perigo a ser temido está dentro do próprio indivíduo. Vimos atrás que o perigo que produz angústia é o da separação do objeto amado; e a condição para que ela ocorra é representada por nossos próprios sentimentos e intenções, essencialmente de caráter libidinal e agressivo. É contra as pulsões que temos de nos defender, se desejamos preservar o amor do próximo; e isto explica a angústia frente ao superego, guardião onisciente da moralidade, que na qualidade de consciência nos acusa sem cessar de sermos o que somos: humanos, demasiado humanos. Quando a cultura internaliza a agressividade e coage a libido, parte destas manifestações pulsionais pode ser desviada para o próprio ego, como vimos na seção anterior; mas parte delas permanece em estado por assim dizer fluido, pronta a investir objetos e a desafiar as normas sociais. A dinâmica das relações internas do sujeito o condena à angústia, quer na qualidade de sinal, quer na qualidade de sentimento de culpa inconsciente, porque o caráter repetitivo da pulsão a obriga a apresentar-se sempre de novo às portas do ego, suscitando a cada vez um pequeno conflito, que pode resultar na repressão ou na anuência do ego ao Desejo que o margeia e o espreita com astúcia.

Por outro lado, a angústia não é a única reação possível à perda do objeto amado. No "Apêndice" de *Inibição, Sintoma e Angústia*, Freud a compara a dois outros estados afetivos: a dor e o luto. Frente à percepção da ausência do objeto, a criança pequena reage com a angústia; a dor, provocada pela irrupção de uma magnitude de estímulo incontestável pela barreira protetora do ego, não se reduz a esta condição, mas deve ser entendida como uma intensa carga narcisista da região afetada, no sentido corporal do termo "região". Com a passagem do narcisismo ao investimento objetal, a perda do objeto desencadeia um sentimento de anelo análogo ao da carga sempre crescente de dor.

> A imagem do objeto, intensamente investida pela necessidade pulsional, passa a desempenhar o papel do lugar do corpo intensamente carregado pelo incremento do estímulo. A natureza contínua do processo de investimento e a impossibilidade de inibi-lo dão origem ao mesmo estado de desamparo psíquico[62].

62. *Inhibitions, Symptoms and Anxiety*, S.E., XX, pp. 171-172.

A dor psíquica é assim simétrica à dor física, dado o caráter de *investimento* comum a ambas: isto coloca as duas como índice de um uma atividade do sujeito, eliminando o aspecto mecanicista da concepção inicial de Freud sobre a questão da dor, que a via ainda como puro efeito da presença de um estímulo excessivo. O corpo aparece na sua verdadeira dimensão de invólucro do ego e objeto de amor narcisista, ou seja, deixa de ser apenas um agregado de matéria para se converter numa significação. Tal movimento estava implícito nas primeiras análises de Freud sobre a histeria e sobre a sexualidade, mas só agora é realizado com todas as letras. E a diferença entre a dor e a angústia se torna clara: a dor tem sua origem na pulsão, é portanto um precipitado do id no ego; enquanto a angústia é uma reação do ego frente ao perigo, quer proveniente do exterior, quer do mundo pulsional. O luto, por sua vez, repousa sobre a indicação da morte do objeto, isto é, da separação definitiva, que é proporcionada pelo Princípio da Realidade; sua função é a de efetuar o desinvestimento do objeto a partir das situações em que sua presença se dava, reproduzidas agora sem que ele apareça: o perigo deixa de ser uma possibilidade para se converter num fato, e o trabalho do luto não é mais do que o seu doloroso reconhecimento. Neste sentido, os fenômenos grupais oferecem um exemplo claro da sua diferença com a angústia: o grupo se enluta com a morte do líder e se angustia com a perda do seu amor, como lemos em *Psicologia Coletiva e Análise do Ego*.

A colocação em evidência da angústia como motor da repressão tem ainda outra consequência: a de recolocar o problema dos mecanismos de defesa. O conceito de "defesa", que vimos no Cap. 1 ser contemporâneo do nascimento da psicanálise, fora paulatinamente substituído pelo de repressão; mas agora Freud o reabilita, distinguindo várias modalidades de defesa além daquela representada pela repressão. A razão disto é óbvia: a angústia só tem sentido se entendida como uma defesa do ego, e não pode ser reduzida à repressão, posto que é sua condição de possibilidade. O retorno do conceito de defesa, porém, parece-nos ter uma determinação mais profunda: ele é uma metáfora militar, e acena para as guerras do ego contra seus três adversários. O tema da violência aparece aqui com inusitada clareza, pois é contra o próprio sujeito e contra a realidade que o cerca que o ego tem que se defender. A violência é o verdadeiro elemento em que se constituirá o ego, precipitado das suas defesas; é o que pretendemos demonstrar agora, percorrendo metodicamente os processos defensivos contra o id, contra o superego e contra a realidade exterior.

A angústia é evidentemente o primeiro termo da série que se refere ao id, por ser o sinal de angústia o ponto de partida para a repressão. O segundo é um fenômeno ao qual Freud negara até então qualquer valor explicativo, considerando o seu conceito apenas como uma *descrição* e nunca como uma *explicação:* trata-se da regressão libidinal. Analisando os sintomas da neurose obsessiva, Freud acentua que nesta doença se verifica uma regressão da fase fálica para a sádico-anal; como o objeto de toda neurose é essencialmente o objeto edipiano, a regressão tem por função cortar o desenvolvimento do Complexo de Édipo. A sua explicação metapsicológica é dada pelo conceito de defusão pulsional, já que ela implica a separação dos componentes eróticos que, ao iniciar-se a fase fálica, se haviam acrescentado às tendências agressivas características do período sádico-anal, dando origem à ambivalência edipiana. A regressão aparece assim como um triunfo do ego frente à pressão pulsional, extraordinariamente intensa no apogeu do Édipo, e pode portanto ser considerada como um mecanismo defensivo contra tal pressão. Por outro lado, como já acentuamos, o ego se submete desta forma a um incremento da intensidade da pulsão de morte, o que explica a extraordinária severidade do superego nos neuróticos obsessivos. A característica da repetição – pois retornar a uma fase anterior não é mais do que repeti-la – aparece mais uma vez no terceiro método de defesa frente ao id, que Freud observa igualmente na clínica da neurose obsessiva: a técnica de "desfazer o sucedido". Trata-se do comportamento típico do cerimonial obsessivo, que recorda a magia dos povos primitivos: tendo realizado determinado ato ditado pelo id, o indivíduo procura "desfazê-lo mediante outro, cuja função é negar a ocorrência do primeiro". Ora, como observa Freud, tal ação equivale a uma repetição, pois

> aquilo que não aconteceu como o sujeito desejava é desfeito por meio de sua repetição de outra forma, acumulando-se toda uma série de motivos para continuar indefinidamente tais repetições[63].

Aqui o propósito do ego é eximir-se da culpa de ter acedido aos ditames do id, refazendo/desfazendo o ato que praticou sob sua injunção. Não é difícil relacionar este procedimento com os outros dois – o sinal de angústia e a regressão – sob a rubrica comum da repetição. Sabemos que esta se vincula intimamente com a pulsão de morte, vale dizer com o caráter compulsivo da ação do id. A ideia de que o ego age com "forças emprestadas" do id ganha assim um novo significado: ele não apenas dessexualiza a libido originária do id para dar origem ao pensamento, à consciência, à percepção e às suas demais funções, mas também volta contra aquele as suas próprias armas, repetindo e utilizando a repetição como nódulo das suas técnicas defensivas contra a tendência do id a repetir.

Contra o superego, o ego emprega outros instrumentos. A neurose obsessiva sugere um deles: o "isolamento". Este consiste em interpolar uma pausa depois de praticado um ato importante do ponto de vista da neurose, durante a qual cessa toda a atividade associativa característica do ego. Mas Freud observa que o isola-

63. *Inhibitions, Symptoms and Anxiety*, S.E., XX, p. 120.

mento normal também é uma tarefa do ego, como observamos a propósito da negação, em que o reprimido entra na corrente do pensamento mediante a introdução do símbolo "não", que o afasta de suas raízes inconscientes, ou, nos exemplos do texto que estamos analisando, ao isolar a ambivalência do complexo paterno, em nossa relação com Deus, e os impulsos excretórios das relações amorosas. O isolamento como meio de defesa frente ao superego consiste em ampliar esta tarefa cotidiana, impedindo o acesso das fantasias e dos impulsos ambivalentes do id, que seriam objeto de censura do superego. Este isolamento prolonga o tabu do contato, que preserva o objeto tanto de Eros quando da pulsão agressiva, e que através desta técnica atinge também os conteúdos do id, impedindo-os de "entrar em contato" com a consciência. A outra forma de defesa frente à cólera do superego é a de incorporar no ego os ditames da consciência moral, sob o título de "formações reativas", ou, nas palavras de *Análise Terminável e Interminável*, de *alterações do ego*. Adaptar-se às exigências do superego para evitar suas sanções e a angústia do sentimento de culpa: tal é o sentido das defesas contra a instância censuradora. Mas isto não preserva o ego de limitações e deformações, já que a fixação destes mecanismos de defesa na sua estrutura ultrapassa em muito o alcance inicial, convertendo-se em verdadeiros traços de caráter. O traço comum às defesas do ego frente ao superego é portanto a docilidade aparente com que aquele se curva às exigências deste.

Frente à realidade exterior, além da chamada "angústia perante um perigo real", o ego emprega uma série de modalidades defensivas, que podem ser reunidas sob o traço comum de "não tomar conhecimento do real". A psicose se caracteriza pelo emprego em larga escala deste tipo de mecanismos, dos quais mencionaremos três: a *Verleugnung* ou recusa, a *Verwerfung* ou repúdio[64], e a *Ichspaltung* ou divisão de ego. Todos eles traduzem a mesma necessidade de fugir à dor da frustração que o real impõe ao ego; daí à criação de uma nova realidade na imaginação, fenômeno característico da condição psicótica, a distância não é grande. É no artigo *Fetichismo*, de 1927, que aparece com clareza o mecanismo da recusa. Frente à percepção da vagina, isto é, da realidade da castração certos meninos reagem de uma forma peculiar: recusam aceitar este fato; mas como a per-

64. Três termos do vocabulário freudiano indicam a ação de negar: *Verneinung*, *Verleugnung* e *Verwerfung*. LAPLANCHE e PONTALIS (*Vocabulaire de la Psychanalyse*, ed. cit.) traduzem-nos respectivamente por (*Dé*) *Négation* (*negation*, negação); *Déni* (*disavowal*, recusa); *Forclusion* (*repudiation*, repúdio), terminologia que mantivemos em nosso estudo. A negação exprime a inclusão do reprimido na *cogitação* consciente mediante o signo "não"; a recusa visa não tomar conhecimento de uma percepção traumatizante, como a da vagina (como mostramos na sequência do texto); o repúdio ou *forclusion* designa o mecanismo específico da psicose, simetricamente à repressão na neurose. Os autores mencionados observam que este termo foi introduzido por Lacan (artigo *Forclusion*, pp. 163-166).

cepção não mente, encontram uma forma de preservar sua crença na existência do falo feminino através da sua substituição por um fetiche. Diz Freud que o fetiche preserva o fetichista da homossexualidade, porque confere à mulher um atributo que a torna aceitável como objeto sexual, permitindo uma gratificação libidinal cômoda, dado o caráter secreto do símbolo escolhido.

> Se no conceito de repressão queremos diferenciar mais agudamente o destino da *ideia* da vicissitude seguida pelo *afeto*, podemos reservar para este o termo "repressão", e neste caso a palavra mais adequada para o destino da representação seria a de "recusa" [...]. A situação que consideramos revela que a percepção foi conservada, mas que se pôs em jogo uma reação sumamente enérgica para mantê-la afastada[65].

Contudo, podemos observar que a repressão é um processo que atinge o id, enquanto a recusa é um fenômeno por assim dizer interior ao ego, já que a percepção e o exame da realidade são funções que lhe competem. A diferença entre a recusa e a negação, que examinamos anteriormente, pode ser formulada assim: a negação se refere a uma ideia, a recusa a uma percepção; o que equivale dizer que a negação repudia um elemento de origem interna, enquanto a recusa se refere a algo proveniente do mundo exterior. A consequência da recusa é a divisão ou exceção do ego, em que duas atitudes perfeitamente contraditórias passam a coexistir: uma de aceitação da realidade, outra de negação dela. O importante é que esta clivagem se processe no interior do ego (*Ischpaltung*), pois a existência de uma atitude consciente e de outra inconsciente a propósito da mesma coisa é afinal o fundamento mesmo da psicanálise. O fato de não envolver duas instâncias, mas apenas uma, é responsável pela inexistência de uma síntese entre as duas tendências, impossibilitando a formação de sintomas, como no caso da repressão. De qualquer forma, o importante nos parece ser a possibilidade de apresentar o ego uma duplicidade de comportamentos, radicalmente inconscientes, frente à frustração que lhe impõe a realidade exterior.

Com a análise dos mecanismos de defesa, Freud fecha o círculo aberto por *O Ego e o Id*. As raízes inconscientes do ego são as fontes de sua força e de sua fraqueza; mas a própria escolha destes termos recorda a violência que constitui a sua relação com os três "amos" que o procuram controlar. O ego é diplomata, certamente; contudo, mesmo a diplomacia precisa de uma máscara. Contra seus adversários implacáveis, o ego afivela a máscara da condescendência e da submissão; mas ao mesmo tempo se defende deles através das técnicas que acabamos de examinar. Entre elas, sobressai a angústia, que depois da revisão de 1926 se converte num dos pilares da teoria analítica, e que funciona como denominador comum das demais; é para evitá-la que o ego aciona as modalidades defensivas.

65. *Fetishism*, S.E., XXI, pp. 153-154.

Ora, a angústia se vê assim promovida à qualidade de regime normal do ego, testemunha muda dos combates que se travam a cada instante entre as exigências conflitantes o id, do superego e da realidade. Felizes aqueles que conseguem superá-los sem cicatrizes mais profundas; mesmo estes, observa Freud, não escapam indenes à ação das defesas:

> Cada pessoa utiliza uma certa seleção dos mecanismos de defesa, que permanecem fixados no seu ego. Convertem-se em modos regulares de reação do seu caráter, que se repetem ao longo da vida, quando se apresenta uma situação similar à primitiva que suscitou a defesa. Isto os converte em infantilismos [...]. Os mecanismos defensivos, ao produzirem uma alienação mais ampla do mundo exterior e uma debilitação permanente do ego, facilitam e pavimentam o caminho para a irrupção das neuroses[66].

Não sou apenas meus amores e meus ódios; sou também os diques que lhes impus. A reação contra as pulsões, porém, pode ter um desenlace menos simples: a clínica psicanalítica ensina que ela pode resultar numa neurose. A ampla revisão conceptual da quarta fase não pode deixar intacta a teoria das neuroses, centro vital da psicanálise; veremos agora quais as modificações que ela acarreta neste domínio.

7. NEUROSE, CASTRAÇÃO E VIOLÊNCIA

Um dos resultados do que chamamos o terceiro período da obra de Freud fora o estabelecimento de um "mecanismo geral das neuroses", que consistia essencialmente nas operações seguintes: uma frustração provocava a introversão da libido, a qual, à falta de um objeto presente, regredia aos objetos incestuosos da época pré-genital, sobreviventes na fantasia. Contra a ativação de tais investimentos precoces, verificava-se uma enérgica repressão, que tinha por efeito tornar inconsciente as ideias relativas ao objeto e transformar em angústia o afeto correspondente. Exiladas no inconsciente, as representações em questão eram atraídas pelos conteúdos anteriormente reprimidos, aliando-se a eles segundo as leis do processo primário, e ganhando desta forma intensidade suficiente para exigir admissão à consciência. Renovava-se assim o conflito defensivo, que culminava com a formação dos sintomas como compromisso entre as forças repressoras e as forças reprimidas. Naturalmente, admitiam-se diferentes correlações a partir do investimento das fantasias, responsáveis pelo surgimento dos diferentes quadros clínicos: histeria, fobia, neurose obsessiva etc. A introdução do narcisismo e a consequente distinção entre libido objetal e libido do ego permitiram compreender as psicoses como afecções narcísicas, em que a libido objetal, ao invés de regredir até as

66. *Analysis Terminable and Interminable*, S.E., XXIII, p. 257.

fantasias, detinha-se no ego e ali se alojava, dando origem, segundo as condições, à paranoia, à esquizofrenia ou à melancolia.

Os conceitos da quarta fase examinados até aqui – a pulsão de morte, o Eros, a repetição, a nova tópica, a reavaliação do Édipo, o complexo de castração, o sentimento de culpa e a angústia – exigem ser incorporados a este "mecanismo", já que a terapia permanece como a referência maior de toda a teorização no campo analítico. Freud empreende esta tarefa em vários escritos, dos quais destacaremos dois artigos de 1924 – *Neurose e Psicose* e *A Perda da Realidade na Neurose e na Psicose* – e os capítulos centrais de *Inibição, Sintoma e Angústia*. Os dois primeiros procuram referir a teoria da neurose ao esquema da segunda tópica, enquanto o texto de 1926 retoma análises anteriores e coloca o problema das relações entre a neurose e a castração.

> A neurose seria o resultado de um conflito entre o ego e o seu id; e a psicose, o desenlace análogo de tal perturbação das relações entre o ego e o mundo exterior[67].

O motivo deste conflito, nas chamadas neuroses de transferência, é a recusa do ego em aceder a um impulso originado do id, que culmina com a sua repressão e com a luta secundária contra o sintoma, disto resultando o quadro patológico da neurose. O ego age neste caso sob o comando do superego, que por sua vez representa o poder da realidade exterior; assim, a correlação de forças apresenta de um lado o ego, o superego e a realidade, e do outro o id, o qual, apesar da aparente desproporção, acaba por impor o compromisso sob a forma da satisfação substitutiva dos sintomas. Por outro lado, nas psicoses o ego sucumbe ao poder do id e se aparta da realidade, quer subtraindo a ela os elementos perceptivos e substituindo-os por alucinações construídas sobre os resíduos mnêmicos de antigas percepções (*amentia* de Meynert), quer privando-a de todo investimento pulsional, como no caso das esquizofrenias, resultando então um embotamento afetivo, mais ou menos completo segundo as circunstâncias. A frustração é a fonte comum das duas classes de perturbações, dependendo a formação patológica da posição tomada pelo ego: se se subordina a id, surge uma psicose; se procura "amordaçá-lo", emerge uma neurose. O elemento novo na etiologia é o superego, que, como vimos, inclui elementos tanto de origem pulsional quanto proveniente da chamada "realidade exterior". Para completar a fórmula, Freud distingue um terceiro tipo de perturbação, da qual a melancolia é o protótipo: as "neuroses narcisistas", resultantes de um conflito entre o ego e o superego. À questão de saber por que certos indivíduos sucumbem à neurose, enquanto outros acomodam seus conflitos na dimensão da normalidade, Freud responde que o desenlace de todos os conflitos deve depender de "circunstâncias econômicas", isto é, da intensidade

67. *Neurosis and Psychosis*, S.E., XIX, p. 149.

relativa das forças disponíveis em cada uma das instâncias. Por outro lado, o ego pode eludir o conflito mediante as técnicas auxiliares de defesa que mencionamos na seção anterior, como a alteração, a dissociação ou a convivência com o sintoma.

As fórmulas deste artigo estão, contudo, sujeitas a uma contestação: também na neurose se verifica um certo grau de perturbação na relação com a realidade, devido às inibições que o neurótico se impõe e às vantagens secundárias da moléstia. A contradição é, como de costume, apenas aparente: com efeito, é preciso distinguir na neurose dois tempos, o da repressão e o da formação de sintomas, ou do retorno do reprimido.

> O relaxamento das relações com a realidade é consequência deste segundo passo na produção da neurose [...] que oferece uma compensação à parte prejudicada do id, isto é, na reação contra a repressão e no seu fracasso[68].

A psicose também apresenta dois tempos: um de ruptura com a realidade, e outro de reparação; mas como o primeiro passo põe entre parênteses não o id, mas o mundo exterior, o segundo aparece como uma reconstrução do real a partir dos impulsos do id, de onde o caráter fantástico dos delírios psicóticos. A neurose começa por obedecer à realidade, para em seguida fugir dela pela criação dos sintomas; a psicose nega inicialmente a realidade, procurando refazê-la depois a partir dos resíduos mnêmicos cristalizados na experiências anteriores do indivíduo. A função das alucinações é precisamente proporcionar percepções que se coadunem com a "nova" realidade; a angústia psicótica é vista como expressão das poderosas forças que se opõem à fuga do real, enquanto a angústia neurótica procederia das tentativas do impulso reprimido de recuperar o acesso à consciência. Incidentalmente, podemos ver nesta observação (data de 1924) o primeiro afloramento da segunda teoria da angústia: ao menos na psicose, ela provém do ego, embora para a neurose Freud ainda aceite a hipótese de que a libido reprimida se transforma diretamente em angústia. As fórmulas do texto anterior não são alteradas, repetindo-se a asserção de que o desenlace do conflito depende de ter o ego permanecido do lado da realidade contra o id ou vice-versa. O artigo conclui com a observação de que a fantasia desempenha na neurose um papel diferente do que na psicose, já que nesta ela serve como matéria-prima para a construção da "nova" realidade, enquanto naquela ainda resta uma vinculação com o mundo exterior, apoiando-se a fantasia num fragmento deste para contestar os demais. Contudo, como o neurótico também extrai das fantasias o material para seus novos desejos, é preciso ver tanto na neurose como na psicose não apenas uma *perda* da realidade, mas ainda um processo ativo que visa *substituí-la*.

68. *The Loss of Reality in Neurosis and Psychosis*, S.E., XIX, p. 183.

Não nos distanciamos muito do ponto em que se deixara o problema em 1920, a não ser por uma nova distribuição das relações tópicas, o que, se contribui para esclarecer a posição do teatro de operações, não informa muito sobre a composição das tropas ou sobre o desenrolar da batalha. O termo novo na equação é o superego, que sabemos ser a sede da consciência moral e o resultado da dissolução do Complexo de Édipo. Na psicose, ele é silenciado, enquanto na neurose o vemos perfilar ao lado da repressão efetuada pelo ego. Mas precisamente aqui surge um problema que já mencionamos anteriormente: se o superego é o herdeiro do Complexo de Édipo, e se este continua atuando no inconsciente (pois Freud não abandonou a tese de que ele é o "complexo nuclear das neuroses"), como explicar sua força no sistema de condições da neurose? Não seria mais coerente supor que apenas parte do Édipo se transformou no superego, enquanto outra parte sobreviveria no id, divisão essa que tenderia a enfraquecer e não a reforçar o superego? Esta abordagem mecânica e linear da questão não se coaduna com a complexidade e a finura das análises freudianas, mas não obstante exige uma resposta. Além disso, os "impulsos" do id não são qualificados; se na primeira tópica o conteúdo essencial do inconsciente podia ser reduzido às pulsões sexuais, no quadro da segunda é preciso diferenciar entre Eros e Thânatos, o que envolve considerar os fenômenos à luz da repetição e da ligação. A simples menção dos fatores quantitativos não elucida a sua natureza, pois as quantidades em presença podem perfeitamente ser resultado de complicadas fusões e defusões pulsionais. Falar do Complexo de Édipo depois de 1924 exige a inclusão dos três elementos novos incorporados a esta doutrina: a diferença entre a sexualidade masculina e a feminina, a questão da castração e a fase fálica, que proporciona as condições para a constituição das outras duas. Por fim, a reconsideração da teoria da angústia sugere que a repressão dependa de outros fatores além da mera "frustração" que desencadeia as perturbações psíquicas. Todas estas lacunas na teoria das neuroses obrigam Freud a repensá-la: tarefa excepcionalmente difícil, porque por um lado a versão de 1912-1915 é sólida o suficiente para não ser simplesmente abandonada, enquanto por outro a ampliação do quadro teórico não a pode deixar imune ao trabalho dos conceitos. É em *Inibição, Sintoma e Angústia* que Freud procura articular estes elementos uns com os outros; a dificuldade deste texto, reconhecidamente a mais complicada das habitualmente límpidas obras freudianas, deve-se à introdução do problema da angústia e ao fator teórico que acabamos de mencionar.

O Cap. IV deste estudo se abre com uma retomada da análise do Pequeno Hans. O menino se nega a sair à rua porque tem medo dos cavalos: o que é aqui o sintoma? O que está sendo reprimido? E qual o motivo desta proibição? Freud começa por distinguir entre a recusa em sair, que qualifica de *inibição* – isto é, uma restrição funcional do ego – e o medo aos cavalos, que é propriamente o sintoma; mas este é imediatamente ampliado pela consideração de que não se trata de um temor indefinido a quaisquer cavalos, mas de um medo *angustioso* de que *um* cavalo o *morda*. Tal conteúdo não aparece inicialmente à consciência, sendo substituído pela fobia indeterminada, na qual figuram apenas a angústia e o objeto temido. O sentido deste conteúdo deve ser procurado na situação psíquica geral do menino: este se acha dominado pelo Complexo de Édipo, e o que foi reprimido é o componente hostil da relação edipiana com o pai. O que caracteriza a situação como neurótica é uma dupla inversão: o Pequeno Hans não hostiliza, mas teme, e o objeto do seu sentimento não é o pai, e sim um animal substitutivo. A repressão, portanto, não se limitou a deslocar o objeto, mas modificou a índole do impulso, transformando-o no seu contrário (impor medo – ter medo). Além disto, verificou-se uma regressão da fase fálica à fase oral, pois o conteúdo da fantasia não é de copular ou de alguma maneira utilizar o pênis para a satisfação sexual, como seria de se esperar dado o extraordinário interesse do menino por sua "coisinha", e sim o de ser mordido pelo cavalo, o que significa servir de objeto oral ao pai. O Homem dos Lobos fora ainda mais longe nesta regressão, com seu pavor de ser efetivamente devorado pelo lobo = pai. Além disso, na fobia do Pequeno Hans desapareceu o impulso amoroso pela mãe. tão claro no momento anterior à sua eclosão, bem como o impulso passivo frente ao pai: em suma, a repressão desarticulou quase completamente a rede emocional característica do Édipo masculino. Por outro lado, o Homem dos Lobos, com seu Édipo invertido, tem seu lado feminino prevalecendo sobre o masculino, em função de sua história particular. Como. se pergunta Freud, é possível que duas situações quase antitéticas produzam o mesmo resultado, isto é, uma fobia?

> Cremos conhecer em ambos os casos o motivo da repressão, e vemos sua atuação confirmada pelo curso tomado pelo desenvolvimento dos dois meninos. Tal desenvolvimento é o mesmo nos dois casos: o medo a uma castração iminente. Por medo à castração, abandona o pequeno Hans a agressão contra seu pai: [...] igualmente por medo à castração, o russo renuncia [...] a ser amado por seu pai, pois compreendeu que tal relação teria como premissa o sacrifício dos seus genitais, que o diferenciam da mulher[69].

Esta conclusão evoca a de *A Dissolução do Complexo de Édipo*, que afirmava sucumbirem à ameaça da castração tanto o Édipo normal quanto o invertido. Tanto o medo de ser mordido pelo cavalo quanto o de ser devorado pelo lobo são, pois, representações deformadas do terror de ser castrado pelo pai. A angústia não procede da repressão, mas a causa: como defesa frente a um perigo, ela significa simplesmente o temor da castração, desencadeando o processo repressivo contra os impulsos do id que, se levados a efeito, poderiam provocá-la. Este é o fator decisivo na constituição da segunda teoria da angústia, e é a revisão das suas hipóteses sobre a fobia que conduz Freud a deduzi-la.

69. *Inhibitions, Symptoms and Anxiety*, S.E., XX. p. 108.

Temos aqui os primeiros elementos de uma resposta às questões que colocávamos mais atrás. Toda regressão envolve uma defusão pulsional, por implicar uma separação de Eros e da pulsão de morte; a agressividade liberada por este processo reverte para o ego, mediada pelo superego, que incorpora a autoridade do pai e portanto também o poder da castração. A severidade do superego neurótico pode assim ser explicada pela ameaça de castração, tanto mais forte quanto mais intensa for a fixação nos objetos edipianos. A ambiguidade na relação entre a neurose, o Édipo e o superego pode ser agora suprimida. Ela nascia de uma consideração unilateral do complexo, que não envolvia o aspecto da sua dissolução; daí a linearidade de supor um superego tanto mais forte quanto mais completa fosse a dissolução do Édipo. Isto é parcialmente verdadeiro, mas tem que ser completado pela inclusão da violência na determinação do superego, que manterá uma correlação mais complexa com os investimentos edipianos, de acordo com as compensações psíquicas que resultam na formação dos sintomas. A questão da especificidade das pulsões que sucumbem à repressão também perde o seu gume, pois sabemos que as pulsões jamais se manifestam empiricamente sob sua forma pura, e sim apenas em graus variáveis de combinação. O impulso hostil do Édipo, por exemplo, é claramente contaminado por um componente erótico; a repressão se abate sobre as suas duas faces, operando uma defusão por regressão. A regressão implica a repetição de um momento anterior da organização libidinal, o que acentua a contribuição da pulsão de morte para tal processo. Os fatores quantitativos também são despojados do seu caráter mecânico, envolvendo uma relação complexa entre o sinal de angústia, que tem seu impacto potenciado pelo princípio do prazer, a pressão da pulsão, por sua vez resultado da fusão entre duas tendências opostas. E a angústia substitui a frustração como motor imediato da repressão, com reflexos consideráveis sobre o "mecanismo geral das neuroses". Ela intervém precisamente entre a frustração proveniente da realidade – o Pequeno Hans não pode dormir com sua mãe – e o impulso de vingar-se do fator responsável pela frustração – a presença do pai. A hostilidade aberta contra figura tão poderosa, além de ser posta em xeque pelo afeto carinhoso que compõe a ambivalência edipiana, seria castigada com a castração; daí a angústia e a repressão, cujo sentido consiste em modificar o objeto da hostilidade – do pai passamos ao cavalo – e a natureza do sentimento – de agressão ativa a temor de sofrer passivamente uma agressão. A cultura reprime a agressividade, como lemos em *O Mal-Estar da Cultura*; o sentimento de culpa incipiente conduz o menino a comportar-se anomalamente frente aos cavalos, permitindo um relacionamento aparentemente normal com o pai.

A severidade do superego aparece com excepcional clareza nos quadros clínicos da neurose obsessiva. A situação inicial desta perturbação é a mesma das neuroses em geral: a necessidade de defesa contra os investimentos libidinais do Édipo. O que a diferencia das demais é que a regressão se dá à fase sádico-anal, com a consequente liberação de uma intensa soma de agressividade, separada dos componentes eróticos a que se fundira na fase fálica, dando então origem ao Complexo de Édipo. Daí uma forte reação do superego, visando conter os impulsos assassinos do id, e tendo como consequência no ego a aparição de formações reativas, que correspondem a resultados da defesa, como vimos na seção anterior. A pressão de um id exacerbado e a contrapressão de um superego igualmente exacerbado resultam numa luta perpétua para manter as repressões, tanto mais necessárias quanto mais repulsivas se tornam as exigências da sexualidade aos olhos da consciência moral hipertrofiada. Este combate sem trégua acaba paralisando o ego, não sem antes impeli-lo a buscar nos sintomas a satisfação substitutiva que se tratava de evitar, evidenciando assim o fracasso da repressão. Diz Freud que

> ainda com mais clareza do que nos processos normais e histéricos, vemos na neurose obsessiva que as forças motivadoras da defesa se reduzem ao complexo de castração, e que as tendências repudiadas são as do Complexo de Édipo[70].

A referência aos processos normais é fácil de compreender: se o que caracteriza a neurose obsessiva é o nível extraordinário de agressividade presente no id e no superego, segue-se com evidência que o perigo da castração será maior do que nos casos em que tal agressividade é mantida sob um controle mais firme. Daí também a angústia proporcionalmente mais intensa, para cuja prevenção se estabelecem os elaborados cerimoniais obsessivos. A ligação entre o Complexo de Édipo e a castração é neste caso evidenciada pelo fato de que são os objetos edipianos os investidos pelas tendências imorais do id, tanto no sentido da pulsão de morte quanto no da sexualidade. Este fato quadra bem com o mecanismo geral das neuroses, pois neste está contida a volta da libido aos objetos da época do Édipo; no caso da neurose obsessiva, a regressão atinge apenas a organização da libido, mantendo os objetos edipianos sua posição privilegiada, a qual na época da puberdade provocará novos conflitos com o superego. Na histeria, por sua vez, a angústia e a severidade do superego não desempenham papel importante, embora seja óbvio que o superego tem um papel determinante na repressão inicial. Parece ser o caso que a libido inibida pela repressão simplesmente se esgote na conversão somática, despertando as tendências defensivas do ego apenas quando a dor ou a diminuição da função correspondente ultrapassam determinados limites. Mas de forma geral, Freud não aplica este novo esquema da gênese das neuroses à histeria, limitando-se a afirmar que

> o processo defensivo na histeria se limita unicamente à repressão, afastando-se o ego do impulso pulsional reprovável [...] e não voltando a tomar conhecimento dele. [...] Não nos sendo possível adivinhar a que obedece esta falta de transferência na formação de sintomas na histeria, apressamo-nos a abandonar este terreno estéril [...][71].

70. *Inhibitions, Symptoms and Anxiety*, S.E., XX, p. 114.

71. *Inhibitions, Symptoms and Anxiety*, S.E., XX, pp. 115 e 112.

Parece-nos que a dificuldade de relacionar a histeria com a castração tem algo a ver com sua predominância no sexo feminino; pelo menos, este nos parece ser o endereço da advertência de Freud no final do capítulo VIII, em que se lê que a castração não é o motivo único da angústia, devendo esta ser referida à perda do objeto, da qual a castração seria um caso particular. Sem angústia não há repressão, logo não há neurose; daí a conveniência de se deixar uma porta aberta para a entrada de outro fator condicionante da sua emergência, em especial no caso da sexualidade feminina[72]. Esta hipótese, contudo, não é passível de verificação no plano da teoria.

O resultado do percurso que acabamos de descrever é a colocação da castração no centro da clínica analítica. A fobia substitui a castração do pai pela castração por parte de outro fator exterior, porém dotado da propriedade de "ser evitável" por meio de determinadas medidas protetoras: o Pequeno Hans não sai à rua, o Homem dos Lobos não olha para o livro que contém a ilustração assustadora, e assim sucessivamente. Esta consideração complementa a hipótese anterior de que o mecanismo da fobia consiste numa projeção, isto é, na substituição de um perigo interno por outro externo; a exigência pulsional, na verdade, só é perigosa na medida em que possa provocar a castração, que obviamente é uma ameaça provinda do mundo exterior. A neurose obsessiva perpetua o temor da castração com o temor à censura moral, a qual deriva da despersonalização do pai pelo mecanismo da identificação que engendra o superego. Para a histeria, valem as restrições que mencionamos acima. Mas é precisamente esta universalidade da castração que obriga a repensar o fundamento mesmo da teoria das neuroses: se todos estão submetidos a ela, quer como ameaça, quer como fato, como explicar que somente alguns se tornem neuróticos? Ou seja, em outras palavras, como explicar o fato surpreendente da normalidade?

Em primeiro lugar, a normalidade não é tão inocente quanto parece. A conclusão de *O Mal-Estar da Cultura* é ineludível: a civilização exige um pesado tributo, em termos de renúncia pulsional, a todos os que compartem seus duvidosos privilégios; o sentimento de culpa e as restrições à livre fruição da libido são inseparáveis da vida civilizada, em virtude da própria dialética de Eros e de Thânatos.

72. Se restasse alguma dúvida quanto ao caráter simbólico da castração, a advertência mencionada bastaria para dissipá-la. Com efeito, Freud afirma que a mulher teme a perda do amor do objeto, como caso particular da perda de objeto em geral. O objeto que corre o risco de ser perdido pode ser concebido de duas formas: como objeto no sentido da expressão "escolha de objeto", ou como o conteúdo do "conceito inconsciente" de "uma pequena coisa que pode ser separada do corpo", como se lê no *Homem dos Ratos*. Um conceito inconsciente – qualquer que seja o sentido desta expressão paradoxal – tem a ver com o universo da estruturação do sujeito, e não com o corpo enquanto sistema orgânico. Contudo, como o problema é de ordem clínica – Freud o refere à histeria – reiteramos a ressalva de que não temos a menor pretensão de esclarecê-lo mediante considerações filosóficas, aberração contra a qual procuramos nos resguardar durante todo este estudo.

Mas isto não dá conta do fenômeno neurótico, por ser uma condição universal, ao menos no interior da amostra examinada por Freud – homens brancos, urbanizados e submetidos a níveis culturais relativamente elevados, nas condições históricas da primeira metade do século XX. Mesmo as crianças que apresentam sintomas neuróticos não se convertem necessariamente em neuróticos adultos. Freud observa que certas condições geradoras de angústia desaparecem ou se transformam com a evolução do indivíduo, resultando possível o seu controle através das defesas normais do ego.

> Mas existe um grande número de pessoas que conservam frente ao perigo uma conduta infantil, e não conseguem dominar condições de angústia pertencentes a épocas passadas. Negar este fato suporia negar a neurose [...]. Mas como isto é possível? [...] E de onde provém a prerrogativa de que a angústia parece gozar sobre todos os outros afetos, de ser o único que provoca reações que se diferenciam anormalmente de outras e se opõem, como inadequadas, à corrente vital?[73]

O capítulo final de *Inibição, Sintoma e Angústia* procura responder a estas questões. Freud parte das consequências da repressão: o impulso reprimido escapa do controle do ego, desenvolvendo-se no id segundo as leis do processo primário. A compulsão de repetição reina aí soberanamente, exercendo-se tanto sobre os derivados da pulsão de morte quanto sobre as expressões de Eros; o que acarreta que, frente a uma situação de perigo idêntica à já experimentada, o impulso torne a se apresentar, independetemente do fato de que já não seria necessária a sua presença, dado o grau maior de organização do ego que se instalou no intervalo. A compulsão de repetição provoca assim a fixação do impulso, como troco indesejado da repressão; somente a mobilidade do ego poderia incorporá-lo a outras constelações, mas ele, pelo próprio fato de ter sido reprimido, já não está mais sob a alçada do ego. Este experimenta extraordinária dificuldade em desfazer as repressões que instituiu, dadas as resistências que na qualidade de contrainvestimentos impedem o acesso dos elementos reprimidos à consciência. Fatores externos podem colaborar para manter subjugados os impulsos do id, os quais, florescendo exuberantemente nestas condições favoráveis, terminam por renovar o conflito defensivo e dar origem ao quadro visível da neurose. A isto se agregam três fatores próprios ao ser humano: a prolongada dependência do lactante frente a seus pais, a evolução difásica da libido e a diferenciação entre o ego e o id. O primeiro é responsável pela intensidade dos perigos que ameaçam a existência do recém-nascido e pela importância de que se reveste a figura da mãe, única capaz de afastá-los temporariamente. O segundo envolve a presença do Édipo e os horrores da sua dissolução, dado o bloqueio pelo ego e por parte das normas sociais às atividades sexuais da infância, de sorte que, quando se renovam as exigências pulsionais na época da

73. *Inhibitions, Symptoms and Anxiety*, S.E., XX, p. 148.

puberdade, a sexualidade já reprimida exerceu seu efeito sobre elas, por meio da compulsão de repetição. Esta é a "etiologia mais direta das neuroses", expressão que ganha seu significado pleno à luz do Complexo de Édipo e da sua íntima relação com a castração. Por fim, o fato de ser o ego uma diferenciação do id implica uma subordinação daquele a este, de modo que o ego só pode afastar o perigo que provém das pulsões através de alterações na sua estrutura e da aceitação de limitações à sua eficácia, que lhe são impostas pelo id mediante a formação dos sintomas.

Todos estes fatores podem ser reduzidos a um só: a violência. Esta é o referencial para pensar todos os conceitos desta quarta fase da obra de Freud; e a neurose conota apenas a sua vitória, com consequências catastróficas para o indivíduo. A pulsão de morte é violência contra o sujeito e contra o outro, sob a forma da agressividade; o superego é violência introjetada pela violência da cultura; o id é violência pela sua índole passional; o conflito defensivo é violência pelo controle do ego; a castração é violência pela mutilação psíquica, quando não física, que acarreta; o Édipo é violência pelas suas características assassinas e libidinosas. Ela permeia de alto a baixo o sujeito e o constitui como tal, como feixe de determinações reciprocamente relacionadas, de forma que a própria reação contra ela é violência. Este é o elemento verdadeiramente novo na segunda versão da teoria da neurose, que unifica os temas da angústia, da castração e da repressão, e os referencia no quadro geral dos conceitos produzidos por Freud a partir de 1920. Não admira que semelhante concepção da natureza humana torne a pôr em evidência o problema da eficácia da terapia; e cremos haver uma profunda coerência no fato de ter Freud dedicado seus últimos anos a uma aguda reflexão sobre os seus limites.

8. OS LIMITES DA TERAPIA

> *– Eu posso conjurar os espíritos das vastas profundezas.*
> *– Eu também, e qualquer homem pode.*
> *Mas acaso eles virão, quando tu o chamares?*
> *SHAKESPEARE,* King Henry IV, *Ato III, cena 1.*

No diálogo com uma "pessoa imparcial" escrito em 1926 sob o título de *A Questão da Análise Profana*, e que constitui uma das melhores introduções à Psicanálise jamais escritas por Freud, lemos o seguinte:

> É fácil descrever nossa finalidade terapêutica. Queremos reconstituir o ego, libertá-lo de suas limitações e devolver-lhe o domínio sobre o id, que perdeu como consequência de suas repressões passadas. Este e somente este é o objetivo da análise, e toda a nossa técnica se acha orientada para ele. Temos de buscar as repressões efetuadas e conduzir o ego a corrigi-las com

nossa ajuda, resolvendo os conflitos de uma maneira mais adequada do que a tentativa de fuga. [...] Ao levar o paciente a vencer suas resistências e a comunicar este material reprimido, ensinamos o ego a dominar suas tendências e a tolerar a aproximação do reprimido. No final, quando se consegue reproduzir em suas lembranças a situação em que ocorrer a repressão, a docilidade do ego é recompensada: a diferença entre a época da repressão e a atual lhe é favorável, e o conflito frente ao qual o ego recorreu à fuga já não é hoje, para o ego adulto e robustecido, mais que uma brincadeira de criança[74].

O neurótico sofre em consequência da debilidade pretérita do seu ego, que, ao reprimir as tendências pulsionais de maneira excessiva, por um lado limitou sua esfera de ação e realizou uma síntese incompleta de si mesmo, e por outro permitiu aos conteúdos assim isolados gozarem de uma proliferação desenfreada, reforçando-se mutuamente e terminando por exigir uma satisfação substitutiva sob a forma dos sintomas. A terapia recua até os anos infantis para encontrar as situações patogênicas, atualizá-las e permitir um confronto a partir de condições mais favoráveis ao ego, que poderá então desfazer certas repressões e reconstituir outras, atingindo um ponto de equilíbrio em que o sofrimento desapareça e a capacidade de viver plenamente seja restaurada.

O problema crucial é saber se isto é possível, e, em caso afirmativo, como reconhecer o momento adequado para a interrupção do tratamento. Até que ponto é possível dominar as pulsões mediante um reforço do ego? Que condições preliminares tornam desaconselhável a tentativa? Como prevenir as recaídas ou o surgimento de uma nova neurose em lugar da que se acaba de debelar? Estas questões são abordadas em um dos últimos estudos de Freud, *Análise Terminável e Interminável*, de 1937. Freud começa por se colocar a pergunta de se é possível abreviar o longo e penoso tratamento analítico; para respondê-la, é preciso definir o que se entende por "término" de uma análise. À primeira vista, uma análise estaria encerrada quando se verifica a remoção dos sistemas, das inibições e da angústia do paciente, e quanto se tem uma razoável certeza de que tais fenômenos não se voltarão a repetir. Mas estas afirmações são um tanto vagas: a primeira delas não garante a veracidade da segunda. Se a neurose é o resultado de um conflito entre o ego e as pulsões, em que intervém além disso o superego, é importante avaliar a força relativa de cada um dos contendores. Nos termos de Freud, o fator econômico é o decisivo neste conflito: se houver uma intensidade excessiva das pulsões, ou se o ego tiver se desorganizando nas defesas além de um certo ponto, a finalidade terapêutica não poderá ser alcançada, sendo a análise "interminável". Um ego psicótico, cujo interesse pela realidade seja mínimo, não poderá aceitar o pacto analítico de sinceridade completa em troca de total discrição, pelo simples motivo de que a pessoa do analista, pertencente à realidade exterior, perderá logo o atrativo para o paciente,

74. *The Question of Lay Analysis*, S.E., XX, p. 205.

não se verificando o surgimento da relação transferencial que, como vimos, é o motor da terapia. Mesmo o ego aproximadamente normal apresenta fortes resistências à cura: as repressões, ao menos, garantem um certo controle sobre o id; a própria transferência tem um sentido de resistência, na medida em que o repetir exclui o recordar, e portanto a emergência consciente do reprimido; a enfermidade tem vantagens primárias e secundárias às quais não é agradável renunciar. O id resiste por meio da compulsão de repetição e da atração que os protótipos inconscientes exercem sobre o processo a ser reprimido. O superego resiste através da consciência de culpa, como se o indivíduo devesse sofrer para expiar algum pecado terrível, e como se a supressão deste sofrimento fosse um prêmio imerecido pelo ego. Esta última resistência, que se expressa na "reação terapêutica negativa", é também um obstáculo insuperável pela análise, porque a revelação paulatina do reprimido não consegue compensar as tendências masoquistas do indivíduo, que dela se aproveita justamente para se infligir tormentos ainda maiores[75].

As resistências do ego já eram conhecidas de há muito. O que deriva da constelação conceptual da quarta fase são as chamadas resistências do id e do superego. Em outro texto, Freud afirmara que as pulsões lutam por expressar-se, em que portanto não seria concebível uma resistência de origem pulsional; mas a colocação em evidência do caráter repetitivo da pulsão o obrigou a reformular esta noção. Em *Análise Terminável e Interminável*, ele concede todo o seu peso à "aderência da libido", outro termo para designar a inércia psíquica, que já fora mencionada em *Além do Princípio do Prazer*. Reconhece a impossibilidade de explicar esta fixação excepcionalmente forte da libido a seus objetos e posições, que torna extraordinariamente lento o trabalho analítico, devido aos obstáculos que opõe à instauração da transferência. Por outro lado, o fenômeno inverso – uma mobilidade excessiva da libido – torna os rápidos resultados da terapia muito pouco duradouros, como se o analista tivesse "escrito sobre água"[76]. Esta situação nos parece redutível à compulsão de repetição: simplesmente, ao invés de repetir o investimento sobre os mesmos objetos, a libido repete um padrão de investimento, no caso o seu rápido deslocamento de um objeto para outro. A fusão pulsional poderia ser invocada aqui como princípio heurístico, já que em ambos os casos de resistência do id a repetição, característica especial da pulsão de morte, parece dominar Eros; mas se impõe a reflexão de que a repetição é o regime normal das duas pulsões, ainda que seu caráter demoníaco seja mais evidente em Thânatos. Quanto à resistência emanada do superego, que se manifesta como sentimento de culpa exacerbada e inconsciente, Freud nota que ela é inequivocamente uma expressão da pulsão de morte, como se depreende da própria natureza daquela instância psíquica. O alvo privilegiado desta tendência é a constitui-

75. *Inhibitions, Symptoms and Anxiety*, S.E., XX, p. 160.
76. *Analysis Terminable and Interminable*, S.E., XXIII, p. 241.

ção bissexual de todo indivíduo, que é fonte de inumeráveis conflitos, dada a exigência de que uma das correntes, masculina ou feminina, controle a totalidade da energia libidinal disponível. O homossexualismo inerente ao ser humano tem que ser dominado a todo custo, o que acarreta uma oposição inconciliável entre as duas faces de Eros. Não podendo ser este conflito explicado simplesmente pela presença em campo das duas correntes – já que em muitas pessoas elas coexistem sem interferência – Freud sugere que

a tendência a um conflito é algo especial, acrescentado à situação independentemente da quantidade de libido. Tal tendência a apresentar conflitos, que emerge de forma independente, realmente não pode ser atribuída a nada mais que a intervenção de um elemento de agressividade livre[77].

Eis aqui um elemento novo. No próprio coração de Eros, a pulsão de morte, em seu aspecto agressivo, engendra oposições e conflitos, de sorte que a libido é por si mesma um fator de perturbação interna do sujeito. A origem deste fato pode ser buscada na repressão que a cultura impõe à agressividade, de modo que as lutas internas não são mais que sucedâneos civilizados dos combates ancestrais contra os inimigos externos. Ora, se a pulsão de morte pode atuar nesta extensão, não é de admirar a questão sobre os limites da terapia: não se trata mais de um reforço do ego, mas de uma intervenção no próprio esquema pulsional do indivíduo. Freud é cético quanto a esta possibilidade, já que o jogo das pulsões depende em última análise de fatores irredutíveis à dimensão psicológica: ele os chama *biológicos*, mas esta biologia tem mais a ver com o simbólico que com o orgânico. O mesmo ceticismo preside a resposta dada à terceira questão que colocávamos atrás, acerca da possibilidade de impedir a recaída da neurose ou a emergência de uma nova perturbação. Com efeito, a psicanálise só pode intervir sobre conflitos atuais, entendendo-se por "atuais" aqueles que operam no peculiar presente da temporalidade freudiana. Freud desaconselha explicitamente a tentativa de avivar um conflito latente, pois tal procedimento provocaria a interrupção da corrente afetiva que mobiliza o tratamento. Evocar tal conflito de forma puramente intelectual tampouco seria eficaz para preveni-lo, pois o ego não tem poder suspensivo sobre as pulsões: no máximo, a conscienciação produzida pela situação analítica pode ensiná-lo a responder de forma menos sofrida às solicitações pulsionais. Por outro lado, a natureza da terapia é a *rememoração* e não a prospecção: eis por que a conscienciação só se pode exercer no vetor do passado. Quanto aos fatores "econômicos", isto é, relativos à intensidade das forças em jogo no psiquismo, Freud lhes atribui importância decisiva. Mas é preciso compreender que as determinações biológicas, em especial o sexo empírico, só têm eficácia porque são transtornadas e reproduzidas na dimensão simbólica.

77. *Analysis Terminable and Interminable*, S.E., XXIII, p. 244.

Cremos ser este o sentido da referência à "rocha viva" que se pode tocar ao final de uma análise bem-sucedida:

> Com frequência, temos a impressão de que, com o desejo de um pênis e com o protesto masculino, penetramos através de todos os estratos psíquicos e chegamos à rocha viva, tendo portanto nossa atividade chegado ao seu final. [...] Seria difícil dizer se e quando conseguimos dominar este fator no tratamento. Só nos podemos resignar com a certeza de termos dado à pessoa analisada todos os elementos necessários para reexaminar e modificar sua atitude a este respeito[78].

A "atitude" frente à castração forma assim a ponte entre o ego e o id, entre as pulsões e o caráter que se constrói com elas e contra elas; por este motivo, a terapia oscila entre um fragmento de análise do reprimido e um fragmento de análise do ego. Este não é apenas a sede das resistências, mas também a do caráter que as sustenta, e que as constitui a partir das defesas efetuadas contra as exigências pulsionais. Freud não hesita em reconhecer tendências inatas no ego, o que segundo ele é comprovado pelo fato de cada indivíduo fazer uso somente de determinados tipos de defesa, alguns poucos e sempre os mesmos. Contra o que se exerce a defesa? Contra a feminilidade, no seu sentido simbólico de passividade: nos homens, contra tudo o que possa ameaçar a integridade do Falo, e nas mulheres contra a sua falta, com o resultado aparentemente paradoxal de que para possuí-lo é preciso ser feminina e excitar um homem. Daí a importância imensa do complexo de castração para a formação de caráter, soldando ego e id numa totalidade específica em cada ser humano: atuando sobre o caráter (defesas) e sobre desejo (por ser a outra face do Édipo), ele aparece como o agente da constituição do sujeito, implantando a violência no seu próprio princípio. Daí também sua posição privilegiada na ordem dos fatores que desencadeiam a resistência, e portanto na determinação dos limites decisivos para a eficácia da terapia: a "rocha viva". Mas ao mesmo tempo em que afirma o caráter estruturante do complexo de castração, Freud designa a finalidade do tratamento como a revelação dos "elementos necessários para modificar a atitude" do paciente frente a ele. Ora, por esta via chegamos à figura do psicanalista.

Que faz o psicanalista? Essencialmente, elabora interpretações e maneja a transferência, isto é, joga ininterruptamente com o intelecto e com a afetividade. Detenhamo-nos um momento no sentido da função de interpretar. Se os sintomas são substitutos das coisas que o paciente esqueceu, mediados pelas repressões que se impõe, a tarefa do analista é reconstituir o passado patogênico, baseando-se nas comunicações verbais e nos comportamentos automáticos que ele exibe durante a sessão analítica. Freud distingue a *interpretação* da *construção:* aquela desvenda o sentido de um sintoma – nesta categoria compreendida a totalidade das manifestações do paciente

78. *Analysis Terminable and Interminable*, S.E., XXIII, p. 252.

– enquanto esta procura articular o resultado das interpretações numa imagem verdadeira e completa dos anos infantis. Em *Construções em Psicanálise*, de 1937, o trabalho do analista é comparado ao do arqueólogo, que procura reconstituir uma civilização a partir dos vestígios materiais que ela deixou atrás de si; mas são ressaltadas duas diferenças, da maior importância para a compreensão da tarefa do analista: por um lado, o material com que ele trabalha está integralmente preservado no inconsciente, imune à ação corrosiva do tempo, que tanto dificulta a atividade do arqueólogo; por outro, a reconstrução não é um fim em si, mas uma tarefa preliminar, pois ela serve apenas para dirigir as intervenções do terapeuta e para obter o resultado pretendido, de modificação do ego do paciente[79].

É lícito perguntar que garantias possui o psicanalista da correção das suas construções, já que dela depende o efeito desejado sobre a relação de forças predominante no indivíduo que está sendo analisado. Dada a existência das resistências, a negativa do paciente não tem muito valor, pois a construção pode estar correta e ele não querer admiti-lo. Por outro lado, o seu "sim" tampouco vale grande coisa, tanto pela existência da transferência positiva – o paciente pode estar querendo agradar o terapeuta – como pela sutileza da resistência, capaz de aceitar uma construção para impedir o trabalho de prosseguir até o núcleo do problema. Como resolver o impasse? Freud aponta para a existência de confirmações indiretas: associações relativas ao fato em questão, atos falhos cujo sentido seja apropriado ao conteúdo da construção, e de forma geral o curso da análise nos momentos posteriores à comunicação. O temor de que uma construção errônea possa prejudicar o paciente é afastado com a consideração, nascida da experiência, de que isto não ocorre: a pessoa simplesmente não a absorve, esquecendo-a como se ela não tivesse sido comunicada. Por outro lado, nem sempre uma construção correta tem o efeito desejado, isto é, evocar as recordações pertinentes; mas no lugar destas, se produz uma "firme convicção" da sua veracidade, que tem o mesmo efeito terapêutico. Isto porque não basta a representação de um evento ou fragmento do vivido para que o conteúdo reprimido seja libertado; é preciso que, por meio da elaboração, o saber do analista e o saber do paciente venham a coincidir.

Pois o psicanalista não é um curandeiro de confessionário, nem um gentil conselheiro. Ele só sabe o que lhe é comunicado; mas, ao contrário do paciente, sabe ouvir o desejo que se diz pelo avesso no discurso que escuta. Da habilidade do terapeuta em discernir o sentido do que lhe narra o paciente – o que significa incluí-lo no manejo da transferência – depende o sucesso do empreendimento analítico. A eficácia da terapia é assim circunscrita por fatores que operam tanto do lado do diva quanto do lado da poltrona: ali, a força das pulsões, a intensidade das defesas, as cicatrizes do ego, o empenho em prosseguir a despeito da dor e dos percalços; aqui, o grau de conhecimento

79. *Constructions in Analysis*, S.E., XXIII, p. 259.

e de autocontrole, o domínio da técnica, o gume da sensibilidade. Corpo a corpo com o sofrimento e o delírio, com o amor e com o ódio, com as paixões e as resistências, a psicanálise não pretende ultrapassar a natureza humana. Ela visa simplesmente, conhecendo suas determinações e seus impulsos, utilizar uns para modificar outros, procurando diminuir a miséria da neurose e reabilitar o analisado para uma vida menos infeliz. Os limites da sua ação, ainda que claros, comportam entretanto uma possibilidade – talvez a mais fecunda jamais vislumbrada pelo intelecto humano – de cumprir o preceito do oráculo de Delfos: "Conhece-te a ti mesmo".

9. WO ES WAR...

Deus e o Diabo estão lutando ali;
e o campo de batalha é o coração do homem.
DOSTOIÉVSKI, Os Irmãos Karamázov.

No início deste capítulo, dizíamos que o tema da violência caracteriza o conjunto do pensamento freudiano no quarto período da sua elaboração, e que, ademais, ele representa não uma continuidade linear, mas a explicitação de uma questão latente nas etapas anteriores, o que acarretou uma profunda revisão dos eixos em redor dos quais gira a psicanálise. Tentemos agora abarcar numa visão ampla os elementos novos com que se enriqueceu a teoria nos últimos vinte anos da sua formação, a fim de demonstrar a coerência que os vincula e o papel determinante do que pensamos ser o foco central da sua articulação.

Partimos da introdução da pulsão de morte, fundada sobre o princípio transcendental da repetição. Esta funciona como condição de possibilidade das pulsões, como mostramos diversas vezes; mas seu papel fundador não se esgota aí. A percepção como reencontro do objeto perdido, mais do que um mero contato sensorial com o mundo exterior, depende claramente da repetição, já que só é possível reencontrar aquilo que uma vez nos foi dado possuir. O que se repete aqui é o Desejo como determinação essencial do ser humano; consideramos importante não confundir a empiricidade do seu conteúdo com aquilo que o torna possível. O mesmo vale para a identificação, mecanismo central de constituição do sujeito, cuja função elementar consiste na preservação do objeto no ego para que o id possa continuar a amá-lo: esta continuidade do amor não é mais do que a repetição das posições primordiais do desejo. Também a angústia encontra na repetição o seu princípio: trata-se de repetir o que uma vez foi uma reação adequada frente ao perigo, visando impedir sua reprodução. É deste ponto, aliás, que arranca a dedução da repetição em *Além do Princípio do Prazer*: repete-se a imagem do trauma para dominar o afluxo excessivo de energia por ele introduzido no psiquismo. A compulsão de repetição é o regime normal do id, fornecendo o princípio da resistência desta instância contra a terapia; é também o princípio organizador do ego, quer pelo seu mecanismo constituinte, a identificação, quer porque a reiteração das defesas iniciais face aos novos estímulos o debilita, no processo que conduz à neurose. A regressão operante na identificação e nas formações patológicas, agora creditada à defusão pulsional, é também fundada pela repetição, ainda que os motivos que a desencadeiam possam ser de diversas ordens. A simples enumeração dos mecanismos e registros em que a repetição é o fator central mostra o imenso alcance deste princípio, que representa um dos conceitos fundamentais da psicanálise. Nossa insistência em qualificá-la de princípio transcendental e não empírico deve-se à hipótese, que agora podemos considerar como confirmada, de que a repetição não é um fenômeno entre outros, mas aquilo sem cuja presença tais fenômenos não poderiam ser dados à experiência, quer do paciente, quer do analista: ali porque opera no âmago do sujeito, aqui porque funda a transferência e portanto regula a marcha da cura.

Por que, então, não considerar a repetição como o tema central desta quarta fase, atribuindo este privilégio à violência? Por uma razão decisiva: a violência engloba a repetição, e isto de duas maneiras diferentes. Por um lado, a repetição caracteriza o ser humano singular, enquanto a violência constitui as relações intersubjetivas; ora, se há um conceito que não tem sentido para Freud, é o conceito de *indivíduo*: o sujeito não se confunde com o indivíduo, pela simples razão de que o ego, núcleo desta categoria psicológica, é um "precipitado de identificações abandonadas". A repetição revela-se assim como a forma pela qual a violência se inscreve no sujeito. Por outro lado, a repetição por si só não pode dar conta do conflito substitutivo do sujeito; é preciso que haja a violência para que a oposição possa assumir seu papel constituinte. Ela começa no próprio "indivíduo", como pulsão de morte oposta a Eros; continua nas relações interpessoais que o ordenam como ser *humano*; e reaparece como foco dos conflitos que o capacitam – ou incapacitam – a viver entre os outros homens. A defusão pulsional envolvida na identificação e na sublimação acarreta o incremento da agressividade; a própria identificação, como mostramos acima, é habitada pelo ódio. A violência é o registro comum aos três conceitos essenciais da quarta fase: a castração, a angústia e o superego; é o fundamento último do sujeito, seja no registro pulsional, seja no tópico, seja no da relação com o Outro. A castração é violência contra a masculinidade, isto é, contra o Falo, introduzindo o medo e a angústia na criança de sexo masculino e o ódio à mãe na de sexo feminino; como reverso do Édipo, vemo-la agir no id – por ser uma referência do desejo – e no ego – por ser o fulcro da angústia. Esta, por sua vez, nasce da debilidade do ego frente aos seus três senhores: o id, o superego e a realidade exterior; como reação a um perigo, encontra a violência em todos eles. Violência das pulsões, violência da moralidade, violência da cultura, eis os fatores determinantes da angústia. Por sua vez, o drama do ego consiste na oscilação perpétua entre dominar ou ser dominado, isto é, entre exercer a violência ou sofrê-la na carne. Os conflitos neuróticos, vistos à luz da nova doutrina da angústia, surgem como derivados frente a este outro conflito, mais fundamental, que opera no interior do próprio sujeito. Daí que a última teoria do sintoma o apresente como esforço para dominar a angústia, na modificação mais radical que Freud operou em sua concepção da neurose desde o abandono da teoria da sedução. Quanto ao superego, como concebê-lo de outra forma que violência internalizada pela violência? O Édipo é o complexo estruturante do sujeito por reunir em si as determinações gêmeas da violência do desejo e da violência da autoridade, contra as quais se ativa implacavelmente a violência da castração, engendrando a violência da angústia e por vezes a violência da neurose. Eis quanto basta, em nossa maneira de ver, para caracterizar a violência como o foco central da articulação dos conceitos freudianos a partir de 1920.

A segunda parte de nossa afirmativa inicial consistia em conceber esta onipresença da violência como explicitação de um tema latente na problemática anterior a *Além do Princípio do Prazer*, e cuja emergência leva a uma ampla reavaliação das questões fundamentais da psicanálise. Certamente, Freud não foi jamais um otimista, no sentido panglossiano do termo; mas cremos que a diferença fundamental entre os períodos anteriores a este último reside na passagem da violência do registro da neurose para o registro da chamada "normalidade". Na primeira fase (1893-1897), o trauma patogênico pode ser encarado como expressão da violência, mas seu domínio se restringe aos fenômenos neuróticos. Na segunda, que procuramos articular a partir das noções centrais de inconsciente, sexualidade e repressão, seria possível pensar uma extensão maior do tema; mas Freud não retira todas as consequências da sua análise do ato falho e da frase de espírito, mantendo-se a violência, pelo menos no nível do explícito, no interior das fronteiras do patológico. A terceira fase (1905-1920) enriquece imensamente a bateria conceptual da psicanálise, mas é nossa impressão que somente em *Totem e Tabu* a violência exerça um papel determinante – no parricídio originário – o que exclui do campo de visão do ser humano normal moderno, a não ser talvez como herança filogenética. Ela aparece integralmente no domínio da neurose, mas por nosso critério isto não é suficiente para colocá-la no centro da problemática freudiana. Tal só se dá na quarta etapa, em que, como acabamos de mostrar, ela unifica os temas e os conceitos produzidos para dar conta do que se passa no campo da Psicanálise.

Procuremos, pois, discernir o movimento conceptual realizado nesta última fase. Segundo nossa interpretação, Freud mobiliza quatro princípios transcendentais, cuja dialética vai paulatinamente produzindo os fenômenos tais como podem ser concebidos a partir do ponto de vista psicanalítico: a Repetição, a Ligação, o Édipo e a Castração. A Repetição é condição de possibilidade da pulsão em geral; a Ligação, de Eros e portanto do desejo; o Édipo e a castração, da singularidade do sujeito. Estas determinações, porém, pouco nos dizem em sua abstração; é preciso seguir passo a passo o movimento que as conduz ao concreto e ao fazê-lo desvela o seu sentido.

A pulsão habita o id, sendo desde o início dupla: Eros e Thânatos são irredutíveis um ao outro. Da sua fusão, fundada pelo princípio da ligação, nasce o desejo, o qual se determina na rede edipiana. Esta, por sua vez, é constituída pelo amor e pelo ódio, cuja simbiose imperfeita determina a ambivalência dos polos do complexo. Eros aparece assim como libido, cujas determinações sucessivas conduzem à maturidade sexual (fases libidinais), enquanto Thânatos se manifesta como agressividade, inicialmente contra si próprio e em seguida também contra o mundo exterior. A princípio, na etapa oral, amor e ódio não se distinguem, significando a incorporação do objeto tanto sua preservação quanto seu sacrifício. A fase anal-sádica se caracteriza pela exteriorização da agressividade, e o desejo já surge como determinado pelas duas pulsões antagônicas, com predomínio da destrutiva. A ligação funda o passo seguinte, em que a coesão narcísica do ego, já determinada por ela, exige a síntese inicial do desejo sob a forma edipiana: estamos na fase fálica. Thânatos não dorme, porém; a ambivalência do Édipo determina o primeiro conflito, e a ameaça de castração o resolve pela de fusão de que nasce o superego. Esta defusão funciona por meio da identificação, que por sua vez também é determinada pelas duas pulsões. As identificações formam o verdadeiro núcleo do ego, imprimindo-lhe a especificidade que não poderia emergir da percepção nem da simples diferenciação do id. Todas as determinações do ego, porém, encontram seu princípio na Repetição: a identificação repete a fase oral, a percepção visa reproduzir o objeto do Desejo, a diferenciação do id repete no ego o jogo de investimentos e desinvestimentos realizados por suas "forças emprestadas". A ligação, já o dissemos, também funda o ego, pela mediação do narcisismo.

Da derrocada do Complexo de Édipo comandada por Thânatos – no menino, sob a ameaça da castração, e na menina de maneira mais complexa, mediante o jogo de identificações e escolhas objetais que a constitui como ser feminino – emerge o superego. Este é o agente da violência da civilização, mas também o guardião do narcisismo, o que equivale a dizer que é determinado pelas duas pulsões. O superego se constitui pela identificação com a instância parental, o que perpetua o conflito entre o Desejo e a Autoridade no próprio cerne do sujeito. Sob suas injunções, o ego empreende a contenção das tendências assassinas e libidinosas do id; mas também é preciso considerar a necessidade em que ele se encontra de se defender da vigilância onisciente do superego. As defesas do ego constituem o seu outro molde, a par das identificações; isto significa que elas, e primordialmente a repressão, dão a nota dominante do seu comportamento futuro. A debilidade e o poder do ego encontram sua expressão máxima na angústia, cujo sinal preparatório funciona como mola da repressão secundária; e tornamos a encontrar a Repetição sob este novo disfarce, já que a angústia repete a reação ao perigo inicial do nascimento. Mas também podemos ver nela a sombra da ligação – ao procurar incorporar a si o processo de investimento em curso no id, e ao tratar de dominar o volume de excitação introduzido pelo trauma – e ao mesmo tempo do Édipo, pois se trata sempre dos objetos edipianos no processo de defesa. O ego aparece assim em sua grandeza e em sua miséria, dominando para não ser dominado, e por vezes cedendo os anéis para conservar os dedos.

O fracasso do ego em sua missão pacificadora resulta na perturbação mental, quer neurótica, quer psicótica, segundo a reação à frustração e segundo o aliado que escolher para combatê-la, Freud jamais deixou de insistir em que a diferença entre o normal e o patológico não é de natureza, mas de grau, e este é o sentido das suas repetidas invocações do "ponto de vista econômico". As modalidades patológicas são todas redutíveis a um conflito entre o ego e as pulsões, conflito esse em que cada um dos termos reverbera sobre o outro, na qualidade de sínteses de determinações recíprocas: eles são pontos terminais de um processo de constituição, posto que o ego tem sua gênese nas pulsões, e que estas jamais se manifestam em estado puro, mas somente como produto da série de fusões e defusões. A centralidade do ponto de vista econômico se explica pelo fato de serem as intensidades respectivas das forças em contenda que decidem o resultado final do processo. A terapia, por sua vez, atua como reforço do ego, buscando intervir nos pontos débeis da sua constituição, o que novamente é feito por meio do jogo da repetição, da ligação, da castração e do Édipo. Talvez em nenhuma outra parte da doutrina freudiana seja tão evidente a presença do simbólico quanto nos estudos acerca do método terapêutico: sendo a castração a referência maior da terapia, não é de admirar que seu motor, a transferência, repita o final do Édipo (como lemos em *Além do Princípio do Prazer*); e por que não considerar a conscienciação, o efeito buscado pelo tratamento, como uma empresa determinada pela ligação? Desfazer as repressões, tornar consciente o inconsciente, reativar o conflito para solucioná-lo de forma menos infantil – todas estas fórmulas significam simplesmente que é preciso ampliar a esfera da ação do sujeito, permitindo-lhe acolher conteúdos rejeitados em outras épocas.

O quarto período da obra de Freud vem assim concluir o que os anteriores haviam esboçado: uma teoria do sujeito. A constante referência ao simbólico que fizemos no decorrer deste capítulo visava sempre despsicologizar a psicanálise, ou melhor, as representações corriqueiras a que ela tem servido de suporte, apesar de nada ter em comum com a chamada psicologia. A "psicologia profunda" a que habitualmente se reduz o pensamento freudiano encobre esta outra realidade: apesar de sua aversão pela Filosofia, Freud acabou por obrigá-la a repensar seu problema mais fundamental: o que é o homem? A seu modo, a revolução freudiana veio recolocar em circulação um tema quase anátema, na atmosfera cientificista que marcou o "pequeno racionalismo" do início do século XX. Sua noção central

– a de que o homem é o palco do conflito e do desejo – suscita resistências ainda hoje compreensíveis; mas, por outro lado, ela permite desdobramentos fecundos, que talvez lhe assinalem o lugar de honra entre as disciplinas que se ocupam do homem. Toda a obra de Freud pode ser lida como uma lenta e penosa explicitação da fórmula das *Novas Conferências de Introdução à Psicanálise: Wo Es war, soll ich werden* – onde era o id, que haja o ego. Que tem a Filosofia a ver com isto? É o que procuraremos mostrar na parte final deste estudo.

Conclusão

Toda conclusão é, como Janos. bifronte: olha para trás e para a frente. Resumo, pretende dizer em menos palavras o que se disse antes; profecia, quer avançar no caminho que se abre a partir do que foi dito. Mas o termo é suspeito: *concludre*, fechar, encerrar – como se fosse possível apor um final na rede de significações que o discurso teceu sobre o papel.

Não queremos trancar o que dissemos com o ferrolho de uma pretensa síntese. Se pudéssemos realizar este prodígio, não teria sido preciso escrever tantas páginas. A prolixidade não é. certamente, uma virtude; mas não seria justo marcar com o ferrete de um pejorativo a necessidade de dizer o que se pensa. Nosso Janos. portanto, será uma estátua mutilada: não há porque repetir o dito. pois não cremos ser possível separar a linguagem da significação que ela contém. Olharemos para a frente; nossas últimas páginas não serão recapitulação do que fizemos, mas interrogação sobre um tema que, percorrendo surdamente nosso trabalho, abre um campo no qual prosseguir a tarefa: o problema da divisão originária.

Dissemos há pouco que, em nossa maneira de ver. a psicanálise nada tem em comum com uma psicologia. Esta afirmação soará menos estranha se fizermos nossa a afirmativa de Lacan, segundo a qual o pilar de toda psicologia é a unidade do sujeito; pois a revolução freudiana consiste precisamente na demonstração do caráter imaginário desta unidade. Sob este ponto de vista, Freud é mais ousado que Copérnico, a quem invoca em *O Ego e o Id:* a revolução copernicana. se examinada mais de perto, não é tão drástica quanto a pintam os manuais populares de história da Ciência. Com efeito, Copérnico substituiu a Terra pelo Sol, como centro do Universo; mas seu universo ainda é esférico e fechado, como o ptolomaico, e as estrelas fixas ainda nos contemplam do firmamento imutável. Aristotélico em sua física, o astrônomo polonês é renascentista em sua ontologia: pois importa menos quem ocupa o trono do que o fato de que ele é mantido, e, na expressão "heliocêntrico", vê-se bem que mesmo o escandaloso Sol de Copérnico se localiza no *centro* das esferas celestes. Por isto dizemos que ele é menos revolucionário do que parece; talvez por isto, também, o Santo Ofício só tenha proibido o seu livro depois que Galileu, servindo-se dele, o ultrapassou. *Tele-skopéin*, a Inquisição via longe...

Freud elimina do vocabulário filosófico a noção de centro. Desde Galileu e desde Darwin, o homem não era mais o centro do mundo, nem o topo da criação; mas era ainda o centro de si mesmo, e a noção de *consciência* era o emblema desta centralidade. Um centro significa: um ponto privilegiado ao redor do qual tudo se ordena, e que serve de referência para um espaço homogêneo. Ao redor da consciência, o homem se estruturava como algo idêntico a si mesmo, garantida esta identidade pelo poder do pensamento de abarcar tudo, inclusive a si próprio. Identidade fundada, pois, na transparência; harmonia de si consigo, coincidência integral cuja legitimidade não poderia ser questionada a título algum. Ora, a partir da introdução da teoria da defesa, o homem aparece dividido, e esta cisão lhe é consubstanciai, como se vê desde o surgimento do conceito de inconsciente. A divisão é originária: para nos atermos ao quadro de referência da quarta etapa da obra freudiana, já no nível das pulsões Eros e Thânatos são irredutíveis um ao outro, sendo sua oposição passível de síntese apenas parciais, através do mecanismo da fusão pulsional. Opostos inconciliáveis, seu regime de existência é o *conflito*, que constitui assim a primeira e mais fundamental determinação do ser humano. Este conflito interior marca a presença da violência no seu íntimo, violência que só faz aguçar-se à medida que a intersubjetividade vai impondo o seu molde ao lactante que se deve transformar em homem: a diferenciação do ego a partir do id e a emergência do superego no momento da derrocada do Édipo são suas determinações subsequentes, e não é por acaso que Freud insiste tanto nas metáforas militares para caracterizar a relação do ego com seus três senhores. Cenário de uma guerra sem quartel, o sujeito já não será mais um *indivíduo*, pois a divisão o constitui como homem.

Acêntrico em sua natureza, o homem é habitado pelo Desejo. O desejo freudiano é desejo de abolir a divisão, o que o assinala como horizonte do impossível: pois o objeto que o aplacaria já foi perdido, e a repetição não é mais do que sua busca desesperada. Tal busca, contudo, é dominada por duas determinações antagônicas. Por um lado, o desejo é singularizado pela fantasia: não é qualquer objeto que lhe convém, mas somente aqueles que se coadunam com suas exigências imaginárias, articuladas segundo os vestígios do passado. Por outro lado, a realidade inexorável lhe proíbe o acesso ao Objeto por excelência, o primeiro e mais fundamental de todos: a Mãe. O Desejo é Desejo do Outro, diz-nos Lacan; é desejo de coincidir com ele e habitá-lo em o possuindo, o que só foi possível no útero. O conflito aparece assim como a determinação basilar do desejo, pois será perene a oscilação entre a necessidade de reencontrar o Objeto e as aproximações possibilitadas pelas circunstâncias da vida.

A terapia analítica é uma educação para a realidade, lemos nas *Cinco Conferências sobre a Psicanálise*. Cabe perguntar *para qual* realidade: queremos sugerir que se trata da realidade da divisão. Divisão do sujeito: *sectio*, sexo; divisão entre o sujeito e seu objeto: o sujeito não é mais suporte, mas *subjectum*, submetido a este corte que o constitui. A título de hipótese: psicanalisar seria descobrir *a que* o analisando está sujeito, quais as determinações que fazem seu o seu desejo e quais os diques que ele lhe impôs. Freud dizia, em 1895, que visava apenas "substituir a miséria neurótica pela infelicidade comum". Outra hipótese: a infelicidade não é mais que o reconhecimento da divisão, mas é somente a ela que se pode aspirar, pois a ilusão consiste em supor que a cisão seja superável. Como de hábito, Freud subverte as significações com que trabalha: a infelicidade já não se opõe à felicidade, mas à miséria. Pois a felicidade, se significar a coincidência, simplesmente não existe: "sempre está onde nós a pomos, e nunca a pomos onde nós estamos".

A categoria da *ilusão* talvez seja a contribuição freudiana menos explorada até hoje. Uma ilusão não é um erro; é a realização imaginária de um desejo. Diremos que é a realização imaginária *do* Desejo, isto é, da ânsia de coincidir, da sede de identidade. Ora, o Mesmo e o Outro tampouco saem indenes da subversão freudiana: a identificação, o narcisismo, a percepção, a neurose, a transferência, mostram que o Mesmo só se expressa no Outro, e que o Outro é o retorno do Mesmo sobre sua própria diferença. A ilusão aparece assim como a negação da realidade, constituída esta por divisões insuperáveis, frente às quais a angústia da primeira separação – o nascimento – se repete e prolifera, exigindo a repressão. Mas a repressão não elimina o desejo de identidade: ela o toma a seu serviço, transformando-o e fazendo surgir o sentimento de culpa por desejar e persistir no desejo. A ilusão é o desejo voltado contra si mesmo.

O trabalho da ilusão se faz por meio da cultura. Vencer a Morte, supondo uma vida além-túmulo em que a alma, por fim livre do corpo que a perturba, afirme sua coincidência consigo mesma, sob olhar benevolente de um Pai que não castra: a religião. Suturar a cisão entre o eu e o mundo, fazendo-o sobrevoar o Universo pela representação: coincidência perfeita entre o sujeito e o objeto, que na filosofia aristotélica tinha o nome de Verdade. Contornar a agressividade e a brecha originária, concebendo o momento da liberdade como aquele em que, ao coincidir comigo mesmo, dou-me a lei moral, cujo conteúdo reside em agir sempre de forma tal que a máxima da minha ação possa ser tomada como lei universal: a moral, em cujos antípodas se situa a psicanálise. Elidir a fratura originária da sociedade, imaginando-a como harmoniosa coincidência das vontades particulares na persecução do Bem Comum: a ideologia. A Filosofia como busca da

Verdade inteiriça, o misticismo como tentativa de fusão com Deus, a arte como comunhão com o Belo – a representação comum das funções culturais exige que Freud seja posto entre parênteses, uma vez que seu texto nos fala, do princípio ao fim, da impossibilidade radical de coincidir. Pensar com o martelo nas mãos, ordenava-nos Nietzsche: talvez o martelo mais demolidor seja aquele que, no silêncio do gabinete da Berggasse, nos fez ver que o Real e o Uno não partilham da mesma natureza.

A ilusão mais letal, para quem trabalha com significações, quiçá seja a ilusão de *ler*. Tomando o texto lido como um conjunto fechado e completamente determinado, o leitor que coincidir com ele, exauri-lo por meio de sua análise: a isto se chama "compreender" o que se leu. Restaurar o discurso de outrem na sua pureza virginal, varando a letra para captar o espírito ou o sentido que se oculta e se diz por seu intermédio: esta seria a tarefa do intérprete. Ao materializar sua compreensão da obra numa outra obra, o leitor-autor ofereceria por sua vez aos que o leem a transparência integral do verbo, sempre sob a égide da garantia original constituída pela inteligibilidade total que se atribui ao primeiro discurso. Completamente absorvida pelo intérprete, sua verdade seria transmitida por inteiro aos leitores sucessivos, por meio da obra interpretadora: coincidência feliz dos leitores com o leitor inicial e deste com o primeiro discurso, portanto, e possibilidade de uma leitura definitiva, que esgotasse o sentido nas malhas do seu movimento.

Ora, não foi assim que se interpretou pela primeira vez. Foi na posteridade da Bíblia que se instaurou a forma canônica do interpretar: decifrar, a partir do texto, suas implicações ocultas. O pressuposto desta atitude é claro: sendo a Bíblia o verbo de Deus, cada palavra sua carrega mais conteúdo do que o perceptível numa primeira leitura. Deus, para revelar-se aos homens, precisa expressar seus mandamentos por meio de um instrumento imperfeito, porque marcado pela limitação humana: a linguagem. Desta inadequação entre o significante e o significado nasce a necessidade de interpretar. A tarefa do intérprete consiste, pois, na explicitação da mensagem divina, através do raciocínio bem dirigido. As conclusões a que chega nada acrescentam ao significado do texto, pois já estavam contidas ali desde sempre; embora para ele sejam novas, uma vez que diferem do que está escrito, *em si mesmas* não o são, porque estavam gravadas no subsolo do texto que se interpretou. Contudo, sendo a Bíblia obra de um ser infinito, as interpretações jamais a esgotam: cada novo corte no texto aprofunda o seu sentido, mas é sempre possível avançar mais. Elas se sucedem através do tempo; porém, por mais surpreendentes que pareçam, têm a garantia de se situarem no mesmo campo inicial. É expressão palpável desta crença a tradição que atribui a Adão o conhecimento de todas as interpretações possíveis, como consequência do ato de comer o fruto da árvore do Conhecimento; ao cair do Paraíso, porém, ele as teria esquecido, como pena por sua transgressão. Seus descendentes deveriam, assim, buscar por si próprios os sentidos essenciais do texto sagrado: mas Deus, em sua misericórdia infinita, teria gravado nos interstícios do seu legado as pistas para a descoberta da sua vontade. Portador de um texto enigmático, o homem só pode obedecer às suas injunções porque a interpretação lhe aponta as vias da ação justa.

Quando se exerce sobre um livro que não é divino, porém, a interpretação pode imaginar-se exaustiva, já que os parâmetros que a definem não incluem a inesgotabilidade necessária do sentido. Sendo produto da pena de um homem, o olhar de outro homem pode percorrê-lo por inteiro desentranhando os casos lógicos da sua constituição e restituindo, de forma talvez mais clara do que pôde fazê-lo o próprio autor, o que ele quis dizer. É Kant quem o diz, na *Crítica da Razão Pura:*

> Não há nada de extraordinário em compreender um autor, graças à comparação dos pensamentos que exprimiu sobre seu objeto, ainda melhor do que ele próprio se compreendeu, por não ter determinado suficientemente o seu conceito.

"Não há nada de extraordinário..." Não, realmente, se persistirmos na ilusão da coincidência. Mas Freud nos ensinou que a interpretação é outra coisa: ela é desvendamento dos disfarces do desejo, e por isso mesmo infinita como ele. Se refletirmos que entre o autor e si próprio já medeiam divisões profundas – a do inconsciente e do consciente, a do conteúdo e da expressão, a do imaginário e do simbólico, a do que queria ter dito e a do que pôde dizer –, e que entre o autor e o leitor se abre o abismo do tempo e do espaço, a certeza tranquila de ter compreendido integralmente o que se leu é que se torna extraordinária. E isto será mais grave ainda, se o texto lido for o de Freud e o leitor um candidato ao mestrado em Filosofia.

Ler Freud como se lê um filósofo: tal dissemos, na Introdução, ser nosso propósito. Mas como ler um filósofo? E como ler, na clave da teoria, um discurso que se ancora na clínica? Buscamos a articulação dos conceitos: mas seria trair Freud supor que, através da nossa leitura, a divisão essencial entre um autor e seu leitor, e mais ainda entre o mestre da psicanálise e um aprendiz de filosofia, tivesse sido por um momento abolida. Mas, por outro lado, é precisamente esta distância que torna a leitura fecunda, possibilitando ao comentário não ser tautologia. No campo que se abre entre a página, o olho e o espírito, descobrimos que ler é pensar a partir das palavras de um outro; e, ao construir nosso discurso sobre as pegadas de Freud, não foi outra coisa o que desejamos fazer. Quanto à árdua tarefa de escrever, não encontramos definição mais límpida do que a frase que Hermann Hesse faz Demian dizer a Sinclair:

> Sempre é difícil nascer. A ave tem que sofrer para sair do ovo, isso você sabe. Mas volte o olhar para trás e pergunte a si mesmo se foi de fato tão penoso o caminho. Difícil apenas? Não terá sido belo também?

Bibliografia

I. OBRAS DE FREUD

A edição de referência utilizada para a elaboração deste estudo foi a *Standard Edition of the Complete Psychological Works of Sigmund Freud*, cotejada com o original alemão das *Gesammelte Werke* e com a versão espanhola da *Biblioteca Nueva* (nova edição, revista, de 1975). Os livros e artigos citados são precedidos pelo seu número de ordem na *Gesamtbibliographie* organizada por Ingeborg Meyer-Palmedo (cf. *Sigmund Freud Konkordanz*, S. Fischer Verlag, Frankfurt, 1975). Quando a data de publicação discrepa da de composição por mais de dois anos, esta última é indicada entre colchetes. Os textos estão arrolados na ordem em que aparecem na *Standard Edition*. As siglas SE, GW e BN referem-se respectivamente à edição inglesa, alemã e espanhola. Entre parênteses, é mencionado o título original de cada texto e sua tradução em português. A edição brasileira da Imago, não utilizada, é calcada na *Standard* inglesa, de modo que as indicações de volume valem para ambas e as de página são apenas um pouco diferentes.

(1892-93) A Successful Case of Treatment by Hypnosis (Ein Fali von hypnotischer Heilung; Um Caso de Cura pela Hipnose): SE I, p. 115; GW I, p. 1; BN I, p. 22.

(1950a) [1895] Project for a Scientific Psychology (Entwurf einer Psychologie; Projeto de uma Psicologia): SE I, p. 173; GW (não figura); BN I, p. 209.

(1893a) On the Psychic Mechanism of Hysterical Phenomena (Über den psychischen Mechanismus der hysterischer Phänomene; Sobre o Mecanismo Psíquico dos Fenômenos Histéricos): SE II, p. 1; GW I, p. 81;BNI, p. 41.

(1895d) *Studies on Hysteria* (*Studien über Hysterie*; *Estudos sobre a Histeria*): SE II, p. 1; GW I, p. 75; BN I, p. 39.

(1894a) The Neuropsychoses of Defence (Die Abwehrneuropsychosen; As Neuropsicoses de Defesa): SE III, p. 41; GW I, p. 57; BN I, p. 169.

(1896b) Further Remarks on the Neuropsychoses of Defence (Weitere Bemerkungen über die Abwehrneuropsychosen; Novas Observações sobre as Neuropsicoses de Defesa): SE III, p. 157; GW I, p. 377; BN I, p. 286.

(19896c) The Aetiology of Hysteria (Zur Ätiologie der Hysterie; A Etiologia da Histeria): SE III, p. 187; GW I, p. 423; BN I, p. 299.

(1900a) *The Interpretation of Dreams* (*Die Traumdeutung; A Interpretação dos Sonhos*): SE IV-V; GW II-III; BN I, p. 343.

(1901b) *The Psychopathology of Everyday Life* (*Zur Psychopathologie des Alltagslebens; Psicopatologia da Vida Quotidiana*): SE VI; GW IV; BN I, p. 755.

(1905e) [1901] *Fragment of the Analysis of a Case of Hysteria* (*Bruchstück einer Hysterie analyse; Fragmento da Análise de uma Histeria*) (Caso Dora): SE VII, p. 1; GW V, p. 161; BN I, p. 933.

(1905) *Three Essays on the Theory of Sexuality* (*Drei Abhandlungen zur Sexualtheorie; Três Ensaios para uma Teoria Sexual*): SE VII, p. 123; GW V, p. 27; BN II, p. 1169.

(1905c) *Jokes and their Relation to the Unconscious* (*Der Witz und seine Beziehung zum Unbewussten; A Frase de Espírito e sua Relação com o Inconsciente*): SE VIII; GW VI; BN I, p. 1029.

(1908a) Hysterical Phantasies and their Relation to Bisexuality (Hysterische Phantasien und ihre Beziehung zur Bisexualität; Fantasias Histéricas e sua Relação com a Bissexualidade): SE IX, p. 155; GW VII, p. 189; BN II, p. 1348.

(1808b) Character and Anal Erotism (Charakter und Analerotik; Caráter e Erotismo Anal): SE IX, p. 167; GW VII, p. 201; BN II, p. 1354.

(1908c) On the Sexual Theories of Children (Über infantile Sexualtheorien; Teorias Sexuais Infantis): SE IX, p. 205; GW VII, p. 169; BN II, p. 1262.

(1908d) "Civilized" Sexual Morality and Modern Nervous Illness (Die "kulturelle" Sexual-moral und die moderne Nervosität): SE IX, p. 177; GW-VII, p. 141; BN II,p. 1242.

(1909a) Some General Remarks on Hysterical Attacks (Allgemeines über den hysterischen Anfall; Observações Gerais sobre o Ataque Histérico): SE IX, p. 227; GW VII, p. 233; BN II, p. 1358.

(1909b) *Analysis of a Phobia in a Five-Year Old Boy* (*Analyse der Phobie eines fünfjahrigen Knaben; Análise da Fobia de um Menino de Cinco Anos*) (O Pequeno Hans): SE X, p. 1; GW VII, p. 241; BN II, p. 1365.

(1909d) *Notes upon a Case of Obsessional Neurosis* (*Bemerkungen über einen Fall von Zwangsneurose; Observações sobre um Caso de Neurose Obsessiva*) (O Homem dos Ratos): SE X, p. 151; GW VII, p. 379; BN II, p. 1440.

(1910a) *Five Lectures on Psychoanalysis* (*Über Psychoanalyse; Cinco Conferências sobre a Psicanálise*): SE XI, p. 1; GW VIII, p. 1; BN II, p. 1533.

(1910h) A Special Type of Object-Choice Made by Men (Über einen besonderen Typus von Objektwahl beim Manne; Sobre um Tipo Especial de Escolha de Objeto feita pelo Homem): SE XI, p. 163; GW VIII, p. 65; BN II, p. 1625.

(1910i) The Psychoanalytical View of Psychogenic Disturbances of Vision (Die psychogene Sehstörung in psychoanalytischer Auffassung; A Concepção Psicanalítica das Perturbações Visuais Psicogênicas): SE XI, p. 209; GW VIII, p. 93; BN II, p. 1631.

(1912d) On the Universal Tendency to Debasement in the Sphere of Love (Über die allgeimeinste Erniedrigung des Liebeslebens; Sobre a Degradação Mais Comum da Vida Erótica): SE XI, p. 177; GW VIII, p. 78; BN II, p. 1710.

(1911c) *Psychoanalytical Notes upon an Autobiographical Account of a Case of Paranoia* (*Psychoanalytische Bemerkungen über einen auto-biographisch beschriebenen Fall von Paranoia*; *Observações Psicanalíticas sobre um Caso de Paranoia descrito autobiograficamente*) (Caso Schreber): SE XII, p. 1; GW VIII, p. 239; BN II, p. 1487.

(1912b) The Dynamics of Tranference (Zur Dynamik der Übertragung; A Dinâmica da Transferência): SE XII, p. 97; GW VIII, p. 363; BN II, p. 1548.

(1914g) Remembering, Repeating and Working-Through (Erinnern, Wiederholen und Durcharbeiten; Recordação, Repetição e Elaboração): SE XII, p. 145; GW X, p. 125; BN II, p. 1683.

(1915a) Observations on Transference Love (Bemerkungen über die Über-tragungsliebe; Observações sobre o Amor de Transferência): SE XII, p. 157; GW X, p. 305; BN II, p. 1689.

(1911b) Formulations on the Two Principles of Mental Functioning (Formulierungen über die Zwei Prinzipien des psychischen Geschehens; Formulações sobre os Dois Princípios do Acontecer Psíquico): SE XII, p. 213; GW VIII, p. 229; BN II, p. 1638.

(1913i) The Disposition to Obsessional Neurosis (Die Disposition zur Zwangsneurose; A Disposição à Neurose Obsessiva): SE XII, p. 311; GW VIII, p. 441; BN II, p. 1738.

(1913j) The Claims of Psychoanalysis to Scientific Interest (Das Interesse an der Psychoanalyse; O Interesse pela Psicanálise): SE XIII, p. 163; GW VIII, p. 389; BN II, p. 1851.

(1914d) *On the History of the Psychoanalytical Movement* (*Zur Geschichte der psychoanalytischen Bewegung*; *História do Movimento Psicanalítico*): SE XIV, p. 1; GW X, p. 43; BN II, p. 1895.

(1914c) *On Narcissism: an Introduction* (*Zur Einführung des Narzissmus*; *Para Introduzir o Narcisismo*): SE XIV, p. 14; GW X, p. 137; BN II, p. 2017.

(1915c) Instincts and their Vicissitudes (Triebe und Triebschicksale; Pulsões e Destinos de Pulsão): SE XIV, p. 169; GW X, p. 209; BN II, p. 2039.

(1915d) Repression (Die Verdrängung; A Repressão): SE XIV, p. 141; GW X, p. 247; BN II, p. 2053.

(1915c) The Unconscious (Das Ünbewusste; O Inconsciente): SE XIV, p. 159; GW X, p. 263; BN II, p. 2060.

(1917e) [1915] Mourning and Melancholia (Trauer und Melancholie; Luto e Melancolia): SE XIV, p. 237; GW X, p. 427; BN II, p. 2091.

(1916-17) *Introductory Lectures on Psychoanalysis* (*Vorlesungen zur Einführung in die Psychoanalyse*; *Conferências de Introdução à Psicanálise*): SE XV-XVI; GW XI; BN II, p. 2123.

(1918b) [1914] *From the History of an Infantile Neurosis* (*Aus der Geschichte einer infantilen Neurose*; *Da História de uma Neurose Infantil*) (O Homem dos Lobos): SE XVII, p. 1; GW XII, p. 27; BN II, p. 1941.

(1917c) On the Transformations of Instincts as Exemplified by Anal Erotism (Über Triebumsetzungen, insbesondere der Analerotik; Sobre as Transformações das Pulsões, em particular do Erotismo Anal): SE XVII, p. 125; GW X, p. 401; BN II, p. 2034.

(1919e) A Child is Being Beaten (Ein Kind wird geschlagen; Batem numa Criança): SE XVII, p. 175; GW XII, p. 195; BN III, p. 2465.

(1920g) *Beyond the Pleasure Principle* (*Jenseits des Lustprinzips*; *Além do Princípio do Prazer*): SE XVIII, p. 1; GW XIII, p. 1; BN III, p. 2507.

(1921c) *Group Psychology and Analysis of the Ego* (*Massenpsychologie und Ichanalyse*; *Psicologia Coletiva e Análise do Ego*): SE XVIII, p. 65; GW XIII, p. 71; BN III, p. 2563.

(1920a) The Psychogenesis of a Case of Homosexuality in a Woman (Über die Psychogenese eines Falles von weiblicher Homosexualität; Sobre a Psi-

cogênese de um Caso de Homossexualidade Feminina): SE XVIII, p. 145; GW XII, p. 269; BN III, p. 2545.
(1922b) Some Neurotic Mechanism in Jealousy, Paranoia and Homosexuality (Über einige neurotische Mechanismen bei Eifersucht, Paranoia und Homosexualität; Sobre alguns Mecanismos Neuróticos nos Ciúmes, na Paranoia e na Homossexualidade): SE XVIII, p. 221; GW XIII, p. 193; BN III, p. 2611.
(1923a) "Psychoanalysis" e "The Libido Theory" ("Psychoanalyse" e "Libidotheorie"; "Psicanálise" e "Teoria da Libido") (dois artigos de enciclopédia): SE XVIII, p. 233; GW XIII, p. 209; BN III, p. 2674.
(1923b) *The Ego and the Id* (*Das Ich und das Es*; *O Ego e o Id*): SE XIX, p. 1; GW XIII, p. 235; BN III, p. 2701.
(1923c) The Infantile Genital Organization (Die infantile Genitalorganisation; A Organização Genital Infantil): SE XIX, p. 129; GW XIII, p. 291; BN III, p. 2698.
(1924b) Neurosis and Psychosis (Neurose und Psychose; Neurose e Psicose): SE XIX, p. 147; GW XIII, p. 385; BN III, p. 2742.
(1924c) The Economic Problem of Masochism (Das ökonomische Problem des Masochismus; O Problema Econômico do Masoquismo): SE XIX, p. 155; GW XIII, p. 369; BN III, p. 2752.
(1925d) The Dissolution of the Oedipus Complex (Der Untergang des Ödipuskomplexes; O Declínio do Complexo de Édipo): SE XIX, p. 171; GW XIII, p. 393; BN III, p. 2748.
(1924e) The Loss of Reality in Neurosis and Psychosis (Der Realitätsverlust bei Neurose und Psychose; A Perda da Realidade na Neurose na Psicose): SE XIX, p. 181; GW VIII, p. 361; BN III, p. 2745.
(1925a) A Note upon the "Mystic Writing-Pad" (Notiz über den "Wunder-block"; Nota sobre o "Bloco Mágico"): SE XIX, p. 225; GW XIV, p. 1; BN III, p. 2808.
(1925h) Negation (Die Verneinung; A Negação): SE XIX, p. 233; GW XIV, p. 11; BN III, 2884.
(1925J) Some Psychical Consequences of the Anatomical Distinction of the Sexes (Einige psychiche Folgen des anatomischen Geschlechtsunterchieds; Algumas Consequências Psíquicas da Diferença Anatômica dos Sexos): SE XIX, p. 241; GW XIV, p. 17; BN III, p. 2896.
(1925d) *An Autobiographical Study* (*Selbstdarstellung*; *Autobiografia*): SE XXI, p. 1; GW XIV, p. 31; BN III, p. 2761.
(1926d) *Inhibitions, Symptoms and Anxiety* (*Hemmung, Symptom und Angst*; *Inibição, Sintoma e Angústia*): SE XX, p. 75; GW XIV, p. 111; BN III, p. 2833.
(1926e) The Question of Lay Analysis (Die Frage der Laienanalyse; A Questão da Análise por Não Médicos): SE XX, p. 177; GW XIV, p. 207; BN III, p. 2911.
(1930a) Civilization and its Discontents (Das Unbehagen in der Kultur; O Mal--Estar na Cultura): SE XXI, p. 57; GW XIV, p. 419; BN III, p. 3017.
(1927e) Fetishism (Fetischismus; Fetichismo): SE XXI, p. 147; GW XIV, p. 309; BN III, p. 2993.
(1931b) Female Sexuality (Über die weibliche Sexualität; Sobre a Sexualidade Feminina): SE XXI, p. 221; GW XIV, p. 515; BN III, p. 3077.
(1933a) *New Introductory Lectures on Psychoanalysis* (*Neue Folge der Vorlesungen zur Einführung in die Psychoanalyse*; *Novas Conferências de Introdução à Psicanálise*): SE XXI, p. 1; GW XV, p. 1; BN III, p. 3101.
(1940a) [1938] *An Outline of Psychoanalysis* (*Abriss der Psychoanalyse*; *Compêndio de Psicanálise*): SE XXIII, p. 139;GW XVII, p. 63; BN III, p. 3379.

(1937c) Analysis Terminable and Interminable (Die endliche und die unendliche Analyse; Análise Terminável e Interminável): SE XXIII, p. 209; GW XVI, p. 57; BN III, p. 3339.

(1937d) Constructions in Analysis (Konstruktionen in der Analyse; Construções na Análise): SE XXIII, p. 255; GW XVI, p. 41; BN III, p. 3365.

(1940e) [1938] Splitting of the Ego in the Processo of Defence (Die Ichspaltung im Abwehrvorgang; Cisão do Ego no Processo de Defesa): SE XXIII, p. 271; GW XVII, p. 57; BN III, p. 3375.

(1950a) [1887-1902] *Los Origenes del Psicoanálisis* (*Aus den Anfangen der Psychoanalyse*; *The Origins of Psychoanalysis*): BN III, p. 3433. Não figura nos GW; na SE, figura uma seleção de cartas e o "Projeto" (I, p. 173 ss.).

II. OBRAS DE OUTROS AUTORES

ADORNO, Theodor W. La Revisión del Psicoanálisis. In *Sociológica II*, Madrid, Ed. Taurus, 1971.

ADORNO, Theodor, e DIRKS, Walter (org.). *Freud en la Actualidad*, Ed. Barcelona, 1971.

ALTHUSSER, Louis. Freud e Lacan. In *Estruturalismo: Antologia de Textos Teóricos*, Lisboa, Ed. Portugália, 1967.

BRUNO, Pierre. Psicoanálisis y Antropologia. In *Para una Crítica Marxista de la Teoria Psicoanalítica*, Buenos Aires, Ed. Granica, 1974.

CHAZAUD, Jacques. *Contestações Atuais da Psicanálise*. Rio de Janeiro, Zahar Editores, 1976.

FOUCAULT, Michel. *Historia de la Locura en la Época Clásica*, México, Fondo de Cultura Econômica, 1967. [Trad. bras.: *História da Loucura na Idade Clássica*, São Paulo, Perspectiva, 1978.]

FOUCAULT, Michel. *As Palavras e as Coisas*. Lisboa, Ed. Portugália, 1966.

JONES, Ernest. *La Vie et l'oeuvre de Sigmund Freud*, Paris, P.U.F., 1970. (3 tomos).

KAUFMANN, Pierre. A Teoria Freudiana da Cultura. In *História da Filosofia: Ideias, Doutrinas*, Francois Châtelet (org.), Rio de Janeiro, Zahar Editores, 1974.

LACAN, Jacques. *Écrits*, Paris, ed. du Seuil, 1966. [Trad. bras.: *Escritos*, São Paulo, Perspectiva, 1978.]

LACAN, Jacques. *Le Séminaire*. vol. XI – Les Quatre Concepts Fondamentaux de la Psychanalyse, Paris, ed. du Seuil, 1964.

LAPLANCHE, Jean, e PONTALIS, Jean-Baptiste. *Vocabulaire de la Psychanalyse*, Paris, P.U.F., 1973.

LECLAIRE, Serge. *Psicoanalizar*, Buenos Aires, Ed. Siglo Veintiuno, 1972. [Trad. bras.: *Psicanalisar*, São Paulo, Perspectiva, 1977.]

MALINOWSKI, Bronislaw. *Sexo y Represión en la Sociedad Primitiva*, Buenos Aires, Ed. Nueva Vision, 1974.

MARCUSE, Herbert. *Eros e Civilização*, Rio de Janeiro, Zahar Editores, 1975.

MARCUSE, Herbert. *Psicoanálisis y Política*, Barcelona, Ediciones de Bolsillo, 1972.

MERLEAU-PONTY, Maurice. *La Structure du Comportement*, Paris, P.U.F., 1972.

MILLER, George A. *Psychology: The Science of Mental Life*, Londres, Penguin Books, 1975.

NAGERA, Humberto (org.). *Desarrollo de la Teoria de los Instintos en la Obra de Freud*, Buenos Aires, Ed. Horme, 1974.

NELSON, Benjamin (org.). *Freud and the Twentieth Century*, New York, Meridian Books, 1957.

PALMIER, Jean-Michel. *Jacques Lacan: Lo Simbólico y lo Imaginário*, Buenos Aires, Ed. Proteo, 1971.

PONTALIS, Jean-Baptiste. *A Psicanálise depois de Freud*, Petrópolis, Ed. Vozes, 1972.

RICOEUR, Paul. *Freud: Una Interpretación de la Cultura*, Buenos Aires, Ed. Siglo Veintiuno, 1970.

ROUDINESCO, Elizabeth. *Un Disscours ou Réel*, Paris, Ed. Mame, 1973.

ROZITCHNER, Leon. *Freud y los Limites del Individualismo Burguês*, Buenos Aires, Ed. Siglo Veintiuno, 1972.

SÊVE, Lucien. Psicoanálisis y Materialismo Histórico. In *Para una Critica Marxista de la Teoria Psicoanalitica*, Buenos Aires, Ed. Granica, 1974.

WOLLHEIM, Richard. *As Ideias de Freud*, São Paulo, Ed. Cultrix, 1974.

PSICANÁLISE E PSICOLOGIA NA PERSPECTIVA

Distúrbios Emocionais e Anti-Semitismo, N. W. Ackerman e M. Jahoda (D010)
LSD, John Cashman (D023)
Psiquiatria e Antipsiquiatria, David Cooper (D076)
Manicômios, Prisões e Conventos, Erving Goffman (D091)
Psicanalisar, Serge Leclaire (D125)
Escritos, Jacques Lacan (D132)
Lacan: Operadores da Leitura, Américo Vallejo e Ligia C. Magalhães (D169)
A Criança e a Febem, Marlene Guirado (D172)
O Pensamento Psicológico, Anatol Rosenfeld (D184)
Comportamento, Donald Broadbent (E007)
A Inteligência Humana, H. J. Butcher (E010)
Estampagem e Aprendizagem Inicial, W. Sluckin (E017)
Percepção e Experiência, M. D. Vernon (E028)
A Estrutura da Teoria Psicanalítica, David Rapaport (E075)
Freud: A Trama dos Conceitos, Renato Mezan (E081)
O Livro dIsso, Georg Groddeck (E083)
Melanie Klein I, Jean-Michel Petot (E095)
Melanie Klein II, Jean-Michel Petot (E096)
O Homem e Seu Isso, Georg Groddeck (E099)
Um Outro Mundo: A Infância, Marie-José Chombart de Lauwe (E105)
A Imagem Inconsciente do Corpo Françoise Dolto (E109)
A Revolução Psicanalítica, Marthe Robert (E116)
Estudos Psicanalíticos Sobre Psicossomática, Georg Groddeck (E120)
Psicanálise, Estética e Ética do Desejo, Maria Inês França (E153)
O Freudismo, Mikhail Bakhtin (E169)
Psicanálise em Nova Chave, Isaias Melsohn (E174)
Freud e Édipo, Peter L. Rudnytsky (E178)
Os Símbolos do Centro, Raïssa Cavalcanti (E251)
Violência ou Diálogo?, Sverre Varvin e Vamik D. Volkan (orgs.) (E255)
Cartas a uma Jovem Psicanalista, Heitor O'Dwyer de Macedo (E285)
Holocausto: Vivência e Retransmissão, Sofia Débora Levy (E317)
Os Ensinamentos da Loucura: A Clínica de Dostoiévski, Heitor O'Dwyer de Macedo (E326)
A "Batedora" de Lacan, Maria Pierrakos (EL56)
Memória e Cinzas: Vozes do Silêncio, Edelyn Schweidson (PERS)
Acorde: Estratégias e Reflexões Para Atualizar Habilidades de Relacionamento em Tempo de Inovações, Abel Guedes (LSC)
A Grande Mentira, José María Martínez Selva (LSC)

COLEÇÃO ESTUDOS
(últimos lançamentos)

310. *A Orquestra do Reich*, Misha Aster
311. *A Poética de Sem Lugar: Por uma Teatralidade na Dança*, Gisela Dória
312. *Eros na Grécia Antiga*, Claude Calame
313. *Estética da Contradição*, João Ricardo C. Moderno
314. *Teorias do Espaço Literário*, Luis Alberto Brandão
315. *Haroldo de Campos: Transcriação*, Marcelo Tápia e Thelma Médici Nóbrega (orgs.)
316. *Entre o Ator e o Performer*, Matteo Bonfitto
317. *Holocausto: Vivência e retransmissão*, Sofia Débora Levy
318. *Missão Italiana: HIstórias de uma Geração de Diretores Italianos no Brasil*, Alessandra Vannucci
319. *Além dos Limites*, Josette Féral
320. *Ritmo e Dinâmica no Espetáculo Teatral*, Jacyan Castilho
321. *A Voz Articulada Pelo Coração*, Meran Vargens
322. *Beckett e a Implosão da Cena: Poética Teatral e Estratégias de Encenação*, Luiz Marfuz
323. *Teorias da Recepção*, Claudio Cajaiba
324. *Revolução Holandesa, A Origens e Projeção Oceânica*, Roberto Chacon de Albuquerque
325. *Psicanálise e Teoria Literária: O Tempo Lógico e as Rodas da Escritura e da Leitura*, Philippe Willemart
326. *Os Ensinamentos da Loucura: A Clínica de Dostoiévski*, Heitor O´Dwyer de Macedo
327. *A Mais Alemã das Artes*, Pamela Potter
328. *A Pessoa Humana e Singularidade em Edith Stein*, Francesco Allieri
329. *A Dança do Agit-Prop*, Eugenia Casini Ropa
330. *Luxo & Design*, Giovanni Cutolo
331. *Arte e Política no Brasil*, André Egg, Artur Freitas e Rosane Kaminski (orgs.)
332. *Teatro Hip-Hop*, Roberta Estrela D'Alva
333. *O Soldado Nu: Raízes da Dança Butō*, Éden Peretta
334. *Ética, Responsabilidade e Juízo em Hannah Arendt*, Bethania Assy
335. *Alegoria em Jogo: A Encenação Como Prática Pedagógica*, Joaquim Gama
336. *Jorge Andrade: Um Dramaturgo no Espaço Tempo*, Carlos Antônio Rahal
337. *Nova Economia Política dos Serviços*, Anita Kon

Este livro foi impresso na cidade de Cotia,
nas oficinas da Meta Brasil,
para a Editora Perspectiva.